AF276795

Código Penal

Lefebvre

 Lefebvre

Undécima Edición: Julio de 2025

ISBN: 979-13-87732-22-6
Depósito legal: M-14782-2025
PVP: 9,26 € (IVA incluido)
Imprime: Printing'94

© Lefebvre-El Derecho, S.A.
CIF: A79216651
Monasterios de Suso y Yuso, 34.28049 Madrid. Tfno.: 91 210 80 00
clientes@lefebvre.es
www.efl.es

Accede gratis a este Código Básico en nuestras aplicaciones móviles

1. Apunta y escanea
Abre la cámara de tu smartphone y apúntala al código QR que encontrarás en esta página.

2. Descarga nuestra app (si aún no la tienes)

- Si es la primera vez que escaneas nuestro QR, te llevaremos directamente a la tienda de aplicaciones de tu dispositivo (Google Play o App Store).
- Descarga nuestra app gratuita Códigos Lefebvre con un solo clic.
- Una vez instalada, ábrela y tendrás acceso inmediato al contenido actualizado del Código que acabas de escanear.

3. Para usuarios que ya tienen la app

- Si ya tienes nuestra app instalada pero nunca la has usado, simplemente escanea el código QR desde la pantalla de inicio de sesión.
- ¿Ya has utilizado nuestra app antes? Abre el menú lateral y selecciona "Escanear código QR" para acceder al nuevo Código

Este acceso estará disponible hasta el 1 de septiembre de 2026, fecha en que se publicarán las nuevas ediciones en formato papel.

Todos los ejemplares se entregarán retractilados. No se admitirá ninguna devolución de Códigos sin esta protección.

ÍNDICE

RELACIÓN DE REFORMAS A LA PRESENTE LEY

Ley Orgánica 2/1998, de 15 de junio, por la que se modifican el Código Penal y la Ley de Enjuiciamiento Criminal.

Ley Orgánica 7/1998, de 5 de octubre, de modificación de la Ley Orgánica 10/1995, de 23 de noviembre, del Código Penal, por la que se suprimen las penas de prisión y multa para los supuestos de no cumplimiento del servicio militar obligatorio y prestación social sustitutoria y se rebajan las penas de inhabilitación para dichos supuestos.

Ley Orgánica 11/1999, de 30 de abril, de modificación del Título VIII del Libro II del Código Penal, aprobado por Ley Orgánica 10/1995, de 23 de noviembre.

Ley Orgánica 14/1999, de 9 de junio, de modificación del Código Penal de 1995, en materia de protección a las víctimas de malos tratos y de la Ley de Enjuiciamiento Criminal.

Ley Orgánica 2/2000, de 7 de enero, de modificación de la Ley Orgánica 10/1995, de 23 de noviembre, del Código Penal, en materia de prohibición del desarrollo y el empleo de armas químicas.

Ley Orgánica 3/2000, de 11 de enero, de modificación de la Ley Orgánica 10/1995, de 23 de noviembre, del Código Penal, en materia de lucha contra la corrupción de agentes públicos extranjeros en las transacciones comerciales internacionales.

Ley Orgánica 4/2000, de 11 de enero, sobre derechos y libertades de los extranjeros en España y su integración social.

Ley Orgánica 5/2000, de 12 de enero, reguladora de la responsabilidad penal de los menores.

Ley Orgánica 7/2000, de 22 de diciembre, de modificación de la Ley Orgánica 10/1995, de 23 de noviembre, del Código Penal, y de la Ley Orgánica 5/2000, de 12 de enero, reguladora de la Responsabilidad Penal de los Menores, en relación con los delitos de terrorismo.

Ley Orgánica 8/2000, de 22 de diciembre, de reforma de la Ley Orgánica 4/2000, de 11 de enero, sobre derechos y libertades de los extranjeros en España y su integración social.

Ley Orgánica 3/2002, de 22 de mayo, por la que se modifican la Ley Orgánica 10/1995, de 23 de noviembre, del Código Penal, y la Ley Orgánica 13/1985, de 9 de diciembre, del Código Penal Militar, en materia de delitos relativos al servicio militar y a la prestación social sustitutoria.

Ley Orgánica 9/2002, de 10 de diciembre, de modificación de la Ley Orgánica 10/1995, de 23 de noviembre, del Código Penal, y del Código Civil, sobre sustracción de menores.

Ley Orgánica 1/2003, de 10 de marzo, para la garantía de la democracia en los Ayuntamientos y la seguridad de los Concejales.

Ley Orgánica 7/2003, de 30 de junio, de medidas de reforma para el cumplimiento íntegro y efectivo de las penas.

Ley Orgánica 11/2003, de 29 de septiembre, de medidas concretas en materia de seguridad ciudadana, violencia doméstica e integración social de los extranjeros.

Ley Orgánica 15/2003, de 25 de noviembre, por la que se modifica la Ley Orgánica 10/1995, de 23 de noviembre, del Código Penal.

Ley Orgánica 20/2003, de 23 de diciembre, de modificación de la Ley Orgánica del Poder Judicial y del Código Penal.

Ley Orgánica 1/2004, de 28 de diciembre, de Medidas de Protección Integral contra la Violencia de Género.

Ley Orgánica 2/2005, de 22 de junio, de modificación del Código Penal.

Ley Orgánica 4/2005, de 10 de octubre, por la que se modifica la Ley Orgánica 10/1995, de 23 de noviembre, del Código Penal, en materia de delitos de riesgo provocados por explosivos.

Ley Orgánica 7/2006, de 21 de noviembre, de protección de la salud y de lucha contra el dopaje en el deporte.

Sentencia 235/2007, de 7 de noviembre de 2007. Cuestión de inconstitucionalidad 5152-2000. Planteada por la Sección Tercera de la Audiencia Provincial de Barcelona respecto al art. 607.2 del Código penal.

Ley Orgánica 13/2007, de 19 de noviembre, para la persecución extraterritorial del tráfico ilegal o la inmigración clandestina de personas.

Ley Orgánica 15/2007, de 30 de noviembre, por la que se modifica la Ley Orgánica 10/1995, de 23 de noviembre, del Código Penal en materia de seguridad vial.

Ley Orgánica 2/2010, de 3 de marzo, de salud sexual y reproductiva y de la interrupción voluntaria del embarazo.

Ley Orgánica 5/2010, de 22 de junio, por la que se modifica la Ley Orgánica 10/1995, de 23 de noviembre, del Código Penal.

Ley Orgánica 3/2011, de 28 de enero, por la que se modifica la Ley Orgánica 5/1985, de 19 de junio, del Régimen Electoral General.

Ley Orgánica 7/2012, de 27 de diciembre, por la que se modifica la Ley Orgánica 10/1995, de 23 de noviembre, del Código Penal en materia de transparencia y lucha contra el fraude fiscal y en la Seguridad Social.

Ley Orgánica 1/2015, de 30 de marzo, por la que se modifica la Ley Orgánica 10/1995, de 23 de noviembre, del Código Penal.

Ley Orgánica 2/2015, de 30 de marzo, por la que se modifica la Ley Orgánica 10/1995, de 23 de noviembre, del Código Penal, en materia de delitos de terrorismo.

Ley 4/2015, de 27 de abril, del Estatuto de la víctima del delito.

Ley Orgánica 1/2019, de 20 de febrero, por la que se modifica la Ley Orgánica 10/1995, de 23 de noviembre, del Código Penal, para transponer Directivas de la Unión Europea en los ámbitos financiero y de terrorismo, y abordar cuestiones de índole internacional.

Ley Orgánica 2/2019, de 1 de marzo, de modificación de la Ley Orgánica 10/1995, de 23 de noviembre, del Código Penal, en materia de imprudencia en la conducción de vehículos a motor o ciclomotor y sanción del abandono del lugar del accidente.

Ley Orgánica 2/2020, de 16 de diciembre, de modificación del Código Penal para la erradicación de la esterilización forzada o no consentida de personas con discapacidad incapacitadas judicialmente.

Ley Orgánica 3/2021, de 24 de marzo, de regulación de la eutanasia.

Ley Orgánica 5/2021, de 22 de abril, de derogación del artículo 315 apartado 3 del Código Penal.

Ley Orgánica 6/2021, de 28 de abril, complementaria de la Ley 6/2021, de 28 de abril, por la que se modifica la Ley 20/2011, de 21 de julio, del Registro Civil, de modificación de la Ley Orgánica 6/1985, de 1 de julio, del Poder Judicial y de modificación de la Ley Orgánica 10/1995, de 23 de noviembre, del Código Penal.

Ley 8/2021, de 2 de junio, por la que se reforma la legislación civil y procesal para el apoyo a las personas con discapacidad en el ejercicio de su capacidad jurídica.

Ley Orgánica 8/2021, de 4 de junio, de protección integral a la infancia y la adolescencia frente a la violencia.

Ley Orgánica 9/2021, de 1 de julio, de aplicación del Reglamento (UE) 2017/1939 del Consejo, de 12 de octubre de 2017, por el que se establece una cooperación reforzada para la creación de la Fiscalía Europea.

Ley Orgánica 4/2022, de 12 de abril, por la que se modifica la Ley Orgánica 10/1995, de 23 de noviembre, del Código Penal, para penalizar el acoso a las mujeres que acuden a clínicas para la interrupción voluntaria del embarazo.

Ley Orgánica 6/2022, de 12 de julio, complementaria de la Ley 15/2022, de 12 de julio, integral para la igualdad de trato y la no discriminación, de modificación de la Ley Orgánica 10/1995, de 23 de noviembre, del Código Penal.

Ley Orgánica 9/2022, de 28 de julio, por la que se establecen normas que faciliten el uso de información financiera y de otro tipo para la prevención, detección, investigación o enjuiciamiento de infracciones penales, de modificación de la Ley Orgánica 8/1980, de 22 de septiembre, de Financiación de las Comunidades Autónomas y otras disposiciones conexas y de modificación de la Ley Orgánica 10/1995, de 23 de noviembre, del Código Penal.

Ley Orgánica 10/2022, de 6 de septiembre, de garantía integral de la libertad sexual.

Ley Orgánica 11/2022, de 13 de septiembre, de modificación del Código Penal en materia de imprudencia en la conducción de vehículos a motor o ciclomotor.

Ley Orgánica 13/2022, de 20 de diciembre, por la que se modifica la Ley Orgánica 10/1995, de 23 de noviembre, del Código Penal, para agravar las penas previstas para los delitos de trata de seres humanos desplazados por un conflicto armado o una catástrofe humanitaria.

Ley Orgánica 14/2022, de 22 de diciembre, de transposición de directivas europeas y otras disposiciones para la adaptación de la legislación penal al ordenamiento de la Unión Europea, y reforma de los delitos contra la integridad moral, desórdenes públicos y contrabando de armas de doble uso.

Ley Orgánica 1/2023, de 28 de febrero, por la que se modifica la Ley Orgánica 2/2010, de 3 de marzo, de salud sexual y reproductiva y de la interrupción voluntaria del embarazo.

Ley Orgánica 3/2023, de 28 de marzo, de modificación de la Ley Orgánica 10/1995, de 23 de noviembre, del Código Penal, en materia de maltrato animal.

Ley Orgánica 4/2023, de 27 de abril, para la modificación de la Ley Orgánica 10/1995, de 23 de noviembre, del Código Penal, en los delitos contra la libertad sexual, la Ley de Enjuiciamiento Criminal y la Ley Orgánica 5/2000, de 12 de enero, reguladora de la responsabilidad penal de los menores.

Ley Orgánica 1/2024, de 10 de junio, de amnistía para la normalización institucional, política y social en Cataluña.

INDICE DE PRECEPTOS AFECTADOS POR LAS REFORMAS

Ley Orgánica 10/1995, de 23 de noviembre, del Código Penal.

Última reforma de la presente disposición realizada por LO 1/2024, de 10 de junio, de amnistía para la normalización institucional, política y social en Cataluña

Téngase en cuenta que, desde el 1 de octubre de 2015, todas las referencias a «Secretarios judiciales» deberán entenderse hechas a «Letrados de la Administración de Justicia», conforme a la disp. adic. 1.ª LO 7/2015 de 21 julio

EXPOSICIÓN DE MOTIVOS

Si se ha llegado a definir el ordenamiento jurídico como conjunto de normas que regulan el uso de la fuerza, puede entenderse fácilmente la importancia del Código Penal en cualquier sociedad civilizada. El Código Penal define los delitos y faltas que constituyen los presupuestos de la aplicación de la forma suprema que puede revestir el poder coactivo del Estado: la pena criminal. En consecuencia, ocupa un lugar preeminente en el conjunto del ordenamiento, hasta el punto de que, no sin razón, se ha considerado como una especie de «Constitución negativa». El Código Penal ha de tutelar los valores y principios básicos de la convivencia social. Cuando esos valores y principios cambian, debe también cambiar. En nuestro país, sin embargo, pese a las profundas modificaciones de orden social, económico y político, el texto vigente data, en lo que pudiera considerarse su núcleo básico, del pasado siglo. La necesidad de su reforma no puede, pues, discutirse.

A partir de los distintos intentos de reforma llevados a cabo desde la instauración del régimen democrático, el Gobierno ha elaborado el proyecto que somete a la discusión y aprobación de las Cámaras. Debe, por ello, exponer, siquiera sea de modo sucinto, los criterios en que se inspira, aunque éstos puedan deducirse con facilidad de la lectura de su texto.

El eje de dichos criterios ha sido, como es lógico, el de la adaptación positiva del nuevo Código Penal a los valores constitucionales. Los cambios que introduce en esa dirección el presente proyecto son innumerables, pero merece la pena destacar algunos.

En primer lugar, se propone una reforma total del actual sistema de penas, de modo que permita alcanzar, en lo posible, los objetivos de resocialización que la Constitución le asigna. El sistema que se propone simplifica, de una parte, la regulación de las penas privativas de libertad, ampliando, a la vez, las posibilidades de sustituirlas por otras que afecten a bienes jurídicos menos básicos, y, de otra, introduce cambios en las penas pecuniarias, adoptando el sistema de días-multa y añade los trabajos en beneficio de la comunidad.

En segundo lugar, se ha afrontado la antinomia existente entre el principio de intervención mínima y las crecientes necesidades de tutela en una sociedad cada vez más compleja, dando prudente acogida a nuevas formas de delincuencia, pero eliminando, a la vez, figuras delictivas que han perdido su razón de ser. En el primer sentido, merece destacarse la introducción de los delitos contra el orden socioeconómico o la nueva regulación de los delitos relativos a la ordenación del territorio y de los recursos naturales; en el segundo, la desaparición de las figuras complejas de robo con violencia e intimidación en las personas que, surgidas en el marco de la lucha contra el bandolerismo, deben desaparecer dejando paso a la aplicación de las reglas generales.

En tercer lugar, se ha dado especial relieve a la tutela de los derechos fundamentales y se ha procurado diseñar con especial mesura el recurso al instrumento punitivo allí donde está en juego el ejercicio de cualquiera de ellos: sirva de ejemplo, de una parte, la tutela específica de la integridad moral y, de otra, la nueva regulación de los delitos contra el honor. Al tutelar específicamente la integridad moral, se otorga al ciudadano una protección más fuerte frente a la tortura y al configurar los delitos contra el honor del modo en que se propone, se otorga a la libertad de expresión toda la relevancia que puede y debe reconocerle un régimen democrático.

En cuarto lugar, y en consonancia con el objetivo de tutela y respeto a los derechos fundamentales, se ha eliminado el régimen de privilegio de que hasta ahora han venido gozando las injerencias ilegítimas de los funcionarios públicos en el ámbito de los derechos y libertades de los ciudadanos. Por tanto, se propone que las detenciones, entradas y registros en el domicilio llevadas a cabo por autoridad o funcionario fuera de los casos permitidos por la Ley, sean tratadas como formas agravadas de los correspondientes delitos comunes, y no como hasta ahora lo han venido siendo, esto es, como delitos especiales incomprensible e injustificadamente atenuados.

En quinto lugar, se ha procurado avanzar en el camino de la igualdad real y efectiva, tratando de cumplir la tarea que, en ese sentido, impone la Constitución a los poderes públicos. Cierto que no es el Código Penal el instrumento más importante para llevar a cabo esa tarea; sin embargo, puede contribuir a ella, eliminando regulaciones que son un obstáculo para su realización o introduciendo medidas de tutela frente a situaciones discriminatorias. Además de las normas que otorgan una protección específica frente a las actividades tendentes a la discriminación, ha de mencionarse aquí la nueva regulación de los delitos contra la libertad sexual. Se pretende con ella adecuar los tipos penales al bien jurídico protegido, que no es ya, como fuera históricamente, la honestidad de la mujer, sino la libertad sexual de todos. Bajo la tutela de la honestidad de la mujer se escondía una intolerable situación de agravio, que la regulación que se propone elimina totalmente. Podrá sorprender la novedad de las técnicas punitivas utilizadas; pero, en este caso, alejarse de la tradición parece un acierto.

Dejando el ámbito de los principios y descendiendo al de las técnicas de elaboración, el presente proyecto difiere de los anteriores en la pretensión de universalidad. Se venía operando con la idea de que el Código Penal constituyese una regulación completa del poder punitivo del Estado. La realización de esa idea partía ya de un déficit, dada la importancia que en nuestro país reviste la potestad sancionadora de la Administración; pero, además, resultaba innecesaria y perturbadora.

Innecesaria, porque la opción decimonónica a favor del Código Penal y en contra de las leyes especiales se basaba en el hecho innegable de que el legislador, al elaborar un Código, se hallaba constreñido, por razones externas de trascendencia social, a respetar los principios constitucionales, cosa que no ocurría, u ocurría en menor medida, en el caso de una ley particular. En el marco de un constitucionalismo flexible, era ése un argumento de especial importancia para fundamentar la pretensión de universalidad absoluta del Código. Hoy, sin embargo, tanto el Código Penal como las leyes especiales se hallan jerárquicamente subordinados a la Constitución y obligados a someterse a ella, no sólo por esa jerarquía, sino también por la existencia de un control jurisdiccional de la constitucionalidad. Consiguientemente, las leyes especiales no pueden suscitar la prevención que históricamente provocaban.

Perturbadora, porque, aunque es innegable que un Código no merecería ese nombre si no contuviese la mayor parte de las normas penales y, desde luego los principios básicos informadores de toda la regulación, lo cierto es que hay materias que difícilmente pueden introducirse en él. Pues, si una pretensión relativa de universalidad es inherente a la idea de Código, también lo son las de estabilidad y fijeza, y existen ámbitos en que, por la especial situación del resto del ordenamiento, o por la naturaleza misma de las cosas, esa estabilidad y fijeza son imposibles. Tal es, por ejemplo, el caso de los delitos relativos al control de cambios. En ellos, la modificación constante de las condiciones económicas y del contexto normativo, en el que, quiérase o no, se integran tales delitos, aconseja situar las normas penales en dicho contexto y dejarlas fuera del Código; por lo demás, ésa es nuestra tradición, y no faltan, en los países de nuestro entorno, ejemplos caracterizados de un proceder semejante.

Así pues, en ese y en otros parecidos, se ha optado por remitir a las correspondientes leyes especiales la regulación penal de las respectivas materias. La misma técnica se ha utilizado para las normas reguladoras de la despenalización de la interrupción voluntaria del embarazo. En este caso, junto a razones semejantes a las anteriormente expuestas, podría argüirse que no se trata de normas incriminadoras, sino de normas que regulan supuestos de no incriminación. El Tribunal Constitucional exigió que, en la configuración de dichos supuestos, se adoptasen garantías que no parecen propias de un Código Penal, sino más bien de otro tipo de norma.

En la elaboración del proyecto se han tenido muy presentes las discusiones parlamentarias del de 1992, el dictamen del Consejo General del Poder Judicial, el estado de la jurisprudencia y las opiniones de la doctrina científica. Se ha llevado a cabo desde la idea, profundamente sentida, de que el Código Penal ha de ser de todos y de que, por consiguiente, han de escucharse todas las opiniones y optar por las soluciones que parezcan más razonables, esto es, por aquéllas que todo el mundo debería poder aceptar.

No se pretende haber realizado una obra perfecta, sino, simplemente, una obra útil. El Gobierno no tiene aquí la última palabra, sino solamente la primera. Se limita, pues, con este proyecto, a pronunciarla, invitando a todas las fuerzas políticas y a todos los ciudadanos a colaborar en la tarea de su perfeccionamiento. Solamente si todos deseamos tener un Código Penal mejor y contribuimos a conseguirlo podrá lograrse un objetivo cuya importancia para la convivencia y el pacífico disfrute de los derechos y libertades que la Constitución proclama difícilmente podría exagerarse.

TÍTULO PRELIMINAR
De las garantías penales y de la aplicación de la Ley penal

1. 1. No será castigada ninguna acción ni omisión que no esté prevista como delito por Ley anterior a su perpetración [1] . [2]

2. Las medidas de seguridad sólo podrán aplicarse cuando concurran los presupuestos establecidos previamente por la Ley [3] .

2. 1. No será castigado ningún delito con pena que no se halle prevista por Ley anterior a su perpetración. Carecerán, igualmente, de efecto retroactivo las Leyes que establezcan medidas de seguridad. [4]

2. No obstante, tendrán efecto retroactivo aquellas leyes penales que favorezcan al reo, aunque al entrar en vigor hubiera recaído sentencia firme y el sujeto estuviese cumpliendo condena. En caso de duda sobre la determinación de la Ley más favorable, será oído el reo. Los hechos cometidos bajo la vigencia de una Ley temporal serán juzgados, sin embargo, conforme a ella, salvo que se disponga expresamente lo contrario [5] .

3. 1. No podrá ejecutarse pena ni medida de seguridad sino en virtud de sentencia firme dictada por el Juez o Tribunal competente, de acuerdo con las leyes procesales.

2. Tampoco podrá ejecutarse pena ni medida de seguridad en otra forma que la prescrita por la Ley y reglamentos que la desarrollan, ni con otras circunstancias o accidentes que los expresados en su texto. La

---

[1] Véase art. 25.1 CE

[2] Dada nueva redacción apartado 1 por art. único apartado 1 de Ley Orgánica 1/2015 de 30 de marzo de 2015, con vigencia desde 01/07/2015

[3] Véanse arts. 6 y 95 de la presente Ley

[4] Dada nueva redacción apartado 1 por art. único apartado 2 de Ley Orgánica 1/2015 de 30 de marzo de 2015, con vigencia desde 01/07/2015

[5] Véanse art. 9.3 CE; arts. 2.3 y 4.2 CC; art. 1 LECrim y art. 11 de la presente Ley

ejecución de la pena o de la medida de seguridad se realizará bajo el control de los Jueces y Tribunales competentes [6] .

4. 1. Las leyes penales no se aplicarán a casos distintos de los comprendidos expresamente en ellas.

2. En el caso de que un Juez o Tribunal, en el ejercicio de su jurisdicción, tenga conocimiento de alguna acción u omisión que, sin estar penada por la Ley, estime digna de represión, se abstendrá de todo procedimiento sobre ella y expondrá al Gobierno las razones que le asistan para creer que debiera ser objeto de sanción penal.

3. Del mismo modo acudirá al Gobierno exponiendo lo conveniente sobre la derogación o modificación del precepto o la concesión de indulto, sin perjuicio de ejecutar desde luego la sentencia, cuando de la rigurosa aplicación de las disposiciones de la Ley resulte penada una acción u omisión que, a juicio del Juez o Tribunal, no debiera serlo, o cuando la pena sea notablemente excesiva, atendidos el mal causado por la infracción y las circunstancias personales del reo [7] .

4. Si mediara petición de indulto, y el Juez o Tribunal hubiere apreciado en resolución fundada que por el cumplimiento de la pena puede resultar vulnerado el derecho a un proceso sin dilaciones indebidas, suspenderá la ejecución de la misma en tanto no se resuelva sobre la petición formulada.

También podrá el Juez o Tribunal suspender la ejecución de la pena, mientras no se resuelva sobre el indulto cuando, de ser ejecutada la sentencia, la finalidad de éste pudiera resultar ilusoria [8] .

5. No hay pena sin dolo o imprudencia.

6. 1. Las medidas de seguridad se fundamentan en la peligrosidad criminal del sujeto al que se impongan, exteriorizada en la comisión de un hecho previsto como delito.

---

[6] Véanse arts. 1, 145.5 y 983 LECrim; arts. 94 y 95 LOPJ; arts. 2, 9, 72 y 76 LOGP; art. 3 RP

[7] Véanse art. 6.2 i) CE; art. 208 RP y art. 130.4 de la presente Ley

[8] Véanse art. 24,2 CE y art. 902 LECrim

2. Las medidas de seguridad no pueden resultar ni más gravosas ni de mayor duración que la pena abstractamente aplicable al hecho cometido, ni exceder el límite de lo necesario para prevenir la peligrosidad del autor [9] .

7. [10] A los efectos de determinar la Ley penal aplicable en el tiempo, los delitos se consideran cometidos en el momento en que el sujeto ejecuta la acción u omite el acto que estaba obligado a realizar [11] .

8. Los hechos susceptibles de ser calificados con arreglo a dos o más preceptos de este Código, y no comprendidos en los arts. 73 a 77, se castigarán observando las siguientes reglas:
1ª) El precepto especial se aplicará con preferencia al general.
2ª) El precepto subsidiario se aplicará sólo en defecto del principal, ya se declare expresamente dicha subsidiariedad, ya sea ésta tácitamente deducible.
3ª) El precepto penal más amplio o complejo absorberá a los que castiguen las infracciones consumidas en aquél.
4ª) En defecto de los criterios anteriores, el precepto penal más grave excluirá los que castiguen el hecho con pena menor.

9. [12] Las disposiciones de este Título se aplicarán a los delitos que se hallen penados por leyes especiales. Las restantes disposiciones de este Código se aplicarán como supletorias en lo no previsto expresamente por aquéllas [13] .

---

[9] Véanse arts. 95 a 100 de la presente Ley

[10] Dada nueva redacción por art. único apartado 3 de Ley Orgánica 1/2015 de 30 de marzo de 2015, con vigencia desde 01/07/2015

[11] Véanse disposición transitoria 1 y 2 de la presente Ley y disposición transitoria 1 RP

[12] Dada nueva redacción por art. único apartado 4 de Ley Orgánica 1/2015 de 30 de marzo de 2015, con vigencia desde 01/07/2015

[13] Véase disposición transitoria 11 de la presente Ley

LIBRO PRIMERO
*DISPOSICIONES GENERALES SOBRE LOS DELITOS,
LAS PERSONAS RESPONSABLES, LAS PENAS, MEDIDAS DE
SEGURIDAD Y DEMÁS CONSECUENCIAS DE LA INFRACCIÓN
PENAL* [14]

TÍTULO PRIMERO
De la infracción penal

CAPÍTULO PRIMERO
De los delitos [15]

10. [16] Son delitos las acciones y omisiones dolosas o imprudentes penadas por la Ley [17].

11. [18] Los delitos que consistan en la producción de un resultado sólo se entenderán cometidos por omisión cuando la no evitación del mismo, al infringir un especial deber jurídico del autor, equivalga, según el sentido del texto de la Ley, a su causación. A tal efecto se equiparará la omisión a la acción:

a) Cuando exista una específica obligación legal o contractual de actuar.

b) Cuando el omitente haya creado una ocasión de riesgo para el bien jurídicamente protegido mediante una acción u omisión precedente.

---

[14] Dada nueva redacción por art. único apartado 5 de Ley Orgánica 1/2015 de 30 de marzo de 2015, con vigencia desde 01/07/2015

[15] Dada nueva redacción por art. único apartado 6 de Ley Orgánica 1/2015 de 30 de marzo de 2015, con vigencia desde 01/07/2015

[16] Dada nueva redacción por art. único apartado 7 de Ley Orgánica 1/2015 de 30 de marzo de 2015, con vigencia desde 01/07/2015

[17] Véanse arts. 9.3 y 25.1 CE; art. 1 LECrim; arts. 2.3 y 4.2 CC y arts. 6, 11 y 95 de la presente Ley

[18] Dada nueva redacción por art. único apartado 8 de Ley Orgánica 1/2015 de 30 de marzo de 2015, con vigencia desde 01/07/2015

12. Las acciones u omisiones imprudentes sólo se castigarán cuando expresamente lo disponga la Ley [19].

13. 1. Son delitos graves las infracciones que la Ley castiga con pena grave.

2. Son delitos menos graves las infracciones que la Ley castiga con pena menos grave.

3. Son delitos leves las infracciones que la Ley castiga con pena leve. [20]

4. Cuando la pena, por su extensión, pueda incluirse a la vez entre las mencionadas en los dos primeros números de este artículo, el delito se considerará, en todo caso, como grave. Cuando la pena, por su extensión, pueda considerarse como leve y como menos grave, el delito se considerará, en todo caso, como leve [21]. [22]

14. 1. El error invencible sobre un hecho constitutivo de la infracción penal excluye la responsabilidad criminal. Si el error, atendidas las circunstancias del hecho y las personales del autor, fuera vencible, la infracción será castigada, en su caso, como imprudente.

2. El error sobre un hecho que cualifique la infracción o sobre una circunstancia agravante, impedirá su apreciación.

3. El error invencible sobre la ilicitud del hecho constitutivo de la infracción penal excluye la responsabilidad criminal. Si el error fuera vencible, se aplicará la pena inferior en uno o dos grados [23].

---

[19] Véanse arts. 142, 146, 152, 158, 159.2, 220.5, 267, 301.3, 317, 324, 331, 344, 347, 358, 367, 391, 447, 467.2, 532, 601, 621 de la presente Ley

[20] Dada nueva redacción apartado 3 por art. único apartado 9 de Ley Orgánica 1/2015 de 30 de marzo de 2015, con vigencia desde 01/07/2015

[21] Véanse arts. 14 y 757 LECrim y arts. 32, 33 y 71 de la presente Ley

[22] Dada nueva redacción apartado 4 por art. único apartado 9 de Ley Orgánica 1/2015 de 30 de marzo de 2015, con vigencia desde 01/07/2015

[23] Véase art. 6.1 CC

15. [24] Son punibles el delito consumado y la tentativa de delito [25].

16. 1. Hay tentativa cuando el sujeto da principio a la ejecución del delito directamente por hechos exteriores, practicando todos o parte de los actos que objetivamente deberían producir el resultado, y sin embargo éste no se produce por causas independientes de la voluntad del autor.

2. Quedará exento de responsabilidad penal por el delito intentado quien evite voluntariamente la consumación del delito, bien desistiendo de la ejecución ya iniciada, bien impidiendo la producción del resultado, sin perjuicio de la responsabilidad en que pudiera haber incurrido por los actos ejecutados, si éstos fueren ya constitutivos de otro delito. [26]

3. Cuando en un hecho intervengan varios sujetos, quedarán exentos de responsabilidad penal aquél o aquéllos que desistan de la ejecución ya iniciada, e impidan o intenten impedir, seria, firme y decididamente, la consumación, sin perjuicio de la responsabilidad en que pudieran haber incurrido por los actos ejecutados, si éstos fueren ya constitutivos de otro delito [27] . [28]

17. [29] 1. La conspiración existe cuando dos o más personas se conciertan para la ejecución de un delito y resuelven ejecutarlo.

2. La proposición existe cuando el que ha resuelto cometer un delito invita a otra u otras personas a participar en él.

---

[24] Dada nueva redacción por art. único apartado 10 de Ley Orgánica 1/2015 de 30 de marzo de 2015, con vigencia desde 01/07/2015

[25] Véanse arts. 16, 61, 62 y 64 de la presente Ley

[26] Dada nueva redacción apartado 2 por art. único apartado 11 de Ley Orgánica 1/2015 de 30 de marzo de 2015, con vigencia desde 01/07/2015

[27] Véanse arts. 15, 61, 62 y 64 de la presente Ley

[28] Dada nueva redacción apartado 3 por art. único apartado 11 de Ley Orgánica 1/2015 de 30 de marzo de 2015, con vigencia desde 01/07/2015

[29] Dada nueva redacción por art. único apartado 12 de Ley Orgánica 1/2015 de 30 de marzo de 2015, con vigencia desde 01/07/2015

3. La conspiración y la proposición para delinquir sólo se castigarán en los casos especialmente previstos en la Ley [30].

18. 1. La provocación existe cuando directamente se incita por medio de la imprenta, la radiodifusión o cualquier otro medio de eficacia semejante, que facilite la publicidad, o ante una concurrencia de personas, a la perpetración de un delito.

Es apología, a los efectos de este Código, la exposición, ante una concurrencia de personas o por cualquier medio de difusión, de ideas o doctrinas que ensalcen el crimen o enaltezcan a su autor. La apología sólo será delictiva como forma de provocación y si por su naturaleza y circunstancias constituye una incitación directa a cometer un delito.

2. La provocación se castigará exclusivamente en los casos en que la Ley así lo prevea.

Si a la provocación hubiese seguido la perpetración del delito, se castigará como inducción [31].

CAPÍTULO II
De las causas que eximen de la responsabilidad criminal

19. Los menores de dieciocho años no serán responsables criminalmente con arreglo a este Código [32].

Cuando un menor de dicha edad cometa un hecho delictivo podrá ser responsable con arreglo a lo dispuesto en la Ley que regule la responsabilidad penal del menor [33].

20. Están exentos de responsabilidad criminal:

1º) El que al tiempo de cometer la infracción penal, a causa de cualquier anomalía o alteración psíquica, no pueda comprender la ilicitud del hecho o actuar conforme a esa comprensión.

---

[30] Véanse arts. 141, 151, 168, 177 bis.8, 269, 285 quater, 304, 373, 445, 477, 488, 519, 548, 553, 579, 585 y 615 de la presente Ley

[31] Véase art. 28 a) de la presente Ley

[32] Véanse arts. 375, 376 y 380 LECrim

[33] Precepto en vigor desde el 13 enero 2001, conforme a la disposición final 7.1 LO 5/2000 de 12 enero

El trastorno mental transitorio no eximirá de pena cuando hubiese sido provocado por el sujeto con el propósito de cometer el delito o hubiera previsto o debido prever su comisión [34].

2º) El que al tiempo de cometer la infracción penal se halle en estado de intoxicación plena por el consumo de bebidas alcohólicas, drogas tóxicas, estupefacientes, sustancias psicotrópicas u otras que produzcan efectos análogos, siempre que no haya sido buscado con el propósito de cometerla o no se hubiese previsto o debido prever su comisión, o se halle bajo la influencia de un síndrome de abstinencia, a causa de su dependencia de tales sustancias, que le impida comprender la ilicitud del hecho o actuar conforme a esa comprensión [35].

3º) El que, por sufrir alteraciones en la percepción desde el nacimiento o desde la infancia, tenga alterada gravemente la conciencia de la realidad [36].

4º) El que obre en defensa de la persona o derechos propios o ajenos, siempre que concurran los requisitos siguientes:

Primero.- Agresión ilegítima. En caso de defensa de los bienes se reputará agresión ilegítima el ataque a los mismos que constituya delito y los ponga en grave peligro de deterioro o pérdida inminentes. En caso de defensa de la morada o sus dependencias, se reputará agresión ilegítima la entrada indebida en aquélla o éstas. [37]

Segundo.- Necesidad racional del medio empleado para impedirla o repelerla.

Tercero.- Falta de provocación suficiente por parte del defensor.

5º) El que, en estado de necesidad, para evitar un mal propio o ajeno lesione un bien jurídico de otra persona o infrinja un deber, siempre que concurran los siguientes requisitos:

Primero.- Que el mal causado no sea mayor que el que se trate de evitar.

Segundo.- Que la situación de necesidad no haya sido provocada intencionadamente por el sujeto.

---

[34] Véanse arts. 101, 104 a 107, 118,1, 119 y disposición adicional 1 de la presente Ley y arts. 381 a 383, 392 y 991 a 994 LECrim

[35] Véanse arts. 87, 102, 104 a 107, 118.1 y 119 de la presente Ley

[36] Véanse art. 392 LECrim y arts. 103 a 107, 118,1, 119 y disposición adicional 1 de la presente Ley

[37] Dada nueva redacción apartado 4 número 1 por art. único apartado 13 de Ley Orgánica 1/2015 de 30 de marzo de 2015, con vigencia desde 01/07/2015

Tercero.- Que el necesitado no tenga, por su oficio o cargo, obligación de sacrificarse [38].

6º) El que obre impulsado por miedo insuperable.

7º) El que obre en cumplimiento de un deber o en el ejercicio legítimo de un derecho, oficio o cargo [39].

En los supuestos de los tres primeros números se aplicarán, en su caso, las medidas de seguridad previstas en este Código.

CAPÍTULO III
De las circunstancias que atenúan la responsabilidad criminal

21. Son circunstancias atenuantes:

1ª) Las causas expresadas en el Capítulo anterior, cuando no concurrieren todos los requisitos necesarios para eximir de responsabilidad en sus respectivos casos [40].

2ª) La de actuar el culpable a causa de su grave adicción a las sustancias mencionadas en el número 2º del artículo anterior.

3ª) La de obrar por causas o estímulos tan poderosos que hayan producido arrebato, obcecación u otro estado pasional de entidad semejante.

4ª) La de haber procedido el culpable, antes de conocer que el procedimiento judicial se dirige contra él, a confesar la infracción a las autoridades.

5ª) La de haber procedido el culpable a reparar el daño ocasionado a la víctima, o disminuir sus efectos, en cualquier momento del procedimiento y con anterioridad a la celebración del acto del juicio oral.

6ª) La dilación extraordinaria e indebida en la tramitación del procedimiento, siempre que no sea atribuible al propio inculpado y que no guarde proporción con la complejidad de la causa. [41]

---

[38] Véanse art. 782 LECrim y arts. 118 y 119 de la presente Ley

[39] Véase art. 616 bis de la presente Ley

[40] Véanse arts. 68 y 104 de la presente Ley

[41] Añadido apartado 6 por art. único apartado 1 de Ley Orgánica 5/2010 de 22 de junio de 2010, con vigencia desde 23/12/2010

7ª) Cualquier otra circunstancia de análoga significación que las anteriores [42] . [43]

CAPÍTULO IV
De las circunstancias que agravan la responsabilidad criminal

22. Son circunstancias agravantes:

1ª) Ejecutar el hecho con alevosía.

Hay alevosía cuando el culpable comete cualquiera de los delitos contra las personas empleando en la ejecución medios, modos o formas que tiendan directa o especialmente a asegurarla, sin el riesgo que para su persona pudiera proceder de la defensa por parte del ofendido.

2ª) Ejecutar el hecho mediante disfraz, con abuso de superioridad o aprovechando las circunstancias de lugar, tiempo o auxilio de otras personas que debiliten la defensa del ofendido o faciliten la impunidad del delincuente [44] .

3ª) Ejecutar el hecho mediante precio, recompensa o promesa.

4ª) Cometer el delito por motivos racistas, antisemitas, antigitanos u otra clase de discriminación referente a la ideología, religión o creencias de la víctima, la etnia, raza o nación a la que pertenezca, su sexo, edad, orientación o identidad sexual o de género, razones de género, de aporofobia o de exclusión social, la enfermedad que padezca o su discapacidad, con independencia de que tales condiciones o circunstancias concurran efectivamente en la persona sobre la que recaiga la conducta [45] . [46]

5ª) Aumentar deliberada e inhumanamente el sufrimiento de la víctima, causando a ésta padecimientos innecesarios para la ejecución del delito.

6ª) Obrar con abuso de confianza.

---

[42] Véanse arts. 23 y 65 a 67 de la presente Ley

[43] Renumerado apartado 6 por art. único apartado 1 de Ley Orgánica 5/2010 de 22 de junio de 2010 como apartado 7, con vigencia desde 23/12/2010

[44] Véase art. 42.1 c) Ley 1/1970, de 4 de abril, de Caza

[45] Véanse arts. 510 y 607 de la presente Ley

[46] Dada nueva redacción apartado 4 por art. único apartado 1 de Ley Orgánica 6/2022 de 12 de julio de 2022, con vigencia desde 14/07/2022

7ª) Prevalerse del carácter público que tenga el culpable.

8ª) Ser reincidente.

Hay reincidencia cuando, al delinquir, el culpable haya sido condenado ejecutoriamente por un delito comprendido en el mismo título de este Código, siempre que sea de la misma naturaleza.

A los efectos de este número no se computarán los antecedentes penales cancelados o que debieran serlo, ni los que correspondan a delitos leves.

Las condenas firmes de Jueces o Tribunales impuestas en otros Estados de la Unión Europea producirán los efectos de reincidencia salvo que el antecedente penal haya sido cancelado o pudiera serlo con arreglo al Derecho español [47] . [48]

CAPÍTULO V
De la circunstancia mixta de parentesco

23. [49] Es circunstancia que puede atenuar o agravar la responsabilidad, según la naturaleza, los motivos y los efectos del delito, ser o haber sido el agraviado cónyuge o persona que esté o haya estado ligada de forma estable por análoga relación de afectividad, o ser ascendiente, descendiente o hermano por naturaleza o adopción del ofensor o de su cónyuge o conviviente. [50]

---

[47] Véanse art. 379 LECrim; arts. 87.2, 190, 375, 388, 580 y disposición transitoria 7 de la presente Ley

[48] Dada nueva redacción apartado 8 por art. único apartado 14 de Ley Orgánica 1/2015 de 30 de marzo de 2015, con vigencia desde 01/07/2015

[49] Dada nueva redacción por art. 1 apartado 1 de Ley Orgánica 11/2003 de 29 de septiembre de 2003, con vigencia desde 01/10/2003

[50] Véanse arts. 65, 153, 180.4, 182.1, 268 y 424 de la presente Ley

CAPÍTULO VI
Disposiciones generales

24. 1. A los efectos penales se reputará autoridad al que por sí solo o como miembro de alguna corporación, tribunal u órgano colegiado tenga mando o ejerza jurisdicción propia. En todo caso, tendrán la consideración de autoridad los miembros del Congreso de los Diputados, del Senado, de las Asambleas Legislativas de las Comunidades Autónomas y del Parlamento Europeo. Tendrán también la consideración de autoridad los funcionarios del Ministerio Fiscal y los Fiscales de la Fiscalía Europea. [51]

2. Se considerará funcionario público todo el que por disposición inmediata de la Ley o por elección o por nombramiento de autoridad competente participe en el ejercicio de funciones públicas [52].

25. [53] A los efectos de este Código se entiende por discapacidad aquella situación en que se encuentra una persona con deficiencias físicas, mentales, intelectuales o sensoriales de carácter permanente que, al interactuar con diversas barreras, puedan limitar o impedir su participación plena y efectiva en la sociedad, en igualdad de condiciones con las demás.

Asimismo a los efectos de este Código, se entenderá por persona con discapacidad necesitada de especial protección a aquella persona con discapacidad que, tenga o no judicialmente modificada su capacidad de obrar, requiera de asistencia o apoyo para el ejercicio de su capacidad jurídica y para la toma de decisiones respecto de su persona, de sus derechos o intereses a causa de sus deficiencias intelectuales o mentales de carácter permanente [54].

---

[51] Dada nueva redacción apartado 1 por disposición final 4 apartado 1 de Ley Orgánica 9/2021 de 1 de julio de 2021, con vigencia desde 03/07/2021

[52] Véanse arts. 2, 10, 550 y 556 de la presente Ley

[53] Dada nueva redacción por art. único apartado 15 de Ley Orgánica 1/2015 de 30 de marzo de 2015, con vigencia desde 01/07/2015

[54] Véanse arts. 148.3, 153, 155, 156, 185 a 188, 192, 197.5, 223, 224, 229, así como 232 y 618 y disposición adicional 1 y 2 de la presente Ley

26. A los efectos de este Código se considera documento todo soporte material que exprese o incorpore datos, hechos o narraciones con eficacia probatoria o cualquier otro tipo de relevancia jurídica [55].

TÍTULO II
De las personas criminalmente responsables de los delitos [56]

27. [57] Son responsables criminalmente de los delitos los autores y los cómplices.

28. Son autores quienes realizan el hecho por sí solos, conjuntamente o por medio de otro del que se sirven como instrumento.
También serán considerados autores:
a) Los que inducen directamente a otro u otros a ejecutarlo [58].
b) Los que cooperan a su ejecución con un acto sin el cual no se habría efectuado [59].

29. Son cómplices los que, no hallándose comprendidos en el artículo anterior, cooperan a la ejecución del hecho con actos anteriores o simultáneos [60].

30. 1. En los delitos que se cometan utilizando medios o soportes de difusión mecánicos no responderán criminalmente ni los cómplices ni quienes los hubieren favorecido personal o realmente. [61]

---

[55] Véanse arts. 197, 278, 390, 413, 465, 534, 600 y 603 de la presente Ley

[56] Dada nueva redacción por art. único apartado 16 de Ley Orgánica 1/2015 de 30 de marzo de 2015, con vigencia desde 01/07/2015

[57] Dada nueva redacción por art. único apartado 17 de Ley Orgánica 1/2015 de 30 de marzo de 2015, con vigencia desde 01/07/2015

[58] Véase art. 18.2 de la presente Ley

[59] Véanse arts. 61, 62 y 64 de la presente Ley

[60] Véanse arts. 63 y 64 de la presente Ley

[61] Dada nueva redacción apartado 1 por art. único apartado 18 de Ley Orgánica 1/2015 de 30 de marzo de 2015, con vigencia desde 01/07/2015

2. Los autores a los que se refiere el art. 28 responderán de forma escalonada, excluyente y subsidiaria de acuerdo con el siguiente orden:

1º) Los que realmente hayan redactado el texto o producido el signo de que se trate, y quienes les hayan inducido a realizarlo.

2º) Los directores de la publicación o programa en que se difunda.

3º) Los directores de la empresa editora, emisora o difusora.

4º) Los directores de la empresa grabadora, reproductora o impresora.

3. Cuando por cualquier motivo distinto de la extinción de la responsabilidad penal, incluso la declaración de rebeldía o la residencia fuera de España, no pueda perseguirse a ninguna de las personas comprendidas en alguno de los números del apartado anterior, se dirigirá el procedimiento contra las mencionadas en el número inmediatamente posterior [62].

31. [63] El que actúe como administrador de hecho o de derecho de una persona jurídica, o en nombre o representación legal o voluntaria de otro, responderá personalmente, aunque no concurran en él las condiciones, cualidades o relaciones que la correspondiente figura de delito requiera para poder ser sujeto activo del mismo, si tales circunstancias se dan en la entidad o persona en cuyo nombre o representación obre.

31 bis. [64] 1. En los supuestos previstos en este Código, las personas jurídicas serán penalmente responsables:

a) De los delitos cometidos en nombre o por cuenta de las mismas, y en su beneficio directo o indirecto, por sus representantes legales o por aquellos que actuando individualmente o como integrantes de un órgano de la persona jurídica, están autorizados para tomar decisiones en nombre de la persona jurídica u ostentan facultades de organización y control dentro de la misma.

b) De los delitos cometidos, en el ejercicio de actividades sociales y por cuenta y en beneficio directo o indirecto de las mismas, por

---

[62] Véanse arts. 816, 817, 818, 819, 820, 821, 822 y 823 LECrim

[63] Dada nueva redacción por art. único apartado 19 de Ley Orgánica 1/2015 de 30 de marzo de 2015, con vigencia desde 01/07/2015

[64] Dada nueva redacción por art. único apartado 20 de Ley Orgánica 1/2015 de 30 de marzo de 2015, con vigencia desde 01/07/2015

quienes, estando sometidos a la autoridad de las personas físicas mencionadas en el párrafo anterior, han podido realizar los hechos por haberse incumplido gravemente por aquéllos los deberes de supervisión, vigilancia y control de su actividad atendidas las concretas circunstancias del caso.

2. Si el delito fuere cometido por las personas indicadas en la letra a) del apartado anterior, la persona jurídica quedará exenta de responsabilidad si se cumplen las siguientes condiciones:

1ª el órgano de administración ha adoptado y ejecutado con eficacia, antes de la comisión del delito, modelos de organización y gestión que incluyen las medidas de vigilancia y control idóneas para prevenir delitos de la misma naturaleza o para reducir de forma significativa el riesgo de su comisión;

2ª la supervisión del funcionamiento y del cumplimiento del modelo de prevención implantado ha sido confiada a un órgano de la persona jurídica con poderes autónomos de iniciativa y de control o que tenga encomendada legalmente la función de supervisar la eficacia de los controles internos de la persona jurídica;

3ª los autores individuales han cometido el delito eludiendo fraudulentamente los modelos de organización y de prevención y

4ª no se ha producido una omisión o un ejercicio insuficiente de sus funciones de supervisión, vigilancia y control por parte del órgano al que se refiere la condición 2ª

En los casos en los que las anteriores circunstancias solamente puedan ser objeto de acreditación parcial, esta circunstancia será valorada a los efectos de atenuación de la pena.

3. En las personas jurídicas de pequeñas dimensiones, las funciones de supervisión a que se refiere la condición 2ª del apartado 2 podrán ser asumidas directamente por el órgano de administración. A estos efectos, son personas jurídicas de pequeñas dimensiones aquéllas que, según la legislación aplicable, estén autorizadas a presentar cuenta de pérdidas y ganancias abreviada.

4. Si el delito fuera cometido por las personas indicadas en la letra b) del apartado 1, la persona jurídica quedará exenta de responsabilidad si, antes de la comisión del delito, ha adoptado y ejecutado eficazmente un modelo de organización y gestión que resulte adecuado para prevenir delitos de la naturaleza del que fue cometido o para reducir de forma significativa el riesgo de su comisión.

En este caso resultará igualmente aplicable la atenuación prevista en el párrafo segundo del apartado 2 de este artículo.

5. Los modelos de organización y gestión a que se refieren la condición 1ª del apartado 2 y el apartado anterior deberán cumplir los siguientes requisitos:

1º Identificarán las actividades en cuyo ámbito puedan ser cometidos los delitos que deben ser prevenidos.

2º Establecerán los protocolos o procedimientos que concreten el proceso de formación de la voluntad de la persona jurídica, de adopción de decisiones y de ejecución de las mismas con relación a aquéllos.

3º Dispondrán de modelos de gestión de los recursos financieros adecuados para impedir la comisión de los delitos que deben ser prevenidos.

4º Impondrán la obligación de informar de posibles riesgos e incumplimientos al organismo encargado de vigilar el funcionamiento y observancia del modelo de prevención.

5º Establecerán un sistema disciplinario que sancione adecuadamente el incumplimiento de las medidas que establezca el modelo.

6º Realizarán una verificación periódica del modelo y de su eventual modificación cuando se pongan de manifiesto infracciones relevantes de sus disposiciones, o cuando se produzcan cambios en la organización, en la estructura de control o en la actividad desarrollada que los hagan necesarios.

31 ter. [65] 1. La responsabilidad penal de las personas jurídicas será exigible siempre que se constate la comisión de un delito que haya tenido que cometerse por quien ostente los cargos o funciones aludidas en el artículo anterior, aun cuando la concreta persona física responsable no haya sido individualizada o no haya sido posible dirigir el procedimiento contra ella. Cuando como consecuencia de los mismos hechos se impusiere a ambas la pena de multa, los Jueces o Tribunales modularán las respectivas cuantías, de modo que la suma resultante no sea desproporcionada en relación con la gravedad de aquéllos.

2. La concurrencia, en las personas que materialmente hayan realizado los hechos o en las que los hubiesen hecho posibles por no

---

[65] Añadido por art. único apartado 21 de Ley Orgánica 1/2015 de 30 de marzo de 2015, con vigencia desde 01/07/2015

haber ejercido el debido control, de circunstancias que afecten a la culpabilidad del acusado o agraven su responsabilidad, o el hecho de que dichas personas hayan fallecido o se hubieren sustraído a la acción de la justicia, no excluirá ni modificará la responsabilidad penal de las personas jurídicas, sin perjuicio de lo que se dispone en el artículo siguiente.

31 quater. [66] Sólo podrán considerarse circunstancias atenuantes de la responsabilidad penal de las personas jurídicas haber realizado, con posterioridad a la comisión del delito y a través de sus representantes legales, las siguientes actividades:

a) Haber procedido, antes de conocer que el procedimiento judicial se dirige contra ella, a confesar la infracción a las autoridades.

b) Haber colaborado en la investigación del hecho aportando pruebas, en cualquier momento del proceso, que fueran nuevas y decisivas para esclarecer las responsabilidades penales dimanantes de los hechos.

c) Haber procedido en cualquier momento del procedimiento y con anterioridad al juicio oral a reparar o disminuir el daño causado por el delito.

d) Haber establecido, antes del comienzo del juicio oral, medidas eficaces para prevenir y descubrir los delitos que en el futuro pudieran cometerse con los medios o bajo la cobertura de la persona jurídica.

31 quinquies. [67] 1. Las disposiciones relativas a la responsabilidad penal de las personas jurídicas no serán aplicables al Estado, a las Administraciones públicas territoriales e institucionales, a los Organismos Reguladores, las Agencias y Entidades públicas Empresariales, a las organizaciones internacionales de derecho público, ni a aquellas otras que ejerzan potestades públicas de soberanía o administrativas.

2. En el caso de las Sociedades mercantiles públicas que ejecuten políticas públicas o presten servicios de interés económico general, solamente les podrán ser impuestas las penas previstas en las letras a) y g) del apartado 7 del art. 33. Esta limitación no será aplicable cuando

---

[66] Añadido por art. único apartado 22 de Ley Orgánica 1/2015 de 30 de marzo de 2015, con vigencia desde 01/07/2015

[67] Añadido por art. único apartado 23 de Ley Orgánica 1/2015 de 30 de marzo de 2015, con vigencia desde 01/07/2015

el Juez o Tribunal aprecie que se trata de una forma jurídica creada por sus promotores, fundadores, administradores o representantes con el propósito de eludir una eventual responsabilidad penal.

TÍTULO III
De las penas

CAPÍTULO PRIMERO
De las penas, sus clases y efectos

SECCIÓN PRIMERA
De las penas y sus clases

32. Las penas que pueden imponerse con arreglo a este Código, bien con carácter principal bien como accesorias, son privativas de libertad, privativas de otros derechos y multa.

33. 1. En función de su naturaleza y duración, las penas se clasifican en graves, menos graves y leves.

2. Son penas graves:

a) La prisión permanente revisable.

b) La prisión superior a cinco años.

c) La inhabilitación absoluta.

d) Las inhabilitaciones especiales por tiempo superior a cinco años.

e) La suspensión de empleo o cargo público por tiempo superior a cinco años.

f) La privación del derecho a conducir vehículos a motor y ciclomotores por tiempo superior a ocho años.

g) La privación del derecho a la tenencia y porte de armas por tiempo superior a ocho años.

h) La privación del derecho a residir en determinados lugares o acudir a ellos, por tiempo superior a cinco años.

i) La prohibición de aproximarse a la víctima o a aquellos de sus familiares u otras personas que determine el Juez o Tribunal, por tiempo superior a cinco años.

j) La prohibición de comunicarse con la víctima o con aquellos de sus familiares u otras personas que determine el Juez o Tribunal, por tiempo superior a cinco años.

k) La privación de la patria potestad. [68]

3. Son penas menos graves:

a) La prisión de tres meses hasta cinco años.

b) Las inhabilitaciones especiales hasta cinco años.

c) La suspensión de empleo o cargo público hasta cinco años.

d) La privación del derecho a conducir vehículos a motor y ciclomotores de un año y un día a ocho años.

e) La privación del derecho a la tenencia y porte de armas de un año y un día a ocho años.

f) Inhabilitación especial para el ejercicio de profesión, oficio o comercio que tenga relación con los animales y para la tenencia de animales de un año y un día a cinco años.

g) La privación del derecho a residir en determinados lugares o acudir a ellos, por tiempo de seis meses a cinco años.

h) La prohibición de aproximarse a la víctima o a aquellos de sus familiares u otras personas que determine el Juez o Tribunal, por tiempo de seis meses a cinco años.

i) La prohibición de comunicarse con la víctima o con aquellos de sus familiares u otras personas que determine el Juez o Tribunal, por tiempo de seis meses a cinco años.

j) La multa de más de tres meses.

k) La multa proporcional, cualquiera que fuese su cuantía, salvo lo dispuesto en el apartado 7 de este artículo.

l) Los trabajos en beneficio de la comunidad de treinta y un días a un año. [69]

4. Son penas leves:

a) La privación del derecho a conducir vehículos a motor y ciclomotores de tres meses a un año.

b) La privación del derecho a la tenencia y porte de armas de tres meses a un año.

---

[68] Dada nueva redacción apartado 2 por art. único apartado 24 de Ley Orgánica 1/2015 de 30 de marzo de 2015, con vigencia desde 01/07/2015

[69] Dada nueva redacción apartado 3 por art. único apartado 24 de Ley Orgánica 1/2015 de 30 de marzo de 2015, con vigencia desde 01/07/2015

c) Inhabilitación especial para el ejercicio de profesión, oficio o comercio que tenga relación con los animales y para la tenencia de animales de tres meses a un año.

d) La privación del derecho a residir en determinados lugares o acudir a ellos, por tiempo inferior a seis meses.

e) La prohibición de aproximarse a la víctima o a aquellos de sus familiares u otras personas que determine el Juez o Tribunal, por tiempo de un mes a menos de seis meses.

f) La prohibición de comunicarse con la víctima o con aquellos de sus familiares u otras personas que determine el Juez o Tribunal, por tiempo de un mes a menos de seis meses.

g) La multa de hasta tres meses.

h) La localización permanente de un día a tres meses.

i) Los trabajos en beneficio de la comunidad de uno a treinta días. [70]

5. La responsabilidad personal subsidiaria por impago de multa tendrá naturaleza menos grave o leve, según la que corresponda a la pena que sustituya.

6. Las penas accesorias tendrán la duración que respectivamente tenga la pena principal, excepto lo que dispongan expresamente otros preceptos de este Código. [71]

7. Las penas aplicables a las personas jurídicas, que tienen todas la consideración de graves, son las siguientes:

a) Multa por cuotas o proporcional.

b) Disolución de la persona jurídica. La disolución producirá la pérdida definitiva de su personalidad jurídica, así como la de su capacidad de actuar de cualquier modo en el tráfico jurídico, o llevar a cabo cualquier clase de actividad, aunque sea lícita.

c) Suspensión de sus actividades por un plazo que no podrá exceder de cinco años.

d) Clausura de sus locales y establecimientos por un plazo que no podrá exceder de cinco años.

e) Prohibición de realizar en el futuro las actividades en cuyo ejercicio se haya cometido, favorecido o encubierto el delito. Esta prohibi-

---

[70] Dada nueva redacción apartado 4 por art. único apartado 24 de Ley Orgánica 1/2015 de 30 de marzo de 2015, con vigencia desde 01/07/2015

[71] Dada nueva redacción apartado 6 por art. único apartado 2 de Ley Orgánica 15/2003 de 25 de noviembre de 2003, con vigencia desde 01/10/2004

ción podrá ser temporal o definitiva. Si fuere temporal, el plazo no podrá exceder de quince años.

f) Inhabilitación para obtener subvenciones y ayudas públicas, para contratar con el sector público y para gozar de beneficios e incentivos fiscales o de la Seguridad Social, por un plazo que no podrá exceder de quince años.

g) Intervención judicial para salvaguardar los derechos de los trabajadores o de los acreedores por el tiempo que se estime necesario, que no podrá exceder de cinco años.

La intervención podrá afectar a la totalidad de la organización o limitarse a alguna de sus instalaciones, secciones o unidades de negocio. El Juez o Tribunal, en la sentencia o, posteriormente, mediante auto, determinará exactamente el contenido de la intervención y determinará quién se hará cargo de la intervención y en qué plazos deberá realizar informes de seguimiento para el órgano judicial. La intervención se podrá modificar o suspender en todo momento previo informe del interventor y del Ministerio Fiscal. El interventor tendrá derecho a acceder a todas las instalaciones y locales de la empresa o persona jurídica y a recibir cuanta información estime necesaria para el ejercicio de sus funciones. Reglamentariamente se determinarán los aspectos relacionados con el ejercicio de la función de interventor, como la retribución o la cualificación necesaria.

La clausura temporal de los locales o establecimientos, la suspensión de las actividades sociales y la intervención judicial podrán ser acordadas también por el Juez Instructor como medida cautelar durante la instrucción de la causa. [72]

34. No se reputarán penas:

1. La detención y prisión preventiva y las demás medidas cautelares de naturaleza penal [73].

2. Las multas y demás correcciones que, en uso de atribuciones gubernativas o disciplinarias, se impongan a los subordinados o administrados.

---

[72] Añadido apartado 7 por art. único apartado 5 de Ley Orgánica 5/2010 de 22 de junio de 2010, con vigencia desde 23/12/2010

[73] Véanse arts. 489, 502, 529 bis y 785.8 LECrim

3. Las privaciones de derechos y las sanciones reparadoras que establezcan las leyes civiles o administrativas.

SECCIÓN SEGUNDA
De las penas privativas de libertad

35. [74] Son penas privativas de libertad la prisión permanente revisable, la prisión, la localización permanente y la responsabilidad personal subsidiaria por impago de multa. Su cumplimiento, así como los beneficios penitenciarios que supongan acortamiento de la condena, se ajustarán a lo dispuesto en las leyes y en este Código.

36. [75] 1. La pena de prisión permanente será revisada de conformidad con lo dispuesto en el art. 92 .

La clasificación del condenado en el tercer grado deberá ser autorizada por el Tribunal previo pronóstico individualizado y favorable de reinserción social, oídos el Ministerio Fiscal e Instituciones Penitenciarias, y no podrá efectuarse:

a) Hasta el cumplimiento de veinte años de prisión efectiva, en el caso de que el penado lo hubiera sido por un delito del Capítulo VII del Título XXII del Libro II de este Código.

b) Hasta el cumplimiento de quince años de prisión efectiva, en el resto de los casos.

En estos supuestos, el penado no podrá disfrutar de permisos de salida hasta que haya cumplido un mínimo de doce años de prisión, en el caso previsto en la letra a), y ocho años de prisión, en el previsto en la letra b). [76]

2. La pena de prisión tendrá una duración mínima de tres meses y máxima de veinte años, salvo lo que excepcionalmente dispongan otros preceptos del presente Código.

---

[74] Dada nueva redacción por art. único apartado 25 de Ley Orgánica 1/2015 de 30 de marzo de 2015, con vigencia desde 01/07/2015

[75] Dada nueva redacción por art. 1 apartado 1 de Ley Orgánica 7/2003 de 30 de junio de 2003, con vigencia desde 02/07/2003

[76] Dada nueva redacción apartado 1 por art. único apartado 26 de Ley Orgánica 1/2015 de 30 de marzo de 2015, con vigencia desde 01/07/2015

Cuando la duración de la pena de prisión impuesta sea superior a cinco años, el juez o tribunal podrá ordenar que la clasificación del condenado en el tercer grado de tratamiento penitenciario no se efectúe hasta el cumplimiento de la mitad de la pena impuesta.

En cualquier caso, cuando la duración de la pena de prisión impuesta sea superior a cinco años y se trate de los delitos enumerados a continuación, la clasificación del condenado en el tercer grado de tratamiento penitenciario no podrá efectuarse hasta el cumplimiento de la mitad de la misma:

a) Delitos referentes a organizaciones y grupos terroristas y delitos de terrorismo del Capítulo VII del Título XXII del Libro II de este Código.

b) Delitos cometidos en el seno de una organización o grupo criminal.

c) Delitos del Título VII bis del Libro II de este Código, cuando la víctima sea una persona menor de edad o persona con discapacidad necesitada de especial protección.

d) Delitos del artículo 181.

e) Delitos del Capítulo V del Título VIII del Libro II de este Código, cuando la víctima sea menor de dieciséis años.

En los supuestos de las letras c), d) y e), si la condena fuera superior a cinco años de prisión la clasificación del condenado en el tercer grado de tratamiento penitenciario no podrá efectuarse sin valoración e informe específico acerca del aprovechamiento por el reo del programa de tratamiento para condenados por agresión sexual. [77]

3. La autoridad judicial de vigilancia penitenciaria, previo pronóstico individualizado y favorable de reinserción social y valorando, en su caso, las circunstancias personales de la persona condenada y la evolución del tratamiento reeducador, podrá acordar razonadamente, oídos el Ministerio Fiscal, Instituciones Penitenciarias y las demás partes, la aplicación del régimen general de cumplimiento, salvo en los supuestos contenidos en el apartado anterior. [78]

4. En todo caso, la autoridad judicial de vigilancia penitenciaria, según corresponda, podrá acordar, previo informe del Ministerio Fiscal,

---

[77] Dada nueva redacción apartado 2 por disposición final 4 apartado 1 de Ley Orgánica 10/2022 de 6 de septiembre de 2022, con vigencia desde 07/10/2022

[78] Dada nueva redacción apartado 3 por disposición final 4 apartado 1 de Ley Orgánica 10/2022 de 6 de septiembre de 2022, con vigencia desde 07/10/2022

Instituciones Penitenciarias y las demás partes, la progresión a tercer grado por motivos humanitarios y de dignidad personal de las personas condenadas enfermas muy graves con padecimientos incurables y de las personas septuagenarias, valorando, especialmente, su escasa peligrosidad. [79]

37. [80] 1. La localización permanente tendrá una duración de hasta seis meses. Su cumplimiento obliga al penado a permanecer en su domicilio o en lugar determinado fijado por el Juez en sentencia o posteriormente en auto motivado.

No obstante, en los casos en los que la localización permanente esté prevista como pena principal, atendiendo a la reiteración en la comisión de la infracción y siempre que así lo disponga expresamente el concreto precepto aplicable, el Juez podrá acordar en sentencia que la pena de localización permanente se cumpla los sábados, domingos y días festivos en el centro penitenciario más próximo al domicilio del penado. [81]

2. Si el reo lo solicitare y las circunstancias lo aconsejaren, oído el Ministerio Fiscal, el Juez o Tribunal sentenciador podrá acordar que la condena se cumpla durante los sábados y domingos o de forma no continuada.

3. Si el condenado incumpliera la pena, el Juez o Tribunal sentenciador deducirá testimonio para proceder de conformidad con lo que dispone el art. 468 .

4. Para garantizar el cumplimiento efectivo, el Juez o Tribunal podrá acordar la utilización de medios mecánicos o electrónicos que permitan la localización del reo. [82]

---

[79] Añadido apartado 4 por disposición final 4 apartado 1 de Ley Orgánica 10/2022 de 6 de septiembre de 2022, con vigencia desde 07/10/2022

[80] Dada nueva redacción por art. único apartado 5 de Ley Orgánica 15/2003 de 25 de noviembre de 2003, con vigencia desde 01/10/2004

[81] Dada nueva redacción apartado 1 por art. único apartado 7 de Ley Orgánica 5/2010 de 22 de junio de 2010, con vigencia desde 23/12/2010

[82] Añadido apartado 4 por art. único apartado 7 de Ley Orgánica 5/2010 de 22 de junio de 2010, con vigencia desde 23/12/2010

38. 1. Cuando el reo estuviere preso, la duración de las penas empezará a computarse desde el día en que la sentencia condenatoria haya quedado firme.

2. Cuando el reo no estuviere preso, la duración de las penas empezará a contarse desde que ingrese en el establecimiento adecuado para su cumplimiento.

SECCIÓN TERCERA
De las penas privativas de derechos

39. [83] Son penas privativas de derechos:

a) La inhabilitación absoluta.

b) Las de inhabilitación especial para empleo o cargo público, profesión, oficio, industria o comercio, u otras actividades, sean o no retribuidas, o de los derechos de patria potestad, tutela, guarda o curatela, tenencia de animales, derecho de sufragio pasivo o de cualquier otro derecho. [84]

c) La suspensión de empleo o cargo público.

d) La privación del derecho a conducir vehículos a motor y ciclomotores.

e) La privación del derecho a la tenencia y porte de armas.

f) La privación del derecho a residir en determinados lugares o acudir a ellos.

g) La prohibición de aproximarse a la víctima o a aquellos de sus familiares u otras personas que determine el juez o el Tribunal.

h) La prohibición de comunicarse con la víctima o con aquellos de sus familiares u otras personas que determine el Juez o Tribunal.

i) Los trabajos en beneficio de la comunidad.

j) La privación de la patria potestad.

---

[83] Dada nueva redacción por art. único apartado 27 de Ley Orgánica 1/2015 de 30 de marzo de 2015, con vigencia desde 01/07/2015

[84] Dada nueva redacción letra b por disposición final 6 apartado 2 de Ley Orgánica 8/2021 de 4 de junio de 2021, con vigencia desde 25/06/2021

40. [85] 1. La pena de inhabilitación absoluta tendrá una duración de seis a 20 años; las de inhabilitación especial, de tres meses a 20 años, y la de suspensión de empleo o cargo público, de tres meses a seis años.

2. La pena de privación del derecho a conducir vehículos a motor y ciclomotores, y la de privación del derecho a la tenencia y porte de armas, tendrán una duración de tres meses a 10 años.

3. La pena de privación del derecho a residir en determinados lugares o acudir a ellos tendrá una duración de hasta 10 años. La prohibición de aproximarse a la víctima o a aquellos de sus familiares u otras personas, o de comunicarse con ellas, tendrá una duración de un mes a 10 años.

4. La pena de trabajos en beneficio de la comunidad tendrá una duración de un día a un año.

5. La duración de cada una de estas penas será la prevista en los apartados anteriores, salvo lo que excepcionalmente dispongan otros preceptos de este Código.

41. La pena de inhabilitación absoluta produce la privación definitiva de todos los honores, empleos y cargos públicos que tenga el penado, aunque sean electivos. Produce, además, la incapacidad para obtener los mismos o cualesquiera otros honores, cargos o empleos públicos, y la de ser elegido para cargo público, durante el tiempo de la condena [86].

42. [87] La pena de inhabilitación especial para empleo o cargo público produce la privación definitiva del empleo o cargo sobre el que recayere, aunque sea electivo, y de los honores que le sean anejos. Produce, además, la incapacidad para obtener el mismo u otros análogos, durante el tiempo de la condena. En la sentencia habrán

[85] Dada nueva redacción por art. único apartado 7 de Ley Orgánica 15/2003 de 25 de noviembre de 2003, con vigencia desde 01/10/2004

[86] Véase RD 2669/1998, de 11 de diciembre, por el que se aprueba el procedimiento a seguir en materia de rehabilitación de los funcionarios públicos en el ámbito de la Administración General del Estado

[87] Dada nueva redacción por art. único apartado 8 de Ley Orgánica 15/2003 de 25 de noviembre de 2003, con vigencia desde 01/10/2004

de especificarse los empleos, cargos y honores sobre los que recae la inhabilitación.

43. La suspensión de empleo o cargo público priva de su ejercicio al penado durante el tiempo de la condena.

44. La inhabilitación especial para el derecho de sufragio pasivo priva al penado, durante el tiempo de la condena, del derecho a ser elegido para cargos públicos.

45. [88] La inhabilitación especial para profesión, oficio, industria o comercio u otras actividades, sean o no retribuidas, o cualquier otro derecho, que ha de concretarse expresa y motivadamente en la sentencia, priva a la persona penada de la facultad de ejercerlos durante el tiempo de la condena. La autoridad judicial podrá restringir la inhabilitación a determinadas actividades o funciones de la profesión u oficio, retribuido o no, permitiendo, si ello fuera posible, el ejercicio de aquellas funciones no directamente relacionadas con el delito cometido [89].

46. [90] La inhabilitación especial para el ejercicio de la patria potestad, tutela, curatela, guarda o acogimiento, priva a la persona condenada de los derechos inherentes a la primera, y supone la extinción de las demás, así como la incapacidad para obtener nombramiento para dichos cargos durante el tiempo de la condena. La pena de privación de la patria potestad implica la pérdida de la titularidad de la misma, subsistiendo aquellos derechos de los que sea titular el hijo o la hija respecto de la persona condenada que se determinen judicialmente. La autoridad judicial podrá acordar estas penas respecto de todas o algunas de las personas menores de edad o personas con discapacidad necesitadas de especial protección que estén a cargo de la persona condenada.

---

[88] Dada nueva redacción por disposición final 6 apartado 3 de Ley Orgánica 8/2021 de 4 de junio de 2021, con vigencia desde 25/06/2021

[89] Véanse arts. 37 y 137 LOREG

[90] Dada nueva redacción por disposición final 6 apartado 4 de Ley Orgánica 8/2021 de 4 de junio de 2021, con vigencia desde 25/06/2021

Para concretar qué derechos de las personas menores de edad o personas con discapacidad han de subsistir en caso de privación de la patria potestad y para determinar respecto de qué personas se acuerda la pena, la autoridad judicial valorará el interés superior de la persona menor de edad o con discapacidad, en relación a las circunstancias del caso concreto.

A los efectos de este artículo, la patria potestad comprende tanto la regulada en el Código Civil, incluida la prorrogada y la rehabilitada, como las instituciones análogas previstas en la legislación civil de las comunidades autónomas.

47. La imposición de la pena de privación del derecho a conducir vehículos a motor y ciclomotores inhabilitará al penado para el ejercicio de ambos derechos durante el tiempo fijado en la sentencia.

La imposición de la pena de privación del derecho a la tenencia y porte de armas inhabilitará al penado para el ejercicio de este derecho por el tiempo fijado en la sentencia.

Cuando la pena impuesta lo fuere por un tiempo superior a dos años comportará la pérdida de vigencia del permiso o licencia que habilite para la conducción o la tenencia y porte, respectivamente [91]. [92]

48. [93] 1. La privación del derecho a residir en determinados lugares o acudir a ellos impide al penado residir o acudir al lugar en que haya cometido el delito, o a aquel en que resida la víctima o su familia, si fueren distintos. En los casos en que exista declarada una discapacidad intelectual o una discapacidad que tenga su origen en un trastorno mental, se estudiará el caso concreto a fin de resolver teniendo presentes los bienes jurídicos a proteger y el interés superior de la persona con discapacidad que, en su caso, habrá de contar con los

---

[91] Véanse disposición adicional 3 Texto Articulado sobre tráfico y arts. 379 a 385 de la presente Ley

[92] Añadido párrafo 3 por art. único apartado 1 de Ley Orgánica 15/2007 de 30 de noviembre de 2007, con vigencia desde 02/12/2007

[93] Dada nueva redacción por art. único apartado 10 de Ley Orgánica 15/2003 de 25 de noviembre de 2003, con vigencia desde 01/10/2004

medios de acompañamiento y apoyo precisos para el cumplimiento de la medida. [94]

2. La prohibición de aproximarse a la víctima, o a aquellos de sus familiares u otras personas que determine el Juez o Tribunal, impide al penado acercarse a ellos, en cualquier lugar donde se encuentren, así como acercarse a su domicilio, a sus lugares de trabajo y a cualquier otro que sea frecuentado por ellos, quedando en suspenso, respecto de los hijos, el régimen de visitas, comunicación y estancia que, en su caso, se hubiere reconocido en sentencia civil hasta el total cumplimiento de esta pena.

3. La prohibición de comunicarse con la víctima, o con aquellos de sus familiares u otras personas que determine el Juez o Tribunal, impide al penado establecer con ellas, por cualquier medio de comunicación o medio informático o telemático, contacto escrito, verbal o visual.

4. El Juez o Tribunal podrá acordar que el control de estas medidas se realice a través de aquellos medios electrónicos que lo permitan.

49. [95] Los trabajos en beneficio de la comunidad, que no podrán imponerse sin el consentimiento de la persona condenada, le obligan a prestar su cooperación no retribuida en determinadas actividades de utilidad pública, que podrán consistir, en relación con delitos de similar naturaleza al cometido por la persona condenada, en labores de reparación de los daños causados o de apoyo o asistencia a las víctimas, así como en la participación de la persona condenada en talleres o programas formativos de reeducación, laborales, culturales, de educación vial, sexual, resolución pacífica de conflictos, parentalidad positiva y otros similares. Su duración diaria no podrá exceder de ocho horas y sus condiciones serán las siguientes: [96]

1ª) La ejecución se desarrollará bajo el control del Juez de Vigilancia Penitenciaria, que, a tal efecto, requerirá los informes sobre el desem-

---

[94] Dada nueva redacción apartado 1 por art. único apartado 28 de Ley Orgánica 1/2015 de 30 de marzo de 2015, con vigencia desde 01/07/2015

[95] Dada nueva redacción por art. único apartado 11 de Ley Orgánica 15/2003 de 25 de noviembre de 2003, con vigencia desde 01/10/2004

[96] Dada nueva redacción párrafo 1 por disposición final 6 apartado 5 de Ley Orgánica 8/2021 de 4 de junio de 2021, con vigencia desde 25/06/2021

peño del trabajo a la Administración, entidad pública o asociación de interés general en que se presten los servicios.

2ª) No atentará a la dignidad del penado.

3ª) El trabajo en beneficio de la comunidad será facilitado por la Administración, la cual podrá establecer los convenios oportunos a tal fin.

4ª) Gozará de la protección dispensada a los penados por la legislación penitenciaria en materia de Seguridad Social.

5ª) No se supeditará al logro de intereses económicos.

6ª) Los servicios sociales penitenciarios, hechas las verificaciones necesarias, comunicarán al Juez de Vigilancia Penitenciaria las incidencias relevantes de la ejecución de la pena y, en todo caso, si el penado:

a) Se ausenta del trabajo durante al menos dos jornadas laborales, siempre que ello suponga un rechazo voluntario por su parte al cumplimiento de la pena.

b) A pesar de los requerimientos del responsable del centro de trabajo, su rendimiento fuera sensiblemente inferior al mínimo exigible.

c) Se opusiera o incumpliera de forma reiterada y manifiesta las instrucciones que se le dieren por el responsable de la ocupación referidas al desarrollo de la misma.

d) Por cualquier otra razón, su conducta fuere tal que el responsable del trabajo se negase a seguir manteniéndolo en el centro.

Una vez valorado el informe, el Juez de Vigilancia Penitenciaria podrá acordar su ejecución en el mismo centro, enviar al penado para que finalice la ejecución de la misma en otro centro o entender que el penado ha incumplido la pena.

En caso de incumplimiento, se deducirá testimonio para proceder de conformidad con el art. 468 .

7ª) Si el penado faltara del trabajo por causa justificada no se entenderá como abandono de la actividad. No obstante, el trabajo perdido no se le computará en la liquidación de la condena, en la que se deberán hacer constar los días o jornadas que efectivamente hubiese trabajado del total que se le hubiera impuesto.

SECCIÓN CUARTA
De la pena de multa

50. 1. La pena de multa consistirá en la imposición al condenado de una sanción pecuniaria.

2. La pena de multa se impondrá, salvo que la Ley disponga otra cosa, por el sistema de días-multa.

3. Su extensión mínima será de diez días y la máxima de dos años. Las penas de multa imponibles a personas jurídicas tendrán una extensión máxima de cinco años. [97]

4. La cuota diaria tendrá un mínimo de dos y un máximo de 400 euros, excepto en el caso de las multas imponibles a las personas jurídicas, en las que la cuota diaria tendrá un mínimo de 30 y un máximo de 5.000 euros. A efectos de cómputo, cuando se fije la duración por meses o por años, se entenderá que los meses son de treinta días y los años de trescientos sesenta. [98]

5. Los Jueces o Tribunales determinarán motivadamente la extensión de la pena dentro de los límites establecidos para cada delito y según las reglas del Capítulo II de este Título. Igualmente, fijarán en la sentencia, el importe de estas cuotas, teniendo en cuenta para ello exclusivamente la situación económica del reo, deducida de su patrimonio, ingresos, obligaciones y cargas familiares y demás circunstancias personales del mismo.

6. El Tribunal, por causa justificada, podrá autorizar el pago de la multa dentro de un plazo que no exceda de dos años desde la firmeza de la sentencia, bien de una vez o en los plazos que se determinen. En este caso, el impago de dos de ellos determinará el vencimiento de los restantes. [99]

---

[97] Dada nueva redacción apartado 3 por art. único apartado 12 de Ley Orgánica 5/2010 de 22 de junio de 2010, con vigencia desde 23/12/2010

[98] Dada nueva redacción apartado 4 por art. único apartado 12 de Ley Orgánica 5/2010 de 22 de junio de 2010, con vigencia desde 23/12/2010

[99] Dada nueva redacción apartado 6 por art. único apartado 12 de Ley Orgánica 15/2003 de 25 de noviembre de 2003, con vigencia desde 01/10/2004

51. [100] Si, después de la sentencia, variase la situación económica del penado, el Juez o Tribunal, excepcionalmente y tras la debida indagación de dicha situación, podrá modificar tanto el importe de las cuotas periódicas como los plazos para su pago.

52. [101] 1. No obstante lo dispuesto en los artículos anteriores y cuando el Código así lo determine, la multa se establecerá en proporción al daño causado, el valor del objeto del delito o el beneficio reportado por el mismo.

2. En estos casos, los Jueces y Tribunales impondrán la multa dentro de los límites fijados para cada delito, considerando para determinar en cada caso su cuantía, no sólo las circunstancias atenuantes y agravantes del hecho, sino principalmente la situación económica del culpable.

3. Si, después de la sentencia, empeorase la situación económica del penado, el Juez o Tribunal, excepcionalmente y tras la debida indagación de dicha situación, podrá reducir el importe de la multa dentro de los límites señalados por la Ley para el delito de que se trate, o autorizar su pago en los plazos que se determinen.

4. En los casos en los que este Código prevé una pena de multa para las personas jurídicas en proporción al beneficio obtenido o facilitado, al perjuicio causado, al valor del objeto, o a la cantidad defraudada o indebidamente obtenida, de no ser posible el cálculo en base a tales conceptos, el Juez o Tribunal motivará la imposibilidad de proceder a tal cálculo y las multas previstas se sustituirán por las siguientes:

a) Multa de dos a cinco años, si el delito cometido por la persona física tiene prevista una pena de prisión de más de cinco años.

b) Multa de uno a tres años, si el delito cometido por la persona física tiene prevista una pena de prisión de más de dos años no incluida en el inciso anterior.

c) Multa de seis meses a dos años, en el resto de los casos. [102]

---

[100] Dada nueva redacción por art. único apartado 13 de Ley Orgánica 15/2003 de 25 de noviembre de 2003, con vigencia desde 01/10/2004

[101] Dada nueva redacción por art. único apartado 14 de Ley Orgánica 15/2003 de 25 de noviembre de 2003, con vigencia desde 01/10/2004

[102] Añadido apartado 4 por art. único apartado 13 de Ley Orgánica 5/2010 de 22 de junio de 2010, con vigencia desde 23/12/2010

53. 1. Si el condenado no satisficiere, voluntariamente o por vía de apremio, la multa impuesta, quedará sujeto a una responsabilidad personal subsidiaria de un día de privación de libertad por cada dos cuotas diarias no satisfechas, que, tratándose de delitos leves, podrá cumplirse mediante localización permanente. En este caso, no regirá la limitación que en su duración establece el apartado 1 del art. 37.

También podrá el Juez o Tribunal, previa conformidad del penado, acordar que la responsabilidad subsidiaria se cumpla mediante trabajos en beneficio de la comunidad. En este caso, cada día de privación de libertad equivaldrá a una jornada de trabajo. [103]

2. En los supuestos de multa proporcional los Jueces y Tribunales establecerán, según su prudente arbitrio, la responsabilidad personal subsidiaria que proceda, que no podrá exceder, en ningún caso, de un año de duración. También podrá el Juez o Tribunal acordar, previa conformidad del penado, que se cumpla mediante trabajos en beneficio de la comunidad.

3. Esta responsabilidad subsidiaria no se impondrá a los condenados a pena privativa de libertad superior a cinco años. [104]

4. El cumplimiento de la responsabilidad subsidiaria extingue la obligación de pago de la multa, aunque mejore la situación económica del penado. [105]

5. Podrá ser fraccionado el pago de la multa impuesta a una persona jurídica, durante un período de hasta cinco años, cuando su cuantía ponga probadamente en peligro la supervivencia de aquélla o el mantenimiento de los puestos de trabajo existentes en la misma, o cuando lo aconseje el interés general. Si la persona jurídica condenada no satisficiere, voluntariamente o por vía de apremio, la multa impuesta en el plazo que se hubiere señalado, el Tribunal podrá acordar su intervención hasta el pago total de la misma. [106]

---

[103] Dada nueva redacción apartado 1 por art. único apartado 29 de Ley Orgánica 1/2015 de 30 de marzo de 2015, con vigencia desde 01/07/2015

[104] Dada nueva redacción apartado 3 por art. único apartado 15 de Ley Orgánica 15/2003 de 25 de noviembre de 2003, con vigencia desde 01/10/2004

[105] Dada nueva redacción apartado 4 por art. único apartado 15 de Ley Orgánica 15/2003 de 25 de noviembre de 2003, con vigencia desde 01/10/2004

[106] Añadido apartado 5 por art. único apartado 14 de Ley Orgánica 5/2010 de 22 de junio de 2010, con vigencia desde 23/12/2010

SECCIÓN QUINTA
De las penas accesorias

54. Las penas de inhabilitación son accesorias en los casos en que, no imponiéndolas especialmente, la Ley declare que otras penas las llevan consigo [107].

55. [108] La pena de prisión igual o superior a diez años llevará consigo la inhabilitación absoluta durante el tiempo de la condena, salvo que ésta ya estuviere prevista como pena principal para el supuesto de que se trate. El Juez podrá además disponer la inhabilitación especial para el ejercicio de la patria potestad, tutela, curatela, guarda o acogimiento, o bien la privación de la patria potestad, cuando estos derechos hubieren tenido relación directa con el delito cometido. Esta vinculación deberá determinarse expresamente en la sentencia [109].

56. [110] 1. En las penas de prisión inferiores a diez años, los Jueces o Tribunales impondrán, atendiendo a la gravedad del delito, como penas accesorias, alguna o algunas de las siguientes:
1º) Suspensión de empleo o cargo público.
2º) Inhabilitación especial para el derecho de sufragio pasivo durante el tiempo de la condena.
3º) Inhabilitación especial para empleo o cargo público, profesión, oficio, industria, comercio, ejercicio de la patria potestad, tutela, curatela, guarda o acogimiento o cualquier otro derecho, la privación de la patria potestad, si estos derechos hubieran tenido relación directa con el delito cometido, debiendo determinarse expresamente en la

---

[107] Véanse arts. 55, 56 y 79 de la presente Ley

[108] Dada nueva redacción por art. único apartado 15 de Ley Orgánica 5/2010 de 22 de junio de 2010, con vigencia desde 23/12/2010

[109] Véase art. 79 de la presente Ley

[110] Dada nueva redacción por art. único apartado 16 de Ley Orgánica 15/2003 de 25 de noviembre de 2003, con vigencia desde 01/10/2004

sentencia esta vinculación, sin perjuicio de la aplicación de lo previsto en el art. 579 de este Código. [111]

2. Lo previsto en este artículo se entiende sin perjuicio de la aplicación de lo dispuesto en otros preceptos de este Código respecto de la imposición de estas penas.

57. [112] 1. Las autoridades judiciales, en los delitos de homicidio, aborto, lesiones, contra la libertad, de torturas y contra la integridad moral, trata de seres humanos, contra la libertad e indemnidad sexuales, la intimidad, el derecho a la propia imagen y la inviolabilidad del domicilio, el honor, el patrimonio, el orden socioeconómico y las relaciones familiares, atendiendo a la gravedad de los hechos o al peligro que el delincuente represente, podrán acordar en sus sentencias la imposición de una o varias de las prohibiciones contempladas en el artículo 48, por un tiempo que no excederá de diez años si el delito fuera grave, o de cinco si fuera menos grave.

No obstante lo anterior, si la persona condenada lo fuera a pena de prisión y el Juez o Tribunal acordara la imposición de una o varias de dichas prohibiciones, lo hará por un tiempo superior entre uno y diez años al de la duración de la pena de prisión impuesta en la sentencia, si el delito fuera grave, y entre uno y cinco años, si fuera menos grave. En este supuesto, la pena de prisión y las prohibiciones antes citadas se cumplirán necesariamente por la persona condenada de forma simultánea. [113]

2. En los supuestos de los delitos mencionados en el primer párrafo del apartado 1 de este artículo cometidos contra quien sea o haya sido el cónyuge, o sobre persona que esté o haya estado ligada al condenado por una análoga relación de afectividad aun sin convivencia, o sobre los descendientes, ascendientes o hermanos por naturaleza, adopción o afinidad, propios o del cónyuge o conviviente, o sobre los menores o personas con discapacidad necesitadas de especial protección que con él convivan o que se hallen sujetos a la potestad, tutela, curatela,

---

[111] Dada nueva redacción apartado 1 número 3 por art. único apartado 16 de Ley Orgánica 5/2010 de 22 de junio de 2010, con vigencia desde 23/12/2010

[112] Dada nueva redacción por art. único apartado 30 de Ley Orgánica 1/2015 de 30 de marzo de 2015, con vigencia desde 01/07/2015

[113] Dada nueva redacción apartado 1 por disposición final 6 apartado 6 de Ley Orgánica 8/2021 de 4 de junio de 2021, con vigencia desde 25/06/2021

acogimiento o guarda de hecho del cónyuge o conviviente, o sobre persona amparada en cualquier otra relación por la que se encuentre integrada en el núcleo de su convivencia familiar, así como sobre las personas que por su especial vulnerabilidad se encuentran sometidas a su custodia o guarda en centros públicos o privados se acordará, en todo caso, la aplicación de la pena prevista en el apartado 2 del art. 48 por un tiempo que no excederá de diez años si el delito fuera grave, o de cinco si fuera menos grave, sin perjuicio de lo dispuesto en el párrafo segundo del apartado anterior.

3. También podrán imponerse las prohibiciones establecidas en el art. 48, por un periodo de tiempo que no excederá de seis meses, por la comisión de los delitos mencionados en el primer párrafo del apartado 1 de este artículo que tengan la consideración de delitos leves.

SECCIÓN SEXTA
Disposiciones comunes

58. [114] 1. El tiempo de privación de libertad sufrido provisionalmente será abonado en su totalidad por el Juez o Tribunal sentenciador para el cumplimiento de la pena o penas impuestas en la causa en que dicha privación fue acordada, salvo en cuanto haya coincidido con cualquier privación de libertad impuesta al penado en otra causa, que le haya sido abonada o le sea abonable en ella. En ningún caso un mismo periodo de privación de libertad podrá ser abonado en más de una causa. [115]

2. El abono de prisión provisional en causa distinta de la que se decretó será acordado de oficio o a petición del penado y previa comprobación de que no ha sido abonada en otra causa, por el Juez de Vigilancia Penitenciaria de la jurisdicción de la que dependa el centro penitenciario en que se encuentre el penado, previa audiencia del Ministerio Fiscal.

---

[114] Dada nueva redacción por art. único apartado 18 de Ley Orgánica 15/2003 de 25 de noviembre de 2003, con vigencia desde 01/10/2004

[115] Dada nueva redacción apartado 1 por art. único apartado 17 de Ley Orgánica 5/2010 de 22 de junio de 2010, con vigencia desde 23/12/2010

3. Sólo procederá el abono de prisión provisional sufrida en otra causa cuando dicha medida cautelar sea posterior a los hechos delictivos que motivaron la pena a la que se pretende abonar.

4. Las reglas anteriores se aplicarán también respecto de las privaciones de derechos acordadas cautelarmente [116].

59. Cuando las medidas cautelares sufridas y la pena impuesta sean de distinta naturaleza, el Juez o Tribunal ordenará que se tenga por ejecutada la pena impuesta en aquella parte que estime compensada.

60. 1. Cuando, después de pronunciada sentencia firme, se aprecie en el penado una situación duradera de trastorno mental grave que le impida conocer el sentido de la pena, el Juez de Vigilancia Penitenciaria suspenderá la ejecución de la pena privativa de libertad que se le hubiera impuesto, garantizando que reciba la asistencia médica precisa, para lo cual podrá decretar la imposición de una medida de seguridad privativa de libertad de las previstas en este Código que no podrá ser, en ningún caso, más gravosa que la pena sustituida. Si se tratase de una pena de distinta naturaleza, el Juez de Vigilancia Penitenciaria apreciará si la situación del penado le permite conocer el sentido de la pena y, en su caso, suspenderá la ejecución imponiendo las medidas de seguridad que estime necesarias.

El Juez de Vigilancia comunicará al Ministerio Fiscal, con suficiente antelación, la próxima extinción de la pena o medida de seguridad impuesta, a efectos de lo previsto por la disposición adicional primera de este Código. [117]

2. Restablecida la salud mental del penado, éste cumplirá la sentencia si la pena no hubiere prescrito, sin perjuicio de que el Juez o Tribunal, por razones de equidad, pueda dar por extinguida la condena o reducir su duración, en la medida en que el cumplimiento de la pena resulte innecesario o contraproducente.

---

[116] Véase art. 17.4 CE y arts. 502 a 519, 785.8, 802.3 y 986 LECrim

[117] Dada nueva redacción apartado 1 por art. único apartado 19 de Ley Orgánica 15/2003 de 25 de noviembre de 2003, con vigencia desde 01/10/2004

CAPÍTULO II
De la aplicación de las penas

SECCIÓN PRIMERA
Reglas generales para la aplicación de las penas

61. Cuando la Ley establece una pena, se entiende que la impone a los autores de la infracción consumada [118] .

62. A los autores de tentativa de delito se les impondrá la pena inferior en uno o dos grados a la señalada por la Ley para el delito consumado, en la extensión que se estime adecuada, atendiendo al peligro inherente al intento y al grado de ejecución alcanzado [119] .

63. A los cómplices de un delito consumado o intentado se les impondrá la pena inferior en grado a la fijada por la Ley para los autores del mismo delito [120] .

64. Las reglas anteriores no serán de aplicación en los casos en que la tentativa y la complicidad se hallen especialmente penadas por la Ley [121] .

65. 1. Las circunstancias agravantes o atenuantes que consistan en cualquier causa de naturaleza personal agravarán o atenuarán la responsabilidad sólo de aquéllos en quienes concurran. [122]
2. Las que consistan en la ejecución material del hecho o en los medios empleados para realizarla, servirán únicamente para agravar o

---

[118] Véanse arts. 15 y 28 de la presente Ley
[119] Véanse arts. 16, 28 y 64 de la presente Ley
[120] Véanse arts. 15, 16, 29 y 64 de la presente Ley
[121] Véanse arts. 16, 28 y 64 de la presente Ley
[122] Dada nueva redacción apartado 1 por art. único apartado 20 de Ley Orgánica 15/2003 de 25 de noviembre de 2003, con vigencia desde 01/10/2004

atenuar la responsabilidad de los que hayan tenido conocimiento de ellas en el momento de la acción o de su cooperación para el delito.

3. Cuando en el inductor o en el cooperador necesario no concurran las condiciones, cualidades o relaciones personales que fundamentan la culpabilidad del autor, los Jueces o Tribunales podrán imponer la pena inferior en grado a la señalada por la Ley para la infracción de que se trate. [123]

66. [124] 1. En la aplicación de la pena, tratándose de delitos dolosos, los Jueces o Tribunales observarán, según haya o no circunstancias atenuantes o agravantes, las siguientes reglas:

1ª) Cuando concurra sólo una circunstancia atenuante, aplicarán la pena en la mitad inferior de la que fije la Ley para el delito.

2ª) Cuando concurran dos o más circunstancias atenuantes, o una o varias muy cualificadas, y no concurra agravante alguna, aplicarán la pena inferior en uno o dos grados a la establecida por la Ley, atendidos el número y la entidad de dichas circunstancias atenuantes.

3ª) Cuando concurra sólo una o dos circunstancias agravantes, aplicarán la pena en la mitad superior de la que fije la Ley para el delito.

4ª) Cuando concurran más de dos circunstancias agravantes y no concurra atenuante alguna, podrán aplicar la pena superior en grado a la establecida por la Ley, en su mitad inferior.

5ª) Cuando concurra la circunstancia agravante de reincidencia con la cualificación de que el culpable al delinquir hubiera sido condenado ejecutoriamente, al menos, por tres delitos comprendidos en el mismo Título de este Código, siempre que sean de la misma naturaleza, podrán aplicar la pena superior en grado a la prevista por la Ley para el delito de que se trate, teniendo en cuenta las condenas precedentes, así como la gravedad del nuevo delito cometido.

A los efectos de esta regla no se computarán los antecedentes penales cancelados o que debieran serlo.

6ª) Cuando no concurran atenuantes ni agravantes aplicarán la pena establecida por la Ley para el delito cometido, en la extensión

---

[123] Añadido apartado 3 por art. único apartado 20 de Ley Orgánica 15/2003 de 25 de noviembre de 2003, con vigencia desde 01/10/2004

[124] Dada nueva redacción por art. 1 apartado 2 de Ley Orgánica 11/2003 de 29 de septiembre de 2003, con vigencia desde 01/10/2003

que estimen adecuada, en atención a las circunstancias personales del delincuente y a la mayor o menor gravedad del hecho.

7ª) Cuando concurran atenuantes y agravantes, las valorarán y compensarán racionalmente para la individualización de la pena. En el caso de persistir un fundamento cualificado de atenuación aplicarán la pena inferior en grado. Si se mantiene un fundamento cualificado de agravación, aplicarán la pena en su mitad superior.

8ª) Cuando los Jueces o Tribunales apliquen la pena inferior en más de un grado podrán hacerlo en toda su extensión.

2. En los delitos leves y en los delitos imprudentes, los Jueces o Tribunales aplicarán las penas a su prudente arbitrio, sin sujetarse a las reglas prescritas en el apartado anterior [125] . [126]

66 bis. [127] En la aplicación de las penas impuestas a las personas jurídicas se estará a lo dispuesto en las reglas 1ª a 4ª y 6ª a 8ª del primer número del art. 66, así como a las siguientes:

1ª En los supuestos en los que vengan establecidas por las disposiciones del Libro II, para decidir sobre la imposición y la extensión de las penas previstas en las letras b) a g) del apartado 7 del art. 33 habrá de tenerse en cuenta:

a) Su necesidad para prevenir la continuidad de la actividad delictiva o de sus efectos.

b) Sus consecuencias económicas y sociales, y especialmente los efectos para los trabajadores.

c) El puesto que en la estructura de la persona jurídica ocupa la persona física u órgano que incumplió el deber de control.

2ª Cuando las penas previstas en las letras c) a g) del apartado 7 del art. 33 se impongan con una duración limitada, ésta no podrá exceder la duración máxima de la pena privativa de libertad prevista para el caso de que el delito fuera cometido por persona física.

Para la imposición de las sanciones previstas en las letras c) a g) por un plazo superior a dos años será necesario que se dé alguna de las dos circunstancias siguientes:

---

[125] Véanse arts. 21 a 23 y 70 a 72 de la presente Ley

[126] Dada nueva redacción apartado 2 por art. único apartado 31 de Ley Orgánica 1/2015 de 30 de marzo de 2015, con vigencia desde 01/07/2015

[127] Añadido por art. único apartado 18 de Ley Orgánica 5/2010 de 22 de junio de 2010, con vigencia desde 23/12/2010

a) Que la persona jurídica sea reincidente.

b) Que la persona jurídica se utilice instrumentalmente para la comisión de ilícitos penales. Se entenderá que se está ante este último supuesto siempre que la actividad legal de la persona jurídica sea menos relevante que su actividad ilegal.

Cuando la responsabilidad de la persona jurídica, en los casos previstos en la letra b) del apartado 1 del art. 31 bis, derive de un incumplimiento de los deberes de supervisión, vigilancia y control que no tenga carácter grave, estas penas tendrán en todo caso una duración máxima de dos años.

Para la imposición con carácter permanente de las sanciones previstas en las letras b) y e), y para la imposición por un plazo superior a cinco años de las previstas en las letras e) y f) del apartado 7 del art. 33, será necesario que se dé alguna de las dos circunstancias siguientes:

a) Que se esté ante el supuesto de hecho previsto en la regla 5ª del apartado 1 del art. 66.

b) Que la persona jurídica se utilice instrumentalmente para la comisión de ilícitos penales. Se entenderá que se está ante este último supuesto siempre que la actividad legal de la persona jurídica sea menos relevante que su actividad ilegal. [128]

67. Las reglas del artículo anterior no se aplicarán a las circunstancias agravantes o atenuantes que la Ley haya tenido en cuenta al describir o sancionar una infracción, ni a las que sean de tal manera inherentes al delito que sin la concurrencia de ellas no podría cometerse.

68. [129] En los casos previstos en la circunstancia primera del art. 21, los Jueces o Tribunales impondrán la pena inferior en uno o dos grados a la señalada por la Ley, atendidos el número y la entidad de los requisitos que falten o concurran, y las circunstancias personales

---

[128] Dada nueva redacción apartado 2 por art. único apartado 32 de Ley Orgánica 1/2015 de 30 de marzo de 2015, con vigencia desde 01/07/2015

[129] Dada nueva redacción por art. único apartado 21 de Ley Orgánica 15/2003 de 25 de noviembre de 2003, con vigencia desde 01/10/2004

de su autor, sin perjuicio de la aplicación del art. 66 del presente Código [130].

69. Al mayor de dieciocho años y menor de veintiuno que cometa un hecho delictivo, podrán aplicársele las disposiciones de la Ley que regule la responsabilidad penal del menor en los casos y con los requisitos que ésta disponga [131].

70. [132] 1. La pena superior e inferior en grado a la prevista por la Ley para cualquier delito tendrá la extensión resultante de la aplicación de las siguientes reglas:

1ª La pena superior en grado se formará partiendo de la cifra máxima señalada por la Ley para el delito de que se trate y aumentando a ésta la mitad de su cuantía, constituyendo la suma resultante su límite máximo. El límite mínimo de la pena superior en grado será el máximo de la pena señalada por la Ley para el delito de que se trate, incrementado en un día o en un día multa según la naturaleza de la pena a imponer.

2ª La pena inferior en grado se formará partiendo de la cifra mínima señalada para el delito de que se trate y deduciendo de ésta la mitad de su cuantía, constituyendo el resultado de tal deducción su límite mínimo. El límite máximo de la pena inferior en grado será el mínimo de la pena señalada por la Ley para el delito de que se trate, reducido en un día o en un día multa según la naturaleza de la pena a imponer.

2. A los efectos de determinar la mitad superior o inferior de la pena o de concretar la pena inferior o superior en grado, el día o el día multa se considerarán indivisibles y actuarán como unidades penológicas de más o menos, según los casos.

3. Cuando, en la aplicación de la regla 1ª del apartado 1 de este artículo, la pena superior en grado exceda de los límites máximos fijados a cada pena en este Código, se considerarán como inmediatamente superiores:

---

[130] Véanse arts. 70 a 72 y 101 a 104 de la presente Ley

[131] Precepto en vigor desde el 13 enero 2001, conforme a la disposición final 7.1 LO 5/2000 de 12 enero

[132] Dada nueva redacción por art. único apartado 22 de Ley Orgánica 15/2003 de 25 de noviembre de 2003, con vigencia desde 01/10/2004

1º) Si la pena determinada fuera la de prisión, la misma pena, con la cláusula de que su duración máxima será de 30 años.

2º) Si fuera de inhabilitación absoluta o especial, la misma pena, con la cláusula de que su duración máxima será de 30 años.

3º) Si fuera de suspensión de empleo o cargo público, la misma pena, con la cláusula de que su duración máxima será de ocho años.

4º) Tratándose de privación del derecho a conducir vehículos a motor y ciclomotores, la misma pena, con la cláusula de que su duración máxima será de 15 años.

5º) Tratándose de privación del derecho a la tenencia y porte de armas, la misma pena, con la cláusula de que su duración máxima será de 20 años.

6º) Tratándose de privación del derecho a residir en determinados lugares o acudir a ellos, la misma pena, con la cláusula de que su duración máxima será de 20 años.

7º) Tratándose de prohibición de aproximarse a la víctima o a aquellos de sus familiares u otras personas que determine el Juez o Tribunal, la misma pena, con la cláusula de que su duración máxima será de 20 años.

8º) Tratándose de prohibición de comunicarse con la víctima o con aquellos de sus familiares u otras personas que determine el Juez o Tribunal, la misma pena, con la cláusula de que su duración máxima será de 20 años.

9º) Si fuera de multa, la misma pena, con la cláusula de que su duración máxima será de 30 meses.

4. La pena inferior en grado a la de prisión permanente es la pena de prisión de veinte a treinta años. [133]

71. [134] 1. En la determinación de la pena inferior en grado, los Jueces o Tribunales no quedarán limitados por las cuantías mínimas señaladas en la ley a cada clase de pena, sino que podrán reducirlas en la forma que resulte de la aplicación de la regla correspondiente.

---

[133] Añadido apartado 4 por art. único apartado 33 de Ley Orgánica 1/2015 de 30 de marzo de 2015, con vigencia desde 01/07/2015

[134] Dada nueva redacción por art. único apartado 34 de Ley Orgánica 1/2015 de 30 de marzo de 2015, con vigencia desde 01/07/2015

2. No obstante, cuando por aplicación de las reglas anteriores proceda imponer una pena de prisión inferior a tres meses, ésta será en todo caso sustituida por multa, trabajos en beneficio de la comunidad, o localización permanente, aunque la ley no prevea estas penas para el delito de que se trate, sustituyéndose cada día de prisión por dos cuotas de multa o por una jornada de trabajo o por un día de localización permanente [135].

72. [136] Los Jueces o Tribunales, en la aplicación de la pena, con arreglo a las normas contenidas en este Capítulo, razonarán en la sentencia el grado y extensión concreta de la impuesta.

SECCIÓN SEGUNDA
Reglas especiales para la aplicación de las penas

73. Al responsable de dos o más delitos o faltas se le impondrán todas las penas correspondientes a las diversas infracciones para su cumplimiento simultáneo, si fuera posible, por la naturaleza y efectos de las mismas.

74. 1. No obstante lo dispuesto en el artículo anterior, el que, en ejecución de un plan preconcebido o aprovechando idéntica ocasión, realice una pluralidad de acciones u omisiones que ofendan a uno o varios sujetos e infrinjan el mismo precepto penal o preceptos de igual o semejante naturaleza, será castigado como autor de un delito o falta continuados con la pena señalada para la infracción más grave, que se impondrá en su mitad superior, pudiendo llegar hasta la mitad inferior de la pena superior en grado. [137]

2. Si se tratare de infracciones contra el patrimonio, se impondrá la pena teniendo en cuenta el perjuicio total causado. En estas infraccio-

---

[135] Véanse arts. 80 a 88 de la presente Ley

[136] Dada nueva redacción por art. único apartado 24 de Ley Orgánica 15/2003 de 25 de noviembre de 2003, con vigencia desde 01/10/2004

[137] Dada nueva redacción apartado 1 por art. único apartado 25 de Ley Orgánica 15/2003 de 25 de noviembre de 2003, con vigencia desde 01/10/2004

nes el Juez o Tribunal impondrá, motivadamente, la pena superior en uno o dos grados, en la extensión que estime conveniente, si el hecho revistiere notoria gravedad y hubiere perjudicado a una generalidad de personas.

3. Quedan exceptuadas de lo establecido en los apartados anteriores las ofensas a bienes eminentemente personales, salvo las constitutivas de infracciones contra el honor y la libertad e indemnidad sexuales que afecten al mismo sujeto pasivo. En estos casos, se atenderá a la naturaleza del hecho y del precepto infringido para aplicar o no la continuidad delictiva. [138]

75. Cuando todas o algunas de las penas correspondientes a las diversas infracciones no puedan ser cumplidas simultáneamente por el condenado, se seguirá el orden de su respectiva gravedad para su cumplimiento sucesivo, en cuanto sea posible.

76. [139] 1. No obstante lo dispuesto en el artículo anterior, el máximo de cumplimiento efectivo de la condena del culpable no podrá exceder del triple del tiempo por el que se le imponga la más grave de las penas en que haya incurrido, declarando extinguidas las que procedan desde que las ya impuestas cubran dicho máximo, que no podrá exceder de 20 años. Excepcionalmente, este límite máximo será:

a) De 25 años, cuando el sujeto haya sido condenado por dos o más delitos y alguno de ellos esté castigado por la Ley con pena de prisión de hasta 20 años.

b) De 30 años, cuando el sujeto haya sido condenado por dos o más delitos y alguno de ellos esté castigado por la Ley con pena de prisión superior a 20 años.

c) De 40 años, cuando el sujeto haya sido condenado por dos o más delitos y, al menos, dos de ellos estén castigados por la Ley con pena de prisión superior a 20 años.

d) De 40 años, cuando el sujeto haya sido condenado por dos o más delitos referentes a organizaciones y grupos terroristas y delitos de

---

[138] Dada nueva redacción apartado 3 por art. único apartado 25 de Ley Orgánica 15/2003 de 25 de noviembre de 2003, con vigencia desde 01/10/2004

[139] Dada nueva redacción por art. 1 apartado 2 de Ley Orgánica 7/2003 de 30 de junio de 2003, con vigencia desde 02/07/2003

terrorismo del Capítulo VII del Título XXII del Libro II de este Código y alguno de ellos esté castigado por la Ley con pena de prisión superior a 20 años. [140]

e) Cuando el sujeto haya sido condenado por dos o más delitos y, al menos, uno de ellos esté castigado por la ley con pena de prisión permanente revisable, se estará a lo dispuesto en los arts. 92 y 78 bis. [141]

2. La limitación se aplicará aunque las penas se hayan impuesto en distintos procesos cuando lo hayan sido por hechos cometidos antes de la fecha en que fueron enjuiciados los que, siendo objeto de acumulación, lo hubieran sido en primer lugar [142] . [143]

77. [144] 1. Lo dispuesto en los dos artículos anteriores no es aplicable en el caso de que un solo hecho constituya dos o más delitos, o cuando uno de ellos sea medio necesario para cometer el otro.

2. En el primer caso, se aplicará en su mitad superior la pena prevista para la infracción más grave, sin que pueda exceder de la que represente la suma de las que correspondería aplicar si se penaran separadamente las infracciones. Cuando la pena así computada exceda de este límite, se sancionarán las infracciones por separado.

3. En el segundo, se impondrá una pena superior a la que habría correspondido, en el caso concreto, por la infracción más grave, y que no podrá exceder de la suma de las penas concretas que hubieran sido impuestas separadamente por cada uno de los delitos. Dentro de estos límites, el Juez o Tribunal individualizará la pena conforme a los criterios expresados en el art. 66 . En todo caso, la pena impuesta no podrá exceder del límite de duración previsto en el artículo anterior.

---

[140] Dada nueva redacción apartado 1 letra d por disposición adicional 1 de Ley Orgánica 5/2010 de 22 de junio de 2010, con vigencia desde 23/12/2010

[141] Añadida apartado 1 letra e por art. único apartado 35 de Ley Orgánica 1/2015 de 30 de marzo de 2015 , con vigencia desde 01/07/2015

[142] Véanse arts. 77 y 78 de la presente Ley y arts. 17, 18, 142, 300 y 988 LECrim

[143] Dada nueva redacción apartado 2 por art. único apartado 35 de Ley Orgánica 1/2015 de 30 de marzo de 2015, con vigencia desde 01/07/2015

[144] Dada nueva redacción por art. único apartado 36 de Ley Orgánica 1/2015 de 30 de marzo de 2015, con vigencia desde 01/07/2015

78. [145] 1. Si a consecuencia de las limitaciones establecidas en el apartado 1 del art. 76 la pena a cumplir resultase inferior a la mitad de la suma total de las impuestas, el Juez o Tribunal sentenciador podrá acordar que los beneficios penitenciarios, los permisos de salida, la clasificación en tercer grado y el cómputo de tiempo para la libertad condicional se refieran a la totalidad de las penas impuestas en las sentencias.

2. En estos casos, el Juez de Vigilancia, previo pronóstico individualizado y favorable de reinserción social y valorando, en su caso, las circunstancias personales del reo y la evolución del tratamiento reeducador, podrá acordar razonadamente, oídos el Ministerio Fiscal, Instituciones Penitenciarias y las demás partes, la aplicación del régimen general de cumplimiento.

Si se tratase de delitos referentes a organizaciones y grupos terroristas y delitos de terrorismo del Capítulo VII del Título XXII del Libro II de este Código, o cometidos en el seno de organizaciones criminales, y atendiendo a la suma total de las penas impuestas, la anterior posibilidad sólo será aplicable:

a) Al tercer grado penitenciario, cuando quede por cumplir una quinta parte del límite máximo de cumplimiento de la condena.

b) A la libertad condicional, cuando quede por cumplir una octava parte del límite máximo de cumplimiento de la condena [146]. [147]

Apartado 3 (Derogado) [148]

78 bis. [149] 1. Cuando el sujeto haya sido condenado por dos o más delitos y, al menos, uno de ellos esté castigado por la ley con pena de prisión permanente revisable, la progresión a tercer grado requerirá del cumplimiento:

---

[145] Dada nueva redacción por art. 1 apartado 3 de Ley Orgánica 7/2003 de 30 de junio de 2003, con vigencia desde 02/07/2003

[146] Véanse arts. 90 a 94 de la presente Ley; arts. 46, 67, 72.1 y 3, y 76,2 LOGP; y arts. 4, 133 y 192 a 206 RP

[147] Dada nueva redacción apartado 2 por art. único apartado 37 de Ley Orgánica 1/2015 de 30 de marzo de 2015, con vigencia desde 01/07/2015

[148] Derogado apartado 3 por art. único apartado 37 de Ley Orgánica 1/2015 de 30 de marzo de 2015, con vigencia desde 01/07/2015

[149] Añadido por art. único apartado 38 de Ley Orgánica 1/2015 de 30 de marzo de 2015, con vigencia desde 01/07/2015

a) de un mínimo de dieciocho años de prisión, cuando el penado lo haya sido por varios delitos, uno de ellos esté castigado con pena de prisión permanente revisable y el resto de las penas impuestas sumen un total que exceda de cinco años.

b) de un mínimo de veinte años de prisión, cuando el penado lo haya sido por varios delitos, uno de ellos esté castigado con una pena de prisión permanente revisable y el resto de las penas impuestas sumen un total que exceda de quince años.

c) de un mínimo de veintidós años de prisión, cuando el penado lo haya sido por varios delitos y dos o más de ellos estén castigados con una pena de prisión permanente revisable, o bien uno de ellos esté castigado con una pena de prisión permanente revisable y el resto de penas impuestas sumen un total de veinticinco años o más.

2. En estos casos, la suspensión de la ejecución del resto de la pena requerirá que el penado haya extinguido:

a) Un mínimo de veinticinco años de prisión, en los supuestos a los que se refieren las letras a) y b) del apartado anterior.

b) Un mínimo de treinta años de prisión en el de la letra c) del apartado anterior.

3. Si se tratase de delitos referentes a organizaciones y grupos terroristas y delitos de terrorismo del Capítulo VII del Título XXII del Libro II de este Código, o cometidos en el seno de organizaciones criminales, los límites mínimos de cumplimiento para el acceso al tercer grado de clasificación serán de veinticuatro años de prisión, en los supuestos a que se refieren las letras a) y b) del apartado primero, y de treinta y dos años de prisión en el de la letra c) del apartado primero.

En estos casos, la suspensión de la ejecución del resto de la pena requerirá que el penado haya extinguido un mínimo de veintiocho años de prisión, en los supuestos a que se refieren las letras a) y b) del apartado primero, y de treinta y cinco años de prisión en el de la letra b) del apartado primero.

79. Siempre que los Jueces o Tribunales impongan una pena que lleve consigo otras accesorias condenarán también expresamente al reo a estas últimas [150].

---

[150] Véanse arts. 54 a 57 de la presente Ley

CAPÍTULO III
De las formas sustitutivas de la ejecución de las penas privativas de libertad y de la libertad condicional [151]

SECCIÓN PRIMERA
De la suspensión de la ejecución de las penas privativas de libertad

80. [152] 1. Los Jueces o Tribunales, mediante resolución motivada, podrán dejar en suspenso la ejecución de las penas privativas de libertad no superiores a dos años cuando sea razonable esperar que la ejecución de la pena no sea necesaria para evitar la comisión futura por el penado de nuevos delitos.

Para adoptar esta resolución el Juez o Tribunal valorará las circunstancias del delito cometido, las circunstancias personales del penado, sus antecedentes, su conducta posterior al hecho, en particular su esfuerzo para reparar el daño causado, sus circunstancias familiares y sociales, y los efectos que quepa esperar de la propia suspensión de la ejecución y del cumplimiento de las medidas que fueren impuestas.

2. Serán condiciones necesarias para dejar en suspenso la ejecución de la pena, las siguientes:

1ª Que el condenado haya delinquido por primera vez. A tal efecto no se tendrán en cuenta las anteriores condenas por delitos imprudentes o por delitos leves, ni los antecedentes penales que hayan sido cancelados, o debieran serlo con arreglo a lo dispuesto en el art. 136 . Tampoco se tendrán en cuenta los antecedentes penales correspondientes a delitos que, por su naturaleza o circunstancias, carezcan de relevancia para valorar la probabilidad de comisión de delitos futuros.

2ª Que la pena o la suma de las impuestas no sea superior a dos años, sin incluir en tal cómputo la derivada del impago de la multa.

3ª Que se hayan satisfecho las responsabilidades civiles que se hubieren originado y se haya hecho efectivo el decomiso acordado en sentencia conforme al art. 127 .

---

[151] Dada nueva redacción por art. único apartado 26 de Ley Orgánica 15/2003 de 25 de noviembre de 2003, con vigencia desde 01/10/2004

[152] Dada nueva redacción por art. único apartado 39 de Ley Orgánica 1/2015 de 30 de marzo de 2015, con vigencia desde 01/07/2015

Este requisito se entenderá cumplido cuando el penado asuma el compromiso de satisfacer las responsabilidades civiles de acuerdo a su capacidad económica y de facilitar el decomiso acordado, y sea razonable esperar que el mismo será cumplido en el plazo prudencial que el Juez o Tribunal determine. El Juez o Tribunal, en atención al alcance de la responsabilidad civil y al impacto social del delito, podrá solicitar las garantías que considere convenientes para asegurar su cumplimiento.

3. Excepcionalmente, aunque no concurran las condiciones 1ª y 2ª del apartado anterior, y siempre que no se trate de reos habituales, podrá acordarse la suspensión de las penas de prisión que individualmente no excedan de dos años cuando las circunstancias personales del reo, la naturaleza del hecho, su conducta y, en particular, el esfuerzo para reparar el daño causado, así lo aconsejen.

En estos casos, la suspensión se condicionará siempre a la reparación efectiva del daño o la indemnización del perjuicio causado conforme a sus posibilidades físicas y económicas, o al cumplimiento del acuerdo a que se refiere la medida 1ª del art. 84. Asimismo, se impondrá siempre una de las medidas a que se refieren los numerales 2ª o 3ª del mismo precepto, con una extensión que no podrá ser inferior a la que resulte de aplicar los criterios de conversión fijados en el mismo sobre un quinto de la pena impuesta.

4. Los Jueces y Tribunales podrán otorgar la suspensión de cualquier pena impuesta sin sujeción a requisito alguno en el caso de que el penado esté aquejado de una enfermedad muy grave con padecimientos incurables, salvo que en el momento de la comisión del delito tuviera ya otra pena suspendida por el mismo motivo.

5. Aun cuando no concurran las condiciones 1ª y 2ª previstas en el apartado 2 de este artículo, el Juez o Tribunal podrá acordar la suspensión de la ejecución de las penas privativas de libertad no superiores a cinco años de los penados que hubiesen cometido el hecho delictivo a causa de su dependencia de las sustancias señaladas en el numeral 2º del art. 20 , siempre que se certifique suficientemente, por centro o servicio público o privado debidamente acreditado u homologado, que el condenado se encuentra deshabituado o sometido a tratamiento para tal fin en el momento de decidir sobre la suspensión.

El Juez o Tribunal podrá ordenar la realización de las comprobaciones necesarias para verificar el cumplimiento de los anteriores requisitos.

En el caso de que el condenado se halle sometido a tratamiento de deshabituación, también se condicionará la suspensión de la ejecución de la pena a que no abandone el tratamiento hasta su finalización. No se entenderán abandono las recaídas en el tratamiento si estas no evidencian un abandono definitivo del tratamiento de deshabituación.

6. En los delitos que sólo pueden ser perseguidos previa denuncia o querella del ofendido, los Jueces y Tribunales oirán a éste y, en su caso, a quien le represente, antes de conceder los beneficios de la suspensión de la ejecución de la pena [153].

81. [154] El plazo de suspensión será de dos a cinco años para las penas privativas de libertad no superiores a dos años, y de tres meses a un año para las penas leves, y se fijará por el Juez o Tribunal, atendidos los criterios expresados en el párrafo segundo del apartado 1 del art. 80.

En el caso de que la suspensión hubiera sido acordada de conformidad con lo dispuesto en el apartado 5 del artículo anterior, el plazo de suspensión será de tres a cinco años.

82. [155] 1. El Juez o Tribunal resolverá en sentencia sobre la suspensión de la ejecución de la pena siempre que ello resulte posible. En los demás casos, una vez declarada la firmeza de la sentencia, se pronunciará con la mayor urgencia, previa audiencia a las partes, sobre la concesión o no de la suspensión de la ejecución de la pena.

2. El plazo de suspensión se computará desde la fecha de la resolución que la acuerda. Si la suspensión hubiera sido acordada en sentencia, el plazo de la suspensión se computará desde la fecha en que aquélla hubiere devenido firme.

No se computará como plazo de suspensión aquél en el que el penado se hubiera mantenido en situación de rebeldía.

---

[153] Véase art. 22 CPM y arts. 104 y 196 RP

[154] Dada nueva redacción por art. único apartado 40 de Ley Orgánica 1/2015 de 30 de marzo de 2015, con vigencia desde 01/07/2015

[155] Dada nueva redacción por art. único apartado 41 de Ley Orgánica 1/2015 de 30 de marzo de 2015, con vigencia desde 01/07/2015

83. [156] 1. El Juez o Tribunal podrá condicionar la suspensión al cumplimiento de las siguientes prohibiciones y deberes cuando ello resulte necesario para evitar el peligro de comisión de nuevos delitos, sin que puedan imponerse deberes y obligaciones que resulten excesivos y desproporcionados:

1ª Prohibición de aproximarse a la víctima o a aquéllos de sus familiares u otras personas que se determine por el Juez o Tribunal, a sus domicilios, a sus lugares de trabajo o a otros lugares habitualmente frecuentados por ellos, o de comunicar con los mismos por cualquier medio. La imposición de esta prohibición será siempre comunicada a las personas con relación a las cuales sea acordada.

2ª Prohibición de establecer contacto con personas determinadas o con miembros de un grupo determinado, cuando existan indicios que permitan suponer fundadamente que tales sujetos pueden facilitarle la ocasión para cometer nuevos delitos o incitarle a hacerlo.

3ª Mantener su lugar de residencia en un lugar determinado con prohibición de abandonarlo o ausentarse temporalmente sin autorización del Juez o Tribunal.

4ª Prohibición de residir en un lugar determinado o de acudir al mismo, cuando en ellos pueda encontrar la ocasión o motivo para cometer nuevos delitos.

5ª Comparecer personalmente con la periodicidad que se determine ante el Juez o Tribunal, dependencias policiales o servicio de la administración que se determine, para informar de sus actividades y justificarlas.

6ª Participar en programas formativos, laborales, culturales, de educación vial, sexual, de defensa del medio ambiente, de protección de los animales, de igualdad de trato y no discriminación, resolución pacífica de conflictos, parentalidad positiva y otros similares. [157]

7ª Participar en programas de deshabituación al consumo de alcohol, drogas tóxicas o sustancias estupefacientes, o de tratamiento de otros comportamientos adictivos.

8ª Prohibición de conducir vehículos de motor que no dispongan de dispositivos tecnológicos que condicionen su encendido o funcio-

---

[156] Dada nueva redacción por art. único apartado 42 de Ley Orgánica 1/2015 de 30 de marzo de 2015, con vigencia desde 01/07/2015

[157] Dada nueva redacción apartado 1 número 6 por disposición final 6 apartado 7 de Ley Orgánica 8/2021 de 4 de junio de 2021, con vigencia desde 25/06/2021

namiento a la comprobación previa de las condiciones físicas del conductor, cuando el sujeto haya sido condenado por un delito contra la seguridad vial y la medida resulte necesaria para prevenir la posible comisión de nuevos delitos.

9ª Cumplir los demás deberes que el Juez o Tribunal estime convenientes para la rehabilitación social del penado, previa conformidad de éste, siempre que no atenten contra su dignidad como persona.

2. Cuando se trate de delitos cometidos sobre la mujer por quien sea o haya sido su cónyuge, o por quien esté o haya estado ligado a ella por una relación similar de afectividad, aun sin convivencia, se impondrán siempre las prohibiciones y deberes indicados en las reglas 1ª, 4ª y 6ª del apartado anterior.

Las anteriores prohibiciones y deberes se impondrán asimismo cuando se trate de delitos contra la libertad sexual, matrimonio forzado, mutilación genital femenina y trata de seres humanos. [158]

3. La imposición de cualquiera de las prohibiciones o deberes de las reglas 1ª, 2ª, 3ª, o 4ª del apartado 1 de este artículo será comunicada a las Fuerzas y Cuerpos de Seguridad del Estado, que velarán por su cumplimiento. Cualquier posible quebrantamiento o circunstancia relevante para valorar la peligrosidad del penado y la posibilidad de comisión futura de nuevos delitos, será inmediatamente comunicada al Ministerio Fiscal y al Juez o Tribunal de ejecución.

4. El control del cumplimiento de los deberes a que se refieren las reglas 6ª, 7ª y 8ª del apartado 1 de este artículo corresponderá a los servicios de gestión de penas y medidas alternativas de la Administración penitenciaria. Estos servicios informarán al Juez o Tribunal de ejecución sobre el cumplimiento con una periodicidad al menos trimestral, en el caso de las reglas 6ª y 8ª, y semestral, en el caso de la 7ª y, en todo caso, a su conclusión.

Asimismo, informarán inmediatamente de cualquier circunstancia relevante para valorar la peligrosidad del penado y la posibilidad de comisión futura de nuevos delitos, así como de los incumplimientos de la obligación impuesta o de su cumplimiento efectivo.

---

[158] Añadido apartado 2 párrafo 2 por disposición final 4 apartado 2 de Ley Orgánica 10/2022 de 6 de septiembre de 2022, con vigencia desde 07/10/2022

84. [159] 1. El Juez o Tribunal también podrá condicionar la suspensión de la ejecución de la pena al cumplimiento de alguna o algunas de las siguientes prestaciones o medidas:

1ª El cumplimiento del acuerdo alcanzado por las partes en virtud de mediación.

2ª El pago de una multa, cuya extensión determinarán el Juez o Tribunal en atención a las circunstancias del caso, que no podrá ser superior a la que resultase de aplicar dos cuotas de multa por cada día de prisión sobre un límite máximo de dos tercios de su duración.

3ª La realización de trabajos en beneficio de la comunidad, especialmente cuando resulte adecuado como forma de reparación simbólica a la vista de las circunstancias del hecho y del autor. La duración de esta prestación de trabajos se determinará por el Juez o Tribunal en atención a las circunstancias del caso, sin que pueda exceder de la que resulte de computar un día de trabajos por cada día de prisión sobre un límite máximo de dos tercios de su duración.

2. Si se hubiera tratado de un delito cometido sobre la mujer por quien sea o haya sido su cónyuge, o por quien esté o haya estado ligado a ella por una relación similar de afectividad, aun sin convivencia, o sobre los descendientes, ascendientes o hermanos por naturaleza, adopción o afinidad propios o del cónyuge o conviviente, o sobre los menores o personas con discapacidad necesitadas de especial protección que con él convivan o que se hallen sujetos a la potestad, tutela, curatela, acogimiento o guarda de hecho del cónyuge o conviviente, el pago de la multa a que se refiere la medida 2ª del apartado anterior solamente podrá imponerse cuando conste acreditado que entre ellos no existen relaciones económicas derivadas de una relación conyugal, de convivencia o filiación, o de la existencia de una descendencia común [160].

85. [161] Durante el tiempo de suspensión de la pena, y a la vista de la posible modificación de las circunstancias valoradas, el Juez o

---

[159] Dada nueva redacción por art. único apartado 43 de Ley Orgánica 1/2015 de 30 de marzo de 2015, con vigencia desde 01/07/2015

[160] Véanse arts. 80 a 83 y 85 a 87 de la presente Ley

[161] Dada nueva redacción por art. único apartado 44 de Ley Orgánica 1/2015 de 30 de marzo de 2015, con vigencia desde 01/07/2015

Tribunal podrá modificar la decisión que anteriormente hubiera adoptado conforme a los arts. 83 y 84, y acordar el alzamiento de todas o alguna de las prohibiciones, deberes o prestaciones que hubieran sido acordadas, su modificación o sustitución por otras que resulten menos gravosas [162].

86. [163] 1. El Juez o Tribunal revocará la suspensión y ordenará la ejecución de la pena cuando el penado:

a) Sea condenado por un delito cometido durante el período de suspensión y ello ponga de manifiesto que la expectativa en la que se fundaba la decisión de suspensión adoptada ya no puede ser mantenida.

b) Incumpla de forma grave o reiterada las prohibiciones y deberes que le hubieran sido impuestos conforme al art. 83, o se sustraiga al control de los servicios de gestión de penas y medidas alternativas de la Administración penitenciaria.

c) Incumpla de forma grave o reiterada las condiciones que, para la suspensión, hubieran sido impuestas conforme al art. 84.

d) Facilite información inexacta o insuficiente sobre el paradero de bienes u objetos cuyo decomiso hubiera sido acordado; no dé cumplimiento al compromiso de pago de las responsabilidades civiles a que hubiera sido condenado, salvo que careciera de capacidad económica para ello; o facilite información inexacta o insuficiente sobre su patrimonio, incumpliendo la obligación impuesta en el art. 589 de la Ley de Enjuiciamiento Civil.

2. Si el incumplimiento de las prohibiciones, deberes o condiciones no hubiera tenido carácter grave o reiterado, el Juez o Tribunal podrá:

a) Imponer al penado nuevas prohibiciones, deberes o condiciones, o modificar las ya impuestas.

b) Prorrogar el plazo de suspensión, sin que en ningún caso pueda exceder de la mitad de la duración del que hubiera sido inicialmente fijado.

3. En el caso de revocación de la suspensión, los gastos que hubiera realizado el penado para reparar el daño causado por el delito conforme al apartado 1 del art. 84 no serán restituidos. Sin embargo, el Juez

---

[162] Véase art. 118 de la presente Ley
[163] Dada nueva redacción por art. único apartado 45 de Ley Orgánica 1/2015 de 30 de marzo de 2015, con vigencia desde 01/07/2015

o Tribunal abonará a la pena los pagos y la prestación de trabajos que hubieran sido realizados o cumplidos conforme a las medidas 2ª y 3ª

4. En todos los casos anteriores, el Juez o Tribunal resolverá después de haber oído al Fiscal y a las demás partes. Sin embargo, podrá revocar la suspensión de la ejecución de la pena y ordenar el ingreso inmediato del penado en prisión cuando resulte imprescindible para evitar el riesgo de reiteración delictiva, el riesgo de huida del penado o asegurar la protección de la víctima.

El Juez o Tribunal podrá acordar la realización de las diligencias de comprobación que fueran necesarias y acordar la celebración de una vista oral cuando lo considere necesario para resolver.

87. [164] 1. Transcurrido el plazo de suspensión fijado sin haber cometido el sujeto un delito que ponga de manifiesto que la expectativa en la que se fundaba la decisión de suspensión adoptada ya no puede ser mantenida, y cumplidas de forma suficiente las reglas de conducta fijadas por el Juez o Tribunal, éste acordará la remisión de la pena.

2. No obstante, para acordar la remisión de la pena que hubiera sido suspendida conforme al apartado 5 del art. 80, deberá acreditarse la deshabituación del sujeto o la continuidad del tratamiento. De lo contrario, el Juez o Tribunal ordenará su cumplimiento, salvo que, oídos los informes correspondientes, estime necesaria la continuación del tratamiento; en tal caso podrá conceder razonadamente una prórroga del plazo de suspensión por tiempo no superior a dos años.

SECCIÓN SEGUNDA
De la sustitución de las penas privativas de libertad

88. [165] (Derogado)

---

[164] Dada nueva redacción por art. único apartado 46 de Ley Orgánica 1/2015 de 30 de marzo de 2015, con vigencia desde 01/07/2015

[165] Derogado por art. único apartado 47 de Ley Orgánica 1/2015 de 30 de marzo de 2015, con vigencia desde 01/07/2015

89. [166] 1. Las penas de prisión de más de un año impuestas a un ciudadano extranjero serán sustituidas por su expulsión del territorio español. Excepcionalmente, cuando resulte necesario para asegurar la defensa del orden jurídico y restablecer la confianza en la vigencia de la norma infringida por el delito, el Juez o Tribunal podrá acordar la ejecución de una parte de la pena que no podrá ser superior a dos tercios de su extensión, y la sustitución del resto por la expulsión del penado del territorio español. En todo caso, se sustituirá el resto de la pena por la expulsión del penado del territorio español cuando aquél acceda al tercer grado o le sea concedida la libertad condicional.

2. Cuando hubiera sido impuesta una pena de más de cinco años de prisión, o varias penas que excedieran de esa duración, el Juez o Tribunal acordará la ejecución de todo o parte de la pena, en la medida en que resulte necesario para asegurar la defensa del orden jurídico y restablecer la confianza en la vigencia de la norma infringida por el delito. En estos casos, se sustituirá la ejecución del resto de la pena por la expulsión del penado del territorio español, cuando el penado cumpla la parte de la pena que se hubiera determinado, acceda al tercer grado o se le conceda la libertad condicional.

3. El Juez o Tribunal resolverá en sentencia sobre la sustitución de la ejecución de la pena siempre que ello resulte posible. En los demás casos, una vez declarada la firmeza de la sentencia, se pronunciará con la mayor urgencia, previa audiencia al Fiscal y a las demás partes, sobre la concesión o no de la sustitución de la ejecución de la pena.

4. No procederá la sustitución cuando, a la vista de las circunstancias del hecho y las personales del autor, en particular su arraigo en España, la expulsión resulte desproporcionada.

La expulsión de un ciudadano de la Unión Europea solamente procederá cuando represente una amenaza grave para el orden público o la seguridad pública en atención a la naturaleza, circunstancias y gravedad del delito cometido, sus antecedentes y circunstancias personales.

Si hubiera residido en España durante los diez años anteriores procederá la expulsión cuando además:

a) Hubiera sido condenado por uno o más delitos contra la vida, libertad, integridad física y libertad e indemnidad sexuales castigados

---

[166] Dada nueva redacción por art. único apartado 48 de Ley Orgánica 1/2015 de 30 de marzo de 2015, con vigencia desde 01/07/2015

con pena máxima de prisión de más de cinco años y se aprecie fundadamente un riesgo grave de que pueda cometer delitos de la misma naturaleza.

b) Hubiera sido condenado por uno o más delitos de terrorismo u otros delitos cometidos en el seno de un grupo u organización criminal.

En estos supuestos será en todo caso de aplicación lo dispuesto en el apartado 2 de este artículo.

5. El extranjero no podrá regresar a España en un plazo de cinco a diez años, contados desde la fecha de su expulsión, atendidas la duración de la pena sustituida y las circunstancias personales del penado.

6. La expulsión llevará consigo el archivo de cualquier procedimiento administrativo que tuviera por objeto la autorización para residir o trabajar en España.

7. Si el extranjero expulsado regresara a España antes de transcurrir el período de tiempo establecido judicialmente, cumplirá las penas que fueron sustituidas, salvo que, excepcionalmente, el Juez o Tribunal, reduzca su duración cuando su cumplimiento resulte innecesario para asegurar la defensa del orden jurídico y restablecer la confianza en la norma jurídica infringida por el delito, en atención al tiempo transcurrido desde la expulsión y las circunstancias en las que se haya producido su incumplimiento.

No obstante, si fuera sorprendido en la frontera, será expulsado directamente por la autoridad gubernativa, empezando a computarse de nuevo el plazo de prohibición de entrada en su integridad.

8. Cuando, al acordarse la expulsión en cualquiera de los supuestos previstos en este artículo, el extranjero no se encuentre o no quede efectivamente privado de libertad en ejecución de la pena impuesta, el Juez o Tribunal podrá acordar, con el fin de asegurar la expulsión, su ingreso en un centro de internamiento de extranjeros, en los términos y con los límites y garantías previstos en la ley para la expulsión gubernativa.

En todo caso, si acordada la sustitución de la pena privativa de libertad por la expulsión, ésta no pudiera llevarse a efecto, se procederá a la ejecución de la pena originariamente impuesta o del período de condena pendiente, o a la aplicación, en su caso, de la suspensión de la ejecución de la misma.

9. No serán sustituidas las penas que se hubieran impuesto por la comisión de los delitos a que se refieren los arts. 177 bis, 312, 313 y 318 bis.

SECCIÓN TERCERA
De la libertad condicional [167]

90. [168] [169]

1. El Juez de Vigilancia penitenciaria acordará la suspensión de la ejecución del resto de la pena de prisión y concederá la libertad condicional al penado que cumpla los siguientes requisitos:
a) Que se encuentre clasificado en tercer grado.
b) Que haya extinguido las tres cuartas partes de la pena impuesta.
c) Que haya observado buena conducta.
Para resolver sobre la suspensión de la ejecución del resto de la pena y concesión de la libertad condicional, el Juez de Vigilancia penitenciaria valorará la personalidad del penado, sus antecedentes, las circunstancias del delito cometido, la relevancia de los bienes jurídicos que podrían verse afectados por una reiteración en el delito, su conducta durante el cumplimiento de la pena, sus circunstancias familiares y sociales y los efectos que quepa esperar de la propia suspensión de la ejecución y del cumplimiento de las medidas que fueren impuestas.
No se concederá la suspensión si el penado no hubiese satisfecho la responsabilidad civil derivada del delito en los supuestos y conforme a los criterios establecidos por los apartados 5 y 6 del art. 72 de la Ley Orgánica 1/1979, de 26 de septiembre, General Penitenciaria.
2. También podrá acordar la suspensión de la ejecución del resto de la pena y conceder la libertad condicional a los penados que cumplan los siguientes requisitos:
a) Que hayan extinguido dos terceras parte de su condena.
b) Que durante el cumplimiento de su pena hayan desarrollado actividades laborales, culturales u ocupacionales, bien de forma conti-

---

[167] Véanse arts. 67, 72 y 76.2.b LOGP y arts. 192 a 202 RP

[168] Dada nueva redacción por art. único apartado 49 de Ley Orgánica 1/2015 de 30 de marzo de 2015, con vigencia desde 01/07/2015

[169] Véase art. 205 RP

nuada, bien con un aprovechamiento del que se haya derivado una modificación relevante y favorable de aquéllas de sus circunstancias personales relacionadas con su actividad delictiva previa.

c) Que acredite el cumplimiento de los requisitos a que se refiere el apartado anterior, salvo el de haber extinguido tres cuartas partes de su condena.

A propuesta de Instituciones Penitenciarias y previo informe del Ministerio Fiscal y de las demás partes, cumplidas las circunstancias de las letras a) y c) del apartado anterior, el Juez de Vigilancia Penitenciaria podrá adelantar, una vez extinguida la mitad de la condena, la concesión de la libertad condicional en relación con el plazo previsto en el apartado anterior, hasta un máximo de noventa días por cada año transcurrido de cumplimiento efectivo de condena. Esta medida requerirá que el penado haya desarrollado continuadamente las actividades indicadas en la letra b) de este apartado y que acredite, además, la participación efectiva y favorable en programas de reparación a las víctimas o programas de tratamiento o desintoxicación, en su caso.

3. Excepcionalmente, el juez de vigilancia penitenciaria podrá acordar la suspensión de la ejecución del resto de la pena y conceder la libertad condicional a los penados en que concurran los siguientes requisitos:

a) Que se encuentren cumpliendo su primera condena de prisión y que ésta no supere los tres años de duración.

b) Que hayan extinguido la mitad de su condena.

c) Que acredite el cumplimiento de los requisitos a que se refiere al apartado 1, salvo el de haber extinguido tres cuartas partes de su condena, así como el regulado en la letra b) del apartado anterior.

Este régimen no será aplicable a los penados que lo hayan sido por la comisión de un delito contra la libertad e indemnidad sexuales.

4. El juez de vigilancia penitenciaria podrá denegar la suspensión de la ejecución del resto de la pena cuando el penado hubiera dado información inexacta o insuficiente sobre el paradero de bienes u objetos cuyo decomiso hubiera sido acordado; no dé cumplimiento conforme a su capacidad al compromiso de pago de las responsabilidades civiles a que hubiera sido condenado; o facilite información inexacta o insuficiente sobre su patrimonio, incumpliendo la obligación impuesta en el art. 589 de la Ley de Enjuiciamiento Civil.

También podrá denegar la suspensión de la ejecución del resto de la pena impuesta para alguno de los delitos previstos en el Título

XIX del Libro II de este Código, cuando el penado hubiere eludido el cumplimiento de las responsabilidades pecuniarias o la reparación del daño económico causado a la Administración a que hubiere sido condenado.

5. En los casos de suspensión de la ejecución del resto de la pena y concesión de la libertad condicional, resultarán aplicables las normas contenidas en los arts. 83, 86 y 87.

El juez de vigilancia penitenciaria, a la vista de la posible modificación de las circunstancias valoradas, podrá modificar la decisión que anteriormente hubiera adoptado conforme al art. 83, y acordar la imposición de nuevas prohibiciones, deberes o prestaciones, la modificación de las que ya hubieran sido acordadas o el alzamiento de las mismas.

Asimismo, el juez de vigilancia penitenciaria revocará la suspensión de la ejecución del resto de la pena y la libertad condicional concedida cuando se ponga de manifiesto un cambio de las circunstancias que hubieran dado lugar a la suspensión que no permita mantener ya el pronóstico de falta de peligrosidad en que se fundaba la decisión adoptada.

El plazo de suspensión de la ejecución del resto de la pena será de dos a cinco años. En todo caso, el plazo de suspensión de la ejecución y de libertad condicional no podrá ser inferior a la duración de la parte de pena pendiente de cumplimiento. El plazo de suspensión y libertad condicional se computará desde la fecha de puesta en libertad del penado.

6. La revocación de la suspensión de la ejecución del resto de la pena y libertad condicional dará lugar a la ejecución de la parte de la pena pendiente de cumplimiento. El tiempo transcurrido en libertad condicional no será computado como tiempo de cumplimiento de la condena.

7. El juez de vigilancia penitenciaria resolverá de oficio sobre la suspensión de la ejecución del resto de la pena y concesión de la libertad condicional a petición del penado. En el caso de que la petición no fuera estimada, el Juez o Tribunal podrá fijar un plazo de seis meses, que motivadamente podrá ser prolongado a un año, hasta que la pretensión pueda ser nuevamente planteada.

8. En el caso de personas condenadas por delitos cometidos en el seno de organizaciones criminales o por alguno de los delitos regulados en el Capítulo VII del Título XXII del Libro II de este Código, la

suspensión de la ejecución del resto de la pena impuesta y concesión de la libertad condicional requiere que el penado muestre signos inequívocos de haber abandonado los fines y los medios de la actividad terrorista y haya colaborado activamente con las autoridades, bien para impedir la producción de otros delitos por parte de la organización o grupo terrorista, bien para atenuar los efectos de su delito, bien para la identificación, captura y procesamiento de responsables de delitos terroristas, para obtener pruebas o para impedir la actuación o el desarrollo de las organizaciones o asociaciones a las que haya pertenecido o con las que haya colaborado, lo que podrá acreditarse mediante una declaración expresa de repudio de sus actividades delictivas y de abandono de la violencia y una petición expresa de perdón a las víctimas de su delito, así como por los informes técnicos que acrediten que el preso está realmente desvinculado de la organización terrorista y del entorno y actividades de asociaciones y colectivos ilegales que la rodean y su colaboración con las autoridades.

Los apartados 2 y 3 no serán aplicables a las personas condenadas por la comisión de alguno de los delitos regulados en el Capítulo VII del Título XXII del Libro II de este Código o por delitos cometidos en el seno de organizaciones criminales.

91. [170] 1. No obstante lo dispuesto en el artículo anterior, los penados que hubieran cumplido la edad de setenta años, o la cumplan durante la extinción de la condena, y reúnan los requisitos exigidos en el artículo anterior, excepto el de haber extinguido las tres cuartas partes de aquélla, las dos terceras partes o, en su caso, la mitad de la condena, podrán obtener la suspensión de la ejecución del resto de la pena y la concesión de la libertad condicional.

El mismo criterio se aplicará cuando se trate de enfermos muy graves con padecimientos incurables, y así quede acreditado tras la práctica de los informes médicos que, a criterio del juez de vigilancia penitenciaria, se estimen necesarios [171].

2. Constando a la Administración penitenciaria que el interno se halla en cualquiera de los casos previstos en los párrafos anteriores, elevará el expediente de libertad condicional, con la urgencia que el

---

[170] Dada nueva redacción por art. único apartado 50 de Ley Orgánica 1/2015 de 30 de marzo de 2015, con vigencia desde 01/07/2015
[171] Véase art. 196 RP

caso requiera, al Juez de Vigilancia Penitenciaria, quien, a la hora de resolverlo, valorará junto a las circunstancias personales la dificultad para delinquir y la escasa peligrosidad del sujeto.

3. Si el peligro para la vida del interno, a causa de su enfermedad o de su avanzada edad, fuera patente, por estar así acreditado por el dictamen del médico forense y de los servicios médicos del establecimiento penitenciario, el Juez o Tribunal podrá, sin necesidad de que se acredite el cumplimiento de ningún otro requisito y valorada la falta de peligrosidad relevante del penado, acordar la suspensión de la ejecución del resto de la pena y concederle la libertad condicional sin más trámite que requerir al centro penitenciario el informe de pronóstico final al objeto de poder hacer la valoración a que se refiere el apartado anterior.

En este caso, el penado estará obligado a facilitar al servicio médico penitenciario, al médico forense, o a aquel otro que se determine por el Juez o Tribunal, la información necesaria para poder valorar sobre la evolución de su enfermedad.

El incumplimiento de esta obligación podrá dar lugar a la revocación de la suspensión de la ejecución y de la libertad condicional.

4. Son aplicables al supuesto regulado en este artículo las disposiciones contenidas en los apartados 4, 5 y 6 del artículo anterior.

92. [172] 1. El Tribunal acordará la suspensión de la ejecución de la pena de prisión permanente revisable cuando se cumplan los siguientes requisitos:

a) Que el penado haya cumplido veinticinco años de su condena, sin perjuicio de lo dispuesto en el art. 78 bis para los casos regulados en el mismo.

b) Que se encuentre clasificado en tercer grado.

c) Que el Tribunal, a la vista de la personalidad del penado, sus antecedentes, las circunstancias del delito cometido, la relevancia de los bienes jurídicos que podrían verse afectados por una reiteración en el delito, su conducta durante el cumplimiento de la pena, sus circunstancias familiares y sociales, y los efectos que quepa esperar de la propia suspensión de la ejecución y del cumplimiento de las medidas que fueren impuestas, pueda fundar, previa valoración de

---

[172] Dada nueva redacción por art. único apartado 51 de Ley Orgánica 1/2015 de 30 de marzo de 2015, con vigencia desde 01/07/2015

los informes de evolución remitidos por el centro penitenciario y por aquellos especialistas que el propio Tribunal determine, la existencia de un pronóstico favorable de reinserción social.

En el caso de que el penado lo hubiera sido por varios delitos, el examen de los requisitos a que se refiere la letra c) se realizará valorando en su conjunto todos los delitos cometidos.

El Tribunal resolverá sobre la suspensión de la pena de prisión permanente revisable tras un procedimiento oral contradictorio en el que intervendrán el Ministerio Fiscal y el penado, asistido por su abogado.

2. Si se tratase de delitos referentes a organizaciones y grupos terroristas y delitos de terrorismo del Capítulo VII del Título XXII del Libro II de este Código, será además necesario que el penado muestre signos inequívocos de haber abandonado los fines y los medios de la actividad terrorista y haya colaborado activamente con las autoridades, bien para impedir la producción de otros delitos por parte de la organización o grupo terrorista, bien para atenuar los efectos de su delito, bien para la identificación, captura y procesamiento de responsables de delitos terroristas, para obtener pruebas o para impedir la actuación o el desarrollo de las organizaciones o asociaciones a las que haya pertenecido o con las que haya colaborado, lo que podrá acreditarse mediante una declaración expresa de repudio de sus actividades delictivas y de abandono de la violencia y una petición expresa de perdón a las víctimas de su delito, así como por los informes técnicos que acrediten que el preso está realmente desvinculado de la organización terrorista y del entorno y actividades de asociaciones y colectivos ilegales que la rodean y su colaboración con las autoridades.

3. La suspensión de la ejecución tendrá una duración de cinco a diez años. El plazo de suspensión y libertad condicional se computará desde la fecha de puesta en libertad del penado. Son aplicables las normas contenidas en el párrafo segundo del apartado 1 del art. 80 y en los arts. 83, 86, 87 y 91.

El Juez o Tribunal, a la vista de la posible modificación de las circunstancias valoradas, podrá modificar la decisión que anteriormente hubiera adoptado conforme al art. 83, y acordar la imposición de nuevas prohibiciones, deberes o prestaciones, la modificación de las que ya hubieran sido acordadas, o el alzamiento de las mismas.

Asimismo, el juez de vigilancia penitenciaria revocará la suspensión de la ejecución del resto de la pena y la libertad condicional concedida cuando se ponga de manifiesto un cambio de las circunstancias que hubieran dado lugar a la suspensión que no permita mantener ya el pronóstico de falta de peligrosidad en que se fundaba la decisión adoptada [173].

4. Extinguida la parte de la condena a que se refiere la letra a) del apartado 1 de este artículo o, en su caso, en el art. 78 bis, el Tribunal deberá verificar, al menos cada dos años, el cumplimiento del resto de requisitos de la libertad condicional. El Tribunal resolverá también las peticiones de concesión de la libertad condicional del penado, pero podrá fijar un plazo de hasta un año dentro del cual, tras haber sido rechazada una petición, no se dará curso a sus nuevas solicitudes [174].

93. [175] (Derogado)

SECCIÓN CUARTA
Disposiciones comunes

94. [176] A los efectos previstos en la sección 2ª de este Capítulo, se consideran reos habituales los que hubieren cometido tres o más delitos de los comprendidos en un mismo Capítulo, en un plazo no superior a cinco años, y hayan sido condenados por ello.

Para realizar este cómputo se considerarán, por una parte, el momento de posible suspensión o sustitución de la pena conforme al art. 88 y, por otra parte, la fecha de comisión de aquellos delitos que fundamenten la apreciación de la habitualidad.

---

[173] Párrafo 3.º del apartado 3 declarado constitucional, desde el 9 noviembre 2021, conforme a la STC Pleno de 6 de octubre 2021, interpretado en los términos de su f.j. 9.º b)

[174] Apartado 4 declarado constitucional, desde el 9 noviembre 2021, conforme a la STC Pleno de 6 de octubre 2021, interpretado en los términos de su f.j. 9.º b)

[175] Derogado por art. único apartado 52 de Ley Orgánica 1/2015 de 30 de marzo de 2015, con vigencia desde 01/07/2015

[176] Dada nueva redacción por art. único apartado 36 de Ley Orgánica 15/2003 de 25 de noviembre de 2003, con vigencia desde 01/10/2004

94 bis. [177] A los efectos previstos en este Capítulo, las condenas firmes de Jueces o Tribunales impuestas en otros Estados de la Unión Europea tendrán el mismo valor que las impuestas por los Jueces o Tribunales españoles salvo que sus antecedentes hubieran sido cancelados, o pudieran serlo con arreglo al Derecho español.

TÍTULO IV
De las medidas de seguridad

CAPÍTULO PRIMERO
De las medidas de seguridad en general

95. 1. Las medidas de seguridad se aplicarán por el Juez o Tribunal, previos los informes que estime convenientes, a las personas que se encuentren en los supuestos previstos en el Capítulo siguiente de este Código, siempre que concurran estas circunstancias:

1ª) Que el sujeto haya cometido un hecho previsto como delito.

2ª) Que del hecho y de las circunstancias personales del sujeto pueda deducirse un pronóstico de comportamiento futuro que revele la probabilidad de comisión de nuevos delitos.

2. Cuando la pena que hubiere podido imponerse por el delito cometido no fuere privativa de libertad, el Juez o Tribunal sentenciador sólo podrá acordar alguna o algunas de las medidas previstas en el art. 96.3 [178] . [179]

96. [180] 1. Las medidas de seguridad que se pueden imponer con arreglo a este Código son privativas y no privativas de libertad.

---

[177] Añadido por art. único apartado 53 de Ley Orgánica 1/2015 de 30 de marzo de 2015, con vigencia desde 01/07/2015

[178] Véase art. 6 de la presente Ley

[179] Dada nueva redacción apartado 2 por art. único apartado 37 de Ley Orgánica 15/2003 de 25 de noviembre de 2003, con vigencia desde 01/10/2004

[180] Dada nueva redacción por art. único apartado 38 de Ley Orgánica 15/2003 de 25 de noviembre de 2003, con vigencia desde 01/10/2004

2. Son medidas privativas de libertad [181] :

1ª) El internamiento en centro psiquiátrico.

2ª) El internamiento en centro de deshabituación.

3ª) El internamiento en centro educativo especial.

3. Son medidas no privativas de libertad:

1ª) La inhabilitación profesional.

2ª) La expulsión del territorio nacional de extranjeros no residentes legalmente en España [182] .

3ª) La libertad vigilada

4ª) La custodia familiar. El sometido a esta medida quedará sujeto al cuidado y vigilancia del familiar que se designe y que acepte la custodia, quien la ejercerá en relación con el Juez de Vigilancia Penitenciaria y sin menoscabo de las actividades escolares o laborales del custodiado.

5ª) La privación del derecho a conducir vehículos a motor y ciclomotores.

6ª) La privación del derecho a la tenencia y porte de armas. [183]

97. [184] Durante la ejecución de la sentencia, el Juez o Tribunal sentenciador adoptará, por el procedimiento establecido en el artículo siguiente, alguna de las siguientes decisiones:

a) Mantener la ejecución de la medida de seguridad impuesta.

b) Decretar el cese de cualquier medida de seguridad impuesta en cuanto desaparezca la peligrosidad criminal del sujeto.

c) Sustituir una medida de seguridad por otra que estime más adecuada, entre las previstas para el supuesto de que se trate. En el caso de que fuera acordada la sustitución y el sujeto evolucionara desfavorablemente, se dejará sin efecto la sustitución, volviéndose a aplicar la medida sustituida.

---

[181] Véanse arts. 20.1, 20.2, 20.3, 100 a 104 de la presente Ley; arts. 381 a 383 y 991 a 994 LECrim; arts. 7, 9 y 10 LRPM; art. 11 LOGP; art. 156 LORPM

[182] Véanse arts. 89.1 y 108 de la presente Ley y LO 4/2000, de 11 de enero, sobre Derechos y Libertades de los Extranjeros en España y su integración social

[183] Dada nueva redacción apartado 3 por art. único apartado 22 de Ley Orgánica 5/2010 de 22 de junio de 2010, con vigencia desde 23/12/2010

[184] Dada nueva redacción por art. único apartado 23 de Ley Orgánica 5/2010 de 22 de junio de 2010, con vigencia desde 23/12/2010

d) Dejar en suspenso la ejecución de la medida en atención al resultado ya obtenido con su aplicación, por un plazo no superior al que reste hasta el máximo señalado en la sentencia que la impuso. La suspensión quedará condicionada a que el sujeto no delinca durante el plazo fijado, y podrá dejarse sin efecto si nuevamente resultara acreditada cualquiera de las circunstancias previstas en el art. 95 de este Código [185].

98. [186] 1. A los efectos del artículo anterior, cuando se trate de una medida de seguridad privativa de libertad o de una medida de libertad vigilada que deba ejecutarse después del cumplimiento de una pena privativa de libertad, el Juez de Vigilancia Penitenciaria estará obligado a elevar al menos anualmente, una propuesta de mantenimiento, cese, sustitución o suspensión de la misma. Para formular dicha propuesta el Juez de Vigilancia Penitenciaria deberá valorar los informes emitidos por los facultativos y profesionales que asistan al sometido a medida de seguridad o por las Administraciones Públicas competentes y, en su caso, el resultado de las demás actuaciones que a este fin ordene.

2. Cuando se trate de cualquier otra medida no privativa de libertad, el Juez o Tribunal sentenciador recabará directamente de las Administraciones, facultativos y profesionales a que se refiere el apartado anterior, los oportunos informes acerca de la situación y la evolución del condenado, su grado de rehabilitación y el pronóstico de reincidencia o reiteración delictiva.

3. En todo caso, el Juez o Tribunal sentenciador resolverá motivadamente a la vista de la propuesta o los informes a los que respectivamente se refieren los dos apartados anteriores, oída la propia persona sometida a la medida, así como el Ministerio Fiscal y las demás partes. Se oirá asimismo a las víctimas del delito que no estuvieren personadas cuando así lo hubieran solicitado al inicio o en cualquier momento de la ejecución de la sentencia y permanezcan localizables a tal efecto.

---

[185] Véanse arts. 80 a 89, 101.2, 102.2 y 103.2 y 3 de la presente Ley

[186] Dada nueva redacción por art. único apartado 24 de Ley Orgánica 5/2010 de 22 de junio de 2010, con vigencia desde 23/12/2010

99. [187] En el caso de concurrencia de penas y medidas de seguridad privativas de libertad, el Juez o Tribunal ordenará el cumplimiento de la medida, que se abonará para el de la pena. Una vez alzada la medida de seguridad, el Juez o Tribunal podrá, si con la ejecución de la pena se pusieran en peligro los efectos conseguidos a través de aquélla, suspender el cumplimiento del resto de la pena por un plazo no superior a la duración de la misma, o aplicar alguna de las medidas previstas en el art. 96.3 [188].

100. [189] 1. El quebrantamiento de una medida de seguridad de internamiento dará lugar a que el Juez o Tribunal ordene el reingreso del sujeto en el mismo centro del que se hubiese evadido o en otro que corresponda a su estado.

2. Si se tratare de otras medidas, el Juez o Tribunal podrá acordar la sustitución de la quebrantada por la de internamiento si ésta estuviese prevista para el supuesto de que se trate y si el quebrantamiento demostrase su necesidad.

3. En ambos casos el Juez o Tribunal deducirá testimonio por el quebrantamiento. A estos efectos, no se considerará quebrantamiento de la medida la negativa del sujeto a someterse a tratamiento médico o a continuar un tratamiento médico inicialmente consentido. No obstante, el Juez o Tribunal podrá acordar la sustitución del tratamiento inicial o posteriormente rechazado por otra medida de entre las aplicables al supuesto de que se trate [190]. [191]

---

[187] Dada nueva redacción por art. único apartado 40 de Ley Orgánica 15/2003 de 25 de noviembre de 2003, con vigencia desde 01/10/2004

[188] Véase art. 104 de la presente Ley

[189] Dada nueva redacción por art. único apartado 41 de Ley Orgánica 15/2003 de 25 de noviembre de 2003, con vigencia desde 01/10/2004

[190] Véase art. 468 de la presente Ley

[191] Dada nueva redacción apartado 3 por art. único apartado 25 de Ley Orgánica 5/2010 de 22 de junio de 2010, con vigencia desde 23/12/2010

CAPÍTULO II
De la aplicación de las medidas de seguridad

SECCIÓN PRIMERA
De las medidas privativas de libertad

101. 1. Al sujeto que sea declarado exento de responsabilidad criminal conforme al número 1º del art. 20 , se le podrá aplicar, si fuere necesaria, la medida de internamiento para tratamiento médico o educación especial en un establecimiento adecuado al tipo de anomalía o alteración psíquica que se aprecie, o cualquier otra de las medidas previstas en el apartado 3 del art. 96 . El internamiento no podrá exceder del tiempo que habría durado la pena privativa de libertad, si hubiera sido declarado responsable el sujeto, y a tal efecto el Juez o Tribunal fijará en la sentencia ese límite máximo.

2. El sometido a esta medida no podrá abandonar el establecimiento sin autorización del Juez o Tribunal sentenciador, de conformidad con lo previsto en el art. 97 de este Código [192] .

102. 1. A los exentos de responsabilidad penal conforme al número 2º del art. 20 se les aplicará, si fuere necesaria, la medida de internamiento en centro de deshabituación público, o privado debidamente acreditado u homologado, o cualquiera otra de las medidas previstas en el apartado 3 del art. 96 . El internamiento no podrá exceder del tiempo que habría durado la pena privativa de libertad, si el sujeto hubiere sido declarado responsable, y a tal efecto el Juez o Tribunal fijará ese límite máximo en la sentencia.

2. El sometido a esta medida no podrá abandonar el establecimiento sin autorización del Juez o Tribunal sentenciador de conformidad con lo previsto en el art. 97 de este Código [193] .

103. 1. A los que fueren declarados exentos de responsabilidad conforme al número 3º del art. 20 , se les podrá aplicar, si fuere nece-

---

[192] Véanse art. 100 de la presente Ley y arts. 182 a 191 RP
[193] Véase art. 100 de la presente Ley y art. 182 RP

saria, la medida de internamiento en un centro educativo especial o cualquier otra de las medidas previstas en el apartado 3 del art. 96 . El internamiento no podrá exceder del tiempo que habría durado la pena privativa de libertad, si el sujeto hubiera sido declarado responsable y, a tal efecto, el Juez o Tribunal fijará en la sentencia ese límite máximo.

2. El sometido a esta medida no podrá abandonar el establecimiento sin autorización del Juez o Tribunal sentenciador de conformidad con lo previsto en el art. 97 de este Código.

3. En este supuesto, la propuesta a que se refiere el art. 98 de este Código deberá hacerse al terminar cada curso o grado de enseñanza [194] . [195]

104. 1. En los supuestos de eximente incompleta en relación con los números 1º, 2º y 3º del art. 20 , el Juez o Tribunal podrá imponer, además de la pena correspondiente, las medidas previstas en los arts. 101, 102 y 103. No obstante, la medida de internamiento sólo será aplicable cuando la pena impuesta sea privativa de libertad y su duración no podrá exceder de la pena prevista por el Código para el delito. Para su aplicación se observará lo dispuesto en el art. 99.

2. Cuando se aplique una medida de internamiento de las previstas en el apartado anterior o en los arts. 101, 102 y 103, el Juez o Tribunal sentenciador comunicará al Ministerio Fiscal, con suficiente antelación, la proximidad de su vencimiento, a efectos de lo previsto por la disposición adicional primera de este Código [196] . [197]

---

[194] Véase art. 100 de la presente Ley y art. 182 RP

[195] Dada nueva redacción apartado 3 por art. único apartado 26 de Ley Orgánica 5/2010 de 22 de junio de 2010 , con vigencia desde 23/12/2010

[196] Véase art. 6.2 de la presente Ley, arts. 756 a 763 LEC y art. 184 RP

[197] Añadido apartado 2 por art. único apartado 42 de Ley Orgánica 15/2003 de 25 de noviembre de 2003 , con vigencia desde 01/10/2004

SECCIÓN SEGUNDA
De las medidas no privativas de libertad

105. [198] En los casos previstos en los arts. 101 a 104, cuando imponga la medida privativa de libertad o durante la ejecución de la misma, el Juez o Tribunal podrá imponer razonadamente una o varias medidas que se enumeran a continuación. Deberá asimismo imponer alguna o algunas de dichas medidas en los demás casos expresamente previstos en este Código.

1. Por un tiempo no superior a cinco años:

a) Libertad vigilada.

b) Custodia familiar. El sometido a esta medida quedará sujeto al cuidado y vigilancia del familiar que se designe y que acepte la custodia, quien la ejercerá en relación con el Juez de Vigilancia y sin menoscabo de las actividades escolares o laborales del custodiado [199].

2. Por un tiempo de hasta diez años:

a) Libertad vigilada, cuando expresamente lo disponga este Código.

b) La privación del derecho a la tenencia y porte de armas [200].

c) La privación del derecho a conducir vehículos a motor y ciclomotores [201].

Para decretar la obligación de observar alguna o algunas de las medidas previstas en este artículo, así como para concretar dicha obligación cuando por Ley viene obligado a imponerlas, el Juez o Tribunal sentenciador deberá valorar los informes emitidos por los facultativos y profesionales encargados de asistir al sometido a la medida de seguridad.

El Juez de Vigilancia Penitenciaria o los servicios de la Administración correspondiente informarán al Juez o Tribunal sentenciador.

En los casos previstos en este artículo, el Juez o Tribunal sentenciador dispondrá que los servicios de asistencia social competentes

---

[198] Dada nueva redacción por art. único apartado 27 de Ley Orgánica 5/2010 de 22 de junio de 2010, con vigencia desde 23/12/2010

[199] Véase art. 96.3.6 de la presente Ley

[200] Véanse arts. 33, 39, 47 y 96 de la presente Ley

[201] Véanse arts. 33, 39, 47 y 96 de la presente Ley

presten la ayuda o atención que precise y legalmente le corresponda al sometido a medidas de seguridad no privativas de libertad [202].

106. [203] 1. La libertad vigilada consistirá en el sometimiento del condenado a control judicial a través del cumplimiento por su parte de alguna o algunas de las siguientes medidas:

a) La obligación de estar siempre localizable mediante aparatos electrónicos que permitan su seguimiento permanente.

b) La obligación de presentarse periódicamente en el lugar que el Juez o Tribunal establezca.

c) La de comunicar inmediatamente, en el plazo máximo y por el medio que el Juez o Tribunal señale a tal efecto, cada cambio del lugar de residencia o del lugar o puesto de trabajo.

d) La prohibición de ausentarse del lugar donde resida o de un determinado territorio sin autorización del Juez o Tribunal.

e) La prohibición de aproximarse a la víctima, o a aquellos de sus familiares u otras personas que determine el Juez o Tribunal.

f) La prohibición de comunicarse con la víctima, o con aquellos de sus familiares u otras personas que determine el Juez o Tribunal.

g) La prohibición de acudir a determinados territorios, lugares o establecimientos.

h) La prohibición de residir en determinados lugares.

i) La prohibición de desempeñar determinadas actividades que puedan ofrecerle o facilitarle la ocasión para cometer hechos delictivos de similar naturaleza.

j) La obligación de participar en programas formativos, laborales, culturales, de educación sexual u otros similares.

k) La obligación de seguir tratamiento médico externo, o de someterse a un control médico periódico.

2. Sin perjuicio de lo dispuesto en el art. 105, el Juez o Tribunal deberá imponer en la sentencia la medida de libertad vigilada para su cumplimiento posterior a la pena privativa de libertad impuesta siempre que así lo disponga de manera expresa este Código.

En estos casos, al menos dos meses antes de la extinción de la pena privativa de libertad, de modo que la medida de libertad vigilada

---

[202] Véanse arts. 74 y 75 LOGP y arts. 2, 62, y 227 a 229 RP

[203] Dada nueva redacción por art. único apartado 28 de Ley Orgánica 5/2010 de 22 de junio de 2010, con vigencia desde 23/12/2010

pueda iniciarse en ese mismo momento, el Juez de Vigilancia Penitenciaria, por el procedimiento previsto en el art. 98, elevará la oportuna propuesta al Juez o Tribunal sentenciador, que, con arreglo a dicho procedimiento, concretará, sin perjuicio de lo establecido en el art. 97 , el contenido de la medida fijando las obligaciones o prohibiciones enumeradas en el apartado 1 de este artículo que habrá de observar el condenado.

Si éste lo hubiera sido a varias penas privativas de libertad que deba cumplir sucesivamente, lo dispuesto en el párrafo anterior se entenderá referido al momento en que concluya el cumplimiento de todas ellas.

Asimismo, el penado a quien se hubiere impuesto por diversos delitos otras tantas medidas de libertad vigilada que, dado el contenido de las obligaciones o prohibiciones establecidas, no pudieran ser ejecutadas simultáneamente, las cumplirá de manera sucesiva, sin perjuicio de que el Juez o Tribunal pueda ejercer las facultades que le atribuye el apartado siguiente.

3. Por el mismo procedimiento del art. 98 , el Juez o Tribunal podrá:

a) Modificar en lo sucesivo las obligaciones y prohibiciones impuestas.

b) Reducir la duración de la libertad vigilada o incluso poner fin a la misma en vista del pronóstico positivo de reinserción que considere innecesaria o contraproducente la continuidad de las obligaciones o prohibiciones impuestas.

c) Dejar sin efecto la medida cuando la circunstancia descrita en la letra anterior se dé en el momento de concreción de las medidas que se regula en el número 2 del presente artículo.

4. En caso de incumplimiento de una o varias obligaciones el Juez o Tribunal, a la vista de las circunstancias concurrentes y por el mismo procedimiento indicado en los números anteriores, podrá modificar las obligaciones o prohibiciones impuestas. Si el incumplimiento fuera reiterado o grave, revelador de la voluntad de no someterse a las obligaciones o prohibiciones impuestas, el Juez deducirá, además, testimonio por un presunto delito del art. 468 de este Código.

107. [204] La autoridad judicial podrá decretar razonadamente la medida de inhabilitación para el ejercicio de determinado derecho, profesión, oficio, industria o comercio, cargo o empleo u otras actividades, sean o no retribuidas, por un tiempo de uno a cinco años, cuando la persona haya cometido con abuso de dicho ejercicio, o en relación con él, un hecho delictivo, y cuando de la valoración de las circunstancias concurrentes pueda deducirse el peligro de que vuelva a cometer el mismo delito u otros semejantes, siempre que no sea posible imponerle la pena correspondiente por encontrarse en alguna de las situaciones previstas en los números 1º, 2º y 3º del artículo 20.

108. [205] 1. Si el sujeto fuera extranjero no residente legalmente en España, el Juez o Tribunal acordará en la sentencia, previa audiencia de aquél, la expulsión del territorio nacional como sustitutiva de las medidas de seguridad que le sean aplicables, salvo que el Juez o Tribunal, previa audiencia del Ministerio Fiscal, excepcionalmente y de forma motivada, aprecie que la naturaleza del delito justifica el cumplimiento en España.

La expulsión así acordada llevará consigo el archivo de cualquier procedimiento administrativo que tuviera por objeto la autorización para residir o trabajar en España.

En el supuesto de que, acordada la sustitución de la medida de seguridad por la expulsión, ésta no pudiera llevarse a efecto, se procederá al cumplimiento de la medida de seguridad originariamente impuesta.

2. El extranjero no podrá regresar a España en un plazo de 10 años, contados desde la fecha de su expulsión.

3. El extranjero que intentara quebrantar una decisión judicial de expulsión y prohibición de entrada a la que se refieren los apartados anteriores será devuelto por la autoridad gubernativa, empezando a computarse de nuevo el plazo de prohibición de entrada en su integridad [206].

---

[204] Dada nueva redacción por disposición final 6 apartado 8 de Ley Orgánica 8/2021 de 4 de junio de 2021, con vigencia desde 25/06/2021

[205] Dada nueva redacción por art. 1 apartado 4 de Ley Orgánica 11/2003 de 29 de septiembre de 2003, con vigencia desde 01/10/2003

[206] Véanse arts. 89.1 y 96.3 de la presente Ley

TÍTULO V
De la responsabilidad civil derivada de los delitos y de las costas procesales [207]

CAPÍTULO PRIMERO
De la responsabilidad civil y su extensión

109. 1. La ejecución de un hecho descrito por la Ley como delito obliga a reparar, en los términos previstos en las Leyes, los daños y perjuicios por él causados [208]. [209]

2. El perjudicado podrá optar, en todo caso, por exigir la responsabilidad civil ante la Jurisdicción Civil [210].

110. La responsabilidad establecida en el artículo anterior comprende:

1º) La restitución.

2º) La reparación del daño.

3º) La indemnización de perjuicios materiales y morales [211].

111. 1. Deberá restituirse, siempre que sea posible, el mismo bien, con abono de los deterioros y menoscabos que el Juez o Tribunal determinen. La restitución tendrá lugar aunque el bien se halle en poder de tercero y éste lo haya adquirido legalmente y de buena fe, dejando a

---

[207] Dada nueva redacción por art. único apartado 54 de Ley Orgánica 1/2015 de 30 de marzo de 2015, con vigencia desde 01/07/2015

[208] Véanse arts. 100, 107 a 117, 615 a 621, 635, 650, 652, 655, 688 a 700, 734 a 736 y 742 LECrim; arts. 1.089, 1.092, 1.093, 1.813, 1.902 a 1.910 y 1.956 CC; arts. 85 y 86 CCom

[209] Dada nueva redacción apartado 1 por art. único apartado 55 de Ley Orgánica 1/2015 de 30 de marzo de 2015, con vigencia desde 01/07/2015

[210] Véase RDL 19/1981, de 30 de octubre sobre pensiones extraordinarias a víctimas del terrorismo

[211] Véanse arts. 111 a 113 de la presente Ley y arts. 1.089, 1.092 y 1.813 CC

salvo su derecho de repetición contra quien corresponda y, en su caso, el de ser indemnizado por el responsable civil del delito. [212]

2. Esta disposición no es aplicable cuando el tercero haya adquirido el bien en la forma y con los requisitos establecidos por las Leyes para hacerlo irreivindicable [213].

112. La reparación del daño podrá consistir en obligaciones de dar, de hacer o de no hacer que el Juez o Tribunal establecerá atendiendo a la naturaleza de aquél y a las condiciones personales y patrimoniales del culpable, determinando si han de ser cumplidas por él mismo o pueden ser ejecutadas a su costa [214].

113. La indemnización de perjuicios materiales y morales comprenderá no sólo los que se hubieren causado al agraviado, sino también los que se hubieren irrogado a sus familiares o a terceros [215].

114. Si la víctima hubiere contribuido con su conducta a la producción del daño o perjuicio sufrido, los Jueces o Tribunales podrán moderar el importe de su reparación o indemnización [216].

115. Los Jueces y Tribunales, al declarar la existencia de responsabilidad civil, establecerán razonadamente en sus resoluciones las bases en que fundamenten la cuantía de los daños e indemnizaciones, pudiendo fijarla en la propia resolución o en el momento de su ejecución [217].

---

[212] Dada nueva redacción apartado 1 por art. único apartado 56 de Ley Orgánica 1/2015 de 30 de marzo de 2015, con vigencia desde 01/07/2015

[213] Véanse arts. 367, 619, 620, 635, 843 y 844 LECrim; arts. 85, 86, 324, 545.3, 547, 560 y 561 CCom; arts. 464 y 1940 CC y arts. 34 y ss LH

[214] Véase art. 365 LECrim

[215] Véanse arts. 1.107, 1.902 a 1.910 CC

[216] Véase art. 1.103 CC

[217] Véase art. 365 LECrim

CAPÍTULO II
De las personas civilmente responsables

116. 1. Toda persona criminalmente responsable de un delito lo es también civilmente si del hecho se derivaren daños o perjuicios. Si son dos o más los responsables de un delito los Jueces o Tribunales señalarán la cuota de que deba responder cada uno. [218]

2. Los autores y los cómplices, cada uno dentro de su respectiva clase, serán responsables solidariamente entre sí por sus cuotas, y subsidiariamente por las correspondientes a los demás responsables.

La responsabilidad subsidiaria se hará efectiva: primero, en los bienes de los autores, y después, en los de los cómplices.

Tanto en los casos en que se haga efectiva la responsabilidad solidaria como la subsidiaria, quedará a salvo la repetición del que hubiere pagado contra los demás por las cuotas correspondientes a cada uno.

3. La responsabilidad penal de una persona jurídica llevará consigo su responsabilidad civil en los términos establecidos en el art. 110 de este Código de forma solidaria con las personas físicas que fueren condenadas por los mismos hechos [219] . [220]

117. Los aseguradores que hubieren asumido el riesgo de las responsabilidades pecuniarias derivadas del uso o explotación de cualquier bien, empresa, industria o actividad, cuando, como consecuencia de un hecho previsto en este Código, se produzca el evento que determine el riesgo asegurado, serán responsables civiles directos hasta el límite de la indemnización legalmente establecida o convencionalmente pactada, sin perjuicio del derecho de repetición contra quien corresponda [221] .

---

[218] Dada nueva redacción apartado 1 por art. único apartado 57 de Ley Orgánica 1/2015 de 30 de marzo de 2015, con vigencia desde 01/07/2015

[219] Véanse arts. 1.137 a 1148 CC

[220] Añadido apartado 3 por art. único apartado 29 de Ley Orgánica 5/2010 de 22 de junio de 2010´, con vigencia desde 23/12/2010

[221] Véanse art. 636 de la presente Ley y art. 7 RDLeg. 8/2004 LRCSCVM

118. 1. La exención de la responsabilidad criminal declarada en los números 1º, 2º, 3º, 5º y 6º del art. 20 , no comprende la de la responsabilidad civil, que se hará efectiva conforme a las reglas siguientes:

1ª) En los casos de los números 1.º y 3.º, son también responsables por los hechos que ejecuten los declarados exentos de responsabilidad penal, quienes ejerzan su apoyo legal o de hecho, siempre que haya mediado culpa o negligencia por su parte y sin perjuicio de la responsabilidad civil directa que pudiera corresponder a los inimputables. [222]

Los Jueces o Tribunales graduarán de forma equitativa la medida en que deba responder con sus bienes cada uno de dichos sujetos.

2ª) Son igualmente responsables el ebrio y el intoxicado en el supuesto del número 2º.

3ª) En el caso del número 5º serán responsables civiles directos las personas en cuyo favor se haya precavido el mal, en proporción al perjuicio que se les haya evitado, si fuera estimable o, en otro caso, en la que el Juez o Tribunal establezca según su prudente arbitrio.

Cuando las cuotas de que deba responder el interesado no sean equitativamente asignables por el Juez o Tribunal, ni siquiera por aproximación, o cuando la responsabilidad se extienda a las Administraciones públicas o a la mayor parte de una población y, en todo caso, siempre que el daño se haya causado con asentimiento de la autoridad o de sus agentes, se acordará, en su caso, la indemnización en la forma que establezcan las Leyes y reglamentos especiales [223] .

4ª) En el caso del número 6º, responderán principalmente los que hayan causado el miedo, y en defecto de ellos, los que hayan ejecutado el hecho.

2. En el caso del art. 14 , serán responsables civiles los autores del hecho.

119. En todos los supuestos del artículo anterior, el Juez o Tribunal que dicte sentencia absolutoria por estimar la concurrencia de alguna

---

[222] Dada nueva redacción apartado 1 número 1 párrafo 1 por disposición final 1 apartado 1 de Ley 8/2021 de 2 de junio de 2021, con vigencia desde 03/09/2021

[223] Véanse art. 106.2 CE; arts. 139 a 146 Ley 30/1992 LRJAP PAC; RD 429/1993, de 26 de marzo, por el que se aprueba el Reglamento de los procedimientos de las Administraciones Públicas en materia de Responsabilidad Patrimonial y arts. 120 a 123 LEF

de las causas de exención citadas, procederá a fijar las responsabilidades civiles salvo que se haya hecho expresa reserva de las acciones para reclamarlas en la vía que corresponda [224].

120. [225] Son también responsables civilmente, en defecto de los que lo sean criminalmente [226]:

1º) Los curadores con facultades de representación plena que convivan con la persona a quien prestan apoyo, siempre que haya por su parte culpa o negligencia. [227]

2º) Las personas naturales o jurídicas titulares de editoriales, periódicos, revistas, estaciones de radio o televisión o de cualquier otro medio de difusión escrita, hablada o visual, por los delitos cometidos utilizando los medios de los que sean titulares, dejando a salvo lo dispuesto en el art. 212 [228].

3º) Las personas naturales o jurídicas, en los casos de delitos cometidos en los establecimientos de los que sean titulares, cuando por parte de los que los dirijan o administren, o de sus dependientes o empleados, se hayan infringido los reglamentos de policía o las disposiciones de la autoridad que estén relacionados con el hecho punible cometido, de modo que éste no se hubiera producido sin dicha infracción [229].

4º) Las personas naturales o jurídicas dedicadas a cualquier género de industria o comercio, por los delitos que hayan cometido sus empleados o dependientes, representantes o gestores en el desempeño de sus obligaciones o servicios.

5º) Las personas naturales o jurídicas titulares de vehículos susceptibles de crear riesgos para terceros, por los delitos cometidos en la utilización de aquellos por sus dependientes o representantes o personas autorizadas.

---

[224] Véase art. 109.2 de la presente Ley

[225] Dada nueva redacción por art. único apartado 58 de Ley Orgánica 1/2015 de 30 de marzo de 2015, con vigencia desde 01/07/2015

[226] Véanse arts. 615 a 621 LECrim

[227] Dada nueva redacción apartado 1 por disposición final 1 apartado 2 de Ley 8/2021 de 2 de junio de 2021, con vigencia desde 03/09/2021

[228] Véanse arts. 30 y 212 de la presente Ley

[229] Véase art. 31 de la presente Ley

121. El Estado, la Comunidad Autónoma, la provincia, la isla, el municipio y demás entes públicos, según los casos, responden subsidiariamente de los daños causados por los penalmente responsables de los delitos dolosos o culposos, cuando éstos sean autoridad, agentes y contratados de la misma o funcionarios públicos en el ejercicio de sus cargos o funciones siempre que la lesión sea consecuencia directa del funcionamiento de los servicios públicos que les estuvieren confiados, sin perjuicio de la responsabilidad patrimonial derivada del funcionamiento normal o anormal de dichos servicios exigible conforme a las normas de procedimiento administrativo, y sin que, en ningún caso, pueda darse una duplicidad indemnizatoria.

Si se exigiera en el proceso penal la responsabilidad civil de la autoridad, agentes y contratados de la misma o funcionarios públicos, la pretensión deberá dirigirse simultáneamente contra la Administración o ente público presuntamente responsable civil subsidiario [230].

122. [231] El que por título lucrativo hubiere participado de los efectos de un delito, está obligado a la restitución de la cosa o al resarcimiento del daño hasta la cuantía de su participación [232].

CAPÍTULO III
De las costas procesales

123. [233] Las costas procesales se entienden impuestas por la Ley a los criminalmente responsables de todo delito [234].

---

[230] Véase art. 106.2 CE

[231] Dada nueva redacción por art. único apartado 59 de Ley Orgánica 1/2015 de 30 de marzo de 2015, con vigencia desde 01/07/2015

[232] Véanse arts. 298 a 304 y 451.2 de la presente Ley

[233] Dada nueva redacción por art. único apartado 60 de Ley Orgánica 1/2015 de 30 de marzo de 2015, con vigencia desde 01/07/2015

[234] Véase art. 240.2 LECrim

124. Las costas comprenderán los derechos e indemnizaciones ocasionados en las actuaciones judiciales e incluirán siempre los honorarios de la acusación particular en los delitos sólo perseguibles a instancia de parte [235].

CAPÍTULO IV
Del cumplimiento de la responsabilidad civil y demás responsabilidades pecuniarias

125. Cuando los bienes del responsable civil no sean bastantes para satisfacer de una vez todas las responsabilidades pecuniarias, el Juez o Tribunal, previa audiencia al perjudicado, podrá fraccionar su pago, señalando, según su prudente arbitrio y en atención a las necesidades del perjudicado y a las posibilidades económicas del responsable, el período e importe de los plazos [236].

126. 1. Los pagos que se efectúen por el penado o el responsable civil subsidiario se imputarán por el orden siguiente [237]:

1º) A la reparación del daño causado e indemnización de los perjuicios.

2º) A la indemnización al Estado por el importe de los gastos que se hubieran hecho por su cuenta en la causa.

3º) A las costas del acusador particular o privado cuando se impusiere en la sentencia su pago.

4º) A las demás costas procesales, incluso las de la defensa del procesado, sin preferencia entre los interesados.

5º) A la multa.

2. Cuando el delito hubiere sido de los que sólo pueden perseguirse a instancia de parte, se satisfarán las costas del acusador privado con preferencia a la indemnización del Estado. Tendrá la misma preferencia el pago de las costas procesales causadas a la víctima en los

[235] Véase art. 241 LECrim
[236] Véase art. 246 LECrim
[237] Véase art. 378 de la presente Ley

supuestos a que se refiere el art. 14 de la Ley del Estatuto de la Víctima del Delito [238] . [239]

TÍTULO VI
De las consecuencias accesorias

127. [240] 1. Toda pena que se imponga por un delito doloso llevará consigo la pérdida de los efectos que de él provengan y de los bienes, medios o instrumentos con que se haya preparado o ejecutado, así como de las ganancias provenientes del delito, cualesquiera que sean las transformaciones que hubieren podido experimentar.

2. En los casos en que la Ley prevea la imposición de una pena privativa de libertad superior a un año por la comisión de un delito imprudente, el Juez o Tribunal podrá acordar la pérdida de los efectos que provengan del mismo y de los bienes, medios o instrumentos con que se haya preparado o ejecutado, así como de las ganancias provenientes del delito, cualesquiera que sean las transformaciones que hubieran podido experimentar.

3. Si por cualquier circunstancia no fuera posible el decomiso de los bienes señalados en los apartados anteriores de este artículo, se acordará el decomiso de otros bienes por una cantidad que corresponda al valor económico de los mismos, y al de las ganancias que se hubieran obtenido de ellos. De igual modo se procederá cuando se acuerde el decomiso de bienes, efectos o ganancias determinados, pero su valor sea inferior al que tenían en el momento de su adquisición [241] .

---

[238] Véase art. 246 LECrim

[239] Dada nueva redacción apartado 2 por disposición final 2 de Ley 4/2015 de 27 de abril de 2015, con vigencia desde 28/10/2015

[240] Dada nueva redacción por art. único apartado 61 de Ley Orgánica 1/2015 de 30 de marzo de 2015, con vigencia desde 01/07/2015

[241] Véanse arts. 374.4, 381.3 y 431 de la presente Ley; arts. 282, 327, 334 a 338, 367, 567, 574, 620, 635 y 844 LECrim; y art. 5 LO 12/1995, de 12 de diciembre de Represión del Contrabando

127 bis. [242] 1. El Juez o Tribunal ordenará también el decomiso de los bienes, efectos y ganancias pertenecientes a una persona condenada por alguno de los siguientes delitos cuando resuelva, a partir de indicios objetivos fundados, que los bienes o efectos provienen de una actividad delictiva, y no se acredite su origen lícito:

a) Delitos de trata de seres humanos.

a bis) Delitos de tráfico de órganos. [243]

b) Delitos relativos a la prostitución y a la explotación sexual y corrupción de menores y delitos de abusos y agresiones sexuales a menores de dieciséis años.

c) Delitos informáticos de los apartados 2 y 3 del art. 197 y art. 264 .

d) Delitos contra el patrimonio y contra el orden socioeconómico en los supuestos de continuidad delictiva y reincidencia.

e) Delitos relativos a las insolvencias punibles.

f) Delitos contra la propiedad intelectual o industrial.

g) Delitos de corrupción en los negocios.

h) Delitos de receptación del apartado 2 del art. 298 .

i) Delitos de blanqueo de capitales.

j) Delitos contra la Hacienda pública y la Seguridad Social.

k) Delitos contra los derechos de los trabajadores de los arts. 311 a 313.

l) Delitos contra los derechos de los ciudadanos extranjeros.

m) Delitos contra la salud pública de los arts. 368 a 373.

n) Delitos de falsificación de moneda.

o) Delitos de cohecho.

p) Delitos de malversación.

q) Delitos de terrorismo.

r) Delitos cometidos en el seno de una organización o grupo criminal.

2. A los efectos de lo previsto en el apartado 1 de este artículo, se valorarán, especialmente, entre otros, los siguientes indicios:

1º La desproporción entre el valor de los bienes y efectos de que se trate y los ingresos de origen lícito de la persona condenada.

2º La ocultación de la titularidad o de cualquier poder de disposición sobre los bienes o efectos mediante la utilización de personas

---

[242] Añadido por art. único apartado 62 de Ley Orgánica 1/2015 de 30 de marzo de 2015, con vigencia desde 01/07/2015

[243] Añadida apartado 1 letra a bis por art. único apartado 1 de Ley Orgánica 1/2019 de 20 de febrero de 2019, con vigencia desde 13/03/2019

físicas o jurídicas o entes sin personalidad jurídica interpuestos, o paraísos fiscales o territorios de nula tributación que oculten o dificulten la determinación de la verdadera titularidad de los bienes.

3° La transferencia de los bienes o efectos mediante operaciones que dificulten o impidan su localización o destino y que carezcan de una justificación legal o económica válida.

3. En estos supuestos será también aplicable lo dispuesto en el apartado 3 del artículo anterior.

4. Si posteriormente el condenado lo fuera por hechos delictivos similares cometidos con anterioridad, el Juez o Tribunal valorará el alcance del decomiso anterior acordado al resolver sobre el decomiso en el nuevo procedimiento.

5. El decomiso a que se refiere este artículo no será acordado cuando las actividades delictivas de las que provengan los bienes o efectos hubieran prescrito o hubieran sido ya objeto de un proceso penal resuelto por sentencia absolutoria o resolución de sobreseimiento con efectos de cosa juzgada.

127 ter. [244] 1. El Juez o Tribunal podrá acordar el decomiso previsto en los artículos anteriores aunque no medie sentencia de condena, cuando la situación patrimonial ilícita quede acreditada en un proceso contradictorio y se trate de alguno de los siguientes supuestos:

a) Que el sujeto haya fallecido o sufra una enfermedad crónica que impida su enjuiciamiento y exista el riesgo de que puedan prescribir los hechos,

b) se encuentre en rebeldía y ello impida que los hechos puedan ser enjuiciados dentro de un plazo razonable, o

c) no se le imponga pena por estar exento de responsabilidad criminal o por haberse ésta extinguido.

2. El decomiso al que se refiere este artículo solamente podrá dirigirse contra quien haya sido formalmente acusado o contra el imputado con relación al que existan indicios racionales de criminalidad cuando las situaciones a que se refiere el apartado anterior hubieran impedido la continuación del procedimiento penal.

---

[244] Añadido por art. único apartado 63 de Ley Orgánica 1/2015 de 30 de marzo de 2015, con vigencia desde 01/07/2015

127 quater. [245] 1. Los Jueces y Tribunales podrán acordar también el decomiso de los bienes, efectos y ganancias a que se refieren los artículos anteriores que hayan sido transferidos a terceras personas, o de un valor equivalente a los mismos, en los siguientes casos:

a) En el caso de los efectos y ganancias, cuando los hubieran adquirido con conocimiento de que proceden de una actividad ilícita o cuando una persona diligente habría tenido motivos para sospechar, en las circunstancias del caso, de su origen ilícito.

b) En el caso de otros bienes, cuando los hubieran adquirido con conocimiento de que de este modo se dificultaba su decomiso o cuando una persona diligente habría tenido motivos para sospechar, en las circunstancias del caso, que de ese modo se dificultaba su decomiso.

2. Se presumirá, salvo prueba en contrario, que el tercero ha conocido o ha tenido motivos para sospechar que se trataba de bienes procedentes de una actividad ilícita o que eran transferidos para evitar su decomiso, cuando los bienes o efectos le hubieran sido transferidos a título gratuito o por un precio inferior al real de mercado.

127 quinquies. [246] 1. Los Jueces y Tribunales podrán acordar también el decomiso de bienes, efectos y ganancias provenientes de la actividad delictiva previa del condenado, cuando se cumplan, cumulativamente, los siguientes requisitos:

a) Que el sujeto sea o haya sido condenado por alguno de los delitos a que se refiere el art. 127 bis.1 del Código Penal.

b) Que el delito se haya cometido en el contexto de una actividad delictiva previa continuada.

c) Que existan indicios fundados de que una parte relevante del patrimonio del penado procede de una actividad delictiva previa.

Son indicios relevantes:

1º) La desproporción entre el valor de los bienes y efectos de que se trate y los ingresos de origen lícito de la persona condenada.

2º) La ocultación de la titularidad o de cualquier poder de disposición sobre los bienes o efectos mediante la utilización de personas físicas o jurídicas o entes sin personalidad jurídica interpuestos, o pa-

[245] Añadido por art. único apartado 64 de Ley Orgánica 1/2015 de 30 de marzo de 2015, con vigencia desde 01/07/2015

[246] Añadido por art. único apartado 65 de Ley Orgánica 1/2015 de 30 de marzo de 2015, con vigencia desde 01/07/2015

raísos fiscales o territorios de nula tributación que oculten o dificulten la determinación de la verdadera titularidad de los bienes.

3º) La transferencia de los bienes o efectos mediante operaciones que dificulten o impidan su localización o destino y que carezcan de una justificación legal o económica válida.

Lo dispuesto en el párrafo anterior solamente será de aplicación cuando consten indicios fundados de que el sujeto ha obtenido, a partir de su actividad delictiva, un beneficio superior a 6.000 euros.

2. A los efectos del apartado anterior, se entenderá que el delito se ha cometido en el contexto de una actividad delictiva continuada siempre que:

a) El sujeto sea condenado o haya sido condenado en el mismo procedimiento por tres o más delitos de los que se haya derivado la obtención de un beneficio económico directo o indirecto, o por un delito continuado que incluya, al menos, tres infracciones penales de las que haya derivado un beneficio económico directo o indirecto.

b) O en el período de seis años anterior al momento en que se inició el procedimiento en el que ha sido condenado por alguno de los delitos a que se refiere el art. 127 bis del Código Penal, hubiera sido condenado por dos o más delitos de los que hubiera derivado la obtención de un beneficio económico, o por un delito continuado que incluya, al menos, dos infracciones penales de las que ha derivado la obtención de un beneficio económico.

127 sexies. [247] A los efectos de lo previsto en el artículo anterior serán de aplicación las siguientes presunciones:

1º) Se presumirá que todos los bienes adquiridos por el condenado dentro del período de tiempo que se inicia seis años antes de la fecha de apertura del procedimiento penal, proceden de su actividad delictiva.

A estos efectos, se entiende que los bienes han sido adquiridos en la fecha más temprana en la que conste que el sujeto ha dispuesto de ellos.

2º) Se presumirá que todos los gastos realizados por el penado durante el período de tiempo a que se refiere el párrafo primero del

---

[247] Añadido por art. único apartado 66 de Ley Orgánica 1/2015 de 30 de marzo de 2015, con vigencia desde 01/07/2015

número anterior, se pagaron con fondos procedentes de su actividad delictiva.

3º) Se presumirá que todos los bienes a que se refiere el número 1 fueron adquiridos libres de cargas.

El Juez o Tribunal podrá acordar que las anteriores presunciones no sean aplicadas con relación a determinados bienes, efectos o ganancias, cuando, en las circunstancias concretas del caso, se revelen incorrectas o desproporcionadas.

127 septies. [248] Si la ejecución del decomiso no hubiera podido llevarse a cabo, en todo o en parte, a causa de la naturaleza o situación de los bienes, efectos o ganancias de que se trate, o por cualquier otra circunstancia, el Juez o Tribunal podrá, mediante auto, acordar el decomiso de otros bienes, incluso de origen lícito, que pertenezcan a los criminalmente responsables del hecho por un valor equivalente al de la parte no ejecutada del decomiso inicialmente acordado.

De igual modo se procederá, cuando se acuerde el decomiso de bienes, efectos o ganancias determinados, pero su valor sea inferior al que tenían en el momento de su adquisición.

127 octies. [249] 1. A fin de garantizar la efectividad del decomiso, los bienes, medios, instrumentos y ganancias podrán ser aprehendidos o embargados y puestos en depósito por la autoridad judicial desde el momento de las primeras diligencias.

2. Corresponderá al Juez o Tribunal resolver, conforme a lo dispuesto en la Ley de Enjuiciamiento Criminal, sobre la realización anticipada o utilización provisional de los bienes y efectos intervenidos.

3. Los bienes, instrumentos y ganancias decomisados por resolución firme, salvo que deban ser destinados al pago de indemnizaciones a las víctimas, serán adjudicados al Estado, que les dará el destino que se disponga legal o reglamentariamente.

128. Cuando los referidos efectos e instrumentos sean de lícito comercio y su valor no guarde proporción con la naturaleza o gra-

---

[248] Añadido por art. único apartado 67 de Ley Orgánica 1/2015 de 30 de marzo de 2015, con vigencia desde 01/07/2015

[249] Añadido por art. único apartado 68 de Ley Orgánica 1/2015 de 30 de marzo de 2015, con vigencia desde 01/07/2015

vedad de la infracción penal, o se hayan satisfecho completamente las responsabilidades civiles, podrá el Juez o Tribunal no decretar el decomiso, o decretarlo parcialmente.

129. [250] 1. En caso de delitos cometidos en el seno, con la colaboración, a través o por medio de empresas, organizaciones, grupos o cualquier otra clase de entidades o agrupaciones de personas que, por carecer de personalidad jurídica, no estén comprendidas en el art. 31 bis, el Juez o Tribunal podrá imponer motivadamente a dichas empresas, organizaciones, grupos, entidades o agrupaciones una o varias consecuencias accesorias a la pena que corresponda al autor del delito, con el contenido previsto en las letras c) a g) del apartado 7 del art. 33 . Podrá también acordar la prohibición definitiva de llevar a cabo cualquier actividad, aunque sea lícita. [251]

2. Las consecuencias accesorias a las que se refiere en el apartado anterior sólo podrán aplicarse a las empresas, organizaciones, grupos o entidades o agrupaciones en él mencionados cuando este Código lo prevea expresamente, o cuando se trate de alguno de los delitos por los que el mismo permite exigir responsabilidad penal a las personas jurídicas. [252]

3. La clausura temporal de los locales o establecimientos, la suspensión de las actividades sociales y la intervención judicial podrán ser acordadas también por el Juez Instructor como medida cautelar durante la instrucción de la causa a los efectos establecidos en este artículo y con los límites señalados en el art. 33.7 [253] .

---

[250] Dada nueva redacción por art. único apartado 31 de Ley Orgánica 5/2010 de 22 de junio de 2010, con vigencia desde 23/12/2010

[251] Dada nueva redacción apartado 1 por art. único apartado 69 de Ley Orgánica 1/2015 de 30 de marzo de 2015 , con vigencia desde 01/07/2015

[252] Dada nueva redacción apartado 2 por art. único apartado 69 de Ley Orgánica 1/2015 de 30 de marzo de 2015, con vigencia desde 01/07/2015

[253] Véanse arts. 162, 189.8, 194, 262.2, 288, 294, 302.2, 318, 318 bis.5, 327, 366, 369.2, 371.2, 386, 445.2 y 520 de la presente Ley

129 bis. [254] Si se trata de condenados por la comisión de un delito grave contra la vida, la integridad de las personas, la libertad, la libertad o indemnidad sexual, de terrorismo, o cualquier otro delito grave que conlleve un riesgo grave para la vida, la salud o la integridad física de las personas, cuando de las circunstancias del hecho, antecedentes, valoración de su personalidad, o de otra información disponible pueda valorarse que existe un peligro relevante de reiteración delictiva, el Juez o Tribunal podrá acordar la toma de muestras biológicas de su persona y la realización de análisis para la obtención de identificadores de ADN e inscripción de los mismos en la base de datos policial. Únicamente podrán llevarse a cabo los análisis necesarios para obtener los identificadores que proporcionen, exclusivamente, información genética reveladora de la identidad de la persona y de su sexo.

Si el afectado se opusiera a la recogida de las muestras, podrá imponerse su ejecución forzosa mediante el recurso a las medidas coactivas mínimas indispensables para su ejecución, que deberán ser en todo caso proporcionadas a las circunstancias del caso y respetuosas con su dignidad.

TÍTULO VII
De la extinción de la responsabilidad criminal y sus efectos

CAPÍTULO PRIMERO
De las causas que extinguen la responsabilidad criminal

130. [255] 1. La responsabilidad criminal se extingue:
1.º) Por la muerte del reo. [256]

---

[254] Añadido por art. único apartado 70 de Ley Orgánica 1/2015 de 30 de marzo de 2015, con vigencia desde 01/07/2015

[255] Dada nueva redacción por art. único apartado 46 de Ley Orgánica 15/2003 de 25 de noviembre de 2003, con vigencia desde 01/10/2004

[256] Véase art. 115 LECrim

2.º) Por el cumplimiento de la condena. [257]

3.º) Por la remisión definitiva de la pena, conforme a lo dispuesto en los apartados 1 y 2 del artículo 87.

4.º) Por la amnistía o el indulto. [258]

5.º) Por el perdón de la persona ofendida, cuando se trate de delitos leves perseguibles a instancias de la persona agraviada o la ley así lo prevea. El perdón habrá de ser otorgado de forma expresa antes de que se haya dictado sentencia, a cuyo efecto la autoridad judicial sentenciadora deberá oír a la persona ofendida por el delito antes de dictarla. [259]

En los delitos cometidos contra personas menores de edad o personas con discapacidad necesitadas de especial protección que afecten a bienes jurídicos eminentemente personales, el perdón de la persona ofendida no extingue la responsabilidad criminal. [260]

6.º) Por la prescripción del delito. [261]

7.º) Por la prescripción de la pena o de la medida de seguridad. [262] [263]

2. La transformación, fusión, absorción o escisión de una persona jurídica no extingue su responsabilidad penal, que se trasladará a la entidad o entidades en que se transforme, quede fusionada o absorbida y se extenderá a la entidad o entidades que resulten de la escisión. El Juez o Tribunal podrá moderar el traslado de la pena a la persona jurídica en función de la proporción que la persona jurídica originariamente responsable del delito guarde con ella.

No extingue la responsabilidad penal la disolución encubierta o meramente aparente de la persona jurídica. Se considerará en todo caso que existe disolución encubierta o meramente aparente de la persona jurídica cuando se continúe su actividad económica y se mantenga la

---

[257] Véanse arts. 22 a 29 RP

[258] Véase art. 62.i CE; art. 666.4 LECrim; art. 18.3 LOPJ , art. 206 RP y art. 4 LO 1/2024, de 10 de junio

[259] Véanse arts. 201.3, 215.3 y 267 de la presente Ley

[260] Véanse arts. 106 a 110 LECrim

[261] Véanse arts. 131 y 132 de la presente Ley y art. 666.3 LECrim

[262] Véanse arts. 132 y 133 de la presente Ley

[263] Dada nueva redacción apartado 1 por disposición final 2 de Ley Orgánica 1/2024 de 10 de junio de 2024, con vigencia desde 11/06/2024

identidad sustancial de clientes, proveedores y empleados, o de la parte más relevante de todos ellos. [264]

131. [265] 1. Los delitos prescriben [266] :

A los veinte años, cuando la pena máxima señalada al delito sea prisión de quince o más años.

A los quince, cuando la pena máxima señalada por la ley sea inhabilitación por más de diez años, o prisión por más de diez y menos de quince años.

A los diez, cuando la pena máxima señalada por la ley sea prisión o inhabilitación por más de cinco años y que no exceda de diez.

A los cinco, los demás delitos, excepto los delitos leves y los delitos de injurias y calumnias, que prescriben al año.

2. Cuando la pena señalada por la ley fuere compuesta, se estará, para la aplicación de las reglas comprendidas en este artículo, a la que exija mayor tiempo para la prescripción.

3. Los delitos de lesa humanidad y de genocidio y los delitos contra las personas y bienes protegidos en caso de conflicto armado, salvo los castigados en el art. 614 , no prescribirán en ningún caso.

Tampoco prescribirán los delitos de terrorismo, si hubieren causado la muerte de una persona.

4. En los supuestos de concurso de infracciones o de infracciones conexas, el plazo de prescripción será el que corresponda al delito más grave [267] .

132. [268] 1. Los términos previstos en el artículo precedente se computarán desde el día en que se haya cometido la infracción punible. En los casos de delito continuado, delito permanente, así como en las infracciones que exijan habitualidad, tales términos se computarán,

---

[264] Añadido apartado 2 por art. único apartado 32 de Ley Orgánica 5/2010 de 22 de junio de 2010, con vigencia desde 23/12/2010

[265] Dada nueva redacción por art. único apartado 72 de Ley Orgánica 1/2015 de 30 de marzo de 2015, con vigencia desde 01/07/2015

[266] Véase el art. 666.3 LECrim

[267] Véanse arts. 133.2, 607 y 607 bis de la presente Ley

[268] Dada nueva redacción por art. único apartado 73 de Ley Orgánica 1/2015 de 30 de marzo de 2015, con vigencia desde 01/07/2015

respectivamente, desde el día en que se realizó la última infracción, desde que se eliminó la situación ilícita o desde que cesó la conducta.

En los delitos de aborto no consentido, lesiones, contra la libertad, de torturas y contra la integridad moral, contra la intimidad, el derecho a la propia imagen y la inviolabilidad del domicilio, y contra las relaciones familiares, excluidos los delitos contemplados en el párrafo siguiente, cuando la víctima fuere una persona menor de dieciocho años, los términos se computarán desde el día en que ésta haya alcanzado la mayoría de edad, y si falleciere antes de alcanzarla, a partir de la fecha del fallecimiento.

En los delitos de tentativa de homicidio, de lesiones de los artículos 149 y 150, en el delito de maltrato habitual previsto en el artículo 173.2, en los delitos contra la libertad sexual y en los delitos de trata de seres humanos, cuando la víctima fuere una persona menor de dieciocho años, los términos se computarán desde que la víctima cumpla los treinta y cinco años de edad, y si falleciere antes de alcanzar esa edad, a partir de la fecha del fallecimiento [269] . [270]

2. La prescripción se interrumpirá, quedando sin efecto el tiempo transcurrido, cuando el procedimiento se dirija contra la persona indiciariamente responsable del delito, comenzando a correr de nuevo desde que se paralice el procedimiento o termine sin condena de acuerdo con las reglas siguientes:

1ª Se entenderá dirigido el procedimiento contra una persona determinada desde el momento en que, al incoar la causa o con posterioridad, se dicte resolución judicial motivada en la que se le atribuya su presunta participación en un hecho que pueda ser constitutivo de delito.

2ª No obstante lo anterior, la presentación de querella o la denuncia formulada ante un órgano judicial, en la que se atribuya a una persona determinada su presunta participación en un hecho que pueda ser constitutivo de delito, suspenderá el cómputo de la prescripción por un plazo máximo de seis meses, a contar desde la misma fecha de presentación de la querella o de formulación de la denuncia.

Si dentro de dicho plazo se dicta contra el querellado o denunciado, o contra cualquier otra persona implicada en los hechos, alguna de las

---

[269] Véanse arts. 7 y 74 de la presente Ley

[270] Dada nueva redacción apartado 1 por art. único apartado 1 de Ley Orgánica 4/2023 de 27 de abril de 2023, con vigencia desde 29/04/2023

resoluciones judiciales mencionadas en la regla 1ª, la interrupción de la prescripción se entenderá retroactivamente producida, a todos los efectos, en la fecha de presentación de la querella o denuncia.

Por el contrario, el cómputo del término de prescripción continuará desde la fecha de presentación de la querella o denuncia si, dentro del plazo de seis meses, recae resolución judicial firme de inadmisión a trámite de la querella o denuncia o por la que se acuerde no dirigir el procedimiento contra la persona querellada o denunciada. La continuación del cómputo se producirá también si, dentro de dicho plazo, el juez de instrucción no adoptara ninguna de las resoluciones previstas en este artículo.

3. A los efectos de este artículo, la persona contra la que se dirige el procedimiento deberá quedar suficientemente determinada en la resolución judicial, ya sea mediante su identificación directa o mediante datos que permitan concretar posteriormente dicha identificación en el seno de la organización o grupo de personas a quienes se atribuya el hecho.

4. En los procedimientos cuya investigación haya sido asumida por la Fiscalía Europea, la prescripción se interrumpirá:

a) cuando se dirija la investigación contra una persona determinada, suficientemente identificada, en los términos del apartado anterior, y así quede reflejado en un Decreto motivado.

b) cuando se interponga querella o denuncia ante la Fiscalía Europea en la que se atribuya a una persona determinada su presunta participación en un hecho que pueda ser constitutivo de delito, resultando de aplicación la regla 2.ª del apartado 2 de este artículo. [271]

133. [272] 1. Las penas impuestas por sentencia firme prescriben:

A los 30 años, las de prisión por más de 20 años.

A los 25 años, las de prisión de 15 o más años sin que excedan de 20.

A los 20, las de inhabilitación por más de 10 años y las de prisión por más de 10 y menos de 15.

[271] Añadido apartado 4 por disposición final 4 apartado 2 de Ley Orgánica 9/2021 de 1 de julio de 2021, con vigencia desde 03/07/2021

[272] Dada nueva redacción por art. único apartado 49 de Ley Orgánica 15/2003 de 25 de noviembre de 2003, con vigencia desde 01/10/2004

A los 15, las de inhabilitación por más de seis años y que no excedan de 10, y las de prisión por más de cinco años y que no excedan de 10.

A los 10, las restantes penas graves.

A los cinco, las penas menos graves.

Al año, las penas leves.

2. Las penas impuestas por los delitos de lesa humanidad y de genocidio y por los delitos contra las personas y bienes protegidos en caso de conflicto armado, salvo los castigados en el art. 614 , no prescribirán en ningún caso [273] .

Tampoco prescribirán las penas impuestas por delitos de terrorismo, si éstos hubieren causado la muerte de una persona. [274]

134. 1. El tiempo de la prescripción de la pena se computará desde la fecha de la sentencia firme, o desde el quebrantamiento de la condena, si ésta hubiese comenzado a cumplirse. [275]

2. El plazo de prescripción de la pena quedará en suspenso:

a) Durante el período de suspensión de la ejecución de la pena.

b) Durante el cumplimiento de otras penas, cuando resulte aplicable lo dispuesto en el art. 75 [276] . [277]

135. 1. Las medidas de seguridad prescribirán a los diez años, si fueran privativas de libertad superiores a tres años, y a los cinco años si fueran privativas de libertad iguales o inferiores a tres años o tuvieran otro contenido.

2. El tiempo de la prescripción se computará desde el día en que haya quedado firme la resolución en la que se impuso la medida o, en caso de cumplimiento sucesivo, desde que debió empezar a cumplirse.

[273] Véanse arts. 131.4, 607 y 607 bis de la presente Ley

[274] Dada nueva redacción apartado 2 por art. único apartado 35 de Ley Orgánica 5/2010 de 22 de junio de 2010, con vigencia desde 23/12/2010

[275] Renumerado por art. único apartado 74 de Ley Orgánica 1/2015 de 30 de marzo de 2015 como apartado 1, con vigencia desde 01/07/2015

[276] Véanse arts. 458 a 462 de la presente Ley

[277] Añadido apartado 2 por art. único apartado 74 de Ley Orgánica 1/2015 de 30 de marzo de 2015, con vigencia desde 01/07/2015

3. Si el cumplimiento de una medida de seguridad fuere posterior al de una pena, el plazo se computará desde la extinción de ésta [278].

CAPÍTULO II
De la cancelación de antecedentes delictivos

136. [279] 1. Los condenados que hayan extinguido su responsabilidad penal tienen derecho a obtener del Ministerio de Justicia, de oficio o a instancia de parte, la cancelación de sus antecedentes penales, cuando hayan transcurrido sin haber vuelto a delinquir los siguientes plazos:
a) Seis meses para las penas leves.
b) Dos años para las penas que no excedan de doce meses y las impuestas por delitos imprudentes.
c) Tres años para las restantes penas menos graves inferiores a tres años.
d) Cinco años para las restantes penas menos graves iguales o superiores a tres años.
e) Diez años para las penas graves.
2. Los plazos a que se refiere el apartado anterior se contarán desde el día siguiente a aquel en que quedara extinguida la pena, pero si ello ocurriese mediante la remisión condicional, el plazo, una vez obtenida la remisión definitiva, se computará retrotrayéndolo al día siguiente a aquel en que hubiere quedado cumplida la pena si no se hubiere disfrutado de este beneficio. En este caso, se tomará como fecha inicial para el cómputo de la duración de la pena el día siguiente al del otorgamiento de la suspensión.
3. Las penas impuestas a las personas jurídicas y las consecuencias accesorias del art. 129 se cancelarán en el plazo que corresponda, de acuerdo con la regla prevista en el apartado 1 de este artículo, salvo que se hubiese acordado la disolución o la prohibición definitiva de actividades. En estos casos, se cancelarán las anotaciones transcurridos cincuenta años computados desde el día siguiente a la firmeza de la sentencia.

---

[278] Véanse arts. 90 y 133 de la presente Ley
[279] Dada nueva redacción por art. único apartado 75 de Ley Orgánica 1/2015 de 30 de marzo de 2015, con vigencia desde 01/07/2015

4. Las inscripciones de antecedentes penales en las distintas secciones del Registro Central de Penados y Rebeldes no serán públicas. Durante su vigencia solo se emitirán certificaciones con las limitaciones y garantías previstas en sus normas específicas y en los casos establecidos por la Ley. En todo caso, se librarán las que soliciten los Jueces o Tribunales, se refieran o no a inscripciones canceladas, haciendo constar expresamente esta última circunstancia.

5. En los casos en que, a pesar de cumplirse los requisitos establecidos en este artículo para la cancelación, ésta no se haya producido, el Juez o Tribunal, acreditadas tales circunstancias, no tendrá en cuenta dichos antecedentes [280].

137. Las anotaciones de las medidas de seguridad impuestas conforme a lo dispuesto en este Código o en otras leyes penales serán canceladas una vez cumplida o prescrita la respectiva medida; mientras tanto, sólo figurarán en las certificaciones que el Registro expida con destino a Jueces o Tribunales o autoridades administrativas, en los casos establecidos por la Ley [281].

LIBRO II
DELITOS Y SUS PENAS

TÍTULO PRIMERO
Del homicidio y sus formas [282]

138. [283] 1. El que matare a otro será castigado, como reo de homicidio, con la pena de prisión de diez a quince años.

2. Los hechos serán castigados con la pena superior en grado en los siguientes casos:

---

[280] Véase art. 10 CPM
[281] Véase art. 136.4 de la presente Ley
[282] Véase art. 15 CE
[283] Dada nueva redacción por art. único apartado 76 de Ley Orgánica 1/2015 de 30 de marzo de 2015, con vigencia desde 01/07/2015

a) cuando concurra en su comisión alguna de las circunstancias del apartado 1 del art. 140, o

b) cuando los hechos sean además constitutivos de un delito de atentado del art. 550 [284] .

139. [285] 1. Será castigado con la pena de prisión de quince a veinticinco años, como reo de asesinato, el que matare a otro concurriendo alguna de las circunstancias siguientes [286] :

1ª) Con alevosía.

2ª) Por precio, recompensa o promesa.

3ª) Con ensañamiento, aumentando deliberada e inhumanamente el dolor del ofendido.

4ª) Para facilitar la comisión de otro delito o para evitar que se descubra.

2. Cuando en un asesinato concurran más de una de las circunstancias previstas en el apartado anterior, se impondrá la pena en su mitad superior.

140. [287] 1. El asesinato será castigado con pena de prisión permanente revisable cuando concurra alguna de las siguientes circunstancias:

1ª Que la víctima sea menor de dieciséis años de edad, o se trate de una persona especialmente vulnerable por razón de su edad, enfermedad o discapacidad.

2ª Que el hecho fuera subsiguiente a un delito contra la libertad sexual que el autor hubiera cometido sobre la víctima.

3ª Que el delito se hubiera cometido por quien perteneciere a un grupo u organización criminal.

2. Al reo de asesinato que hubiera sido condenado por la muerte de más de dos personas se le impondrá una pena de prisión permanente

---

[284] Véanse arts. 139, 142, 143, 180.5, 450, 485.1, 572.1, 605.1 y 607.1 de la presente Ley y art. 10.2 LORPM

[285] Dada nueva redacción por art. único apartado 77 de Ley Orgánica 1/2015 de 30 de marzo de 2015, con vigencia desde 01/07/2015

[286] Véanse arts. 22.1, 3 y 5, 138, 142, 143, 485.3, 605.1 y 607.1 de la presente Ley y art. 10.2 LORPM

[287] Dada nueva redacción por art. único apartado 78 de Ley Orgánica 1/2015 de 30 de marzo de 2015, con vigencia desde 01/07/2015

revisable. En este caso, será de aplicación lo dispuesto en la letra b) del apartado 1 del art. 78 bis y en la letra b) del apartado 2 del mismo artículo.

140 bis. [288] 1. A las personas condenadas por la comisión de uno o más delitos comprendidos en este título se les podrá imponer además una medida de libertad vigilada.

2. Si la víctima y quien sea autor de los delitos previstos en los tres artículos precedentes tuvieran un hijo o hija en común, la autoridad judicial impondrá, respecto de este, la pena de privación de la patria potestad.

La misma pena se impondrá cuando la víctima fuere hijo o hija del autor, respecto de otros hijos e hijas, si existieren.

141. La provocación, la conspiración y la proposición para cometer los delitos previstos en los tres artículos precedentes, será castigada con la pena inferior en uno o dos grados a la señalada en su caso en los artículos anteriores [289].

142. [290] 1. El que por imprudencia grave causare la muerte de otro, será castigado, como reo de homicidio imprudente, con la pena de prisión de uno a cuatro años.

Si el homicidio imprudente se hubiera cometido utilizando un vehículo a motor o un ciclomotor, se impondrá asimismo la pena de privación del derecho a conducir vehículos a motor y ciclomotores de uno a seis años. A los efectos de este apartado, se reputará en todo caso como imprudencia grave la conducción en la que la concurrencia de alguna de las circunstancias previstas en el artículo 379 determinara la producción del hecho.

Si el homicidio imprudente se hubiera cometido utilizando un arma de fuego, se impondrá también la pena de privación del derecho al porte o tenencia de armas por tiempo de uno a seis años.

---

[288] Dada nueva redacción por disposición final 6 apartado 11 de Ley Orgánica 8/2021 de 4 de junio de 2021, con vigencia desde 25/06/2021

[289] Véanse arts. 17 y 18 de la presente Ley

[290] Dada nueva redacción por art. único apartado 1 de Ley Orgánica 2/2019 de 1 de marzo de 2019, con vigencia desde 03/03/2019

Si el homicidio se hubiera cometido por imprudencia profesional, se impondrá además la pena de inhabilitación especial para el ejercicio de la profesión, oficio o cargo por un periodo de tres a seis años.

2. El que por imprudencia menos grave causare la muerte de otro, será castigado con la pena de multa de tres meses a dieciocho meses.

Si el homicidio se hubiera cometido utilizando un vehículo a motor o un ciclomotor, se impondrá también la pena de privación del derecho a conducir vehículos a motor y ciclomotores de tres a dieciocho meses. Se reputará en todo caso como imprudencia menos grave aquella no calificada como grave en la que para la producción del hecho haya sido determinante la comisión de alguna de las infracciones graves de las normas de tráfico, circulación de vehículos a motor y seguridad vial. La valoración sobre la existencia o no de la determinación deberá apreciarse en resolución motivada. [291]

Si el homicidio se hubiera cometido utilizando un arma de fuego, se podrá imponer también la pena de privación del derecho al porte o tenencia de armas por tiempo de tres a dieciocho meses.

Salvo en los casos en que se produzca utilizando un vehículo a motor o un ciclomotor, el delito previsto en este apartado solo será perseguible mediante denuncia de la persona agraviada o de su representante legal. [292]

142 bis. [293] En los casos previstos en el número 1 del artículo anterior, el Juez o Tribunal podrá imponer motivadamente la pena superior en un grado, en la extensión que estime conveniente, si el hecho revistiere notoria gravedad, en atención a la singular entidad y relevancia del riesgo creado y del deber normativo de cuidado infringido, y hubiere provocado la muerte de dos o más personas o la muerte de una y lesiones constitutivas de delito del artículo 152.1.2.º o 3.º en las demás, y en dos grados si el número de fallecidos fuere muy elevado.

---

[291] Dada nueva redacción apartado 2 párrafo 2 por art. único apartado 1 de Ley Orgánica 11/2022 de 13 de septiembre de 2022, con vigencia desde 15/09/2022

[292] Dada nueva redacción apartado 2 párrafo 4 por art. único apartado 1 de Ley Orgánica 11/2022 de 13 de septiembre de 2022, con vigencia desde 15/09/2022

[293] Añadido por art. único apartado 2 de Ley Orgánica 2/2019 de 1 de marzo de 2019, con vigencia desde 03/03/2019

143. 1. El que induzca al suicidio de otro será castigado con la pena de prisión de cuatro a ocho años [294].

2. Se impondrá la pena de prisión de dos a cinco años al que coopere con actos necesarios al suicidio de una persona.

3. Será castigado con la pena de prisión de seis a diez años si la cooperación llegara hasta el punto de ejecutar la muerte.

4. El que causare o cooperare activamente con actos necesarios y directos a la muerte de una persona que sufriera un padecimiento grave, crónico e imposibilitante o una enfermedad grave e incurable, con sufrimientos físicos o psíquicos constantes e insoportables, por la petición expresa, seria e inequívoca de esta, será castigado con la pena inferior en uno o dos grados a las señaladas en los apartados 2 y 3. [295]

5. No obstante lo dispuesto en el apartado anterior, no incurrirá en responsabilidad penal quien causare o cooperare activamente a la muerte de otra persona cumpliendo lo establecido en la ley orgánica reguladora de la eutanasia. [296]

143 bis. [297] La distribución o difusión pública a través de Internet, del teléfono o de cualquier otra tecnología de la información o de la comunicación de contenidos específicamente destinados a promover, fomentar o incitar al suicidio de personas menores de edad o personas con discapacidad necesitadas de especial protección será castigada con la pena de prisión de uno a cuatro años.

Las autoridades judiciales ordenarán la adopción de las medidas necesarias para la retirada de los contenidos a los que se refiere el párrafo anterior, para la interrupción de los servicios que ofrezcan predominantemente dichos contenidos o para el bloqueo de unos y otros cuando radiquen en el extranjero.

---

[294] Véase art. 28 a) de la presente Ley

[295] Dada nueva redacción apartado 4 por disposición final 1 de Ley Orgánica 3/2021 de 24 de marzo de 2021, con vigencia desde 25/06/2021

[296] Añadido apartado 5 por disposición final 1 de Ley Orgánica 3/2021 de 24 de marzo de 2021, con vigencia desde 25/06/2021

[297] Añadido por disposición final 6 apartado 12 de Ley Orgánica 8/2021 de 4 de junio de 2021, con vigencia desde 25/06/2021

TÍTULO II
Del aborto

144. El que produzca el aborto de una mujer, sin su consentimiento, será castigado con la pena de prisión de cuatro a ocho años e inhabilitación especial para ejercer cualquier profesión sanitaria, o para prestar servicios de toda índole en clínicas, establecimientos o consultorios ginecológicos, públicos o privados, por tiempo de tres a diez años.

Las mismas penas se impondrán al que practique el aborto habiendo obtenido la anuencia de la mujer mediante violencia, amenaza o engaño [298] .

145. [299] 1. El que produzca el aborto de una mujer, con su consentimiento, fuera de los casos permitidos por la Ley será castigado con la pena de prisión de uno a tres años e inhabilitación especial para ejercer cualquier profesión sanitaria, o para prestar servicios de toda índole en clínicas, establecimientos o consultorios ginecológicos, públicos o privados, por tiempo de uno a seis años. El Juez podrá imponer la pena en su mitad superior cuando los actos descritos en este apartado se realicen fuera de un centro o establecimiento público o privado acreditado.

2. La mujer que produjere su aborto o consintiere que otra persona se lo cause, fuera de los casos permitidos por la Ley, será castigada con la pena de multa de seis a veinticuatro meses [300] .

3. En todo caso, el Juez o Tribunal impondrá las penas respectivamente previstas en este artículo en su mitad superior cuando la conducta se llevare a cabo a partir de la vigésimo segunda semana de gestación.

---

[298] Véanse arts. 57, 74.3, y 169 a 171 de la presente Ley

[299] Dada nueva redacción por disposición final 1 apartado 1 de Ley Orgánica 2/2010 de 3 de marzo de 2010, con vigencia desde 05/07/2010

[300] Véase LO 2/2010, de 3 de marzo, de salud sexual y reproductiva y de la interrupción voluntaria del embarazo

145 bis. [301] 1. Será castigado con la pena de multa de seis a doce meses e inhabilitación especial para prestar servicios de toda índole en clínicas, establecimientos o consultorios ginecológicos, públicos o privados, por tiempo de seis meses a dos años, el que dentro de los casos contemplados en la ley, practique un aborto:

a) Sin contar con los dictámenes previos preceptivos;

b) Fuera de un centro o establecimiento público o privado acreditado. En este caso, el juez podrá imponer la pena en su mitad superior.

2. En todo caso, el juez o tribunal impondrá las penas previstas en este artículo en su mitad superior cuando el aborto se haya practicado a partir de la vigésimo segunda semana de gestación.

3. La embarazada no será penada a tenor de este precepto

146. El que por imprudencia grave ocasionare un aborto será castigado con la pena de prisión de tres a cinco meses o multa de seis a 10 meses. [302]

Cuando el aborto fuere cometido por imprudencia profesional se impondrá asimismo la pena de inhabilitación especial para el ejercicio de la profesión, oficio o cargo por un período de uno a tres años.

La embarazada no será penada a tenor de este precepto.

TÍTULO III
De las lesiones

147. [303] 1. El que, por cualquier medio o procedimiento, causare a otro una lesión que menoscabe su integridad corporal o su salud física o mental, será castigado, como reo del delito de lesiones con la pena de prisión de tres meses a tres años o multa de seis a doce meses, siempre que la lesión requiera objetivamente para su sanidad, además de una primera asistencia facultativa, tratamiento médico o

---

[301] Dada nueva redacción por disposición final 2 apartado 1 de Ley Orgánica 1/2023 de 28 de febrero de 2023, con vigencia desde 02/03/2023

[302] Dada nueva redacción párrafo 1 por art. único apartado 51 de Ley Orgánica 15/2003 de 25 de noviembre de 2003, con vigencia desde 01/10/2004

[303] Dada nueva redacción por art. único apartado 81 de Ley Orgánica 1/2015 de 30 de marzo de 2015, con vigencia desde 01/07/2015

quirúrgico. La simple vigilancia o seguimiento facultativo del curso de la lesión no se considerará tratamiento médico [304] .

2. El que, por cualquier medio o procedimiento, causare a otro una lesión no incluida en el apartado anterior, será castigado con la pena de multa de uno a tres meses.

3. El que golpeare o maltratare de obra a otro sin causarle lesión, será castigado con la pena de multa de uno a dos meses.

4. Los delitos previstos en los dos apartados anteriores sólo serán perseguibles mediante denuncia de la persona agraviada o de su representante legal.

148. [305] Las lesiones previstas en el apartado 1 del artículo anterior podrán ser castigadas con la pena de prisión de dos a cinco años, atendiendo al resultado causado o riesgo producido:

1º) Si en la agresión se hubieren utilizado armas, instrumentos, objetos, medios, métodos o formas concretamente peligrosas para la vida o salud, física o psíquica, del lesionado.

2º) Si hubiere mediado ensañamiento o alevosía [306] .

3º) Si la víctima fuere menor de catorce años o persona con discapacidad necesitada de especial protección. [307]

4º) Si la víctima fuere o hubiere sido esposa, o mujer que estuviere o hubiere estado ligada al autor por una análoga relación de afectividad, aun sin convivencia.

5º) Si la víctima fuera una persona especialmente vulnerable que conviva con el autor.

149. [308] 1. El que causara a otro, por cualquier medio o procedimiento, la pérdida o la inutilidad de un órgano o miembro principal, o de un sentido, la impotencia, la esterilidad, una grave deformidad, o

---

[304] Véase art. 15 CE; arts. 57, 74.3, 155, 156, 169, 177, 180, 571, 609, 610 y 617.1 de la presente Ley y arts. 42, 46, y 77 CPM

[305] Dada nueva redacción por art. 36 de Ley Orgánica 1/2004 de 28 de diciembre de 2004, con vigencia desde 29/06/2005

[306] Véase art. 22.1 y 5 de la presente Ley

[307] Dada nueva redacción apartado 3 por disposición final 6 apartado 13 de Ley Orgánica 8/2021 de 4 de junio de 2021, con vigencia desde 25/06/2021

[308] Dada nueva redacción por art. 1 apartado 6 de Ley Orgánica 11/2003 de 29 de septiembre de 2003, con vigencia desde 01/10/2003

una grave enfermedad somática o psíquica, será castigado con la pena de prisión de seis a 12 años.

2. El que causara a otro una mutilación genital en cualquiera de sus manifestaciones será castigado con la pena de prisión de seis a 12 años. Si la víctima fuera menor o persona con discapacidad necesitada de especial protección, será aplicable la pena de inhabilitación especial para el ejercicio de la patria potestad, tutela, curatela, guarda o acogimiento por tiempo de cuatro a 10 años, si el Juez lo estima adecuado al interés del menor o de la persona con discapacidad necesitada de especial protección [309] . [310]

150. El que causare a otro la pérdida o la inutilidad de un órgano o miembro no principal, o la deformidad, será castigado con la pena de prisión de tres a seis años.

151. La provocación, la conspiración y la proposición para cometer los delitos previstos en los artículos precedentes de este Título, será castigada con la pena inferior en uno o dos grados a la del delito correspondiente [311] .

152. [312] 1. El que por imprudencia grave causare alguna de las lesiones previstas en los artículos anteriores será castigado, en atención al riesgo creado y el resultado producido:

1.º Con la pena de prisión de tres a seis meses o multa de seis a dieciocho meses, si se tratare de las lesiones del apartado 1 del artículo 147.

2.º Con la pena de prisión de uno a tres años, si se tratare de las lesiones del artículo 149.

3.º Con la pena de prisión de seis meses a dos años, si se tratare de las lesiones del artículo 150.

---

[309] Véanse arts. 180, 486.1, 572, 577, 605.2 y 607 de la presente Ley y art. 23.4 LOPJ

[310] Dada nueva redacción apartado 2 por art. único apartado 258 punto 1 de Ley Orgánica 1/2015 de 30 de marzo de 2015, con vigencia desde 01/07/2015

[311] Véanse arts. 17 y 18 de la presente Ley

[312] Dada nueva redacción por art. único apartado 3 de Ley Orgánica 2/2019 de 1 de marzo de 2019, con vigencia desde 03/03/2019

Si los hechos se hubieran cometido utilizando un vehículo a motor o un ciclomotor, se impondrá asimismo la pena de privación del derecho a conducir vehículos a motor y ciclomotores de uno a cuatro años. A los efectos de este apartado, se reputará en todo caso como imprudencia grave la conducción en la que la concurrencia de alguna de las circunstancias previstas en el artículo 379 determinara la producción del hecho.

Si las lesiones se hubieran causado utilizando un arma de fuego, se impondrá también la pena de privación del derecho al porte o tenencia de armas por tiempo de uno a cuatro años.

Si las lesiones hubieran sido cometidas por imprudencia profesional, se impondrá además la pena de inhabilitación especial para el ejercicio de la profesión, oficio o cargo por un período de seis meses a cuatro años.

2. El que por imprudencia menos grave causare alguna de las lesiones a que se refiere el artículo 147.1, será castigado con la pena de multa de uno a dos meses, y si se causaren las lesiones a que se refieren los artículos 149 y 150, será castigado con la pena de multa de tres meses a doce meses. [313]

Si los hechos se hubieran cometido utilizando un vehículo a motor o un ciclomotor, se impondrá también la pena de privación del derecho a conducir vehículos a motor y ciclomotores de tres a dieciocho meses. A los efectos de este apartado, se reputará en todo caso como imprudencia menos grave aquella no calificada como grave en la que para la producción del hecho haya sido determinante la comisión de alguna de las infracciones graves de las normas de tráfico, circulación de vehículos y seguridad vial. La valoración sobre la existencia o no de la determinación deberá apreciarse en resolución motivada. [314]

Si las lesiones se hubieran causado utilizando un arma de fuego, se podrá imponer también la pena de privación del derecho al porte o tenencia de armas por tiempo de tres meses a un año.

El delito previsto en este apartado solo será perseguible mediante denuncia de la persona agraviada o de su representante legal.

---

[313] Dada nueva redacción apartado 2 párrafo 1 por art. único apartado 2 de Ley Orgánica 11/2022 de 13 de septiembre de 2022, con vigencia desde 15/09/2022

[314] Dada nueva redacción apartado 2 párrafo 2 por art. único apartado 2 de Ley Orgánica 11/2022 de 13 de septiembre de 2022, con vigencia desde 15/09/2022

152 bis. [315] En los casos previstos en el número 1 del artículo anterior, el Juez o Tribunal podrá imponer motivadamente la pena superior en un grado, en la extensión que estime conveniente, si el hecho revistiere notoria gravedad, en atención a la singular entidad y relevancia del riesgo creado y del deber normativo de cuidado infringido, y hubiere provocado lesiones constitutivas de delito del artículo 152.1.2.º o 3.º a una pluralidad de personas, y en dos grados si el número de lesionados fuere muy elevado.

153. [316] 1. El que por cualquier medio o procedimiento causare a otro menoscabo psíquico o una lesión de menor gravedad de las previstas en el apartado 2 del art. 147, o golpeare o maltratare de obra a otro sin causarle lesión, cuando la ofendida sea o haya sido esposa, o mujer que esté o haya estado ligada a él por una análoga relación de afectividad aun sin convivencia, o persona especialmente vulnerable que conviva con el autor, será castigado con la pena de prisión de seis meses a un año o de trabajos en beneficios de la comunidad de treinta y uno a ochenta días y, en todo caso, privación del derecho a la tenencia y porte de armas de un año y un día a tres años, así como, cuando el Juez o Tribunal lo estime adecuado al interés del menor o persona con discapacidad necesitada de especial protección, inhabilitación para el ejercicio de la patria potestad, tutela, curatela, guarda o acogimiento hasta cinco años. [317]

2. Si la víctima del delito previsto en el apartado anterior fuere alguna de las personas a que se refiere el art. 173.2, exceptuadas las personas contempladas en el apartado anterior de este artículo, el autor será castigado con la pena de prisión de tres meses a un año o de trabajos en beneficio de la comunidad de treinta y uno a ochenta días y, en todo caso, privación del derecho a la tenencia y porte de armas de un año y un día a tres años, así como, cuando el Juez o Tribunal lo estime adecuado al interés del menor o persona con discapacidad

---

[315] Añadido por art. único apartado 4 de Ley Orgánica 2/2019 de 1 de marzo de 2019, con vigencia desde 03/03/2019

[316] Dada nueva redacción por art. 37 de Ley Orgánica 1/2004 de 28 de diciembre de 2004, con vigencia desde 29/06/2005

[317] Dada nueva redacción apartado 1 por art. único apartado 83 de Ley Orgánica 1/2015 de 30 de marzo de 2015 , con vigencia desde 01/07/2015

necesitada de especial protección, inhabilitación para el ejercicio de la patria potestad, tutela, curatela, guarda o acogimiento de seis meses a tres años. [318]

3. Las penas previstas en los apartados 1 y 2 se impondrán en su mitad superior cuando el delito se perpetre en presencia de menores, o utilizando armas, o tenga lugar en el domicilio común o en el domicilio de la víctima, o se realice quebrantando una pena de las contempladas en el art. 48 de este Código o una medida cautelar o de seguridad de la misma naturaleza.

4. No obstante lo previsto en los apartados anteriores, el Juez o Tribunal, razonándolo en sentencia, en atención a las circunstancias personales del autor y las concurrentes en la realización del hecho, podrá imponer la pena inferior en grado [319].

154. [320] Quienes riñeren entre sí, acometiéndose tumultuariamente, y utilizando medios o instrumentos que pongan en peligro la vida o integridad de las personas, serán castigados por su participación en la riña con la pena de prisión de tres meses a un año o multa de seis a 24 meses [321].

155. [322] En los delitos de lesiones, si ha mediado el consentimiento válida, libre, espontánea y expresamente emitido del ofendido, se impondrá la pena inferior en uno o dos grados.

No será válido el consentimiento otorgado por un menor de edad o una persona con discapacidad necesitada de especial protección [323].

---

[318] Dada nueva redacción apartado 2 por art. único apartado 258 punto 1 de Ley Orgánica 1/2015 de 30 de marzo de 2015, con vigencia desde 01/07/2015

[319] Véanse art. 14.1 LECrim; LO 1/2004 de 28 de diciembre de Medidas de Protección Integral contra la Violencia de Género y arts. 23, 25, y 617.1 de la presente Ley

[320] Dada nueva redacción por art. único apartado 54 de Ley Orgánica 15/2003 de 25 de noviembre de 2003, con vigencia desde 01/10/2004

[321] Véase art. 557 de la presente Ley

[322] Dada nueva redacción por art. único apartado 258 punto 1 de Ley Orgánica 1/2015 de 30 de marzo de 2015, con vigencia desde 01/07/2015

[323] Véase Ley 30/1979, de 27 de octubre sobre extracción y trasplante de órganos

156. [324] [325]

No obstante lo dispuesto en el artículo anterior, el consentimiento válida, libre, consciente y expresamente emitido exime de responsabilidad penal en los supuestos de trasplante de órganos efectuado con arreglo a lo dispuesto en la ley, esterilizaciones y cirugía transexual realizadas por facultativo, salvo que el consentimiento se haya obtenido viciadamente, o mediante precio o recompensa, o el otorgante sea menor de edad o carezca absolutamente de aptitud para prestarlo, en cuyo caso no será válido el prestado por éstos ni por sus representantes legales.

Párrafo 2 (Derogado) [326]

156 bis. [327] 1. Los que de cualquier modo promovieren, favorecieren, facilitaren, publicitaren o ejecutaren el tráfico de órganos humanos serán castigados con la pena de prisión de seis a doce años tratándose del órgano de una persona viva y de prisión de tres a seis años tratándose del órgano de una persona fallecida.

A estos efectos, se entenderá por tráfico de órganos humanos:

a) La extracción u obtención ilícita de órganos humanos ajenos. Dicha extracción u obtención será ilícita si se produce concurriendo cualquiera de las circunstancias siguientes:

1.ª que se haya realizado sin el consentimiento libre, informado y expreso del donante vivo en la forma y con los requisitos previstos legalmente;

2.ª que se haya realizado sin la necesaria autorización exigida por la ley en el caso del donante fallecido,

3.ª que, a cambio de la extracción u obtención, en provecho propio o ajeno, se solicitare o recibiere por el donante o un tercero, por sí o por persona interpuesta, dádiva o retribución de cualquier clase o se aceptare ofrecimiento o promesa. No se entenderá por dádiva o retri-

---

[324] Dada nueva redacción por art. único apartado 84 de Ley Orgánica 1/2015 de 30 de marzo de 2015, con vigencia desde 01/07/2015

[325] Véase Ley 30/1979, de 27 de octubre,sobre extracción y trasplante de órganos

[326] Derogado párrafo 2 por art. único de Ley Orgánica 2/2020 de 16 de diciembre de 2020, con vigencia desde 18/12/2020

[327] Dada nueva redacción por art. único apartado 2 de Ley Orgánica 1/2019 de 20 de febrero de 2019, con vigencia desde 13/03/2019

bución el resarcimiento de los gastos o pérdida de ingresos derivados de la donación.

b) La preparación, preservación, almacenamiento, transporte, traslado, recepción, importación o exportación de órganos ilícitamente extraídos.

c) El uso de órganos ilícitamente extraídos con la finalidad de su trasplante o para otros fines.

2. Del mismo modo se castigará a los que, en provecho propio o ajeno:

a) solicitaren o recibieren, por sí o por persona interpuesta, dádiva o retribución de cualquier clase, o aceptaren ofrecimiento o promesa por proponer o captar a un donante o a un receptor de órganos;

b) ofrecieren o entregaren, por sí o por persona interpuesta, dádiva o retribución de cualquier clase a personal facultativo, funcionario público o particular con ocasión del ejercicio de su profesión o cargo en clínicas, establecimientos o consultorios, públicos o privados, con el fin de que se lleve a cabo o se facilite la extracción u obtención ilícitas o la implantación de órganos ilícitamente extraídos.

3. Si el receptor del órgano consintiere la realización del trasplante conociendo su origen ilícito será castigado con las mismas penas previstas en el apartado 1, que podrán ser rebajadas en uno o dos grados atendiendo a las circunstancias del hecho y del culpable.

4. Se impondrán las penas superiores en grado a las previstas en el apartado 1 cuando:

a) se hubiera puesto en grave peligro la vida o la integridad física o psíquica de la víctima del delito.

b) la víctima sea menor de edad o especialmente vulnerable por razón de su edad, discapacidad, enfermedad o situación.

Si concurrieren ambas circunstancias, se impondrá la pena en su mitad superior.

5. El facultativo, funcionario público o particular que, con ocasión del ejercicio de su profesión o cargo, realizare en centros públicos o privados las conductas descritas en los apartados 1 y 2, o solicitare o recibiere la dádiva o retribución a que se refiere la letra b) de este último apartado, o aceptare el ofrecimiento o promesa de recibirla, incurrirá en la pena en ellos señalada superior en grado y, además, en la de inhabilitación especial para empleo o cargo público, profesión u oficio, para ejercer cualquier profesión sanitaria o para prestar servicios de toda índole en clínicas, establecimientos o consultorios, públi-

cos o privados, por el tiempo de la condena. Si concurriere, además, alguna de las circunstancias previstas en el apartado 4, se impondrán las penas en su mitad superior.

A los efectos de este artículo, el término facultativo comprende los médicos, personal de enfermería y cualquier otra persona que realice una actividad sanitaria o socio-sanitaria.

6. Se impondrá la pena superior en grado a la prevista en el apartado 1 e inhabilitación especial para profesión, oficio, industria o comercio por el tiempo de la condena, cuando el culpable perteneciere a una organización o grupo criminal dedicado a la realización de tales actividades. Si concurriere alguna de las circunstancias previstas en el apartado 4, se impondrán las penas en la mitad superior. Si concurriere la circunstancia prevista en el apartado 5, se impondrán las penas señaladas en este en su mitad superior.

Cuando se tratare de los jefes, administradores o encargados de dichas organizaciones o grupos, se les aplicará la pena en su mitad superior, que podrá elevarse a la inmediatamente superior en grado. En todo caso se elevará la pena a la inmediatamente superior en grado si concurriera alguna de las circunstancias previstas en el apartado 4 o la circunstancia prevista en el apartado 5.

7. Cuando de acuerdo con lo establecido en el artículo 31 bis una persona jurídica sea responsable de los delitos comprendidos en este artículo, se le impondrá la pena de multa del triple al quíntuple del beneficio obtenido.

Atendidas las reglas establecidas en el artículo 66 bis, los jueces y tribunales podrán asimismo imponer las penas recogidas en las letras b) a g) del apartado 7 del artículo 33.

8. La provocación, la conspiración y la proposición para cometer los delitos previstos en este artículo se castigarán con la pena inferior en uno a dos grados a la que corresponde, respectivamente, a los hechos previstos en los apartados anteriores.

9. En todo caso, las penas previstas en este artículo se impondrán sin perjuicio de las que correspondan, en su caso, por el delito del artículo 177 bis de este Código y demás delitos efectivamente cometidos.

10. Las condenas de jueces o tribunales extranjeros por delitos de la misma naturaleza que los previstos en este artículo producirán los efectos de reincidencia, salvo que el antecedente penal haya sido cancelado o pueda serlo con arreglo al Derecho español.

156 ter. [328] La distribución o difusión pública a través de Internet, del teléfono o de cualquier otra tecnología de la información o de la comunicación de contenidos específicamente destinados a promover, fomentar o incitar a la autolesión de personas menores de edad o personas con discapacidad necesitadas de especial protección será castigada con la pena de prisión de seis meses a tres años.

Las autoridades judiciales ordenarán la adopción de las medidas necesarias para la retirada de los contenidos a los que se refiere el párrafo anterior, para la interrupción de los servicios que ofrezcan predominantemente dichos contenidos o para el bloqueo de unos y otros cuando radiquen en el extranjero.

156 quater. [329] A las personas condenadas por la comisión de uno o más delitos comprendidos en este Título, cuando la víctima fuere alguna de las personas a que se refiere el apartado 2 del artículo 173, se les podrá imponer además una medida de libertad vigilada.

156 quinquies. [330] A las personas condenadas por la comisión de alguno de los delitos previstos en los artículos 147.1, 148, 149, 150 y 153 en los que la víctima sea una persona menor de edad se les podrá imponer, además de las penas que procedan, la pena de inhabilitación especial para cualquier profesión, oficio u otras actividades, sean o no retribuidos, que conlleve contacto regular y directo con personas menores de edad, por un tiempo superior entre tres y cinco años al de la duración de la pena de privación de libertad impuesta en la sentencia o por un tiempo de dos a cinco años cuando no se hubiere impuesto una pena de prisión, en ambos casos se atenderá proporcionalmente a la gravedad del delito, el número de los delitos cometidos y a las circunstancias que concurran en la persona condenada.

---

[328] Dada nueva redacción por disposición final 6 apartado 14 de Ley Orgánica 8/2021 de 4 de junio de 2021, con vigencia desde 25/06/2021

[329] Añadido por disposición final 6 apartado 15 de Ley Orgánica 8/2021 de 4 de junio de 2021, con vigencia desde 25/06/2021

[330] Añadido por disposición final 6 apartado 16 de Ley Orgánica 8/2021 de 4 de junio de 2021, con vigencia desde 25/06/2021

TÍTULO IV
De las lesiones al feto

157. El que, por cualquier medio o procedimiento, causare en un feto una lesión o enfermedad que perjudique gravemente su normal desarrollo, o provoque en el mismo una grave tara física o psíquica, será castigado con pena de prisión de uno a cuatro años e inhabilitación especial para ejercer cualquier profesión sanitaria, o para prestar servicios de toda índole en clínicas, establecimientos o consultorios ginecológicos, públicos o privados, por tiempo de dos a ocho años [331].

158. El que, por imprudencia grave, cometiere los hechos descritos en el artículo anterior, será castigado con la pena de prisión de tres a cinco meses o multa de seis a 10 meses. [332]

Cuando los hechos descritos en el artículo anterior fueren cometidos por imprudencia profesional se impondrá asimismo la pena de inhabilitación especial para el ejercicio de la profesión, oficio o cargo por un período de seis meses a dos años.

La embarazada no será penada a tenor de este precepto.

TÍTULO V
Delitos relativos a la manipulación genética

159. 1. Serán castigados con la pena de prisión de dos a seis años e inhabilitación especial para empleo o cargo público, profesión u oficio de siete a diez años los que, con finalidad distinta a la eliminación o disminución de taras o enfermedades graves, manipulen genes humanos de manera que se altere el genotipo.

2. Si la alteración del genotipo fuere realizada por imprudencia grave, la pena será de multa de seis a quince meses e inhabilitación especial para empleo o cargo público, profesión u oficio de uno a tres años.

---

[331] Véase Ley 14/2007, de 3 de julio, de investigación biomédica

[332] Dada nueva redacción párrafo 1 por art. único apartado 55 de Ley Orgánica 15/2003 de 25 de noviembre de 2003, con vigencia desde 01/10/2004

160. [333] 1. La utilización de la ingeniería genética para producir armas biológicas o exterminadoras de la especie humana, será castigada con la pena de prisión de tres a siete años e inhabilitación especial para empleo o cargo público, profesión u oficio por tiempo de siete a 10 años.

2. Serán castigados con la pena de prisión de uno a cinco años e inhabilitación especial para empleo o cargo público, profesión u oficio de seis a 10 años quienes fecunden óvulos humanos con cualquier fin distinto a la procreación humana.

3. Con la misma pena se castigará la creación de seres humanos idénticos por clonación u otros procedimientos dirigidos a la selección de la raza.

161. [334] 1. Quien practicare reproducción asistida en una mujer, sin su consentimiento, será castigado con la pena de prisión de dos a seis años, e inhabilitación especial para empleo o cargo público, profesión u oficio por tiempo de uno a cuatro años.

2. Para proceder por este delito será precisa denuncia de la persona agraviada o de su representante legal. Cuando aquélla sea menor de edad, persona con discapacidad necesitada de especial protección, o una persona desvalida, también podrá denunciar el Ministerio Fiscal. [335]

162. [336] En los delitos contemplados en este Título, la autoridad judicial podrá imponer alguna o algunas de las consecuencias previstas en el art. 129 de este Código cuando el culpable perteneciere a una sociedad, organización o asociación, incluso de carácter transitorio, que se dedicare a la realización de tales actividades.

---

[333] Dada nueva redacción por art. único apartado 56 de Ley Orgánica 15/2003 de 25 de noviembre de 2003, con vigencia desde 01/10/2004

[334] Renumerado por art. único apartado 57 de Ley Orgánica 15/2003 de 25 de noviembre de 2003 como artículo 161, con vigencia desde 01/10/2004

[335] Dada nueva redacción apartado 2 por art. único apartado 258 punto 1 de Ley Orgánica 1/2015 de 30 de marzo de 2015, con vigencia desde 01/07/2015

[336] Añadido por art. único apartado 58 de Ley Orgánica 15/2003 de 25 de noviembre de 2003, con vigencia desde 01/10/2004

TÍTULO VI
Delitos contra la libertad

CAPÍTULO PRIMERO
De las detenciones ilegales y secuestros

163. 1. El particular que encerrare o detuviere a otro, privándole de su libertad, será castigado con la pena de prisión de cuatro a seis años.

2. Si el culpable diera libertad al encerrado o detenido dentro de los tres primeros días de su detención, sin haber logrado el objeto que se había propuesto, se impondrá la pena inferior en grado.

3. Se impondrá la pena de prisión de cinco a ocho años si el encierro o detención ha durado más de quince días.

4. El particular que, fuera de los casos permitidos por las leyes, aprehendiere a una persona para presentarla inmediatamente a la autoridad, será castigado con la pena de multa de tres a seis meses [337].

164. El secuestro de una persona exigiendo alguna condición para ponerla en libertad, será castigado con la pena de prisión de seis a diez años. Si en el secuestro se hubiera dado la circunstancia del art. 163.3, se impondrá la pena superior en grado, y la inferior en grado si se dieren las condiciones del art. 163.2 [338].

165. [339] Las penas de los artículos anteriores se impondrán en su mitad superior, en los respectivos casos, si la detención ilegal o secuestro se ha ejecutado con simulación de autoridad o función pública, o la víctima fuere menor de edad o persona con discapacidad necesitada de especial protección o funcionario público en el ejercicio de sus funciones.

---

[337] Véanse arts. 489 a 491 y 495 y 496 LECrim

[338] Véase art. 282 bis LECrim

[339] Dada nueva redacción por art. único apartado 258 punto 1 de Ley Orgánica 1/2015 de 30 de marzo de 2015, con vigencia desde 01/07/2015

166. [340] 1. El reo de detención ilegal o secuestro que no dé razón del paradero de la persona detenida será castigado con una pena de prisión de diez a quince años, en el caso de la detención ilegal, y de quince a veinte años en el de secuestro.

2. El hecho será castigado con una pena de quince a veinte años de prisión, en el caso de detención ilegal, y de veinte a veinticinco años de prisión, en el de secuestro, cuando concurra alguna de las siguientes circunstancias:

a) Que la víctima fuera menor de edad o persona con discapacidad necesitada de especial protección.

b) Que el autor hubiera llevado a cabo la detención ilegal o secuestro con la intención de atentar contra la libertad o la indemnidad sexual de la víctima, o hubiera actuado posteriormente con esa finalidad.

167. [341] 1. La autoridad o funcionario público que, fuera de los casos permitidos por la ley, y sin mediar causa por delito, cometiere alguno de los hechos descritos en este Capítulo será castigado con las penas respectivamente previstas en éstos, en su mitad superior, pudiéndose llegar hasta la superior en grado.

2. Con las mismas penas serán castigados:

a) El funcionario público o autoridad que, mediando o no causa por delito, acordare, practicare o prolongare la privación de libertad de cualquiera y que no reconociese dicha privación de libertad o, de cualquier otro modo, ocultase la situación o paradero de esa persona privándola de sus derechos constitucionales o legales.

b) El particular que hubiera llevado a cabo los hechos con la autorización, el apoyo o la aquiescencia del Estado o de sus autoridades.

3. En todos los casos en los que los hechos a que se refiere este artículo hubieran sido cometidos por autoridad o funcionario público,

[340] Dada nueva redacción por art. único apartado 86 de Ley Orgánica 1/2015 de 30 de marzo de 2015, con vigencia desde 01/07/2015

[341] Dada nueva redacción por art. único apartado 87 de Ley Orgánica 1/2015 de 30 de marzo de 2015, con vigencia desde 01/07/2015

se les impondrá, además, la pena de inhabilitación absoluta por tiempo de ocho a doce años [342].

168. La provocación, la conspiración y la proposición para cometer los delitos previstos en este Capítulo se castigarán con la pena inferior en uno o dos grados a la señalada al delito de que se trate.

CAPÍTULO II
De las amenazas

169. El que amenazare a otro con causarle a él, a su familia o a otras personas con las que esté íntimamente vinculado un mal que constituya delitos de homicidio, lesiones, aborto, contra la libertad, torturas y contra la integridad moral, la libertad sexual, la intimidad, el honor, el patrimonio y el orden socioeconómico, será castigado:

1º) Con la pena de prisión de uno a cinco años, si se hubiere hecho la amenaza exigiendo una cantidad o imponiendo cualquier otra condición, aunque no sea ilícita, y el culpable hubiere conseguido su propósito. De no conseguirlo, se impondrá la pena de prisión de seis meses a tres años.

Las penas señaladas en el párrafo anterior se impondrán en su mitad superior si las amenazas se hicieren por escrito, por teléfono o por cualquier medio de comunicación o de reproducción, o en nombre de entidades o grupos reales o supuestos [343].

2º) Con la pena de prisión de seis meses a dos años, cuando la amenaza no haya sido condicional.

170. [344] 1. Si las amenazas de un mal que constituyere delito fuesen dirigidas a atemorizar a los habitantes de una población, grupo étnico, cultural o religioso, o colectivo social o profesional, o a cual-

---

[342] Véanse arts. 492 a 501 y 520 bis LECrim; arts. 55 y 116 CE y LO 2/1986, de 13 de marzo, de Fuerzas y Cuerpos de Seguridad del Estado

[343] Véase art. 1.2 LOTJ y art. 620 de la presente Ley

[344] Dada nueva redacción por art. 3 de Ley Orgánica 2/1998 de 15 de junio de 1998, con vigencia desde 17/06/1998

quier otro grupo de personas, y tuvieran la gravedad necesaria para conseguirlo, se impondrán respectivamente las penas superiores en grado a las previstas en el artículo anterior.

2. Serán castigados con la pena de prisión de seis meses a dos años, los que, con la misma finalidad y gravedad, reclamen públicamente la comisión de acciones violentas por parte de organizaciones o grupos terroristas. [345]

171. [346] 1. Las amenazas de un mal que no constituya delito serán castigadas con pena de prisión de tres meses a un año o multa de seis a 24 meses, atendidas la gravedad y circunstancia del hecho, cuando la amenaza fuere condicional y la condición no consistiere en una conducta debida. Si el culpable hubiere conseguido su propósito se le impondrá la pena en su mitad superior.

2. Si alguien exigiere de otro una cantidad o recompensa bajo la amenaza de revelar o difundir hechos referentes a su vida privada o relaciones familiares que no sean públicamente conocidos y puedan afectar a su fama, crédito o interés, será castigado con la pena de prisión de dos a cuatro años, si ha conseguido la entrega de todo o parte de lo exigido, y con la de cuatro meses a dos años, si no lo consiguiere.

3. Si el hecho descrito en el apartado anterior consistiere en la amenaza de revelar o denunciar la comisión de algún delito el Ministerio Fiscal podrá, para facilitar el castigo de la amenaza, abstenerse de acusar por el delito cuya revelación se hubiere amenazado, salvo que éste estuviere castigado con pena de prisión superior a dos años. En este último caso, el Juez o Tribunal podrá rebajar la sanción en uno o dos grados.

4. El que de modo leve amenace a quien sea o haya sido su esposa, o mujer que esté o haya estado ligada a él por una análoga relación de afectividad aun sin convivencia, será castigado con la pena de prisión de seis meses a un año o de trabajos en beneficio de la comunidad de treinta y uno a ochenta días y, en todo caso, privación del derecho

---

[345] Dada nueva redacción apartado 2 por disposición adicional 1 de Ley Orgánica 5/2010 de 22 de junio de 2010 suprimiendo la expresión "bandas armadas", con vigencia desde 23/12/2010

[346] Dada nueva redacción por art. único apartado 60 de Ley Orgánica 15/2003 de 25 de noviembre de 2003, con vigencia desde 01/10/2004

a la tenencia y porte de armas de un año y un día a tres años, así como, cuando el Juez o Tribunal lo estime adecuado al interés del menor o persona con discapacidad necesitada de especial protección, inhabilitación especial para el ejercicio de la patria potestad, tutela, curatela, guarda o acogimiento hasta cinco años.

Igual pena se impondrá al que de modo leve amenace a una persona especialmente vulnerable que conviva con el autor. [347]

5. El que de modo leve amenace con armas u otros instrumentos peligrosos a alguna de las personas a las que se refiere el art. 173.2, exceptuadas las contempladas en el apartado anterior de este artículo, será castigado con la pena de prisión de tres meses a un año o trabajos en beneficio de la comunidad de treinta y uno a ochenta días y, en todo caso, privación del derecho a la tenencia y porte de armas de uno a tres años, así como, cuando el Juez o Tribunal lo estime adecuado al interés del menor o persona con discapacidad necesitada de especial protección, inhabilitación especial para el ejercicio de la patria potestad, tutela, curatela, guarda o acogimiento por tiempo de seis meses a tres años.

Se impondrán las penas previstas en los apartados 4 y 5, en su mitad superior cuando el delito se perpetre en presencia de menores, o tenga lugar en el domicilio común o en el domicilio de la víctima, o se realice quebrantando una pena de las contempladas en el art. 48 de este Código o una medida cautelar o de seguridad de la misma naturaleza. [348]

6. No obstante lo previsto en los apartados 4 y 5, el Juez o Tribunal, razonándolo en sentencia, en atención a las circunstancias personales del autor y a las concurrentes en la realización del hecho, podrá imponer la pena inferior en grado. [349]

7. Fuera de los casos anteriores, el que de modo leve amenace a otro será castigado con la pena de multa de uno a tres meses. Este hecho sólo será perseguible mediante denuncia de la persona agraviada o de su representante legal.

---

[347] Dada nueva redacción apartado 4 por art. único apartado 258 punto 1 de Ley Orgánica 1/2015 de 30 de marzo de 2015, con vigencia desde 01/07/2015

[348] Dada nueva redacción apartado 5 por art. único apartado 258 punto 1 de Ley Orgánica 1/2015 de 30 de marzo de 2015, con vigencia desde 01/07/2015

[349] Añadido apartado 6 por art. 38 de Ley Orgánica 1/2004 de 28 de diciembre de 2004, con vigencia desde 29/06/2005

Cuando el ofendido fuere alguna de las personas a las que se refiere el apartado 2 del art. 173, la pena será la de localización permanente de cinco a treinta días, siempre en domicilio diferente y alejado del de la víctima, o trabajos en beneficio de la comunidad de cinco a treinta días, o multa de uno a cuatro meses, ésta última únicamente en los supuestos en los que concurran las circunstancias expresadas en el apartado 2 del art. 84 . En estos casos no será exigible la denuncia a que se refiere el párrafo anterior [350] . [351]

CAPÍTULO III
De las coacciones

172. [352] 1. El que, sin estar legítimamente autorizado, impidiere a otro con violencia hacer lo que la Ley no prohíbe, o le compeliere a efectuar lo que no quiere, sea justo o injusto, será castigado con la pena de prisión de seis meses a tres años o con multa de 12 a 24 meses, según la gravedad de la coacción o de los medios empleados.

Cuando la coacción ejercida tuviera como objeto impedir el ejercicio de un derecho fundamental se le impondrán las penas en su mitad superior, salvo que el hecho tuviera señalada mayor pena en otro precepto de este Código. [353]

También se impondrán las penas en su mitad superior cuando la coacción ejercida tuviera por objeto impedir el legítimo disfrute de la vivienda. [354]

2. El que de modo leve coaccione a quien sea o haya sido su esposa, o mujer que esté o haya estado ligada a él por una análoga relación de afectividad, aun sin convivencia, será castigado con la pena de prisión

---

[350] Véase art. 172 de la presente Ley

[351] Añadido apartado 7 por art. único apartado 88 de Ley Orgánica 1/2015 de 30 de marzo de 2015 , con vigencia desde 01/07/2015

[352] Dada nueva redacción por art. único apartado 61 de Ley Orgánica 15/2003 de 25 de noviembre de 2003, con vigencia desde 01/10/2004

[353] Renumerado por art. 39 de Ley Orgánica 1/2004 de 28 de diciembre de 2004 como apartado 1, con vigencia desde 29/06/2005

[354] Añadido apartado 1 párrafo 3 por art. único apartado 37 de Ley Orgánica 5/2010 de 22 de junio de 2010, con vigencia desde 23/12/2010

de seis meses a un año o de trabajos en beneficio de la comunidad de treinta y uno a ochenta días y, en todo caso, privación del derecho a la tenencia y porte de armas de un año y un día a tres años, así como, cuando el Juez o Tribunal lo estime adecuado al interés del menor o persona con discapacidad necesitada de especial protección, inhabilitación especial para el ejercicio de la patria potestad, tutela, curatela, guarda o acogimiento hasta cinco años. [355]

Igual pena se impondrá al que de modo leve coaccione a una persona especialmente vulnerable que conviva con el autor.

Se impondrá la pena en su mitad superior cuando el delito se perpetre en presencia de menores, o tenga lugar en el domicilio común o en el domicilio de la víctima, o se realice quebrantando una pena de las contempladas en el art. 48 de este Código o una medida cautelar o de seguridad de la misma naturaleza.

No obstante lo previsto en los párrafos anteriores, el Juez o Tribunal, razonándolo en sentencia, en atención a las circunstancias personales del autor y a las concurrentes en la realización del hecho, podrá imponer la pena inferior en grado. [356]

3. Fuera de los casos anteriores, el que cause a otro una coacción de carácter leve, será castigado con la pena de multa de uno a tres meses. Este hecho sólo será perseguible mediante denuncia de la persona agraviada o de su representante legal.

Cuando el ofendido fuere alguna de las personas a las que se refiere el apartado 2 del art. 173, la pena será la de localización permanente de cinco a treinta días, siempre en domicilio diferente y alejado del de la víctima, o trabajos en beneficio de la comunidad de cinco a treinta días, o multa de uno a cuatro meses, ésta última únicamente en los supuestos en los que concurran las circunstancias expresadas en el apartado 2 del art. 84 . En estos casos no será exigible la denuncia a que se refiere el párrafo anterior [357] . [358]

---

[355] Dada nueva redacción apartado 2 párrafo 1 por art. único apartado 258 punto 1 de Ley Orgánica 1/2015 de 30 de marzo de 2015, con vigencia desde 01/07/2015

[356] Añadido apartado 2 por art. 39 de Ley Orgánica 1/2004 de 28 de diciembre de 2004, con vigencia desde 29/06/2005

[357] Véase art. 15.1 CE

[358] Añadido apartado 3 por art. único apartado 89 de Ley Orgánica 1/2015 de 30 de marzo de 2015 , con vigencia desde 01/07/2015

172 bis. [359] 1. El que con intimidación grave o violencia compeliere a otra persona a contraer matrimonio será castigado con una pena de prisión de seis meses a tres años y seis meses o con multa de doce a veinticuatro meses, según la gravedad de la coacción o de los medios empleados.

2. La misma pena se impondrá a quien, con la finalidad de cometer los hechos a que se refiere el apartado anterior, utilice violencia, intimidación grave o engaño para forzar a otro a abandonar el territorio español o a no regresar al mismo.

3. Las penas se impondrán en su mitad superior cuando la víctima fuera menor de edad.

4. En las sentencias condenatorias por delito de matrimonio forzado, además del pronunciamiento correspondiente a la responsabilidad civil, se harán, en su caso, los que procedan en orden a la declaración de nulidad o disolución del matrimonio así contraído y a la filiación y fijación de alimentos. [360]

172 ter. [361] 1. Será castigado con la pena de prisión de tres meses a dos años o multa de seis a veinticuatro meses el que acose a una persona llevando a cabo de forma insistente y reiterada, y sin estar legítimamente autorizado, alguna de las conductas siguientes y, de esta forma, altere el normal desarrollo de su vida cotidiana:

1.ª La vigile, la persiga o busque su cercanía física.

2.ª Establezca o intente establecer contacto con ella a través de cualquier medio de comunicación, o por medio de terceras personas.

3.ª Mediante el uso indebido de sus datos personales, adquiera productos o mercancías, o contrate servicios, o haga que terceras personas se pongan en contacto con ella.

4.ª Atente contra su libertad o contra su patrimonio, o contra la libertad o patrimonio de otra persona próxima a ella. Cuando la víctima se halle en una situación de especial vulnerabilidad por razón de su

---

[359] Añadido por art. único apartado 90 de Ley Orgánica 1/2015 de 30 de marzo de 2015, con vigencia desde 01/07/2015

[360] Añadido apartado 4 por disposición final 4 apartado 3 de Ley Orgánica 10/2022 de 6 de septiembre de 2022, con vigencia desde 07/10/2022

[361] Añadido por art. único apartado 91 de Ley Orgánica 1/2015 de 30 de marzo de 2015, con vigencia desde 01/07/2015

edad, enfermedad, discapacidad o por cualquier otra circunstancia, se impondrá la pena de prisión de seis meses a dos años. [362]

2. Cuando el ofendido fuere alguna de las personas a las que se refiere el apartado 2 del art. 173, se impondrá una pena de prisión de uno a dos años, o trabajos en beneficio de la comunidad de sesenta a ciento veinte días. En este caso no será necesaria la denuncia a que se refiere el apartado 4 de este artículo.

3. Las penas previstas en este artículo se impondrán sin perjuicio de las que pudieran corresponder a los delitos en que se hubieran concretado los actos de acoso.

4. Los hechos descritos en este artículo sólo serán perseguibles mediante denuncia de la persona agraviada o de su representante legal.

5. El que, sin consentimiento de su titular, utilice la imagen de una persona para realizar anuncios o abrir perfiles falsos en redes sociales, páginas de contacto o cualquier medio de difusión pública, ocasionándole a la misma situación de acoso, hostigamiento o humillación, será castigado con pena de prisión de tres meses a un año o multa de seis a doce meses. Si la víctima del delito es un menor o una persona con discapacidad, se aplicará la mitad superior de la condena. [363]

172 quater. [364] 1. El que para obstaculizar el ejercicio del derecho a la interrupción voluntaria del embarazo acosare a una mujer mediante actos molestos, ofensivos, intimidatorios o coactivos que menoscaben su libertad, será castigado con la pena de prisión de tres meses a un año o de trabajos en beneficio de la comunidad de treinta y uno a ochenta días.

2. Las mismas penas se impondrán a quien, en la forma descrita en el apartado anterior, acosare a los trabajadores del ámbito sanitario en su ejercicio profesional o función pública y al personal facultativo o directivo de los centros habilitados para interrumpir el embarazo con el objetivo de obstaculizar el ejercicio de su profesión o cargo.

3. Atendidas la gravedad, las circunstancias personales del autor y las concurrentes en la realización del hecho, el tribunal podrá imponer,

---

[362] Dada nueva redacción apartado 1 por disposición final 2 apartado 1 de Ley Orgánica 1/2023 de 28 de febrero de 2023, con vigencia desde 02/03/2023

[363] Dada nueva redacción apartado 5 por disposición final 2 apartado 2 de Ley Orgánica 1/2023 de 28 de febrero de 2023, con vigencia desde 02/03/2023

[364] Añadido por art. único de Ley Orgánica 4/2022 de 12 de abril de 2022, con vigencia desde 14/04/2022

además, la prohibición de acudir a determinados lugares por tiempo de seis meses a tres años.

4. Las penas previstas en este artículo se impondrán sin perjuicio de las que pudieran corresponder a los delitos en que se hubieran concretado los actos de acoso.

5. En la persecución de los hechos descritos en este artículo no será necesaria la denuncia de la persona agraviada ni de su representación legal.

TÍTULO VII
De las torturas y otros delitos contra la integridad moral

173. [365] 1. El que infligiera a otra persona un trato degradante, menoscabando gravemente su integridad moral, será castigado con la pena de prisión de seis meses a dos años.

Igual pena se impondrá a quienes, teniendo conocimiento del paradero del cadáver de una persona, oculten de modo reiterado tal información a los familiares o allegados de la misma.

Con la misma pena serán castigados los que, en el ámbito de cualquier relación laboral o funcionarial y prevaliéndose de su relación de superioridad, realicen contra otro de forma reiterada actos hostiles o humillantes que, sin llegar a constituir trato degradante, supongan grave acoso contra la víctima.

Se impondrá también la misma pena al que de forma reiterada lleve a cabo actos hostiles o humillantes que, sin llegar a constituir trato degradante, tengan por objeto impedir el legítimo disfrute de la vivienda.

Cuando de acuerdo con lo establecido en el artículo 31 bis, una persona jurídica sea responsable de los delitos comprendidos en los párrafos anteriores, se le impondrá la pena de multa de seis meses a dos años. Atendidas las reglas establecidas en el artículo 66 bis, los

---

[365] Dada nueva redacción por art. 1 apartado 8 de Ley Orgánica 11/2003 de 29 de septiembre de 2003, con vigencia desde 01/10/2003

Jueces y Tribunales podrán asimismo imponer las penas recogidas en las letras b) a g) del apartado 7 del artículo 33. [366]

2. El que habitualmente ejerza violencia física o psíquica sobre quien sea o haya sido su cónyuge o sobre persona que esté o haya estado ligada a él por una análoga relación de afectividad aun sin convivencia, o sobre los descendientes, ascendientes o hermanos por naturaleza, adopción o afinidad, propios o del cónyuge o conviviente, o sobre los menores o personas con discapacidad necesitadas de especial protección que con él convivan o que se hallen sujetos a la potestad, tutela, curatela, acogimiento o guarda de hecho del cónyuge o conviviente, o sobre persona amparada en cualquier otra relación por la que se encuentre integrada en el núcleo de su convivencia familiar, así como sobre las personas que por su especial vulnerabilidad se encuentran sometidas a custodia o guarda en centros públicos o privados, será castigado con la pena de prisión de seis meses a tres años, privación del derecho a la tenencia y porte de armas de tres a cinco años y, en su caso, cuando el Juez o Tribunal lo estime adecuado al interés del menor o persona con discapacidad necesitada de especial protección, inhabilitación especial para el ejercicio de la patria potestad, tutela, curatela, guarda o acogimiento por tiempo de uno a cinco años, sin perjuicio de las penas que pudieran corresponder a los delitos en que se hubieran concretado los actos de violencia física o psíquica.

Se impondrán las penas en su mitad superior cuando alguno o algunos de los actos de violencia se perpetren en presencia de menores, o utilizando armas, o tengan lugar en el domicilio común o en el domicilio de la víctima, o se realicen quebrantando una pena de las contempladas en el art. 48 o una medida cautelar o de seguridad o prohibición de la misma naturaleza.

En los supuestos a que se refiere este apartado, podrá además imponerse una medida de libertad vigilada. [367]

3. Para apreciar la habitualidad a que se refiere el apartado anterior, se atenderá al número de actos de violencia que resulten acreditados, así como a la proximidad temporal de los mismos, con independencia de que dicha violencia se haya ejercido sobre la misma o diferentes víc-

---

[366] Dada nueva redacción apartado 1 por art. único apartado 2 de Ley Orgánica 4/2023 de 27 de abril de 2023, con vigencia desde 29/04/2023

[367] Dada nueva redacción apartado 2 por art. único apartado 92 de Ley Orgánica 1/2015 de 30 de marzo de 2015, con vigencia desde 01/07/2015

timas de las comprendidas en este artículo, y de que los actos violentos hayan sido o no objeto de enjuiciamiento en procesos anteriores.

4. Quien cause injuria o vejación injusta de carácter leve, cuando el ofendido fuera una de las personas a las que se refiere el apartado 2 del artículo 173, será castigado con la pena de localización permanente de cinco a treinta días, siempre en domicilio diferente y alejado del de la víctima, o trabajos en beneficio de la comunidad de cinco a treinta días, o multa de uno a cuatro meses, esta última únicamente en los supuestos en los que concurren las circunstancias expresadas en el apartado 2 del artículo 84.

Las mismas penas se impondrán a quienes se dirijan a otra persona con expresiones, comportamientos o proposiciones de carácter sexual que creen a la víctima una situación objetivamente humillante, hostil o intimidatoria, sin llegar a constituir otros delitos de mayor gravedad.

Los delitos tipificados en los dos párrafos anteriores sólo serán perseguibles mediante denuncia de la persona agraviada o su representante legal [368] . [369]

174. 1. Comete tortura la autoridad o funcionario público que, abusando de su cargo, y con el fin de obtener una confesión o información de cualquier persona o de castigarla por cualquier hecho que haya cometido o se sospeche que ha cometido, o por cualquier razón basada en algún tipo de discriminación, la sometiere a condiciones o procedimientos que por su naturaleza, duración u otras circunstancias, le supongan sufrimientos físicos o mentales, la supresión o disminución de sus facultades de conocimiento, discernimiento o decisión o que, de cualquier otro modo, atenten contra su integridad moral. El culpable de tortura será castigado con la pena de prisión de dos a seis años si el atentado fuera grave, y de prisión de uno a tres años si no lo es. Además de las penas señaladas se impondrá, en todo caso, la pena de inhabilitación absoluta de ocho a 12 años. [370]

---

[368] Véase art. 153 de la presente Ley

[369] Dada nueva redacción apartado 4 por disposición final 4 apartado 5 de Ley Orgánica 10/2022 de 6 de septiembre de 2022, con vigencia desde 07/10/2022

[370] Dada nueva redacción apartado 1 por art. único apartado 62 de Ley Orgánica 15/2003 de 25 de noviembre de 2003, con vigencia desde 01/10/2004

2. En las mismas penas incurrirán, respectivamente, la autoridad o funcionario de instituciones penitenciarias o de centros de protección o corrección de menores que cometiere, respecto de detenidos, internos o presos, los actos a que se refiere el apartado anterior [371].

175. La autoridad o funcionario público que, abusando de su cargo y fuera de los casos comprendidos en el artículo anterior, atentare contra la integridad moral de una persona será castigado con la pena de prisión de dos a cuatro años si el atentado fuera grave, y de prisión de seis meses a dos años si no lo es. Se impondrá, en todo caso, al autor, además de las penas señaladas, la de inhabilitación especial para empleo o cargo público de dos a cuatro años.

176. Se impondrán las penas respectivamente establecidas en los artículos precedentes a la autoridad o funcionario que, faltando a los deberes de su cargo, permitiere que otras personas ejecuten los hechos previstos en ellos.

177. [372] Si en los delitos descritos en los artículos precedentes, además del atentado a la integridad moral, se produjere lesión o daño a la vida, integridad física, salud, libertad sexual o bienes de la víctima o de un tercero, se castigarán los hechos separadamente con la pena que les corresponda por los delitos cometidos, excepto cuando aquél ya se halle especialmente castigado por la Ley.

---

[371] Véase art. 6 LOGP y art. 4 RP

[372] Dada nueva redacción por art. único apartado 93 de Ley Orgánica 1/2015 de 30 de marzo de 2015, con vigencia desde 01/07/2015

TÍTULO VII BIS
De la trata de seres humanos [373]

177 bis. [374] 1. Será castigado con la pena de cinco a ocho años de prisión como reo de trata de seres humanos el que, sea en territorio español, sea desde España, en tránsito o con destino a ella, empleando violencia, intimidación o engaño, o abusando de una situación de superioridad o de necesidad o de vulnerabilidad de la víctima nacional o extranjera, o mediante la entrega o recepción de pagos o beneficios para lograr el consentimiento de la persona que poseyera el control sobre la víctima, la captare, transportare, trasladare, acogiere, o recibiere, incluido el intercambio o transferencia de control sobre esas personas, con cualquiera de las finalidades siguientes:

a) La imposición de trabajo o de servicios forzados, la esclavitud o prácticas similares a la esclavitud, a la servidumbre o a la mendicidad.

b) La explotación sexual, incluyendo la pornografía.

c) La explotación para realizar actividades delictivas.

d) La extracción de sus órganos corporales.

e) La celebración de matrimonios forzados.

Existe una situación de necesidad o vulnerabilidad cuando la persona en cuestión no tiene otra alternativa, real o aceptable, que someterse al abuso.

Cuando la víctima de trata de seres humanos fuera una persona menor de edad se impondrá, en todo caso, la pena de inhabilitación especial para cualquier profesión, oficio o actividades, sean o no retribuidos, que conlleve contacto regular y directo con personas menores de edad, por un tiempo superior entre seis y veinte años al de la duración de la pena de privación de libertad impuesta. [375]

2. Aun cuando no se recurra a ninguno de los medios enunciados en el apartado anterior, se considerará trata de seres humanos cualquiera de las acciones indicadas en el apartado anterior cuando se llevare a cabo respecto de menores de edad con fines de explotación.

---

[373] Añadido por art. único apartado 39 de Ley Orgánica 5/2010 de 22 de junio de 2010, con vigencia desde 23/12/2010

[374] Añadido por art. único apartado 40 de Ley Orgánica 5/2010 de 22 de junio de 2010, con vigencia desde 23/12/2010

[375] Dada nueva redacción apartado 1 por disposición final 6 apartado 17 de Ley Orgánica 8/2021 de 4 de junio de 2021, con vigencia desde 25/06/2021

3. El consentimiento de una víctima de trata de seres humanos será irrelevante cuando se haya recurrido a alguno de los medios indicados en el apartado primero de este artículo.

4. Se impondrá la pena superior en grado a la prevista en el apartado primero de este artículo cuando:

a) se hubiera puesto en peligro la vida o la integridad física o psíquica de las personas objeto del delito;

b) la víctima sea especialmente vulnerable por razón de enfermedad, estado gestacional, discapacidad o situación personal, o sea menor de edad.

c) la víctima sea una persona cuya situación de vulnerabilidad haya sido originada o agravada por el desplazamiento derivado de un conflicto armado o una catástrofe humanitaria. [376]

Si concurriere más de una circunstancia se impondrá la pena en su mitad superior. [377]

5. Se impondrá la pena superior en grado a la prevista en el apartado 1 de este artículo e inhabilitación absoluta de seis a doce años a los que realicen los hechos prevaliéndose de su condición de autoridad, agente de ésta o funcionario público. Si concurriere además alguna de las circunstancias previstas en el apartado 4 de este artículo se impondrán las penas en su mitad superior.

6. Se impondrá la pena superior en grado a la prevista en el apartado 1 de este artículo e inhabilitación especial para profesión, oficio, industria o comercio por el tiempo de la condena, cuando el culpable perteneciera a una organización o asociación de más de dos personas, incluso de carácter transitorio, que se dedicase a la realización de tales actividades. Si concurriere alguna de las circunstancias previstas en el apartado 4 de este artículo se impondrán las penas en la mitad superior. Si concurriere la circunstancia prevista en el apartado 5 de este artículo se impondrán las penas señaladas en éste en su mitad superior.

Cuando se trate de los jefes, administradores o encargados de dichas organizaciones o asociaciones, se les aplicará la pena en su mitad superior, que podrá elevarse a la inmediatamente superior en grado.

---

[376] Añadida apartado 4 letra c por art. único de Ley Orgánica 13/2022 de 20 de diciembre de 2022, con vigencia desde 22/12/2022

[377] Dada nueva redacción apartado 4 por art. único apartado 94 de Ley Orgánica 1/2015 de 30 de marzo de 2015, con vigencia desde 01/07/2015

En todo caso se elevará la pena a la inmediatamente superior en grado si concurriera alguna de las circunstancias previstas en el apartado 4 o la circunstancia prevista en el apartado 5 de este artículo.

7. Cuando de acuerdo con lo establecido en el art. 31 bis una persona jurídica sea responsable de los delitos comprendidos en este artículo, se le impondrá la pena de multa del triple al quíntuple del beneficio obtenido. Atendidas las reglas establecidas en el art. 66 bis, los Jueces y Tribunales podrán asimismo imponer las penas recogidas en las letras b) a g) del apartado 7 del art. 33 .

8. La provocación, la conspiración y la proposición para cometer el delito de trata de seres humanos serán castigadas con la pena inferior en uno o dos grados a la del delito correspondiente.

9. En todo caso, las penas previstas en este artículo se impondrán sin perjuicio de las que correspondan, en su caso, por el delito del art. 318 bis de este Código y demás delitos efectivamente cometidos, incluidos los constitutivos de la correspondiente explotación.

10. Las condenas de Jueces o Tribunales extranjeros por delitos de la misma naturaleza que los previstos en este artículo producirán los efectos de reincidencia, salvo que el antecedente penal haya sido cancelado o pueda serlo con arreglo al Derecho español.

11. Sin perjuicio de la aplicación de las reglas generales de este Código, la víctima de trata de seres humanos quedará exenta de pena por las infracciones penales que haya cometido en la situación de explotación sufrida, siempre que su participación en ellas haya sido consecuencia directa de la situación de violencia, intimidación, engaño o abuso a que haya sido sometida y que exista una adecuada proporcionalidad entre dicha situación y el hecho criminal realizado.

TÍTULO VIII
Delitos contra la libertad sexual [378] [379]

CAPÍTULO PRIMERO
De las agresiones sexuales [380]

178. [381] 1. Será castigado con la pena de prisión de uno a cuatro años, como responsable de agresión sexual, el que realice cualquier acto que atente contra la libertad sexual de otra persona sin su consentimiento. Sólo se entenderá que hay consentimiento cuando se haya manifestado libremente mediante actos que, en atención a las circunstancias del caso, expresen de manera clara la voluntad de la persona [382].

2. Se consideran en todo caso agresión sexual los actos de contenido sexual que se realicen empleando violencia, intimidación o abuso de una situación de superioridad o de vulnerabilidad de la víctima, así como los que se ejecuten sobre personas que se hallen privadas de sentido o de cuya situación mental se abusare y los que se realicen cuando la víctima tenga anulada por cualquier causa su voluntad. [383]

3. Si la agresión se hubiera cometido empleando violencia o intimidación o sobre una víctima que tenga anulada por cualquier causa su voluntad, su responsable será castigado con la pena de uno a cinco años de prisión. [384]

---

[378] Véanse Ley 35/1995, de 11 de diciembre, de ayudas y asistencia a las víctimas de delitos violentos y contra la libertad sexual y arts. 13, 109 y 544 bis LECrim

[379] Dada nueva redacción por disposición final 4 apartado 6 de Ley Orgánica 10/2022 de 6 de septiembre de 2022, con vigencia desde 07/10/2022

[380] Dada nueva redacción por disposición final 4 apartado 7 de Ley Orgánica 10/2022 de 6 de septiembre de 2022, con vigencia desde 07/10/2022

[381] Dada nueva redacción por disposición final 4 apartado 7 de Ley Orgánica 10/2022 de 6 de septiembre de 2022, con vigencia desde 07/10/2022

[382] Véanse arts. 191 a 194 y 607.1 de la presente Ley

[383] Dada nueva redacción apartado 2 por art. único apartado 3 de Ley Orgánica 4/2023 de 27 de abril de 2023, con vigencia desde 29/04/2023

[384] Añadido apartado 3 por art. único apartado 3 de Ley Orgánica 4/2023 de 27 de abril de 2023, con vigencia desde 29/04/2023

4. El órgano sentenciador, razonándolo en la sentencia, y siempre que no medie violencia o intimidación o que la víctima tuviera anulada por cualquier causa su voluntad o no concurran las circunstancias del artículo 180, podrá imponer la pena de prisión en su mitad inferior o multa de dieciocho a veinticuatro meses, en atención a la menor entidad del hecho y a las circunstancias personales del culpable. [385]

179. [386] 1. Cuando la agresión sexual consista en acceso carnal por vía vaginal, anal o bucal, o introducción de miembros corporales u objetos por alguna de las dos primeras vías, el responsable será castigado como reo de violación con la pena de prisión de cuatro a doce años.

2. Si la agresión a la que se refiere el apartado anterior se cometiere empleando violencia o intimidación o cuando la víctima tuviera anulada por cualquier causa su voluntad, se impondrá la pena de prisión de seis a doce años.

180. [387] 1. Las anteriores conductas serán castigadas, respectivamente, con las penas de prisión de dos a ocho años para las agresiones del artículo 178.1, de prisión de cinco a diez años para las agresiones del artículo 178.3, de prisión de siete a quince años para las agresiones del artículo 179.1 y de prisión de doce a quince años para las del artículo 179.2, cuando concurra alguna de las siguientes circunstancias:

1.ª Cuando los hechos se cometan por la actuación conjunta de dos o más personas.

2.ª Cuando la agresión sexual vaya precedida o acompañada de una violencia de extrema gravedad o de actos que revistan un carácter particularmente degradante o vejatorio [388].

3.ª Cuando los hechos se cometan contra una persona que se halle en una situación de especial vulnerabilidad por razón de su edad,

---

[385] Renumerado apartado 3 por art. único apartado 3 de Ley Orgánica 4/2023 de 27 de abril de 2023 como apartado 4, dando nueva redacción, con vigencia desde 29/04/2023

[386] Dada nueva redacción por art. único apartado 4 de Ley Orgánica 4/2023 de 27 de abril de 2023, con vigencia desde 29/04/2023

[387] Dada nueva redacción por disposición final 4 apartado 7 de Ley Orgánica 10/2022 de 6 de septiembre de 2022, con vigencia desde 07/10/2022

[388] Véase art. 177 de la presente Ley

enfermedad, discapacidad o por cualquier otra circunstancia, salvo lo dispuesto en el artículo 181.

4.ª Cuando la víctima sea o haya sido esposa o mujer que esté o haya estado ligada por análoga relación de afectividad, aun sin convivencia.

5.ª Cuando, para la ejecución del delito, la persona responsable se hubiera prevalido de una situación o relación de convivencia o de parentesco o de una relación de superioridad con respecto a la víctima.

6.ª Cuando el responsable haga uso de armas u otros medios igualmente peligrosos, susceptibles de producir la muerte o alguna de las lesiones previstas en los artículos 149 y 150 de este Código, sin perjuicio de lo dispuesto en el artículo 194 bis.

7.ª Cuando para la comisión de estos hechos la persona responsable haya anulado la voluntad de la víctima suministrándole fármacos, drogas o cualquier otra sustancia natural o química idónea a tal efecto.

Cuando en la descripción de las modalidades típicas previstas en los artículos 178 o 179 se hubiera tenido en consideración alguna de las anteriores circunstancias el conflicto se resolverá conforme a la regla del artículo 8.4 de este Código. [389]

2. Si concurrieren dos o más de las anteriores circunstancias, las penas respectivamente previstas en el apartado 1 de este artículo se impondrán en su mitad superior [390].

3. En todos los casos previstos en este capítulo, cuando el culpable se hubiera prevalido de su condición de autoridad, agente de ésta o funcionario público, se impondrá, además, la pena de inhabilitación absoluta de seis a doce años.

---

[389] Dada nueva redacción apartado 1 por art. único apartado 5 de Ley Orgánica 4/2023 de 27 de abril de 2023, con vigencia desde 29/04/2023
[390] Véase art. 67 de la presente Ley

CAPÍTULO II
De las agresiones sexuales a menores de dieciséis años [391]

181. [392] 1. El que realizare actos de carácter sexual con un menor de dieciséis años, será castigado con la pena de prisión de dos a seis años.

A estos efectos se consideran incluidos en los actos de carácter sexual los que realice el menor con un tercero o sobre sí mismo a instancia del autor.

2. Si en las conductas del apartado anterior concurre alguna de las modalidades descritas en el artículo 178.2 y 3, se impondrá una pena de prisión de cinco a diez años.

3. El órgano sentenciador, razonándolo en sentencia, en atención a la menor entidad del hecho y valorando todas las circunstancias concurrentes, incluyendo las circunstancias personales del culpable, podrá imponer la pena de prisión inferior en grado, excepto cuando medie violencia o intimidación o se realice sobre una víctima que tenga anulada por cualquier causa su voluntad, o concurran las circunstancias mencionadas en el apartado 5 de este artículo.

4. Cuando el acto sexual consista en acceso carnal por vía vaginal, anal o bucal, o en introducción de miembros corporales u objetos por alguna de las dos primeras vías, el responsable será castigado con la pena de prisión de ocho a doce años en los casos del apartado 1, y con la pena de prisión de doce a quince años en los casos del apartado 2.

5. Las conductas previstas en los apartados anteriores serán castigadas con la pena de prisión correspondiente en su mitad superior cuando concurra alguna de las siguientes circunstancias:

a) Cuando los hechos se cometan por la actuación conjunta de dos o más personas.

b) Cuando la agresión sexual vaya precedida o acompañada de una violencia de extrema gravedad o de actos que revistan un carácter particularmente degradante o vejatorio.

---

[391] Dada nueva redacción por disposición final 4 apartado 8 de Ley Orgánica 10/2022 de 6 de septiembre de 2022, con vigencia desde 07/10/2022

[392] Dada nueva redacción por art. único apartado 6 de Ley Orgánica 4/2023 de 27 de abril de 2023, con vigencia desde 29/04/2023

c) Cuando los hechos se cometan contra una persona que se halle en una situación de especial vulnerabilidad por razón de su edad, enfermedad, discapacidad o por cualquier otra circunstancia, y, en todo caso, cuando sea menor de cuatro años [393].

d) Cuando la víctima sea o haya sido pareja del autor, aun sin convivencia.

e) Cuando, para la ejecución del delito, la persona responsable se hubiera prevalido de una situación o relación de convivencia o de parentesco o de una relación de superioridad con respecto a la víctima.

f) Cuando el responsable haga uso de armas u otros medios igualmente peligrosos, susceptibles de producir la muerte o alguna de las lesiones previstas en los artículos 149 y 150 de este Código, sin perjuicio de lo dispuesto en el artículo 194 bis.

g) Cuando para la comisión de estos hechos la persona responsable haya anulado la voluntad de la víctima suministrándole fármacos, drogas o cualquier otra sustancia natural o química idónea a tal efecto.

h) Cuando la infracción se haya cometido en el seno de una organización o de un grupo criminal que se dedicare a la realización de tales actividades.

En caso de que en la descripción de las modalidades típicas previstas en los apartados 1 a 3 de este artículo se hubiera tenido en consideración alguna de las anteriores circunstancias el conflicto se resolverá conforme a la regla del artículo 8.4 de este Código.

6. Si concurrieren dos o más de las anteriores circunstancias, las penas del apartado anterior se impondrán en su mitad superior.

7. En todos los casos previstos en este artículo, cuando el culpable se hubiera prevalido de su condición de autoridad, agente de esta o funcionario público, se impondrá, además, la pena de inhabilitación absoluta de seis a doce años.

182. [394] 1. El que, con fines sexuales, haga presenciar a un menor de dieciséis años actos de carácter sexual, aunque el autor no participe en ellos, será castigado con una pena de prisión de seis meses a dos años.

---

[393] Véase art. 67 de la presente Ley
[394] Dada nueva redacción por disposición final 4 apartado 8 de Ley Orgánica 10/2022 de 6 de septiembre de 2022, con vigencia desde 07/10/2022

2. Si los actos de carácter sexual que se hacen presenciar al menor de dieciséis años constituyeran un delito contra la libertad sexual, la pena será de prisión de uno a tres años.

CAPÍTULO II BIS
De los abusos y agresiones sexuales a menores de dieciséis años
(Derogado) [395]

183. [396] 1. El que a través de internet, del teléfono o de cualquier otra tecnología de la información y la comunicación contacte con un menor de dieciséis años y proponga concertar un encuentro con el mismo a fin de cometer cualquiera de los delitos descritos en los arts. 181 y 189, siempre que tal propuesta se acompañe de actos materiales encaminados al acercamiento, será castigado con la pena de uno a tres años de prisión o multa de doce a veinticuatro meses, sin perjuicio de las penas correspondientes a los delitos en su caso cometidos. Las penas se impondrán en su mitad superior cuando el acercamiento se obtenga mediante coacción, intimidación o engaño.

2. El que, a través de internet, del teléfono o de cualquier otra tecnología de la información y la comunicación contacte con un menor de dieciséis años y realice actos dirigidos a embaucarle para que le facilite material pornográfico o le muestre imágenes pornográficas en las que se represente o aparezca un menor, será castigado con una pena de prisión de seis meses a dos años.

183 bis. [397] Salvo en los casos en que concurra alguna de las circunstancias previstas en el apartado segundo del art. 178, el libre consentimiento del menor de dieciséis años excluirá la responsabilidad penal por los delitos previstos en este capítulo cuando el autor sea una

[395] Derogado por disposición final 4 apartado 9 de Ley Orgánica 10/2022 de 6 de septiembre de 2022, con vigencia desde 07/10/2022

[396] Dada nueva redacción por disposición final 4 apartado 8 de Ley Orgánica 10/2022 de 6 de septiembre de 2022, pasando a formar parte del Capítulo II, con vigencia desde 07/10/2022

[397] Dada nueva redacción por disposición final 4 apartado 8 de Ley Orgánica 10/2022 de 6 de septiembre de 2022, pasando a formar parte del Capítulo II, con vigencia desde 07/10/2022

persona próxima al menor por edad y grado de desarrollo o madurez física y psicológica.

183 ter y 183 quater. [398] (Derogados)

CAPÍTULO III
Del acoso sexual [399]

184. [400] 1. El que solicitare favores de naturaleza sexual, para sí o para un tercero, en el ámbito de una relación laboral, docente, de prestación de servicios o análoga, continuada o habitual, y con tal comportamiento provocare a la víctima una situación objetiva y gravemente intimidatoria, hostil o humillante, será castigado, como autor de acoso sexual, con la pena de prisión de seis a doce meses o multa de diez a quince meses e inhabilitación especial para el ejercicio de la profesión, oficio o actividad de doce a quince meses.

2. Si el culpable de acoso sexual hubiera cometido el hecho prevaliéndose de una situación de superioridad laboral, docente o jerárquica, o sobre persona sujeta a su guarda o custodia, o con el anuncio expreso o tácito de causar a la víctima un mal relacionado con las legítimas expectativas que aquella pueda tener en el ámbito de la indicada relación, la pena será de prisión de uno a dos años e inhabilitación especial para el ejercicio de la profesión, oficio o actividad de dieciocho a veinticuatro meses.

3. Asimismo, si el culpable de acoso sexual lo hubiera cometido en centros de protección o reforma de menores, centro de internamiento de personas extranjeras, o cualquier otro centro de detención, custodia o acogida, incluso de estancia temporal, la pena será de prisión de uno a dos años e inhabilitación especial para el ejercicio de la profesión, oficio o actividad de dieciocho a veinticuatro meses, sin perjuicio de lo establecido en el artículo 443.2.

---

[398] Derogado por disposición final 4 apartado 9 de Ley Orgánica 10/2022 de 6 de septiembre de 2022, con vigencia desde 07/10/2022

[399] Dada nueva redacción por art. 2 de Ley Orgánica 11/1999 de 30 de abril de 1999, con vigencia desde 21/05/1999

[400] Dada nueva redacción por disposición final 4 apartado 10 de Ley Orgánica 10/2022 de 6 de septiembre de 2022, con vigencia desde 07/10/2022

4. Cuando la víctima se halle en una situación de especial vulnerabilidad por razón de su edad, enfermedad o discapacidad, la pena se impondrá en su mitad superior [401] .

5. Cuando de acuerdo con lo establecido en el artículo 31 bis, una persona jurídica sea responsable de este delito, se le impondrá la pena de multa de seis meses a dos años. Atenidas las reglas establecidas en el artículo 66 bis, los jueces y tribunales podrán asimismo imponer las penas recogidas en las letras b) a g) del apartado 7 del artículo 33.

CAPÍTULO IV
De los delitos de exhibicionismo y provocación sexual [402] [403]

185. [404] El que ejecutare o hiciere ejecutar a otra persona actos de exhibición obscena ante menores de edad o personas con discapacidad necesitadas de especial protección, será castigado con la pena de prisión de seis meses a un año o multa de 12 a 24 meses.

186. [405] El que, por cualquier medio directo, vendiere, difundiere o exhibiere material pornográfico entre menores de edad o personas con discapacidad necesitadas de especial protección, será castigado con la pena de prisión de seis meses a un año o multa de 12 a 24 meses.

---

[401] Véanse art. 95.2.b Ley 7/2007, de 12 de abril, del Estatuto Básico del Empleado Público; art. 8.13 LISOS; arts. 7, 48 y 62 LO 3/2007, de 22 de marzo, para la igualdad efectiva de hombres y mujeres y arts. 443 y ss de la presente Ley

[402] Véase art. 20.4 CE y arts. 191 y ss de la presente Ley

[403] Dada nueva redacción por art. 2 de Ley Orgánica 11/1999 de 30 de abril de 1999, con vigencia desde 21/05/1999

[404] Dada nueva redacción por art. único apartado 258 punto 1 de Ley Orgánica 1/2015 de 30 de marzo de 2015, con vigencia desde 01/07/2015

[405] Dada nueva redacción por art. único apartado 258 punto 1 de Ley Orgánica 1/2015 de 30 de marzo de 2015, con vigencia desde 01/07/2015

CAPÍTULO V
De los delitos relativos a la prostitución y a la explotación sexual y corrupción de menores [406] [407]

187. [408] 1. El que, empleando violencia, intimidación o engaño, o abusando de una situación de superioridad o de necesidad o vulnerabilidad de la víctima, determine a una persona mayor de edad a ejercer o a mantenerse en la prostitución, será castigado con las penas de prisión de dos a cinco años y multa de doce a veinticuatro meses.

Se impondrá la pena de prisión de dos a cuatro años y multa de doce a veinticuatro meses a quien se lucre explotando la prostitución de otra persona, aun con el consentimiento de la misma. En todo caso, se entenderá que hay explotación cuando concurra alguna de las siguientes circunstancias:

a) Que la víctima se encuentre en una situación de vulnerabilidad personal o económica.

b) Que se le impongan para su ejercicio condiciones gravosas, desproporcionadas o abusivas [409] .

2. Se impondrán las penas previstas en los apartados anteriores en su mitad superior, en sus respectivos casos, cuando concurra alguna de las siguientes circunstancias:

a) Cuando el culpable se hubiera prevalido de su condición de autoridad, agente de ésta o funcionario público. En este caso se aplicará, además, la pena de inhabilitación absoluta de seis a doce años.

b) Cuando el culpable perteneciere a una organización o grupo criminal que se dedicare a la realización de tales actividades.

c) Cuando el culpable hubiere puesto en peligro, de forma dolosa o por imprudencia grave, la vida o salud de la víctima [410] .

---

[406] Véase art. 23.4.e LOPJ; art. 853.3 CC y art. 282 bis LECrim

[407] Dada nueva redacción por art. único apartado 101 de Ley Orgánica 1/2015 de 30 de marzo de 2015, con vigencia desde 01/07/2015

[408] Dada nueva redacción por art. único apartado 102 de Ley Orgánica 1/2015 de 30 de marzo de 2015, con vigencia desde 01/07/2015

[409] Véase LO 1/1996, de 15 de enero, de Protección Jurídica del Menor y art. 25 de la presente Ley

[410] Véase art. 67 de la presente Ley

3. Las penas señaladas se impondrán en sus respectivos casos sin perjuicio de las que correspondan por las agresiones o abusos sexuales cometidos sobre la persona prostituida.

188. [411] 1. El que induzca, promueva, favorezca o facilite la prostitución de un menor de edad o una persona con discapacidad necesitada de especial protección, o se lucre con ello, o explote de algún otro modo a un menor o a una persona con discapacidad para estos fines, será castigado con las penas de prisión de dos a cinco años y multa de doce a veinticuatro meses.

Si la víctima fuera menor de dieciséis años, se impondrá la pena de prisión de cuatro a ocho años y multa de doce a veinticuatro meses.

2. Si los hechos descritos en el apartado anterior se cometieran con violencia o intimidación, además de las penas de multa previstas, se impondrá la pena de prisión de cinco a diez años si la víctima es menor de dieciséis años, y la pena de prisión de cuatro a seis años en los demás casos.

3. Se impondrán las penas superiores en grado a las previstas en los apartados anteriores, en sus respectivos casos, cuando concurra alguna de las siguientes circunstancias:

a) Cuando la víctima se halle en una situación de especial vulnerabilidad por razón de su edad, enfermedad, discapacidad o por cualquier otra circunstancia. [412]

b) Cuando, para la ejecución del delito, el responsable se hubiera prevalido de una situación de convivencia o de una relación de superioridad o parentesco, por ser ascendiente, o hermano, por naturaleza o adopción, o afines, con la víctima. [413]

c) Cuando, para la ejecución del delito, el responsable se hubiera prevalido de su condición de autoridad, agente de ésta o funcionario público. En este caso se impondrá, además, una pena de inhabilitación absoluta de seis a doce años.

---

[411] Dada nueva redacción por art. único apartado 103 de Ley Orgánica 1/2015 de 30 de marzo de 2015, con vigencia desde 01/07/2015

[412] Dada nueva redacción apartado 3 letra a por disposición final 6 apartado 21 de Ley Orgánica 8/2021 de 4 de junio de 2021, con vigencia desde 25/06/2021

[413] Dada nueva redacción apartado 3 letra b por disposición final 6 apartado 21 de Ley Orgánica 8/2021 de 4 de junio de 2021, con vigencia desde 25/06/2021

d) Cuando el culpable hubiere puesto en peligro, de forma dolosa o por imprudencia grave, la vida o salud de la víctima.

e) Cuando los hechos se hubieren cometido por la actuación conjunta de dos o más personas.

f) Cuando el culpable perteneciere a una organización o asociación, incluso de carácter transitorio, que se dedicare a la realización de tales actividades.

4. El que solicite, acepte u obtenga, a cambio de una remuneración o promesa, una relación sexual con una persona menor de edad o una persona con discapacidad necesitada de especial protección, será castigado con una pena de uno a cuatro años de prisión. Si el menor no hubiera cumplido dieciséis años de edad, se impondrá una pena de dos a seis años de prisión.

5. Las penas señaladas se impondrán en sus respectivos casos sin perjuicio de las que correspondan por las infracciones contra la libertad o indemnidad sexual cometidas sobre los menores y personas con discapacidad necesitadas de especial protección.

189. [414] 1. Será castigado con la pena de prisión de uno a cinco años:

a) El que captare o utilizare a menores de edad o a personas con discapacidad necesitadas de especial protección con fines o en espectáculos exhibicionistas o pornográficos, tanto públicos como privados, o para elaborar cualquier clase de material pornográfico, cualquiera que sea su soporte, o financiare cualquiera de estas actividades o se lucrare con ellas.

b) El que produjere, vendiere, distribuyere, exhibiere, ofreciere o facilitare la producción, venta, difusión o exhibición por cualquier medio de pornografía infantil o en cuya elaboración hayan sido utilizadas personas con discapacidad necesitadas de especial protección, o lo poseyere para estos fines, aunque el material tuviere su origen en el extranjero o fuere desconocido.

A los efectos de este Título se considera pornografía infantil o en cuya elaboración hayan sido utilizadas personas con discapacidad necesitadas de especial protección:

---

[414] Dada nueva redacción por art. único apartado 104 de Ley Orgánica 1/2015 de 30 de marzo de 2015, con vigencia desde 01/07/2015

a) Todo material que represente de manera visual a un menor o una persona con discapacidad necesitada de especial protección participando en una conducta sexualmente explícita, real o simulada.

b) Toda representación de los órganos sexuales de un menor o persona con discapacidad necesitada de especial protección con fines principalmente sexuales.

c) Todo material que represente de forma visual a una persona que parezca ser un menor participando en una conducta sexualmente explícita, real o simulada, o cualquier representación de los órganos sexuales de una persona que parezca ser un menor, con fines principalmente sexuales, salvo que la persona que parezca ser un menor resulte tener en realidad dieciocho años o más en el momento de obtenerse las imágenes.

d) Imágenes realistas de un menor participando en una conducta sexualmente explícita o imágenes realistas de los órganos sexuales de un menor, con fines principalmente sexuales.

2. Serán castigados con la pena de prisión de cinco a nueve años los que realicen los actos previstos en el apartado 1 de este artículo cuando concurra alguna de las circunstancias siguientes:

a) Cuando se utilice a menores de dieciséis años.

b) Cuando los hechos revistan un carácter particularmente degradante o vejatorio, se emplee violencia física o sexual para la obtención del material pornográfico o se representen escenas de violencia física o sexual. [415]

c) Cuando se utilice a personas menores de edad que se hallen en una situación de especial vulnerabilidad por razón de enfermedad, discapacidad o por cualquier otra circunstancia. [416]

d) Cuando el culpable hubiere puesto en peligro, de forma dolosa o por imprudencia grave, la vida o salud de la víctima.

e) Cuando el material pornográfico fuera de notoria importancia.

f) Cuando el culpable perteneciere a una organización o asociación, incluso de carácter transitorio, que se dedicare a la realización de tales actividades.

---

[415] Dada nueva redacción apartado 2 letra b por disposición final 6 apartado 22 de Ley Orgánica 8/2021 de 4 de junio de 2021, con vigencia desde 25/06/2021

[416] Dada nueva redacción apartado 2 letra c por disposición final 6 apartado 22 de Ley Orgánica 8/2021 de 4 de junio de 2021, con vigencia desde 25/06/2021

g) Cuando el responsable sea ascendiente, tutor, curador, guardador, maestro o cualquier otra persona encargada, de hecho, aunque fuera provisionalmente, o de derecho, de la persona menor de edad o persona con discapacidad necesitada de especial protección, o se trate de cualquier persona que conviva con él o de otra persona que haya actuado abusando de su posición reconocida de confianza o autoridad. [417]

h) Cuando concurra la agravante de reincidencia.

3. Si los hechos a que se refiere la letra *a)* del párrafo primero del apartado 1 se hubieran cometido con violencia o intimidación se impondrá la pena superior en grado a las previstas en los apartados anteriores.

4. El que asistiere a sabiendas a espectáculos exhibicionistas o pornográficos en los que participen menores de edad o personas con discapacidad necesitadas de especial protección, será castigado con la pena de seis meses a dos años de prisión.

5. El que para su propio uso adquiera o posea pornografía infantil o en cuya elaboración se hubieran utilizado personas con discapacidad necesitadas de especial protección, será castigado con la pena de tres meses a un año de prisión o con multa de seis meses a dos años.

La misma pena se impondrá a quien acceda a sabiendas a pornografía infantil o en cuya elaboración se hubieran utilizado personas con discapacidad necesitadas de especial protección, por medio de las tecnologías de la información y la comunicación.

6. El que tuviere bajo su potestad, tutela, guarda o acogimiento a un menor de edad o una persona con discapacidad necesitada de especial protección y que, con conocimiento de su estado de prostitución o corrupción, no haga lo posible para impedir su continuación en tal estado, o no acuda a la autoridad competente para el mismo fin si carece de medios para la custodia del menor o persona con discapacidad necesitada de especial protección, será castigado con la pena de prisión de tres a seis meses o multa de seis a doce meses.

7. El Ministerio Fiscal promoverá las acciones pertinentes con objeto de privar de la patria potestad, tutela, guarda o acogimiento familiar, en su caso, a la persona que incurra en alguna de las conductas descritas en el apartado anterior.

---

[417] Dada nueva redacción apartado 2 letra g por disposición final 6 apartado 22 de Ley Orgánica 8/2021 de 4 de junio de 2021, con vigencia desde 25/06/2021

8. Los Jueces y Tribunales ordenarán la adopción de las medidas necesarias para la retirada de las páginas web o aplicaciones de internet que contengan o difundan pornografía infantil o en cuya elaboración se hubieran utilizado personas con discapacidad necesitadas de especial protección o, en su caso, para bloquear el acceso a las mismas a los usuarios de Internet que se encuentren en territorio español.

Estas medidas podrán ser acordadas con carácter cautelar a petición del Ministerio Fiscal [418].

189 bis. [419] La distribución o difusión pública a través de Internet, del teléfono o de cualquier otra tecnología de la información o de la comunicación de contenidos específicamente destinados a promover, fomentar o incitar a la comisión de los delitos previstos en este capítulo y en los capítulos II y IV del presente título será castigada con la pena de multa de seis a doce meses o pena de prisión de uno a tres años.

Las autoridades judiciales ordenarán la adopción de las medidas necesarias para la retirada de los contenidos a los que se refiere el párrafo anterior, para la interrupción de los servicios que ofrezcan predominantemente dichos contenidos o para el bloqueo de unos y otros cuando radiquen en el extranjero.

189 ter. [420] Cuando de acuerdo con lo establecido en el artículo 31 bis una persona jurídica sea responsable de los delitos comprendidos en este Capítulo, se le impondrán las siguientes penas:

a) Multa del triple al quíntuple del beneficio obtenido, si el delito cometido por la persona física tiene prevista una pena de prisión de más de cinco años.

b) Multa del doble al cuádruple del beneficio obtenido, si el delito cometido por la persona física tiene prevista una pena de prisión de más de dos años no incluida en el anterior inciso.

---

[418] Véanse arts. 111.1, 154, 170 a 174, 215 y ss, 243 y 247 CC; art. 282 bis LECrim y art. 25 de la presente Ley

[419] Dada nueva redacción por art. único apartado 7 de Ley Orgánica 4/2023 de 27 de abril de 2023, con vigencia desde 29/04/2023

[420] Añadido por disposición final 6 apartado 24 de Ley Orgánica 8/2021 de 4 de junio de 2021, con vigencia desde 25/06/2021

c) Multa del doble al triple del beneficio obtenido, en el resto de los casos.

d) Disolución de la persona jurídica, conforme a lo dispuesto en el artículo 33.7 b) de este Código, pudiendo decretarse, atendidas las reglas recogidas en el artículo 66 bis, las demás penas previstas en el mismo que sean compatibles con la disolución. [421]

Párrafo 2 (Derogado) [422]

CAPÍTULO VI
Disposiciones comunes a los Capítulos anteriores

190. [423] La condena de un Juez o Tribunal extranjero, impuesta por delitos comprendidos en este Título, será equiparada a las sentencias de los Jueces o Tribunales españoles a los efectos de la aplicación de la circunstancia agravante de reincidencia.

191. 1. Para proceder por los delitos de agresiones sexuales y acoso sexual será precisa denuncia de la persona agraviada, de su representante legal o querella del Ministerio Fiscal, que actuará ponderando los legítimos intereses en presencia. Cuando la víctima sea menor de edad, persona con discapacidad necesitada de especial protección o una persona desvalida, bastará la denuncia del Ministerio Fiscal. [424]

2. En estos delitos el perdón del ofendido o del representante legal no extingue la acción penal ni la responsabilidad de esa clase [425] .

---

[421] Añadida letra d por disposición final 4 apartado 11 de Ley Orgánica 10/2022 de 6 de septiembre de 2022, con vigencia desde 07/10/2022

[422] Derogado párrafo 2 por disposición final 4 apartado 11 de Ley Orgánica 10/2022 de 6 de septiembre de 2022, con vigencia desde 07/10/2022

[423] Dada nueva redacción por disposición final 4 apartado 12 de Ley Orgánica 10/2022 de 6 de septiembre de 2022, pasando a formar parte del Capítulo VI, con vigencia desde 07/10/2022

[424] Dada nueva redacción apartado 1 por disposición final 4 apartado 13 de Ley Orgánica 10/2022 de 6 de septiembre de 2022, con vigencia desde 07/10/2022

[425] Véase LO 1/1996, de 15 de enero, de Protección Jurídica del Menor; arts. 104 a 106 LECrim y arts. 25, 86 y 130.5 de la presente Ley

192. 1. A los condenados a pena de prisión por uno o más delitos comprendidos en este Título se les impondrá además la medida de libertad vigilada, que se ejecutará con posterioridad a la pena privativa de libertad. La duración de dicha medida será de cinco a diez años, si alguno de los delitos fuera grave, y de uno a cinco años si se trata de uno o más delitos menos graves. En este último caso, cuando se trate de un solo delito cometido por un delincuente primario, el Tribunal podrá imponer o no la medida de libertad vigilada en atención a la menor peligrosidad del autor. [426]

2. Los ascendientes, tutores, curadores, guardadores, maestros o cualquier otra persona encargada de hecho o de derecho del menor o persona con discapacidad necesitada de especial protección, que intervengan como autores o cómplices en la perpetración de los delitos comprendidos en este Título, serán castigados con la pena que les corresponda, en su mitad superior.

No se aplicará esta regla cuando la circunstancia en ella contenida esté específicamente contemplada en el tipo penal de que se trate. [427]

3. La autoridad judicial impondrá a las personas responsables de la comisión de alguno de los delitos de los Capítulos I o V cuando la víctima sea menor de edad y en todo caso de alguno de los delitos del Capítulo II, además de las penas previstas en tales Capítulos, la pena de privación de la patria potestad o de inhabilitación especial para el ejercicio de los derechos de la patria potestad, tutela, curatela, guarda o acogimiento, por tiempo de cuatro a diez años. A las personas responsables del resto de delitos del presente Título se les podrá imponer razonadamente, además de las penas señaladas para tales delitos, la pena de privación de la patria potestad o la pena de inhabilitación especial para el ejercicio de los derechos de la patria potestad, tutela, curatela, guarda o acogimiento, por el tiempo de seis meses a seis años, así como la pena de inhabilitación para empleo o cargo público o ejercicio de la profesión u oficio, retribuido o no, por el tiempo de seis meses a seis años.

---

[426] Dada nueva redacción apartado 1 por art. único apartado 105 de Ley Orgánica 1/2015 de 30 de marzo de 2015, con vigencia desde 01/07/2015

[427] Dada nueva redacción apartado 2 por art. único apartado 258 punto 1 de Ley Orgánica 1/2015 de 30 de marzo de 2015, con vigencia desde 01/07/2015

Asimismo, la autoridad judicial impondrá a las personas responsables de los delitos comprendidos en el presente Título, sin perjuicio de las penas que correspondan con arreglo a los artículos precedentes, una pena de inhabilitación especial para cualquier profesión, oficio o actividades, sean o no retribuidos, que conlleve contacto regular y directo con personas menores de edad, por un tiempo superior entre cinco y veinte años al de la duración de la pena de privación de libertad impuesta en la sentencia si el delito fuera grave, y entre dos y veinte años si fuera menos grave. En ambos casos se atenderá proporcionalmente a la gravedad del delito, el número de los delitos cometidos y a las circunstancias que concurran en la persona condenada. [428]

193. En las sentencias condenatorias por delitos contra la libertad sexual, además del pronunciamiento correspondiente a la responsabilidad civil, se harán, en su caso, los que procedan en orden a la filiación y fijación de alimentos [429].

194. [430] En los supuestos tipificados en los capítulos IV y V de este título, cuando en la realización de los actos se utilizaren establecimientos o locales, abiertos o no al público, se decretará en la sentencia condenatoria su clausura definitiva. La clausura podrá adoptarse también con carácter cautelar.

194 bis. [431] Las penas previstas en los delitos de este título se impondrán sin perjuicio de la que pudiera corresponder por los actos de violencia física o psíquica que se realizasen.

---

[428] Dada nueva redacción apartado 3 por disposición final 4 apartado 14 de Ley Orgánica 10/2022 de 6 de septiembre de 2022, con vigencia desde 07/10/2022

[429] Véanse arts. 111 y 120 a 126 CC

[430] Dada nueva redacción por disposición final 4 apartado 15 de Ley Orgánica 10/2022 de 6 de septiembre de 2022, con vigencia desde 07/10/2022

[431] Añadido por disposición final 4 apartado 16 de Ley Orgánica 10/2022 de 6 de septiembre de 2022, con vigencia desde 07/10/2022

TÍTULO IX
De la omisión del deber de socorro

195. 1. El que no socorriere a una persona que se halle desamparada y en peligro manifiesto y grave, cuando pudiere hacerlo sin riesgo propio ni de terceros, será castigado con la pena de multa de tres a doce meses.

2. En las mismas penas incurrirá el que, impedido de prestar socorro, no demande con urgencia auxilio ajeno.

3. Si la víctima lo fuere por accidente ocasionado fortuitamente por el que omitió el auxilio, la pena será de prisión de seis meses a 18 meses, y si el accidente se debiere a imprudencia, la de prisión de seis meses a cuatro años [432] . [433]

196. El profesional que, estando obligado a ello, denegare asistencia sanitaria o abandonare los servicios sanitarios, cuando de la denegación o abandono se derive riesgo grave para la salud de las personas, será castigado con las penas del artículo precedente en su mitad superior y con la de inhabilitación especial para empleo o cargo público, profesión u oficio, por tiempo de seis meses a tres años [434] .

---

[432] Véanse arts. 71 y 72 CPM; art. 76 Ley sobre Tráfico, Circulación de Vehículos a Motor y Seguridad Vial, aprobado por RDLeg. 6/2015, de 30 de octubre; art. 1 LOTJ y arts. 11, 189.5, 379 y ss, 412, 450, 618 y 619 de la presente Ley

[433] Dada nueva redacción apartado 3 por art. único apartado 70 de Ley Orgánica 15/2003 de 25 de noviembre de 2003, con vigencia desde 01/10/2004

[434] Véase art. 43 CE y arts. 11 y 12 de la presente Ley

TÍTULO X
Delitos contra la intimidad, el derecho a la propia imagen y la inviolabilidad del domicilio [435]

CAPÍTULO PRIMERO
Del descubrimiento y revelación de secretos [436]

197. [437] 1. El que, para descubrir los secretos o vulnerar la intimidad de otro, sin su consentimiento, se apodere de sus papeles, cartas, mensajes de correo electrónico o cualesquiera otros documentos o efectos personales, intercepte sus telecomunicaciones o utilice artificios técnicos de escucha, transmisión, grabación o reproducción del sonido o de la imagen, o de cualquier otra señal de comunicación, será castigado con las penas de prisión de uno a cuatro años y multa de doce a veinticuatro meses [438].

2. Las mismas penas se impondrán al que, sin estar autorizado, se apodere, utilice o modifique, en perjuicio de tercero, datos reservados de carácter personal o familiar de otro que se hallen registrados en ficheros o soportes informáticos, electrónicos o telemáticos, o en cualquier otro tipo de archivo o registro público o privado. Iguales penas se impondrán a quien, sin estar autorizado, acceda por cualquier medio a los mismos y a quien los altere o utilice en perjuicio del titular de los datos o de un tercero.

3. Se impondrá la pena de prisión de dos a cinco años si se difunden, revelan o ceden a terceros los datos o hechos descubiertos o las imágenes captadas a que se refieren los números anteriores.

Será castigado con las penas de prisión de uno a tres años y multa de doce a veinticuatro meses, el que, con conocimiento de su origen

---

[435] Véanse arts. 18 y 20.4 CE

[436] Véanse art.18.1, 3 y 4 y 20.4 CE;   art. 25 CPM; arts. 13 y 14 Ley 3/1991, de 10 de enero, de Competencia Desleal; LO 1/1982, de 5 de mayo, de Protección Civil del Derecho al Honor, a la Intimidad Personal y a la Propia Imagen y arts. 413 y siguientes y 598 a 603 de la presente Ley

[437] Dada nueva redacción por art. único apartado 106 de Ley Orgánica 1/2015 de 30 de marzo de 2015, con vigencia desde 01/07/2015

[438] Véase art. 26 de la presente Ley

ilícito y sin haber tomado parte en su descubrimiento, realizare la conducta descrita en el párrafo anterior.

4. Los hechos descritos en los apartados 1 y 2 de este artículo serán castigados con una pena de prisión de tres a cinco años cuando:

a) Se cometan por las personas encargadas o responsables de los ficheros, soportes informáticos, electrónicos o telemáticos, archivos o registros; o

b) se lleven a cabo mediante la utilización no autorizada de datos personales de la víctima.

Si los datos reservados se hubieran difundido, cedido o revelado a terceros, se impondrán las penas en su mitad superior.

5. Igualmente, cuando los hechos descritos en los apartados anteriores afecten a datos de carácter personal que revelen la ideología, religión, creencias, salud, origen racial o vida sexual, o la víctima fuere un menor de edad o una persona con discapacidad necesitada de especial protección, se impondrán las penas previstas en su mitad superior [439].

6. Si los hechos se realizan con fines lucrativos, se impondrán las penas respectivamente previstas en los apartados 1 al 4 de este artículo en su mitad superior. Si además afectan a datos de los mencionados en el apartado anterior, la pena a imponer será la de prisión de cuatro a siete años.

7. Será castigado con una pena de prisión de tres meses a un año o multa de seis a doce meses el que, sin autorización de la persona afectada, difunda, revele o ceda a terceros imágenes o grabaciones audiovisuales de aquélla que hubiera obtenido con su anuencia en un domicilio o en cualquier otro lugar fuera del alcance de la mirada de terceros, cuando la divulgación menoscabe gravemente la intimidad personal de esa persona.

Se impondrá la pena de multa de uno a tres meses a quien habiendo recibido las imágenes o grabaciones audiovisuales a las que se refiere el párrafo anterior las difunda, revele o ceda a terceros sin el consentimiento de la persona afectada.

En los supuestos de los párrafos anteriores, la pena se impondrá en su mitad superior cuando los hechos hubieran sido cometidos por el cónyuge o por persona que esté o haya estado unida a él por

---

[439] Véase art. 25 de la presente Ley e Instrucción 2/2006, de 15 de marzo, de la Fiscalía General del Estado

análoga relación de afectividad, aun sin convivencia, la víctima fuera menor de edad o una persona con discapacidad necesitada de especial protección, o los hechos se hubieran cometido con una finalidad lucrativa. [440]

197 bis. [441] 1. El que por cualquier medio o procedimiento, vulnerando las medidas de seguridad establecidas para impedirlo, y sin estar debidamente autorizado, acceda o facilite a otro el acceso al conjunto o una parte de un sistema de información o se mantenga en él en contra de la voluntad de quien tenga el legítimo derecho a excluirlo, será castigado con pena de prisión de seis meses a dos años.

2. El que mediante la utilización de artificios o instrumentos técnicos, y sin estar debidamente autorizado, intercepte transmisiones no públicas de datos informáticos que se produzcan desde, hacia o dentro de un sistema de información, incluidas las emisiones electromagnéticas de los mismos, será castigado con una pena de prisión de tres meses a dos años o multa de tres a doce meses.

197 ter. [442] Será castigado con una pena de prisión de seis meses a dos años o multa de tres a dieciocho meses el que, sin estar debidamente autorizado, produzca, adquiera para su uso, importe o, de cualquier modo, facilite a terceros, con la intención de facilitar la comisión de alguno de los delitos a que se refieren los apartados 1 y 2 del art. 197 o el art. 197 bis:

a) un programa informático, concebido o adaptado principalmente para cometer dichos delitos; o

b) una contraseña de ordenador, un código de acceso o datos similares que permitan acceder a la totalidad o a una parte de un sistema de información.

---

[440] Dada nueva redacción apartado 7 por disposición final 4 apartado 17 de Ley Orgánica 10/2022 de 6 de septiembre de 2022, con vigencia desde 07/10/2022

[441] Añadido por art. único apartado 107 de Ley Orgánica 1/2015 de 30 de marzo de 2015, con vigencia desde 01/07/2015

[442] Añadido por art. único apartado 108 de Ley Orgánica 1/2015 de 30 de marzo de 2015, con vigencia desde 01/07/2015

197 quater. [443] Si los hechos descritos en este Capítulo se hubieran cometido en el seno de una organización o grupo criminal, se aplicarán respectivamente las penas superiores en grado.

197 quinquies. [444] Cuando de acuerdo con lo establecido en el art. 31 bis una persona jurídica sea responsable de los delitos comprendidos en los arts. 197, 197 bis y 197 ter, se le impondrá la pena de multa de seis meses a dos años. Atendidas las reglas establecidas en el art. 66 bis, los Jueces y Tribunales podrán asimismo imponer las penas recogidas en las letras b) a g) del apartado 7 del art. 33 .

198. La autoridad o funcionario público que, fuera de los casos permitidos por la Ley, sin mediar causa legal por delito, y prevaliéndose de su cargo, realizare cualquiera de las conductas descritas en el artículo anterior, será castigado con las penas respectivamente previstas en el mismo, en su mitad superior y, además, con la de inhabilitación absoluta por tiempo de seis a doce años [445] .

199. 1. El que revelare secretos ajenos, de los que tenga conocimiento por razón de su oficio o sus relaciones laborales, será castigado con la pena de prisión de uno a tres años y multa de seis a doce meses.

2. El profesional que, con incumplimiento de su obligación de sigilo o reserva, divulgue los secretos de otra persona, será castigado con la pena de prisión de uno a cuatro años, multa de doce a veinticuatro meses e inhabilitación especial para dicha profesión por tiempo de dos a seis años [446] .

---

[443] Añadido por art. único apartado 109 de Ley Orgánica 1/2015 de 30 de marzo de 2015, con vigencia desde 01/07/2015

[444] Añadido por art. único apartado 110 de Ley Orgánica 1/2015 de 30 de marzo de 2015, con vigencia desde 01/07/2015

[445] Véanse arts. 18.3, 55 y 116 CE; arts. 579 a 588 LECrim; art. 51.4 LOGP y arts. 413 y ss, 442 y 534 y ss de la presente Ley

[446] Véanse arts. 542.3 y 543.3 LOPJ; arts. 263, 301 y 416.2 LECrim; arts. 21 y 22 RD 135/2021, de 2 de marzo, por el que se aprueba el Estatuto General de la Abogacía Española; arts. 37 a 39 RD 1281/2002, de 5 de diciembre, por el que se aprueba el Estatuto General de los Procuradores de los Tribunales de España y arts. 278 y ss y 466 y 467 de la presente Ley

200. Lo dispuesto en este Capítulo será aplicable al que descubriere, revelare o cediere datos reservados de personas jurídicas, sin el consentimiento de sus representantes, salvo lo dispuesto en otros preceptos de este Código.

201. [447] 1. Para proceder por los delitos previstos en este Capítulo será necesaria denuncia de la persona agraviada o de su representante legal.

2. No será precisa la denuncia exigida en el apartado anterior para proceder por los hechos descritos en el artículo 198 de este Código, ni cuando la comisión del delito afecte a los intereses generales, a una pluralidad de personas o si la víctima es una persona menor de edad o una persona con discapacidad necesitada de especial protección.

3. El perdón del ofendido o de su representante legal, en su caso, extingue la acción penal sin perjuicio de lo dispuesto en el artículo 130.1.5.º, párrafo segundo.

CAPÍTULO II
Del allanamiento de morada, domicilio de personas jurídicas y establecimientos abiertos al público [448]

202. 1. El particular que, sin habitar en ella, entrare en morada ajena o se mantuviere en la misma contra la voluntad de su morador, será castigado con la pena de prisión de seis meses a dos años.

2. Si el hecho se ejecutare con violencia o intimidación la pena será de prisión de uno a cuatro años y multa de seis a doce meses.

203. 1. Será castigado con las penas de prisión de seis meses a un año y multa de seis a diez meses el que entrare contra la voluntad de su titular en el domicilio de una persona jurídica pública o privada, despacho profesional u oficina, o en establecimiento mercantil o local abierto al público fuera de las horas de apertura.

---

[447] Dada nueva redacción por disposición final 6 apartado 26 de Ley Orgánica 8/2021 de 4 de junio de 2021, con vigencia desde 25/06/2021

[448] Véanse arts. 18.2 y 55 CE; arts. 545, 554 y 588 LECrim; art. 1 LOTJ y arts. 241, 245.2, 490, 493, 503.1, 534, 557 y 635 de la presente Ley

2. Será castigado con la pena de multa de uno a tres meses el que se mantuviere contra la voluntad de su titular, fuera de las horas de apertura, en el domicilio de una persona jurídica pública o privada, despacho profesional u oficina, o en establecimiento mercantil o local abierto al público. [449]

3. Será castigado con la pena de prisión de seis meses a tres años, el que con violencia o intimidación entrare o se mantuviere contra la voluntad de su titular en el domicilio de una persona jurídica pública o privada, despacho profesional u oficina, o en establecimiento mercantil o local abierto al público. [450]

204. La autoridad o funcionario público que, fuera de los casos permitidos por la Ley y sin mediar causa legal por delito, cometiere cualquiera de los hechos descritos en los dos artículos anteriores, será castigado con la pena prevista respectivamente en los mismos, en su mitad superior, e inhabilitación absoluta de seis a doce años.

TÍTULO XI
Delitos contra el honor

CAPÍTULO PRIMERO
De la calumnia

205. Es calumnia la imputación de un delito hecha con conocimiento de su falsedad o temerario desprecio hacia la verdad [451].

---

[449] Añadido apartado 2 por art. único apartado 111 de Ley Orgánica 1/2015 de 30 de marzo de 2015, con vigencia desde 01/07/2015

[450] Renumerado apartado 2 por art. único apartado 111 de Ley Orgánica 1/2015 de 30 de marzo de 2015 como apartado 3, con vigencia desde 01/07/2015

[451] Véanse arts. 43, 48 y 50 CPM y arts. 456, 458 y ss, 490.3, 491.1 y 504 de la presente Ley

206. [452] Las calumnias serán castigadas con las penas de prisión de seis meses a dos años o multa de doce a 24 meses, si se propagaran con publicidad y, en otro caso, con multa de seis a 12 meses [453].

207. El acusado por delito de calumnia quedará exento de toda pena probando el hecho criminal que hubiere imputado [454].

CAPÍTULO II
De la injuria

208. Es injuria la acción o expresión que lesionan la dignidad de otra persona, menoscabando su fama o atentando contra su propia estimación [455].

Solamente serán constitutivas de delito las injurias que, por su naturaleza, efectos y circunstancias, sean tenidas en el concepto público por graves, sin perjuicio de lo dispuesto en el apartado 4 del art. 173 [456]. [457]

Las injurias que consistan en la imputación de hechos no se considerarán graves, salvo cuando se hayan llevado a cabo con conocimiento de su falsedad o temerario desprecio hacia la verdad.

209. Las injurias graves hechas con publicidad se castigarán con la pena de multa de seis a catorce meses y, en otro caso, con la de tres a siete meses [458].

---

[452] Dada nueva redacción por art. único apartado 71 de Ley Orgánica 15/2003 de 25 de noviembre de 2003, con vigencia desde 01/10/2004

[453] Véanse arts. 30 y 211 y ss de la presente Ley

[454] Véase art. 504 de la presente Ley

[455] Véanse arts. 10.1 CE; arts. 37, 43, 48 y 50 CPM y arts. 131.1, 490.3, 491.1, 496, 504, 505, 510.2, 612.3 y 620.2 de la presente Ley

[456] Véase art. 853.2 CC

[457] Dada nueva redacción párrafo 2 por art. único apartado 112 de Ley Orgánica 1/2015 de 30 de marzo de 2015, con vigencia desde 01/07/2015

[458] Véanse art. 104 LECrim y arts. 30 y 211 y ss de la presente Ley

210. [459] El acusado de injuria quedará exento de responsabilidad probando la verdad de las imputaciones cuando estas se dirijan contra funcionarios públicos sobre hechos concernientes al ejercicio de sus cargos o referidos a la comisión de infracciones administrativas [460].

CAPÍTULO III
Disposiciones generales

211. La calumnia y la injuria se reputarán hechas con publicidad cuando se propaguen por medio de la imprenta, la radiodifusión o por cualquier otro medio de eficacia semejante.

212. En los casos a los que se refiere el artículo anterior, será responsable civil solidaria la persona física o jurídica propietaria del medio informativo a través del cual se haya propagado la calumnia o injuria [461].

213. Si la calumnia o injuria fueren cometidas mediante precio, recompensa o promesa, los Tribunales impondrán, además de las penas señaladas para los delitos de que se trate, la de inhabilitación especial prevista en los arts. 42 ó 45 del presente Código, por tiempo de seis meses a dos años [462].

214. Si el acusado de calumnia o injuria reconociere ante la autoridad judicial la falsedad o falta de certeza de las imputaciones y se retractare de ellas, el Juez o Tribunal impondrá la pena inmediatamente inferior en grado y podrá dejar de imponer la pena de inhabilitación que establece el artículo anterior.

---

[459] Dada nueva redacción por art. único apartado 113 de Ley Orgánica 1/2015 de 30 de marzo de 2015, con vigencia desde 01/07/2015

[460] Véanse arts. 504.2 y 505.2 de la presente Ley

[461] Véase art. 120.2 de la presente Ley

[462] Véanse arts. 22.3 y 67 de la presente Ley

El Juez o Tribunal ante quien se produjera el reconocimiento ordenará que se entregue testimonio de retractación al ofendido y, si éste lo solicita, ordenará su publicación en el mismo medio en que se vertió la calumnia o injuria, en espacio idéntico o similar a aquél en que se produjo su difusión y dentro del plazo que señale el Juez o Tribunal sentenciador [463].

215. 1. Nadie será penado por calumnia o injuria sino en virtud de querella de la persona ofendida por el delito o de su representante legal. Se procederá de oficio cuando la ofensa se dirija contra funcionario público, autoridad o agente de la misma sobre hechos concernientes al ejercicio de sus cargos [464]. [465]

2. Nadie podrá deducir acción de calumnia o injuria vertidas en juicio sin previa licencia del Juez o Tribunal que de él conociere o hubiere conocido [466].

3. El perdón de la persona ofendida extingue la acción penal, sin perjuicio de lo dispuesto en el artículo 130.1.5.º, párrafo segundo de este Código [467]. [468]

216. En los delitos de calumnia o injuria se considera que la reparación del daño comprende también la publicación o divulgación de la sentencia condenatoria, a costa del condenado por tales delitos, en el tiempo y forma que el Juez o Tribunal consideren más adecuado a tal fin, oídas las dos partes [469].

---

[463] Véase LO 2/1984, de 26 de marzo, reguladora del Derecho de Rectificación

[464] Véanse arts. 265 y ss LECrim

[465] Dada nueva redacción apartado 1 por art. único apartado 72 de Ley Orgánica 15/2003 de 25 de noviembre de 2003, con vigencia desde 01/10/2004

[466] Véanse arts. 104, 279 y 805 LECrim

[467] Véase art. 106 LECrim

[468] Dada nueva redacción apartado 3 por disposición final 6 apartado 27 de Ley Orgánica 8/2021 de 4 de junio de 2021, con vigencia desde 25/06/2021

[469] Véase art. 112 de la presente Ley

TÍTULO XII
Delitos contra las relaciones familiares

CAPÍTULO PRIMERO
De los matrimonios ilegales

217. El que contrajere segundo o ulterior matrimonio, a sabiendas de que subsiste legalmente el anterior, será castigado con la pena de prisión de seis meses a un año [470].

218. 1. El que, para perjudicar al otro contrayente, celebrare matrimonio inválido será castigado con la pena de prisión de seis meses a dos años [471].

2. El responsable quedará exento de pena si el matrimonio fuese posteriormente convalidado.

219. 1. El que autorizare matrimonio en el que concurra alguna causa de nulidad conocida o denunciada en el expediente, será castigado con la pena de prisión de seis meses a dos años e inhabilitación especial para empleo o cargo público de dos a seis años.

2. Si la causa de nulidad fuere dispensable, la pena será de suspensión de empleo o cargo público de seis meses a dos años [472].

---

[470] Véanse art. 32 CE; art. 103 LECrim y arts. 46.2, 73.2 y 316 CC
[471] Véanse arts. 44 y ss, y 73 y ss CC
[472] Véanse art. 32 CE; art. 103 LECrim y arts. 46.2, 73.2, 85 y 316 CC

CAPÍTULO II
De la suposición de parto y de la alteración de la paternidad, estado o condición del menor

220. 1. La suposición de un parto será castigada con las penas de prisión de seis meses a dos años [473].

2. La misma pena se impondrá a quien ocultare o entregare a terceros una persona menor de dieciocho años para alterar o modificar su filiación [474]. [475]

3. La sustitución de un niño por otro será castigada con las penas de prisión de uno a cinco años.

4. Los ascendientes, por naturaleza o por adopción, que cometieran los hechos descritos en los tres apartados anteriores podrán ser castigados además con la pena de inhabilitación especial para el ejercicio del derecho de patria potestad que tuvieren sobre el hijo o descendiente supuesto, ocultado, entregado o sustituido, y, en su caso, sobre el resto de hijos o descendientes por tiempo de cuatro a diez años.

5. Las sustituciones de un niño por otro que se produjeren en centros sanitarios o socio-sanitarios por imprudencia grave de los responsables de su identificación y custodia, serán castigadas con la pena de prisión de seis meses a un año.

221. 1. Los que, mediando compensación económica, entreguen a otra persona un hijo, descendiente o cualquier menor aunque no concurra relación de filiación o parentesco, eludiendo los procedimientos legales de la guarda, acogimiento o adopción, con la finalidad de establecer una relación análoga a la de filiación, serán castigados con las penas de prisión de uno a cinco años y de inhabilitación especial

---

[473] Véanse arts. 959 a 967 CC

[474] Véanse art. 39.2 CE; arts. 756.1, 852 y 854CC; Ley 40/1999, de 5 de noviembre, sobre nombre y apellidos y orden de los mismos y arts. 226, 229 y 231 de la presente Ley

[475] Dada nueva redacción apartado 2 por disposición final 6 apartado 28 de Ley Orgánica 8/2021 de 4 de junio de 2021, con vigencia desde 25/06/2021

para el ejercicio del derecho de la patria potestad, tutela, curatela o guarda por tiempo de cuatro a 10 años [476]. [477]

2. Con la misma pena serán castigados la persona que lo reciba y el intermediario, aunque la entrega del menor se hubiese efectuado en país extranjero.

3. Si los hechos se cometieren utilizando guarderías, colegios u otros locales o establecimientos donde se recojan niños, se impondrá a los culpables la pena de inhabilitación especial para el ejercicio de las referidas actividades por tiempo de dos a seis años y se podrá acordar la clausura temporal o definitiva de los establecimientos. En la clausura temporal, el plazo no podrá exceder de cinco años.

222. El educador, facultativo, autoridad o funcionario público que, en el ejercicio de su profesión o cargo, realice las conductas descritas en los dos artículos anteriores, incurrirá en la pena en ellos señalada y, además, en la de inhabilitación especial para empleo o cargo público, profesión u oficio, de dos a seis años.

A los efectos de este artículo, el término facultativo comprende los médicos, matronas, personal de enfermería y cualquier otra persona que realice una actividad sanitaria o socio-sanitaria.

---

[476] Véanse arts. 108 y ss, y 177 y ss CC y arts. 226 y 231 de la presente Ley

[477] Dada nueva redacción apartado 1 por art. único apartado 73 de Ley Orgánica 15/2003 de 25 de noviembre de 2003, con vigencia desde 01/10/2004

CAPÍTULO III
De los delitos contra los derechos y deberes familiares

SECCIÓN PRIMERA
Del quebrantamiento de los deberes de custodia y de la inducción de menores al abandono de domicilio [478]

223. [479] El que, teniendo a su cargo la custodia de un menor de edad o una persona con discapacidad necesitada de especial protección, no lo presentare a sus padres o guardadores sin justificación para ello, cuando fuere requerido por ellos, será castigado con la pena de prisión de seis meses a dos años, sin perjuicio de que los hechos constituyan otro delito más grave [480].

224. El que indujere a un menor de edad o a una persona con discapacidad necesitada de especial protección a que abandone el domicilio familiar, o lugar donde resida con anuencia de sus padres, tutores o guardadores, será castigado con la pena de prisión de seis meses a dos años. [481]

En la misma pena incurrirá el progenitor que induzca a su hijo menor a infringir el régimen de custodia establecido por la autoridad judicial o administrativa [482]. [483]

---

[478] Véanse art. 39.2 CE y arts. 231 y 622 de la presente Ley

[479] Dada nueva redacción por art. único apartado 258 punto 1 de Ley Orgánica 1/2015 de 30 de marzo de 2015, con vigencia desde 01/07/2015

[480] Véase LO 1/1996, de 15 de enero, de Protección Jurídica del Menor, de modificación parcial del Código Civil y de la Ley de Enjuiciamiento Civil

[481] Dada nueva redacción párrafo 1 por art. único apartado 258 punto 1 de Ley Orgánica 1/2015 de 30 de marzo de 2015, con vigencia desde 01/07/2015

[482] Véase LO 1/1996, de 15 de enero, de Protección Jurídica del Menor, de modificación parcial del Código Civil y de la Ley de Enjuiciamiento Civil

[483] Añadido párrafo 2 por art. 3 de Ley Orgánica 9/2002 de 10 de diciembre de 2002, con vigencia desde 12/12/2002

225. [484] Cuando el responsable de los delitos previstos en los dos artículos anteriores restituya al menor de edad o a la persona con discapacidad necesitada de especial protección a su domicilio o residencia, o lo deposite en lugar conocido y seguro, sin haberle hecho objeto de vejaciones, sevicias o acto delictivo alguno, ni haber puesto en peligro su vida, salud, integridad física o libertad sexual, el hecho será castigado con la pena de prisión de tres meses a un año o multa de seis a 24 meses, siempre y cuando el lugar de estancia del menor de edad o la persona con discapacidad necesitada de especial protección haya sido comunicado a sus padres, tutores o guardadores, o la ausencia no hubiera sido superior a 24 horas.

SECCIÓN SEGUNDA
De la sustracción de menores [485]

225 bis. [486] 1. El progenitor que sin causa justificada para ello sustrajere a su hijo menor será castigado con la pena de prisión de dos a cuatro años e inhabilitación especial para el ejercicio del derecho de patria potestad por tiempo de cuatro a diez años.

2. A los efectos de este artículo, se considera sustracción:

1º) El traslado de una persona menor de edad de su lugar de residencia habitual sin consentimiento del otro progenitor o de las personas o instituciones a las cuales estuviese confiada su guarda o custodia.

2º) La retención de una persona menor de edad incumpliendo gravemente el deber establecido por resolución judicial o administrativa. [487]

---

[484] Dada nueva redacción por art. único apartado 258 punto 1 de Ley Orgánica 1/2015 de 30 de marzo de 2015, con vigencia desde 01/07/2015

[485] Añadida por art. 1 apartado 1 de Ley Orgánica 9/2002 de 10 de diciembre de 2002, con vigencia desde 12/12/2002

[486] Añadido por art. 2 de Ley Orgánica 9/2002 de 10 de diciembre de 2002, con vigencia desde 12/12/2002

[487] Dada nueva redacción apartado 2 por disposición final 6 apartado 29 de Ley Orgánica 8/2021 de 4 de junio de 2021, con vigencia desde 25/06/2021

3. Cuando el menor sea trasladado fuera de España o fuese exigida alguna condición para su restitución la pena señalada en el apartado 1 se impondrá en su mitad superior.

4. Cuando el sustractor haya comunicado el lugar de estancia al otro progenitor o a quien corresponda legalmente su cuidado dentro de las veinticuatro horas siguientes a la sustracción con el compromiso de devolución inmediata que efectivamente lleve a cabo, o la ausencia no hubiere sido superior a dicho plazo de veinticuatro horas, quedará exento de pena.

Si la restitución la hiciere, sin la comunicación a que se refiere el párrafo anterior, dentro de los quince días siguientes a la sustracción, le será impuesta la pena de prisión de seis meses a dos años.

Estos plazos se computarán desde la fecha de la denuncia de la sustracción.

5. Las penas señaladas en este artículo se impondrán igualmente a los ascendientes del menor y a los parientes del progenitor hasta el segundo grado de consanguinidad o afinidad que incurran en las conductas anteriormente descritas [488].

SECCIÓN TERCERA
Del abandono de familia, menores o personas con discapacidad necesitadas de especial protección [489]

226. 1. El que dejare de cumplir los deberes legales de asistencia inherentes a la patria potestad, tutela, guarda o acogimiento familiar o de prestar la asistencia necesaria legalmente establecida para el sustento de sus descendientes, ascendientes o cónyuge, que se hallen necesitados, será castigado con la pena de prisión de tres a seis meses o multa de seis a 12 meses. [490]

2. El Juez o Tribunal podrá imponer, motivadamente, al reo la pena de inhabilitación especial para el ejercicio del derecho de patria

---

[488] Véanse arts. 103 y 158 CC

[489] Dada nueva redacción por art. único apartado 114 de Ley Orgánica 1/2015 de 30 de marzo de 2015, con vigencia desde 01/07/2015

[490] Dada nueva redacción apartado 1 por art. único apartado 75 de Ley Orgánica 15/2003 de 25 de noviembre de 2003, con vigencia desde 01/10/2004

potestad, tutela, guarda o acogimiento familiar por tiempo de cuatro a diez años [491].

227. 1. El que dejare de pagar durante dos meses consecutivos o cuatro meses no consecutivos cualquier tipo de prestación económica en favor de su cónyuge o sus hijos, establecida en convenio judicialmente aprobado o resolución judicial en los supuestos de separación legal, divorcio, declaración de nulidad del matrimonio, proceso de filiación, o proceso de alimentos a favor de sus hijos, será castigado con la pena de prisión de tres meses a un año o multa de seis a 24 meses [492]. [493]

2. Con la misma pena será castigado el que dejare de pagar cualquier otra prestación económica establecida de forma conjunta o única en los supuestos previstos en el apartado anterior.

3. La reparación del daño procedente del delito comportará siempre el pago de las cuantías adeudadas [494].

228. [495] Los delitos previstos en los dos artículos anteriores, sólo se perseguirán previa denuncia de la persona agraviada o de su representante legal. Cuando aquélla sea menor de edad, persona con discapacidad necesitada de especial protección o una persona desvalida, también podrá denunciar el Ministerio Fiscal [496].

229. [497] 1. El abandono de un menor de edad o una persona con discapacidad necesitada de especial protección por parte de la persona encargada de su guarda, será castigado con la pena de prisión de uno a dos años.

---

[491] Véanse art. 39.3 CE y arts. 66 a 71, 142, 149, 154 y 269 CC

[492] Véanse arts. 90 y ss y 142 y ss CC

[493] Dada nueva redacción apartado 1 por art. único apartado 76 de Ley Orgánica 15/2003 de 25 de noviembre de 2003, con vigencia desde 01/10/2004

[494] Véase art. 112 de la presente Ley

[495] Dada nueva redacción por art. único apartado 258 punto 1 de Ley Orgánica 1/2015 de 30 de marzo de 2015, con vigencia desde 01/07/2015

[496] Véase art. 86 de la presente Ley

[497] Dada nueva redacción por art. único apartado 258 punto 1 de Ley Orgánica 1/2015 de 30 de marzo de 2015, con vigencia desde 01/07/2015

2. Si el abandono fuere realizado por los padres, tutores o guardadores legales, se impondrá la pena de prisión de dieciocho meses a tres años.

3. Se impondrá la pena de prisión de dos a cuatro años cuando por las circunstancias del abandono se haya puesto en concreto peligro la vida, salud, integridad física o libertad sexual del menor de edad o de la persona con discapacidad necesitada de especial protección, sin perjuicio de castigar el hecho como corresponda si constituyera otro delito más grave [498].

230. [499] El abandono temporal de un menor de edad o de una persona con discapacidad necesitada de especial protección será castigado, en sus respectivos casos, con las penas inferiores en grado a las previstas en el artículo anterior [500].

231. [501] 1. El que, teniendo a su cargo la crianza o educación de un menor de edad o de una persona con discapacidad necesitada de especial protección, lo entregare a un tercero o a un establecimiento público sin la anuencia de quien se lo hubiere confiado, o de la autoridad, en su defecto, será castigado con la pena de multa de seis a doce meses [502].

2. Si con la entrega se hubiere puesto en concreto peligro la vida, salud, integridad física o libertad sexual del menor de edad o de la persona con discapacidad necesitada de especial protección se impondrá la pena de prisión de seis meses a dos años.

---

[498] Véanse arts. 756.1, 852 y 854 CC y art. 25 de la presente Ley

[499] Dada nueva redacción por art. único apartado 258 punto 1 de Ley Orgánica 1/2015 de 30 de marzo de 2015, con vigencia desde 01/07/2015

[500] Véase art. 25 de la presente Ley

[501] Dada nueva redacción por art. único apartado 258 punto 1 de Ley Orgánica 1/2015 de 30 de marzo de 2015, con vigencia desde 01/07/2015

[502] Véanse arts. 221 y 622 de la presente Ley

232. [503] 1. Los que utilizaren o prestaren a menores de edad o personas con discapacidad necesitadas de especial protección para la práctica de la mendicidad, incluso si ésta es encubierta, serán castigados con la pena de prisión de seis meses a un año.

2. Si para los fines del apartado anterior se traficare con menores de edad o personas con discapacidad necesitadas de especial protección, se empleare con ellos violencia o intimidación, o se les suministrare sustancias perjudiciales para su salud, se impondrá la pena de prisión de uno a cuatro años.

233. 1. El Juez o Tribunal, si lo estima oportuno en atención a las circunstancias del menor, podrá imponer a los responsables de los delitos previstos en los arts. 229 al 232 la pena de inhabilitación especial para el ejercicio de la patria potestad o de los derechos de guarda, tutela, curatela o acogimiento familiar por tiempo de cuatro a diez años [504].

2. Si el culpable ostentare la guarda del menor por su condición de funcionario público, se le impondrá además la pena de inhabilitación especial para empleo o cargo público por tiempo de dos a seis años.

3. En todo caso, el Ministerio Fiscal instará de la autoridad competente las medidas pertinentes para la debida custodia y protección del menor.

---

[503] Dada nueva redacción por art. único apartado 258 punto 1 de Ley Orgánica 1/2015 de 30 de marzo de 2015, con vigencia desde 01/07/2015

[504] Véanse arts. 170 y 247 CC

TÍTULO XIII
Delitos contra el patrimonio y contra el orden socioeconómico [505]

CAPÍTULO PRIMERO
De los hurtos [506]

234. [507] 1. El que, con ánimo de lucro, tomare las cosas muebles ajenas sin la voluntad de su dueño será castigado, como reo de hurto, con la pena de prisión de seis a dieciocho meses si la cuantía de lo sustraído excediese de 400 euros.

2. Se impondrá una pena de multa de uno a tres meses si la cuantía de lo sustraído no excediese de 400 euros, salvo si concurriese alguna de las circunstancias del artículo 235. No obstante, en el caso de que el culpable hubiera sido condenado ejecutoriamente al menos por tres delitos comprendidos en este Título, aunque sean de carácter leve, siempre que sean de la misma naturaleza y que el montante acumulado de las infracciones sea superior a 400 €, se impondrá la pena del apartado 1 de este artículo.

No se tendrán en cuenta antecedentes cancelados o que debieran serlo. [508]

3. Las penas establecidas en los apartados anteriores se impondrán en su mitad superior cuando en la comisión del hecho se hubieran neutralizado, eliminado o inutilizado, por cualquier medio, los dispositivos de alarma o seguridad instalados en las cosas sustraídas.

---

[505] Véanse art. 33 CE; arts. 282 bis y 544 bis LECrim; art. 72.5 LOGP; arts. 547 a 566 CCom; arts. 84 a 87 y 154 a 156 Ley 19/1985, de 16 de julio, Cambiaria y del Cheque

[506] Véanse art. 82 CPM y art. 623.1 de la presente Ley

[507] Dada nueva redacción por art. único apartado 115 de Ley Orgánica 1/2015 de 30 de marzo de 2015, con vigencia desde 01/07/2015

[508] Dada nueva redacción apartado 2 por disposición final 6 de Ley Orgánica 9/2022 de 28 de julio de 2022, con vigencia desde 29/08/2022

235. [509] 1. El hurto será castigado con la pena de prisión de uno a tres años:

1º Cuando se sustraigan cosas de valor artístico, histórico, cultural o científico [510].

2º Cuando se trate de cosas de primera necesidad y se cause una situación de desabastecimiento [511].

3º Cuando se trate de conducciones, cableado, equipos o componentes de infraestructuras de suministro eléctrico, de hidrocarburos o de los servicios de telecomunicaciones, o de otras cosas destinadas a la prestación de servicios de interés general, y se cause un quebranto grave a los mismos.

4º Cuando se trate de productos agrarios o ganaderos, o de los instrumentos o medios que se utilizan para su obtención, siempre que el delito se cometa en explotaciones agrícolas o ganaderas y se cause un perjuicio grave a las mismas.

5º Cuando revista especial gravedad, atendiendo al valor de los efectos sustraídos, o se produjeren perjuicios de especial consideración.

6º Cuando ponga a la víctima o a su familia en grave situación económica o se haya realizado abusando de sus circunstancias personales o de su situación de desamparo, o aprovechando la producción de un accidente o la existencia de un riesgo o peligro general para la comunidad que haya debilitado la defensa del ofendido o facilitado la comisión impune del delito [512].

7º Cuando al delinquir el culpable hubiera sido condenado ejecutoriamente al menos por tres delitos comprendidos en este Título, siempre que sean de la misma naturaleza. No se tendrán en cuenta antecedentes cancelados o que debieran serlo.

8º Cuando se utilice a menores de dieciséis años para la comisión del delito.

9º Cuando el culpable o culpables participen en los hechos como miembros de una organización o grupo criminal que se dedicare a la comisión de delitos comprendidos en este Título, siempre que sean de la misma naturaleza.

---

[509] Dada nueva redacción por art. único apartado 116 de Ley Orgánica 1/2015 de 30 de marzo de 2015, con vigencia desde 01/07/2015

[510] Véanse art. 46 CE

[511] Véanse arts. 250.1, 281 y 432.2 de la presente Ley

[512] Véase arts. 67, 250.1 y 264.1 de la presente Ley

2. La pena señalada en el apartado anterior se impondrá en su mitad superior cuando concurrieran dos o más de las circunstancias previstas en el mismo.

236. [513] 1. Será castigado con multa de tres a doce meses el que, siendo dueño de una cosa mueble o actuando con el consentimiento de éste, la sustrajere de quien la tenga legítimamente en su poder, con perjuicio del mismo o de un tercero.

2. Si el valor de la cosa sustraída no excediera de 400 euros, se impondrá la pena de multa de uno a tres meses [514].

CAPÍTULO II
De los robos [515]

237. [516] Son reos del delito de robo los que, con ánimo de lucro, se apoderaren de las cosas muebles ajenas empleando fuerza en las cosas para acceder o abandonar el lugar donde éstas se encuentran o violencia o intimidación en las personas, sea al cometer el delito, para proteger la huida, o sobre los que acudiesen en auxilio de la víctima o que le persiguieren [517].

238. Son reos del delito de robo con fuerza en las cosas los que ejecuten el hecho cuando concurra alguna de las circunstancias siguientes [518]:

1°) Escalamiento.

---

[513] Dada nueva redacción por art. único apartado 117 de Ley Orgánica 1/2015 de 30 de marzo de 2015, con vigencia desde 01/07/2015

[514] Véanse arts. 455 y 623.2 de la presente Ley

[515] Véanse arts. 282 bis y 795 LECrim

[516] Dada nueva redacción por art. único apartado 118 de Ley Orgánica 1/2015 de 30 de marzo de 2015, con vigencia desde 01/07/2015

[517] Véanse arts. 245, 455 y 623.3 de la presente Ley

[518] Véase art. 328 LECrim y art. 239 de la presente Ley

2°) Rompimiento de pared, techo o suelo, o fractura de puerta o ventana [519].

3°) Fractura de armarios, arcas u otra clase de muebles u objetos cerrados o sellados, o forzamiento de sus cerraduras o descubrimiento de sus claves para sustraer su contenido, sea en el lugar del robo o fuera del mismo.

4°) Uso de llaves falsas [520].

5°) Inutilización de sistemas específicos de alarma o guarda.

239. [521] Se considerarán llaves falsas [522]:

1. Las ganzúas u otros instrumentos análogos.

2. Las llaves legítimas perdidas por el propietario u obtenidas por un medio que constituya infracción penal.

3. Cualesquiera otras que no sean las destinadas por el propietario para abrir la cerradura violentada por el reo.

A los efectos del presente artículo, se consideran llaves las tarjetas, magnéticas o perforadas, los mandos o instrumentos de apertura a distancia y cualquier otro instrumento tecnológico de eficacia similar.

240. [523] 1. El culpable de robo con fuerza en las cosas será castigado con la pena de prisión de uno a tres años.

2. Se impondrá la pena de prisión de dos a cinco años cuando concurra alguna de las circunstancias previstas en el art. 235 [524].

---

[519] Véase art. 263 de la presente Ley

[520] Véase art. 239 de la presente Ley

[521] Dada nueva redacción por art. único apartado 58 de Ley Orgánica 5/2010 de 22 de junio de 2010, con vigencia desde 23/12/2010

[522] Véase art. 238.4 de la presente Ley

[523] Dada nueva redacción por art. único apartado 119 de Ley Orgánica 1/2015 de 30 de marzo de 2015, con vigencia desde 01/07/2015

[524] Véase art. 57 de la presente Ley

241. [525] 1. El robo cometido en casa habitada, edificio o local abiertos al público, o en cualquiera de sus dependencias, se castigará con una pena de prisión de dos a cinco años.

Si los hechos se hubieran cometido en un establecimiento abierto al público, o en cualquiera de sus dependencias, fuera de las horas de apertura, se impondrá una pena de prisión de uno a cinco años.

2. Se considera casa habitada todo albergue que constituya morada de una o más personas, aunque accidentalmente se encuentren ausentes de ella cuando el robo tenga lugar.

3. Se consideran dependencias de casa habitada o de edificio o local abiertos al público, sus patios, garajes y demás departamentos o sitios cercados y contiguos al edificio y en comunicación interior con él, y con el cual formen una unidad física.

4. Se impondrá una pena de dos a seis años de prisión cuando los hechos a que se refieren los apartados anteriores revistan especial gravedad, atendiendo a la forma de comisión del delito o a los perjuicios ocasionados y, en todo caso, cuando concurra alguna de las circunstancias expresadas en el art. 235 [526].

242. [527] 1. El culpable de robo con violencia o intimidación en las personas será castigado con la pena de prisión de dos a cinco años, sin perjuicio de la que pudiera corresponder a los actos de violencia física que realizase [528].

2. Cuando el robo se cometa en casa habitada, edificio o local abiertos al público o en cualquiera de sus dependencias, se impondrá la pena de prisión de tres años y seis meses a cinco años. [529]

3. Las penas señaladas en los apartados anteriores se impondrán en su mitad superior cuando el delincuente hiciere uso de armas u otros medios igualmente peligrosos, sea al cometer el delito o para proteger

---

[525] Dada nueva redacción por art. único apartado 120 de Ley Orgánica 1/2015 de 30 de marzo de 2015, con vigencia desde 01/07/2015

[526] Véanse arts. 20.4, 67 y 202 de la presente Ley

[527] Dada nueva redacción por art. único apartado 59 de Ley Orgánica 5/2010 de 22 de junio de 2010, con vigencia desde 23/12/2010

[528] Véase art. 57 de la presente Ley

[529] Dada nueva redacción apartado 2 por art. único apartado 121 de Ley Orgánica 1/2015 de 30 de marzo de 2015, con vigencia desde 01/07/2015

la huida, y cuando atacare a los que acudiesen en auxilio de la víctima o a los que le persiguieren [530].

4. En atención a la menor entidad de la violencia o intimidación ejercidas y valorando además las restantes circunstancias del hecho, podrá imponerse la pena inferior en grado a la prevista en los apartados anteriores.

CAPÍTULO III
De la extorsión

243. El que, con ánimo de lucro, obligare a otro, con violencia o intimidación, a realizar u omitir un acto o negocio jurídico en perjuicio de su patrimonio o del de un tercero, será castigado con la pena de prisión de uno a cinco años, sin perjuicio de las que pudieran imponerse por los actos de violencia física realizados [531].

CAPÍTULO IV
Del robo y hurto de uso de vehículos

244. [532]

1. El que sustrajere o utilizare sin la debida autorización un vehículo a motor o ciclomotor ajenos, sin ánimo de apropiárselo, será castigado con la pena de trabajos en beneficio de la comunidad de treinta y uno a noventa días o multa de dos a doce meses, si lo restituyera, directa o indirectamente, en un plazo no superior a cuarenta y ocho horas, sin que, en ningún caso, la pena impuesta pueda ser igual o superior a la que correspondería si se apropiare definitivamente del vehículo. [533]

---

[530] Véanse arts. 563 y 564 de la presente Ley
[531] Véanse art. 317 LEC; art. 282 bis LECrim y arts. 147 y ss de la presente Ley
[532] Véanse arts.11 y 82 TRLSV; 1, 2, 4 y 8 RSO; y 237 a 242 de la presente Ley
[533] Dada nueva redacción apartado 1 por art. único apartado 122 de Ley Orgánica 1/2015 de 30 de marzo de 2015, con vigencia desde 01/07/2015

2. Si el hecho se ejecutare empleando fuerza en las cosas, la pena se aplicará en su mitad superior [534] .

3. De no efectuarse la restitución en el plazo señalado, se castigará el hecho como hurto o robo en sus respectivos casos.

4. Si el hecho se cometiere con violencia o intimidación en las personas, se impondrán, en todo caso, las penas del art. 242.

CAPÍTULO V
De la usurpación

245. 1. Al que con violencia o intimidación en las personas ocupare una cosa inmueble o usurpare un derecho real inmobiliario de pertenencia ajena, se le impondrá, además de las penas en que incurriere por las violencias ejercidas, la pena de prisión de uno a dos años, que se fijará teniendo en cuenta la utilidad obtenida y el daño causado. [535]

2. El que ocupare, sin autorización debida, un inmueble, vivienda o edificio ajenos que no constituyan morada, o se mantuviere en ellos contra la voluntad de su titular, será castigado con la pena de multa de tres a seis meses [536] .

246. [537] 1. El que alterare términos o lindes de pueblos o heredades o cualquier clase de señales o mojones destinados a fijar los límites de propiedades o demarcaciones de predios contiguos, tanto de dominio público como privado, será castigado con la pena de multa de tres a dieciocho meses.

2. Si la utilidad reportada no excediere de 400 euros, se impondrá la pena de multa de uno a tres meses [538] .

---

[534] Véase art. 282 bis LECrim y arts. 238, 239 y 623.3 de la presente Ley

[535] Dada nueva redacción apartado 1 por art. único apartado 60 de Ley Orgánica 5/2010 de 22 de junio de 2010, con vigencia desde 23/12/2010

[536] Véanse arts. 202 a 204 de la presente Ley

[537] Dada nueva redacción por art. único apartado 123 de Ley Orgánica 1/2015 de 30 de marzo de 2015, con vigencia desde 01/07/2015

[538] Véanse arts. 263 y 624.1 de la presente Ley

247. [539] 1. El que, sin hallarse autorizado, distrajere las aguas de uso público o privativo de su curso, o de su embalse natural o artificial, será castigado con la pena de multa de tres a seis meses.

2. Si la utilidad reportada no excediere de 400 euros, se impondrá la pena de multa de uno a tres meses [540].

CAPÍTULO VI
De las defraudaciones [541]

SECCIÓN PRIMERA
De las estafas [542]

248. [543] Cometen estafa los que, con ánimo de lucro, utilizaren engaño bastante para producir error en otro, induciéndolo a realizar un acto de disposición en perjuicio propio o ajeno.

Los reos de estafa serán castigados con la pena de prisión de seis meses a tres años. Para la fijación de la pena se tendrá en cuenta el importe de lo defraudado, el quebranto económico causado al perjudicado, las relaciones entre este y el defraudador, los medios empleados por este y cuantas otras circunstancias sirvan para valorar la gravedad de la infracción.

Si la cuantía de lo defraudado no excediere de 400 euros, se impondrá la pena de multa de uno a tres meses [544].

---

[539] Dada nueva redacción por art. único apartado 124 de Ley Orgánica 1/2015 de 30 de marzo de 2015, con vigencia desde 01/07/2015

[540] Véanse arts. 255, 326 f), 623.4 y 624.2 de la presente Ley

[541] Véanse arts. 65.1 c) LOPJ y arts. 268 y 623.4 de la presente Ley

[542] Véanse arts. 282 bis LECrim y arts. 430, 438 y 623.4 de la presente Ley

[543] Dada nueva redacción por art. 1 apartado 2 de Ley Orgánica 14/2022 de 22 de diciembre de 2022, con vigencia desde 12/01/2023

[544] Véase art. 74.2 de la presente Ley

249. [545] 1. También se consideran reos de estafa y serán castigados con la pena de prisión de seis meses a tres años:

a) Los que, con ánimo de lucro, obstaculizando o interfiriendo indebidamente en el funcionamiento de un sistema de información o introduciendo, alterando, borrando, transmitiendo o suprimiendo indebidamente datos informáticos o valiéndose de cualquier otra manipulación informática o artificio semejante, consigan una transferencia no consentida de cualquier activo patrimonial en perjuicio de otro.

b) Los que, utilizando de forma fraudulenta tarjetas de crédito o débito, cheques de viaje o cualquier otro instrumento de pago material o inmaterial distinto del efectivo o los datos obrantes en cualquiera de ellos, realicen operaciones de cualquier clase en perjuicio de su titular o de un tercero.

2. Con la misma pena prevista en el apartado anterior serán castigados:

a) Los que fabricaren, importaren, obtuvieren, poseyeren, transportaren, comerciaren o de otro modo facilitaren a terceros dispositivos, instrumentos o datos o programas informáticos, o cualquier otro medio diseñado o adaptado específicamente para la comisión de las estafas previstas en este artículo.

b) Los que, para su utilización fraudulenta, sustraigan, se apropiaren o adquieran de forma ilícita tarjetas de crédito o débito, cheques de viaje o cualquier otro instrumento de pago material o inmaterial distinto del efectivo.

3. Se impondrá la pena en su mitad inferior a los que, para su utilización fraudulenta y sabiendo que fueron obtenidos ilícitamente, posean, adquieran, transfieran, distribuyan o pongan a disposición de terceros tarjetas de crédito o débito, cheques de viaje o cualesquiera otros instrumentos de pago materiales o inmateriales distintos del efectivo.

250. [546] 1. El delito de estafa será castigado con las penas de prisión de uno a seis años y multa de seis a doce meses, cuando:

---

[545] Dada nueva redacción por art. 1 apartado 3 de Ley Orgánica 14/2022 de 22 de diciembre de 2022, con vigencia desde 12/01/2023

[546] Dada nueva redacción por art. único apartado 126 de Ley Orgánica 1/2015 de 30 de marzo de 2015, con vigencia desde 01/07/2015

1º Recaiga sobre cosas de primera necesidad, viviendas u otros bienes de reconocida utilidad social.

2º Se perpetre abusando de firma de otro, o sustrayendo, ocultando o inutilizando, en todo o en parte, algún proceso, expediente, protocolo o documento público u oficial de cualquier clase.

3º Recaiga sobre bienes que integren el patrimonio artístico, histórico, cultural o científico.

4º Revista especial gravedad, atendiendo a la entidad del perjuicio y a la situación económica en que deje a la víctima o a su familia.

5º El valor de la defraudación supere los 50.000 euros, o afecte a un elevado número de personas.

6º Se cometa con abuso de las relaciones personales existentes entre víctima y defraudador, o aproveche éste su credibilidad empresarial o profesional.

7º Se cometa estafa procesal. Incurren en la misma los que, en un procedimiento judicial de cualquier clase, manipularen las pruebas en que pretendieran fundar sus alegaciones o emplearen otro fraude procesal análogo, provocando error en el Juez o Tribunal y llevándole a dictar una resolución que perjudique los intereses económicos de la otra parte o de un tercero.

8º Al delinquir el culpable hubiera sido condenado ejecutoriamente al menos por tres delitos comprendidos en este Capítulo. No se tendrán en cuenta antecedentes cancelados o que debieran serlo.

2. Si concurrieran las circunstancias incluidas en los numerales 4º, 5º, 6º o 7º con la del numeral 1º del apartado anterior, se impondrán las penas de prisión de cuatro a ocho años y multa de doce a veinticuatro meses. La misma pena se impondrá cuando el valor de la defraudación supere los 250.000 euros.

251. Será castigado con la pena de prisión de uno a cuatro años:

1º) Quien, atribuyéndose falsamente sobre una cosa mueble o inmueble facultad de disposición de la que carece, bien por no haberla tenido nunca, bien por haberla ya ejercitado, la enajenare, gravare o arrendare a otro, en perjuicio de éste o de tercero.

2º) El que dispusiere de una cosa mueble o inmueble ocultando la existencia de cualquier carga sobre la misma, o el que, habiéndola enajenado como libre, la gravare o enajenare nuevamente antes de la definitiva transmisión al adquirente, en perjuicio de éste, o de un tercero.

3º) El que otorgare en perjuicio de otro un contrato simulado.

251 bis. [547] Cuando de acuerdo con lo establecido en el art. 31 bis una persona jurídica sea responsable de los delitos comprendidos en esta Sección, se le impondrán las siguientes penas:

a) Multa del triple al quíntuple de la cantidad defraudada, si el delito cometido por la persona física tiene prevista una pena de prisión de más de cinco años.

b) Multa del doble al cuádruple de la cantidad defraudada, en el resto de los casos.

Atendidas las reglas establecidas en el art. 66 bis, los Jueces y Tribunales podrán asimismo imponer las penas recogidas en las letras b) a g) del apartado 7 del art. 33 .

SECCIÓN SEGUNDA
De la administración desleal [548]

252. [549] 1. Serán castigados con las penas del artículo 248 o, en su caso, con las del artículo 250, los que teniendo facultades para administrar un patrimonio ajeno, emanadas de la ley, encomendadas por la autoridad o asumidas mediante un negocio jurídico, las infrinjan excediéndose en el ejercicio de las mismas y, de esa manera, causen un perjuicio al patrimonio administrado. [550]

2. Si la cuantía del perjuicio patrimonial no excediere de 400 euros, se impondrá una pena de multa de uno a tres meses [551] .

---

[547] Añadido por art. único apartado 63 de Ley Orgánica 5/2010 de 22 de junio de 2010, con vigencia desde 23/12/2010

[548] Dada nueva redacción por art. único apartado 127 de Ley Orgánica 1/2015 de 30 de marzo de 2015, con vigencia desde 01/07/2015

[549] Dada nueva redacción por art. único apartado 128 de Ley Orgánica 1/2015 de 30 de marzo de 2015, con vigencia desde 01/07/2015

[550] Dada nueva redacción apartado 1 por art. 1 apartado 4 de Ley Orgánica 14/2022 de 22 de diciembre de 2022, con vigencia desde 12/01/2023

[551] Véase art. 61 LPPNA; arts. 1762 y 1781 a 1783 CC y arts. 268, 269, 295 y 438 de la presente Ley

SECCIÓN SEGUNDA BIS
De la apropiación indebida [552]

253. [553] 1. Serán castigados con las penas del artículo 248 o, en su caso, del artículo 250, salvo que ya estuvieran castigados con una pena más grave en otro precepto de este Código, los que, en perjuicio de otro, se apropiaren para sí o para un tercero, de dinero, efectos, valores o cualquier otra cosa mueble, que hubieran recibido en depósito, comisión, o custodia, o que les hubieran sido confiados en virtud de cualquier otro título que produzca la obligación de entregarlos o devolverlos, o negaren haberlos recibido. [554]

2. Si la cuantía de lo apropiado no excediere de 400 euros, se impondrá una pena de multa de uno a tres meses [555].

254. [556] 1. Quien, fuera de los supuestos del artículo anterior, se apropiare de una cosa mueble ajena, será castigado con una pena de multa de tres a seis meses. Si se tratara de cosas de valor artístico, histórico, cultural o científico, la pena será de prisión de seis meses a dos años.

2. Si la cuantía de lo apropiado no excediere de 400 euros, se impondrá una pena de multa de uno a dos meses [557].

---

[552] Añadida por art. único apartado 129 de Ley Orgánica 1/2015 de 30 de marzo de 2015, con vigencia desde 01/07/2015

[553] Dada nueva redacción por art. único apartado 130 de Ley Orgánica 1/2015 de 30 de marzo de 2015, con vigencia desde 01/07/2015

[554] Dada nueva redacción apartado 1 por art. 1 apartado 5 de Ley Orgánica 14/2022 de 22 de diciembre de 2022, con vigencia desde 12/01/2023

[555] Véase art. 438 de la presente Ley

[556] Dada nueva redacción por art. único apartado 131 de Ley Orgánica 1/2015 de 30 de marzo de 2015, con vigencia desde 01/07/2015

[557] Véanse arts. 1895 y ss CC; art. 438 de la presente Ley

SECCIÓN TERCERA
De las defraudaciones de fluido eléctrico y análogas

255. [558] 1. Será castigado con la pena de multa de tres a doce meses el que cometiere defraudación utilizando energía eléctrica, gas, agua, telecomunicaciones u otro elemento, energía o fluido ajenos, por alguno de los medios siguientes [559]:

1º Valiéndose de mecanismos instalados para realizar la defraudación.

2º Alterando maliciosamente las indicaciones o aparatos contadores.

3º Empleando cualesquiera otros medios clandestinos.

2. Si la cuantía de lo defraudado no excediere de 400 euros, se impondrá una pena de multa de uno a tres meses.

256. [560] 1. El que hiciere uso de cualquier equipo terminal de telecomunicación, sin consentimiento de su titular, y causando a éste un perjuicio económico, será castigado con la pena de multa de tres a doce meses.

2. Si la cuantía del perjuicio causado no excediere de 400 euros, se impondrá una pena de multa de uno a tres meses.

---

[558] Dada nueva redacción por art. único apartado 132 de Ley Orgánica 1/2015 de 30 de marzo de 2015, con vigencia desde 01/07/2015

[559] Véase Ley 54/1997, de 27 de noviembre, del Sector Eléctrico y art. 247 de la presente Ley

[560] Dada nueva redacción por art. único apartado 133 de Ley Orgánica 1/2015 de 30 de marzo de 2015, con vigencia desde 01/07/2015

CAPÍTULO VII
Frustración de la ejecución [561] [562]

257. [563] 1. Será castigado con las penas de prisión de uno a cuatro años y multa de doce a veinticuatro meses:

1º El que se alce con sus bienes en perjuicio de sus acreedores.

2º Quien con el mismo fin realice cualquier acto de disposición patrimonial o generador de obligaciones que dilate, dificulte o impida la eficacia de un embargo o de un procedimiento ejecutivo o de apremio, judicial, extrajudicial o administrativo, iniciado o de previsible iniciación [564].

2. Con la misma pena será castigado quien realizare actos de disposición, contrajere obligaciones que disminuyan su patrimonio u oculte por cualquier medio elementos de su patrimonio sobre los que la ejecución podría hacerse efectiva, con la finalidad de eludir el pago de responsabilidades civiles derivadas de un delito que hubiere cometido o del que debiera responder.

3. Lo dispuesto en el presente artículo será de aplicación cualquiera que sea la naturaleza u origen de la obligación o deuda cuya satisfacción o pago se intente eludir, incluidos los derechos económicos de los trabajadores, y con independencia de que el acreedor sea un particular o cualquier persona jurídica, pública o privada.

No obstante lo anterior, en el caso de que la deuda u obligación que se trate de eludir sea de Derecho público y la acreedora sea una persona jurídico pública, o se trate de obligaciones pecuniarias derivadas de la comisión de un delito contra la Hacienda Pública o la Seguridad Social, la pena a imponer será de prisión de uno a seis años y multa de doce a veinticuatro meses.

4. Las penas previstas en el presente artículo se impondrán en su mitad superior en los supuestos previstos en los numerales 5º o 6º del apartado 1 del art. 250.

---

[561] Véase Ley 22/2003, de 9 de julio, Concursal

[562] Dada nueva redacción por art. único apartado 134 de Ley Orgánica 1/2015 de 30 de marzo de 2015, con vigencia desde 01/07/2015

[563] Dada nueva redacción por art. único apartado 135 de Ley Orgánica 1/2015 de 30 de marzo de 2015, con vigencia desde 01/07/2015

[564] Véanse arts. 1088 y ss. CC

5. Este delito será perseguido aun cuando tras su comisión se iniciara un procedimiento concursal.

258. [565] 1. Será castigado con una pena de prisión de tres meses a un año o multa de seis a dieciocho meses quien, en un procedimiento de ejecución judicial o administrativo, presente a la autoridad o funcionario encargados de la ejecución una relación de bienes o patrimonio incompleta o mendaz, y con ello dilate, dificulte o impida la satisfacción del acreedor.

La relación de bienes o patrimonio se considerará incompleta cuando el deudor ejecutado utilice o disfrute de bienes de titularidad de terceros y no aporte justificación suficiente del derecho que ampara dicho disfrute y de las condiciones a que está sujeto.

2. La misma pena se impondrá cuando el deudor, requerido para ello, deje de facilitar la relación de bienes o patrimonio a que se refiere el apartado anterior.

3. Los delitos a que se refiere este artículo no serán perseguibles si el autor, antes de que la autoridad o funcionario hubieran descubierto el carácter mendaz o incompleto de la declaración presentada, compareciera ante ellos y presentara una declaración de bienes o patrimonio veraz y completa [566].

258 bis. [567] Serán castigados con una pena de prisión de tres a seis meses o multa de seis a veinticuatro meses, salvo que ya estuvieran castigados con una pena más grave en otro precepto de este Código, quienes hagan uso de bienes embargados por autoridad pública que hubieran sido constituidos en depósito sin estar autorizados para ello.

---

[565] Dada nueva redacción por art. único apartado 136 de Ley Orgánica 1/2015 de 30 de marzo de 2015, con vigencia desde 01/07/2015

[566] Véase art. 1092 CC

[567] Añadido por art. único apartado 137 de Ley Orgánica 1/2015 de 30 de marzo de 2015, con vigencia desde 01/07/2015

258 ter. [568] Cuando de acuerdo con lo establecido en el art. 31 bis una persona jurídica sea responsable de los delitos comprendidos en este Capítulo, se le impondrán las siguientes penas:

a) Multa de dos a cinco años, si el delito cometido por la persona física tiene prevista una pena de prisión de más de cinco años.

b) Multa de uno a tres años, si el delito cometido por la persona física tiene prevista una pena de prisión de más de dos años no incluida en el inciso anterior.

c) Multa de seis meses a dos años, en el resto de los casos.

Atendidas las reglas establecidas en el art. 66 bis, los Jueces y Tribunales podrán asimismo imponer las penas recogidas en las letras b a g del apartado 7 del art. 33 .

CAPÍTULO VII BIS
De las insolvencias punibles [569]

259. [570] 1. Será castigado con una pena de prisión de uno a cuatro años y multa de ocho a veinticuatro meses quien, encontrándose en una situación de insolvencia actual o inminente, realice alguna de las siguientes conductas:

1ª Oculte, cause daños o destruya los bienes o elementos patrimoniales que estén incluidos, o que habrían estado incluidos, en la masa del concurso en el momento de su apertura.

2ª Realice actos de disposición mediante la entrega o transferencia de dinero u otros activos patrimoniales, o mediante la asunción de deudas, que no guarden proporción con la situación patrimonial del deudor, ni con sus ingresos, y que carezcan de justificación económica o empresarial.

3ª Realice operaciones de venta o prestaciones de servicio por precio inferior a su coste de adquisición o producción, y que en las circunstancias del caso carezcan de justificación económica.

---

[568] Añadido por art. único apartado 138 de Ley Orgánica 1/2015 de 30 de marzo de 2015, con vigencia desde 01/07/2015

[569] Añadido por art. único apartado 139 de Ley Orgánica 1/2015 de 30 de marzo de 2015, con vigencia desde 01/07/2015

[570] Dada nueva redacción por art. único apartado 140 de Ley Orgánica 1/2015 de 30 de marzo de 2015, con vigencia desde 01/07/2015

4ª Simule créditos de terceros o proceda al reconocimiento de créditos ficticios.

5ª Participe en negocios especulativos, cuando ello carezca de justificación económica y resulte, en las circunstancias del caso y a la vista de la actividad económica desarrollada, contrario al deber de diligencia en la gestión de asuntos económicos.

6ª Incumpla el deber legal de llevar contabilidad, lleve doble contabilidad, o cometa en su llevanza irregularidades que sean relevantes para la comprensión de su situación patrimonial o financiera. También será punible la destrucción o alteración de los libros contables, cuando de este modo se dificulte o impida de forma relevante la comprensión de su situación patrimonial o financiera.

7ª Oculte, destruya o altere la documentación que el empresario está obligado a conservar antes del transcurso del plazo al que se extiende este deber legal, cuando de este modo se dificulte o imposibilite el examen o valoración de la situación económica real del deudor.

8ª Formule las cuentas anuales o los libros contables de un modo contrario a la normativa reguladora de la contabilidad mercantil, de forma que se dificulte o imposibilite el examen o valoración de la situación económica real del deudor, o incumpla el deber de formular el balance o el inventario dentro de plazo.

9ª Realice cualquier otra conducta activa u omisiva que constituya una infracción grave del deber de diligencia en la gestión de asuntos económicos y a la que sea imputable una disminución del patrimonio del deudor o por medio de la cual se oculte la situación económica real del deudor o su actividad empresarial.

2. La misma pena se impondrá a quien, mediante alguna de las conductas a que se refiere el apartado anterior, cause su situación de insolvencia.

3. Cuando los hechos se hubieran cometido por imprudencia, se impondrá una pena de prisión de seis meses a dos años o multa de doce a veinticuatro meses.

4. Este delito solamente será perseguible cuando el deudor haya dejado de cumplir regularmente sus obligaciones exigibles o haya sido declarado su concurso.

5. Este delito y los delitos singulares relacionados con él, cometidos por el deudor o persona que haya actuado en su nombre, podrán perseguirse sin esperar a la conclusión del concurso y sin perjuicio de

la continuación de este. El importe de la responsabilidad civil derivada de dichos delitos deberá incorporarse, en su caso, a la masa.

6. En ningún caso, la calificación de la insolvencia en el proceso concursal vinculará a la jurisdicción penal [571].

259 bis. [572] Los hechos a que se refiere el artículo anterior serán castigados con una pena de prisión de dos a seis años y multa de ocho a veinticuatro meses, cuando concurra alguna de las siguientes circunstancias:

1ª Cuando se produzca o pueda producirse perjuicio patrimonial en una generalidad de personas o pueda ponerlas en una grave situación económica.

2ª Cuando se causare a alguno de los acreedores un perjuicio económico superior a 600.000 euros.

3ª Cuando al menos la mitad del importe de los créditos concursales tenga como titulares a la Hacienda Pública, sea esta estatal, autonómica, local o foral y a la Seguridad Social.

260. [573] 1. Será castigado con la pena de seis meses a tres años de prisión o multa de ocho a veinticuatro meses, el deudor que, encontrándose en una situación de insolvencia actual o inminente, favorezca a alguno de los acreedores realizando un acto de disposición patrimonial o generador de obligaciones destinado a pagar un crédito no exigible o a facilitarle una garantía a la que no tenía derecho, cuando se trate de una operación que carezca de justificación económica o empresarial [574].

2. Será castigado con la pena de uno a cuatro años de prisión y multa de doce a veinticuatro meses el deudor que, una vez admitida a trámite la solicitud de concurso, sin estar autorizado para ello ni judicialmente ni por los administradores concursales, y fuera de los

---

[571] Véanse arts. 183 y ss Ley 22/2003, de 9 de julio, Concursal y RD 685/2005, de 10 de junio, sobre publicidad de resoluciones concursales

[572] Añadido por art. único apartado 141 de Ley Orgánica 1/2015 de 30 de marzo de 2015, con vigencia desde 01/07/2015

[573] Dada nueva redacción por art. único apartado 142 de Ley Orgánica 1/2015 de 30 de marzo de 2015, con vigencia desde 01/07/2015

[574] Véase art. 244.5 CC y arts. 164 y 165 Ley 22/2003, de 9 de julio, Concursal

casos permitidos por la ley, realice cualquier acto de disposición patrimonial o generador de obligaciones, destinado a pagar a uno o varios acreedores, privilegiados o no, con posposición del resto [575] .

261. [576] El que en procedimiento concursal presentare, a sabiendas, datos falsos relativos al estado contable, con el fin de lograr indebidamente la declaración de aquel, será castigado con la pena de prisión de uno a dos años y multa de seis a 12 meses [577] .

261 bis. [578] Cuando de acuerdo con lo establecido en el art. 31 bis una persona jurídica sea responsable de los delitos comprendidos en este Capítulo, se le impondrán las siguientes penas:

a) Multa de dos a cinco años, si el delito cometido por la persona física tiene prevista una pena de prisión de más de cinco años.

b) Multa de uno a tres años, si el delito cometido por la persona física tiene prevista una pena de prisión de más de dos años no incluida en el inciso anterior.

c) Multa de seis meses a dos años, en el resto de los casos.

Atendidas las reglas establecidas en el art. 66 bis, los Jueces y Tribunales podrán asimismo imponer las penas recogidas en las letras b) a g) del apartado 7 del art. 33 .

---

[575] Véase art. 189 Ley 22/2003, de 9 de julio, Concursal, y arts. 252 y ss, y 390 a 393 de la presente Ley

[576] Dada nueva redacción por art. único apartado 91 de Ley Orgánica 15/2003 de 25 de noviembre de 2003, con vigencia desde 01/09/2004

[577] Véase RD 1514/2007, de 16 de noviembre, por el que se aprueba el Plan General Contable y arts. 290 y 390 a 393 de la presente Ley

[578] Añadido por art. único apartado 65 de Ley Orgánica 5/2010 de 22 de junio de 2010, con vigencia desde 23/12/2010

CAPÍTULO VIII
De la alteración de precios en concursos y subastas públicas

262. [579] 1. Los que solicitaren dádivas o promesas para no tomar parte en un concurso o subasta pública; los que intentaren alejar de ella a los postores por medio de amenazas, dádivas, promesas o cualquier otro artificio; los que se concertaren entre sí con el fin de alterar el precio del remate, o los que fraudulentamente quebraren o abandonaren la subasta habiendo obtenido la adjudicación, serán castigados con la pena de prisión de uno a tres años y multa de 12 a 24 meses, así como inhabilitación especial para licitar en subastas judiciales entre tres y cinco años. Si se tratare de un concurso o subasta convocados por las Administraciones o entes públicos, se impondrá además al agente y a la persona o empresa por él representada la pena de inhabilitación especial que comprenderá, en todo caso, el derecho a contratar con las Administraciones públicas por un período de tres a cinco años [580].

2. El Juez o Tribunal podrá imponer alguna o algunas de las consecuencias previstas en el art. 129 si el culpable perteneciere a alguna sociedad, organización o asociación, incluso de carácter transitorio, que se dedicare a la realización de tales actividades.

3. Quedarán exentos de responsabilidad criminal los directores, administradores de hecho o de Derecho, gerentes y otros miembros del personal actuales y anteriores de cualquier sociedad, constituida o en formación, que en esa condición hayan cometido alguno de los hechos previstos en este artículo, cuando pongan fin a su participación en los mismos y cooperen con las autoridades competentes de manera plena, continua y diligente, aportando informaciones y elementos de prueba de los que estas carecieran, que sean útiles para la investigación, detección y sanción de las demás personas implicadas, siempre que se cumplan las siguientes condiciones:

a) Cooperen activamente en este sentido con la autoridad de la competencia que lleva el caso,

---

[579] Dada nueva redacción por art. único apartado 92 de Ley Orgánica 15/2003 de 25 de noviembre de 2003, con vigencia desde 01/10/2004
[580] Véanse arts. 169 y 284 de la presente Ley

b) estas sociedades o personas físicas hayan presentado una solicitud de exención del pago de la multa de conformidad con lo establecido en la Ley de Defensa de la Competencia,

c) dicha solicitud se haya presentado en un momento anterior a aquel en que los directores, administradores de hecho o de Derecho, gerentes y otros miembros del personal actuales o anteriores de la sociedad, constituida o en formación, hayan sido informados de que están siendo investigados en relación con estos hechos,

d) se trate de una colaboración activa también con la autoridad judicial o el Ministerio Fiscal, proporcionando indicios útiles y concretos para asegurar la prueba del delito e identificar a otros autores. [581]

CAPÍTULO IX
De los daños

263. [582] 1. El que causare daños en propiedad ajena no comprendidos en otros títulos de este Código, será castigado con multa de seis a veinticuatro meses, atendidas la condición económica de la víctima y la cuantía del daño.

Si la cuantía del daño causado no excediere de 400 euros, se impondrá una pena de multa de uno a tres meses [583]. [584]

2. Será castigado con la pena de prisión de uno a tres años y multa de doce a veinticuatro meses el que causare daños expresados en el apartado anterior, si concurriere alguno de los supuestos siguientes:

1º Que se realicen para impedir el libre ejercicio de la autoridad o como consecuencia de acciones ejecutadas en el ejercicio de sus funciones, bien se cometiere el delito contra funcionarios públicos, bien contra particulares que, como testigos o de cualquier otra manera,

---

[581] Añadido apartado 3 por art. 1 apartado 6 de Ley Orgánica 14/2022 de 22 de diciembre de 2022, con vigencia desde 12/01/2023

[582] Dada nueva redacción por art. único apartado 93 de Ley Orgánica 15/2003 de 25 de noviembre de 2003, con vigencia desde 01/10/2004

[583] Véase art. 63 LPPNA y arts. 246, 268, 323, 324, 414, 557, 560 y 610 de la presente Ley

[584] Dada nueva redacción apartado 1 por art. único apartado 143 de Ley Orgánica 1/2015 de 30 de marzo de 2015, con vigencia desde 01/07/2015

hayan contribuido o puedan contribuir a la ejecución o aplicación de las Leyes o disposiciones generales [585] .

2º Que se cause por cualquier medio, infección o contagio de ganado.

3º Que se empleen sustancias venenosas o corrosivas.

4º Que afecten a bienes de dominio o uso público o comunal [586] .

5º Que arruinen al perjudicado o se le coloque en grave situación económica. [587]

6º Se hayan ocasionado daños de especial gravedad o afectado a los intereses generales. [588]

264. [589] 1. El que por cualquier medio, sin autorización y de manera grave borrase, dañase, deteriorase, alterase, suprimiese o hiciese inaccesibles datos informáticos, programas informáticos o documentos electrónicos ajenos, cuando el resultado producido fuera grave, será castigado con la pena de prisión de seis meses a tres años.

2. Se impondrá una pena de prisión de dos a cinco años y multa del tanto al décuplo del perjuicio ocasionado, cuando en las conductas descritas concurra alguna de las siguientes circunstancias:

1ª Se hubiese cometido en el marco de una organización criminal.

2ª Haya ocasionado daños de especial gravedad o afectado a un número elevado de sistemas informáticos.

3ª El hecho hubiera perjudicado gravemente el funcionamiento de servicios públicos esenciales o la provisión de bienes de primera necesidad.

4ª Los hechos hayan afectado al sistema informático de una infraestructura crítica o se hubiera creado una situación de peligro grave para la seguridad del Estado, de la Unión Europea o de un Estado Miembro

---

[585] Véase LO 19/1994, de 23 de diciembre, de protección a testigos y peritos en causas criminales y art. 544 de la presente Ley

[586] Véase Ley 33/2003, de 3 de noviembre, del Patrimonio de las Administraciones Públicas

[587] Añadido apartado 2 por art. único apartado 66 de Ley Orgánica 5/2010 de 22 de junio de 2010, con vigencia desde 23/12/2010

[588] Añadido apartado 2 número 6 por art. único apartado 143 de Ley Orgánica 1/2015 de 30 de marzo de 2015, con vigencia desde 01/07/2015

[589] Dada nueva redacción por art. único apartado 144 de Ley Orgánica 1/2015 de 30 de marzo de 2015, con vigencia desde 01/07/2015

de la Unión Europea. A estos efectos se considerará infraestructura crítica un elemento, sistema o parte de este que sea esencial para el mantenimiento de funciones vitales de la sociedad, la salud, la seguridad, la protección y el bienestar económico y social de la población cuya perturbación o destrucción tendría un impacto significativo al no poder mantener sus funciones.

5ª El delito se haya cometido utilizando alguno de los medios a que se refiere el art. 264 ter.

Si los hechos hubieran resultado de extrema gravedad, podrá imponerse la pena superior en grado.

3. Las penas previstas en los apartados anteriores se impondrán, en sus respectivos casos, en su mitad superior, cuando los hechos se hubieran cometido mediante la utilización ilícita de datos personales de otra persona para facilitarse el acceso al sistema informático o para ganarse la confianza de un tercero.

264 bis. *[590]* 1. Será castigado con la pena de prisión de seis meses a tres años el que, sin estar autorizado y de manera grave, obstaculizara o interrumpiera el funcionamiento de un sistema informático ajeno:

a) realizando alguna de las conductas a que se refiere el artículo anterior;

b) introduciendo o transmitiendo datos; o

c) destruyendo, dañando, inutilizando, eliminando o sustituyendo un sistema informático, telemático o de almacenamiento de información electrónica.

Si los hechos hubieran perjudicado de forma relevante la actividad normal de una empresa, negocio o de una Administración pública, se impondrá la pena en su mitad superior, pudiéndose alcanzar la pena superior en grado.

2. Se impondrá una pena de prisión de tres a ocho años y multa del triplo al décuplo del perjuicio ocasionado, cuando en los hechos a que se refiere el apartado anterior hubiera concurrido alguna de las circunstancias del apartado 2 del artículo anterior.

3. Las penas previstas en los apartados anteriores se impondrán, en sus respectivos casos, en su mitad superior, cuando los hechos se

---

[590] Añadido por art. único apartado 145 de Ley Orgánica 1/2015 de 30 de marzo de 2015, con vigencia desde 01/07/2015

hubieran cometido mediante la utilización ilícita de datos personales de otra persona para facilitarse el acceso al sistema informático o para ganarse la confianza de un tercero.

264 ter. [591] Será castigado con una pena de prisión de seis meses a dos años o multa de tres a dieciocho meses el que, sin estar debidamente autorizado, produzca, adquiera para su uso, importe o, de cualquier modo, facilite a terceros, con la intención de facilitar la comisión de alguno de los delitos a que se refieren los dos artículos anteriores:

a) un programa informático, concebido o adaptado principalmente para cometer alguno de los delitos a que se refieren los dos artículos anteriores; o

b) una contraseña de ordenador, un código de acceso o datos similares que permitan acceder a la totalidad o a una parte de un sistema de información.

264 quater. [592] Cuando de acuerdo con lo establecido en el art. 31 bis una persona jurídica sea responsable de los delitos comprendidos en los tres artículos anteriores, se le impondrán las siguientes penas:

a) Multa de dos a cinco años o del quíntuplo a doce veces el valor del perjuicio causado, si resulta una cantidad superior, cuando se trate de delitos castigados con una pena de prisión de más de tres años.

b) Multa de uno a tres años o del triple a ocho veces el valor del perjuicio causado, si resulta una cantidad superior, en el resto de los casos.

Atendidas las reglas establecidas en el art. 66 bis, los Jueces y Tribunales podrán asimismo imponer las penas recogidas en las letras b) a g) del apartado 7 del art. 33 .

---

[591] Añadido por art. único apartado 147 de Ley Orgánica 1/2015 de 30 de marzo de 2015, con vigencia desde 01/07/2015

[592] Añadido por art. único apartado 147 de Ley Orgánica 1/2015 de 30 de marzo de 2015, con vigencia desde 01/07/2015

265. [593] El que destruyere, dañare de modo grave, o inutilizare para el servicio, aun de forma temporal, obras, establecimientos o instalaciones militares, buques de guerra, aeronaves militares, medios de transporte o transmisión militar, material de guerra, aprovisionamiento u otros medios o recursos afectados al servicio de las Fuerzas Armadas o de las Fuerzas y Cuerpos de Seguridad, será castigado con la pena de prisión de dos a cuatro años si el daño causado excediere de mil euros [594].

266. [595] 1. Será castigado con la pena de prisión de uno a tres años el que cometiere los daños previstos en el apartado 1 del art. 263 mediante incendio, o provocando explosiones, o utilizando cualquier otro medio de similar potencia destructiva o que genere un riesgo relevante de explosión o de causación de otros daños de especial gravedad, o poniendo en peligro la vida o la integridad de las personas. [596]

2. Será castigado con la pena de prisión de tres a cinco años y multa de doce a veinticuatro meses el que cometiere los daños previstos en el apartado 2 del art. 263, en cualquiera de las circunstancias mencionadas en el apartado anterior. [597]

3. Será castigado con la pena de prisión de cuatro a ocho años el que cometiere los daños previstos en los arts. 265 , 323 y 560, en cualquiera de las circunstancias mencionadas en el apartado 1 del presente artículo.

4. En cualquiera de los supuestos previstos en los apartados anteriores, cuando se cometieren los daños concurriendo la provocación de explosiones o la utilización de otros medios de similar potencia destructiva y, además, se pusiera en peligro la vida o integridad de las personas, la pena se impondrá en su mitad superior.

---

[593] Dada nueva redacción por art. único apartado 148 de Ley Orgánica 1/2015 de 30 de marzo de 2015, con vigencia desde 01/07/2015

[594] Véanse arts. 27 a 29 y 82 CPM

[595] Dada nueva redacción por art. 1 apartado 2 de Ley Orgánica 7/2000 de 22 de diciembre de 2000, con vigencia desde 24/12/2000

[596] Dada nueva redacción apartado 1 por art. único apartado 149 de Ley Orgánica 1/2015 de 30 de marzo de 2015 , con vigencia desde 01/07/2015

[597] Dada nueva redacción apartado 2 por art. único apartado 149 de Ley Orgánica 1/2015 de 30 de marzo de 2015 , con vigencia desde 01/07/2015

En caso de incendio será de aplicación lo dispuesto en el art. 351 [598].

267. Los daños causados por imprudencia grave en cuantía superior a 80.000 euros, serán castigados con la pena de multa de tres a nueve meses, atendiendo a la importancia de los mismos. [599]

Las infracciones a que se refiere este artículo sólo serán perseguibles previa denuncia de la persona agraviada o de su representante legal. El Ministerio Fiscal también podrá denunciar cuando aquélla sea menor de edad, persona con discapacidad necesitada de especial protección o una persona desvalida [600] . [601]

En estos casos, el perdón de la persona ofendida extingue la acción penal. [602]

CAPÍTULO X
Disposiciones comunes a los Capítulos anteriores

268. [603] 1. Están exentos de responsabilidad criminal y sujetos únicamente a la civil los cónyuges que no estuvieren separados legalmente o de hecho o en proceso judicial de separación, divorcio o nulidad de su matrimonio y los ascendientes, descendientes y hermanos por naturaleza o por adopción, así como los afines en primer grado si viviesen juntos, por los delitos patrimoniales que se causaren entre sí, siempre que no concurra violencia o intimidación, o abuso de la vulnerabilidad de la víctima, ya sea por razón de edad, o por tratarse de una persona con discapacidad.

---

[598] Véanse arts. 264, 265, 323, 346, 351, 359, 473, 560 y 571 de la presente Ley

[599] Dada nueva redacción párrafo 1 por art. único apartado 94 de Ley Orgánica 15/2003 de 25 de noviembre de 2003, con vigencia desde 01/10/2004

[600] Véase disposición adicional 3 de la presente Ley

[601] Dada nueva redacción párrafo 2 por art. único apartado 258 punto 1 de Ley Orgánica 1/2015 de 30 de marzo de 2015, con vigencia desde 01/07/2015

[602] Dada nueva redacción párrafo 3 por disposición final 6 apartado 30 de Ley Orgánica 8/2021 de 4 de junio de 2021, con vigencia desde 25/06/2021

[603] Dada nueva redacción por art. único apartado 150 de Ley Orgánica 1/2015 de 30 de marzo de 2015, con vigencia desde 01/07/2015

2. Esta disposición no es aplicable a los extraños que participaren en el delito.

269. La provocación, la conspiración y la proposición para cometer los delitos de robo, extorsión, estafa o apropiación indebida, serán castigadas con la pena inferior en uno o dos grados a la del delito correspondiente.

CAPÍTULO XI
De los delitos relativos a la propiedad intelectual e industrial, al mercado y a los consumidores

SECCIÓN PRIMERA
De los delitos relativos a la propiedad intelectual

270. [604] 1. Será castigado con la pena de prisión de seis meses a cuatro años y multa de doce a veinticuatro meses el que, con ánimo de obtener un beneficio económico directo o indirecto y en perjuicio de tercero, reproduzca, plagie, distribuya, comunique públicamente o de cualquier otro modo explote económicamente, en todo o en parte, una obra o prestación literaria, artística o científica, o su transformación, interpretación o ejecución artística fijada en cualquier tipo de soporte o comunicada a través de cualquier medio, sin la autorización de los titulares de los correspondientes derechos de propiedad intelectual o de sus cesionarios.

2. La misma pena se impondrá a quien, en la prestación de servicios de la sociedad de la información, con ánimo de obtener un beneficio económico directo o indirecto, y en perjuicio de tercero, facilite de modo activo y no neutral y sin limitarse a un tratamiento meramente técnico, el acceso o la localización en internet de obras o prestaciones objeto de propiedad intelectual sin la autorización de los titulares de los correspondientes derechos o de sus cesionarios, en particular ofreciendo listados ordenados y clasificados de enlaces a las obras y

---

[604] Dada nueva redacción por art. único apartado 151 de Ley Orgánica 1/2015 de 30 de marzo de 2015, con vigencia desde 01/07/2015

contenidos referidos anteriormente, aunque dichos enlaces hubieran sido facilitados inicialmente por los destinatarios de sus servicios.

3. En estos casos, el Juez o Tribunal ordenará la retirada de las obras o prestaciones objeto de la infracción. Cuando a través de un portal de acceso a internet o servicio de la sociedad de la información, se difundan exclusiva o preponderantemente los contenidos objeto de la propiedad intelectual a que se refieren los apartados anteriores, se ordenará la interrupción de la prestación del mismo, y el juez podrá acordar cualquier medida cautelar que tenga por objeto la protección de los derechos de propiedad intelectual.

Excepcionalmente, cuando exista reiteración de las conductas y cuando resulte una medida proporcionada, eficiente y eficaz, se podrá ordenar el bloqueo del acceso correspondiente.

4. En los supuestos a que se refiere el apartado 1, la distribución o comercialización ambulante o meramente ocasional se castigará con una pena de prisión de seis meses a dos años.

No obstante, atendidas las características del culpable y la reducida cuantía del beneficio económico obtenido o que se hubiera podido obtener, siempre que no concurra ninguna de las circunstancias del art. 271, el Juez podrá imponer la pena de multa de uno a seis meses o trabajos en beneficio de la comunidad de treinta y uno a sesenta días.

5. Serán castigados con las penas previstas en los apartados anteriores, en sus respectivos casos, quienes:

a) Exporten o almacenen intencionadamente ejemplares de las obras, producciones o ejecuciones a que se refieren los dos primeros apartados de este artículo, incluyendo copias digitales de las mismas, sin la referida autorización, cuando estuvieran destinadas a ser reproducidas, distribuidas o comunicadas públicamente.

b) Importen intencionadamente estos productos sin dicha autorización, cuando estuvieran destinados a ser reproducidos, distribuidos o comunicados públicamente, tanto si éstos tienen un origen lícito como ilícito en su país de procedencia; no obstante, la importación de los referidos productos de un Estado perteneciente a la Unión Europea no será punible cuando aquellos se hayan adquirido directamente del titular de los derechos en dicho Estado, o con su consentimiento.

c) Favorezcan o faciliten la realización de las conductas a que se refieren los apartados 1 y 2 de este artículo eliminando o modificando, sin autorización de los titulares de los derechos de propiedad intelectual o de sus cesionarios, las medidas tecnológicas eficaces incorporadas por éstos con la finalidad de impedir o restringir su realización.

d) Con ánimo de obtener un beneficio económico directo o indirecto, con la finalidad de facilitar a terceros el acceso a un ejemplar de una obra literaria, artística o científica, o a su transformación, interpretación o ejecución artística, fijada en cualquier tipo de soporte o comunicado a través de cualquier medio, y sin autorización de los titulares de los derechos de propiedad intelectual o de sus cesionarios, eluda o facilite la elusión de las medidas tecnológicas eficaces dispuestas para evitarlo.

6. Será castigado también con una pena de prisión de seis meses a tres años quien fabrique, importe, ponga en circulación o posea con una finalidad comercial cualquier medio principalmente concebido, producido, adaptado o realizado para facilitar la supresión no autorizada o la neutralización de cualquier dispositivo técnico que se haya utilizado para proteger programas de ordenador o cualquiera de las otras obras, interpretaciones o ejecuciones en los términos previstos en los dos primeros apartados de este artículo [605] .

271. [606] Se impondrá la pena de prisión de dos a seis años, multa de dieciocho a treinta y seis meses e inhabilitación especial para el ejercicio de la profesión relacionada con el delito cometido, por un período de dos a cinco años, cuando se cometa el delito del artículo anterior concurriendo alguna de las siguientes circunstancias:

a) Que el beneficio obtenido o que se hubiera podido obtener posea especial trascendencia económica.

b) Que los hechos revistan especial gravedad, atendiendo el valor de los objetos producidos ilícitamente, el número de obras, o de la transformación, ejecución o interpretación de las mismas, ilícitamente reproducidas, distribuidas, comunicadas al público o puestas a su disposición, o a la especial importancia de los perjuicios ocasionados.

c) Que el culpable perteneciere a una organización o asociación, incluso de carácter transitorio, que tuviese como finalidad la realización de actividades infractoras de derechos de propiedad intelectual.

---

[605] Véanse arts. 20.1 y 149.1 CE; arts. 428 y 429 CC y RDLeg. 1/1996, de 12 de abril, por el que se aprueba el Texto Refundido de la LPI

[606] Dada nueva redacción por art. único apartado 152 de Ley Orgánica 1/2015 de 30 de marzo de 2015, con vigencia desde 01/07/2015

d) Que se utilice a menores de 18 años para cometer estos delitos.

272. 1. La extensión de la responsabilidad civil derivada de los delitos tipificados en los dos artículos anteriores se regirá por las disposiciones de la Ley de Propiedad Intelectual relativas al cese de la actividad ilícita y a la indemnización de daños y perjuicios.

2. En el supuesto de sentencia condenatoria, el Juez o Tribunal podrá decretar la publicación de ésta, a costa del infractor, en un periódico oficial [607].

SECCIÓN SEGUNDA
De los delitos relativos a la propiedad industrial [608]

273. 1. Será castigado con la pena de prisión de seis meses a dos años y multa de 12 a 24 meses el que, con fines industriales o comerciales, sin consentimiento del titular de una patente o modelo de utilidad y con conocimiento de su registro, fabrique, importe, posea, utilice, ofrezca o introduzca en el comercio objetos amparados por tales derechos. [609]

2. Las mismas penas se impondrán al que, de igual manera, y para los citados fines, utilice u ofrezca la utilización de un procedimiento objeto de una patente, o posea, ofrezca, introduzca en el comercio, o utilice el producto directamente obtenido por el procedimiento patentado.

3. Será castigado con las mismas penas el que realice cualquiera de los actos tipificados en el párrafo primero de este artículo concurriendo iguales circunstancias en relación con objetos amparados en favor de tercero por un modelo o dibujo industrial o artístico o topografía de un producto semiconductor.

---

[607] Véanse arts. 138 a 143 LPI

[608] Véanse el Estatuto de Propiedad Industrial de 26 de julio de 1929; Ley 17/2001, de 7 de diciembre, de Marcas; Ley 11/1986, de 20 de marzo, de Patentes y Ley 34/1988, de 11 de noviembre, General de Publicidad

[609] Dada nueva redacción apartado 1 por art. único apartado 97 de Ley Orgánica 15/2003 de 25 de noviembre de 2003, con vigencia desde 01/10/2004

274. [610] 1. Será castigado con las penas de uno a cuatro años de prisión y multa de doce a veinticuatro meses el que, con fines industriales o comerciales, sin consentimiento del titular de un derecho de propiedad industrial registrado conforme a la legislación de marcas y con conocimiento del registro,

a) fabrique, produzca o importe productos que incorporen un signo distintivo idéntico o confundible con aquel, u

b) ofrezca, distribuya, o comercialice al por mayor productos que incorporen un signo distintivo idéntico o confundible con aquel, o los almacene con esa finalidad, cuando se trate de los mismos o similares productos, servicios o actividades para los que el derecho de propiedad industrial se encuentre registrado.

2. Será castigado con las penas de seis meses a tres años de prisión el que, con fines industriales o comerciales, sin consentimiento del titular de un derecho de propiedad industrial registrado conforme a la legislación de marcas y con conocimiento del registro, ofrezca, distribuya o comercialice al por menor, o preste servicios o desarrolle actividades, que incorporen un signo distintivo idéntico o confundible con aquél, cuando se trate de los mismos o similares productos, servicios o actividades para los que el derecho de propiedad industrial se encuentre registrado.

La misma pena se impondrá a quien reproduzca o imite un signo distintivo idéntico o confundible con aquél para su utilización para la comisión de las conductas sancionadas en este artículo.

3. La venta ambulante u ocasional de los productos a que se refieren los apartados anteriores será castigada con la pena de prisión de seis meses a dos años.

No obstante, atendidas las características del culpable y la reducida cuantía del beneficio económico obtenido o que se hubiera podido obtener, siempre que no concurra ninguna de las circunstancias del art. 276, el Juez podrá imponer la pena de multa de uno a seis meses o trabajos en beneficio de la comunidad de treinta y uno a sesenta días.

4. Será castigado con las penas de uno a tres años de prisión el que, con fines agrarios o comerciales, sin consentimiento del titular de un título de obtención vegetal y con conocimiento de su registro, produzca o reproduzca, acondicione con vistas a la producción o

---

[610] Dada nueva redacción por art. único apartado 153 de Ley Orgánica 1/2015 de 30 de marzo de 2015, con vigencia desde 01/07/2015

reproducción, ofrezca en venta, venda o comercialice de otra forma, exporte o importe, o posea para cualquiera de los fines mencionados, material vegetal de reproducción o multiplicación de una variedad vegetal protegida conforme a la legislación nacional o de la Unión Europea sobre protección de obtenciones vegetales.

Será castigado con la misma pena quien realice cualesquiera de los actos descritos en el párrafo anterior utilizando, bajo la denominación de una variedad vegetal protegida, material vegetal de reproducción o multiplicación que no pertenezca a tal variedad.

275. Las mismas penas previstas en el artículo anterior se impondrán a quien intencionadamente y sin estar autorizado para ello, utilice en el tráfico económico una denominación de origen o una indicación geográfica representativa de una calidad determinada legalmente protegidas para distinguir los productos amparados por ellas, con conocimiento de esta protección.

276. [611] Se impondrá la pena de prisión de dos a seis años, multa de dieciocho a treinta y seis meses e inhabilitación especial para el ejercicio de la profesión relacionada con el delito cometido, por un período de dos a cinco años, cuando concurra alguna de las siguientes circunstancias:

a) Que el beneficio obtenido o que se hubiera podido obtener posea especial trascendencia económica.

b) Que los hechos revistan especial gravedad, atendiendo al valor de los objetos producidos ilícitamente, distribuidos, comercializados u ofrecidos, o a la especial importancia de los perjuicios ocasionados.

c) Que el culpable perteneciere a una organización o asociación, incluso de carácter transitorio, que tuviese como finalidad la realización de actividades infractoras de derechos de propiedad industrial.

d) Que se utilice a menores de 18 años para cometer estos delitos.

277. Será castigado con las penas de prisión de seis meses a dos años y multa de seis a veinticuatro meses, el que intencionadamente

---

[611] Dada nueva redacción por art. único apartado 154 de Ley Orgánica 1/2015 de 30 de marzo de 2015, con vigencia desde 01/07/2015

haya divulgado la invención objeto de una solicitud de patente secreta, en contravención con lo dispuesto en la legislación de patentes, siempre que ello sea en perjuicio de la defensa nacional [612].

SECCIÓN TERCERA
De los delitos relativos al mercado y a los consumidores

278. 1. El que, para descubrir un secreto de empresa se apoderare por cualquier medio de datos, documentos escritos o electrónicos, soportes informáticos u otros objetos que se refieran al mismo, o empleare alguno de los medios o instrumentos señalados en el apartado 1 del art. 197 , será castigado con la pena de prisión de dos a cuatro años y multa de doce a veinticuatro meses [613].

2. Se impondrá la pena de prisión de tres a cinco años y multa de doce a veinticuatro meses si se difundieren, revelaren o cedieren a terceros los secretos descubiertos [614].

3. Lo dispuesto en el presente artículo se entenderá sin perjuicio de las penas que pudieran corresponder por el apoderamiento o destrucción de los soportes informáticos [615].

279. La difusión, revelación o cesión de un secreto de empresa llevada a cabo por quien tuviere legal o contractualmente obligación de guardar reserva, se castigará con la pena de prisión de dos a cuatro años y multa de doce a veinticuatro meses.

Si el secreto se utilizara en provecho propio, las penas se impondrán en su mitad inferior [616].

280. El que, con conocimiento de su origen ilícito, y sin haber tomado parte en su descubrimiento, realizare alguna de las conductas

---

[612] Véanse arts. 197 y ss y 598 y ss de la presente Ley
[613] Véanse arts. 197, 198, 200 y 413 y ss de la presente Ley
[614] Véanse arts. 197 a 200 de la presente Ley
[615] Véanse arts. 234, 237 y 263 de la presente Ley
[616] Véase art. 199 de la presente Ley

descritas en los dos artículos anteriores, será castigado con la pena de prisión de uno a tres años y multa de doce a veinticuatro meses [617].

281. 1. El que detrajere del mercado materias primas o productos de primera necesidad con la intención de desabastecer un sector del mismo, de forzar una alteración de precios, o de perjudicar gravemente a los consumidores, será castigado con la pena de prisión de uno a cinco años y multa de doce a veinticuatro meses [618].

2. Se impondrá la pena superior en grado si el hecho se realiza en situaciones de grave necesidad o catastróficas.

282. [619] Serán castigados con la pena de prisión de seis meses a un año o multa de 12 a 24 meses los fabricantes o comerciantes que, en sus ofertas o publicidad de productos o servicios, hagan alegaciones falsas o manifiesten características inciertas sobre los mismos, de modo que puedan causar un perjuicio grave y manifiesto a los consumidores, sin perjuicio de la pena que corresponda aplicar por la comisión de otros delitos [620].

282 bis. [621] Los que, como administradores de hecho o de derecho de una sociedad emisora de valores negociados en los mercados de valores, falsearan la información económico-financiera contenida en los folletos de emisión de cualesquiera instrumentos financieros o las informaciones que la sociedad debe publicar y difundir conforme a la legislación del mercado de valores sobre sus recursos, actividades y negocios presentes y futuros, con el propósito de captar inversores o depositantes, colocar cualquier tipo de activo financiero, u obtener

---

[617] Véase art. 197.3 de la presente Ley

[618] Véanse arts. 3 a 7 RDLeg. 1/2007, de 16 de noviembre, por el que se aprueba el Texto Refundido de la Ley General para la Defensa de los Consumidores y Usuarios y otras Leyes complementarias

[619] Dada nueva redacción por art. único apartado 100 de Ley Orgánica 15/2003 de 25 de noviembre de 2003, con vigencia desde 01/10/2004

[620] Véase Ley 34/1988, de 11 de noviembre, General de Publicidad y art. 362.3 de la presente Ley

[621] Añadido por art. único apartado 71 de Ley Orgánica 5/2010 de 22 de junio de 2010, con vigencia desde 23/12/2010

financiación por cualquier medio, serán castigados con la pena de prisión de uno a cuatro años, sin perjuicio de lo dispuesto en el art. 308 de este Código.

En el supuesto de que se llegue a obtener la inversión, el depósito, la colocación del activo o la financiación, con perjuicio para el inversor, depositante, adquiriente de los activos financieros o acreedor, se impondrá la pena en la mitad superior. Si el perjuicio causado fuera de notoria gravedad, la pena a imponer será de uno a seis años de prisión y multa de seis a doce meses.

283. Se impondrán las penas de prisión de seis meses a un año y multa de seis a dieciocho meses a los que, en perjuicio del consumidor, facturen cantidades superiores por productos o servicios cuyo costo o precio se mida por aparatos automáticos, mediante la alteración o manipulación de éstos.

284. [622] 1. Se impondrá la pena de prisión de seis meses a seis años, multa de dos a cinco años, o del tanto al triplo del beneficio obtenido o favorecido, o de los perjuicios evitados, si la cantidad resultante fuese más elevada, e inhabilitación especial para intervenir en el mercado financiero como actor, agente o mediador o informador por tiempo de dos a cinco años, a los que:

1.º Empleando violencia, amenaza, engaño o cualquier otro artificio, alterasen los precios que hubieren de resultar de la libre concurrencia de productos, mercancías, instrumentos financieros, contratos de contado sobre materias primas relacionadas con ellos, índices de referencia, servicios o cualesquiera otras cosas muebles o inmuebles que sean objeto de contratación, sin perjuicio de la pena que pudiere corresponderles por otros delitos cometidos.

2.º Por sí, de manera directa o indirecta o a través de un medio de comunicación, por medio de internet o mediante el uso de tecnologías de la información y la comunicación, o por cualquier otro medio, difundieren noticias o rumores o transmitieren señales falsas o engañosas sobre personas o empresas, ofreciendo a sabiendas datos económicos total o parcialmente falsos con el fin de alterar o preservar

---

[622] Dada nueva redacción por art. único apartado 3 de Ley Orgánica 1/2019 de 20 de febrero de 2019, con vigencia desde 13/03/2019

el precio de cotización de un instrumento financiero o un contrato de contado sobre materias primas relacionado o de manipular el cálculo de un índice de referencia, cuando obtuvieran, para sí o para tercero, un beneficio, siempre que concurra alguna de las siguientes circunstancias:

a) que dicho beneficio fuera superior a doscientos cincuenta mil euros o se causara un perjuicio de idéntica cantidad;

b) que el importe de los fondos empleados fuera superior a dos millones de euros;

c) que se causara un grave impacto en la integridad del mercado.

3.º Realizaren transacciones, transmitieren señales falsas o engañosas, o dieren órdenes de operación susceptibles de proporcionar indicios falsos o engañosos sobre la oferta, la demanda o el precio de un instrumento financiero, un contrato de contado sobre materias primas relacionado o índices de referencia, o se aseguraran, utilizando la misma información, por sí o en concierto con otros, una posición dominante en el mercado de dichos instrumentos o contratos con la finalidad de fijar sus precios en niveles anormales o artificiales, siempre que concurra alguna de las siguientes circunstancias:

a) que como consecuencia de su conducta obtuvieran, para sí o para tercero, un beneficio superior a doscientos cincuenta mil euros o causara un perjuicio de idéntica cantidad;

b) que el importe de los fondos empleados fuera superior a dos millones de euros;

c) que se causara un grave impacto en la integridad del mercado.

2. Se impondrá la pena en su mitad superior si concurriera alguna de las siguientes circunstancias:

1.ª Que el sujeto se dedique de forma habitual a las anteriores prácticas abusivas.

2.ª Que el beneficio obtenido, la pérdida evitada o el perjuicio causado sea de notoria importancia.

3. Si el responsable del hecho fuera trabajador o empleado de una empresa de servicios de inversión, entidad de crédito, autoridad supervisora o reguladora, o entidad rectora de mercados regulados o centros de negociación, las penas se impondrán en su mitad superior.

285. [623] 1. Quien de forma directa o indirecta o por persona interpuesta realizare actos de adquisición, transmisión o cesión de un instrumento financiero, o de cancelación o modificación de una orden relativa a un instrumento financiero, utilizando información privilegiada a la que hubiera tenido acceso reservado en los términos del apartado 4, o recomendar a un tercero el uso de dicha información privilegiada para alguno de esos actos, será castigado con la pena de prisión de seis meses a seis años, multa de dos a cinco años, o del tanto al triplo del beneficio obtenido o favorecido o de los perjuicios evitados si la cantidad resultante fuese más elevada, e inhabilitación especial para el ejercicio de la profesión o actividad de dos a cinco años, siempre que concurra alguna de las siguientes circunstancias:

a) que, como consecuencia de su conducta obtuviera, para sí o para tercero, un beneficio superior a quinientos mil euros o causara un perjuicio de idéntica cantidad;

b) que el valor de los instrumentos financieros empleados fuera superior a dos millones de euros;

c) que se causara un grave impacto en la integridad del mercado.

2. Se impondrá la pena en su mitad superior si concurriera alguna de las siguientes circunstancias:

1.ª Que el sujeto se dedique de forma habitual a las anteriores prácticas de operaciones con información privilegiada.

2.ª Que el beneficio obtenido, la pérdida evitada o el perjuicio causado sea de notoria importancia. [624]

3. Las penas previstas en este artículo se impondrán, en sus respectivos casos, en su mitad superior si el responsable del hecho fuera trabajador o empleado de una empresa de servicios de inversión, entidad de crédito, autoridad supervisora o reguladora, o entidades rectoras de mercados regulados o centros de negociación.

4. A los efectos de este artículo, se entiende que tiene acceso reservado a la información privilegiada quien sea miembro de los órganos de administración, gestión o supervisión del emisor o del participante del mercado de derechos de emisión, quien participe en el capital del emisor o del participante del mercado de derechos de emisión,

---

[623] Dada nueva redacción por art. único apartado 4 de Ley Orgánica 1/2019 de 20 de febrero de 2019, con vigencia desde 13/03/2019

[624] Véanse arts. 202 y ss; 226 y ss; y 278 y ss RDLeg. 4/2015 de 23 octubre, por el que se aprueba el TR de la Ley del Mercado de Valores

quien la conozca con ocasión del ejercicio de su actividad profesional o empresarial, o en el desempeño de sus funciones, y quien la obtenga a través de una actividad delictiva.

5. Las mismas penas previstas en este artículo se impondrán cuando el responsable del hecho, sin tener acceso reservado a la información privilegiada, la obtenga de cualquier modo distinto de los previstos en el apartado anterior y la utilice conociendo que se trata de información privilegiada. [625]

285 bis. [626] Fuera de los casos previstos en el artículo anterior, quien poseyera información privilegiada y la revelare fuera del normal ejercicio de su trabajo, profesión o funciones, poniendo en peligro la integridad del mercado o la confianza de los inversores, será sancionado con pena de prisión de seis meses a cuatro años, multa de doce a veinticuatro meses e inhabilitación especial para el ejercicio de la profesión o actividad de uno a tres años.

A los efectos de lo dispuesto en este artículo, se incluirá la revelación de información privilegiada en una prospección de mercado cuando se haya realizado sin observar los requisitos previstos en la normativa europea en materia de mercados e instrumentos financieros.

285 ter. [627] Las previsiones de los tres artículos precedentes se extenderán a los instrumentos financieros, contratos, conductas, operaciones y órdenes previstos en la normativa europea y española en materia de mercado e instrumentos financieros.

---

[625] Dada nueva redacción apartado 5 por art. 1 apartado 7 de Ley Orgánica 14/2022 de 22 de diciembre de 2022, con vigencia desde 12/01/2023

[626] Añadido por art. único apartado 5 de Ley Orgánica 1/2019 de 20 de febrero de 2019, con vigencia desde 13/03/2019

[627] Añadido por art. único apartado 6 de Ley Orgánica 1/2019 de 20 de febrero de 2019, con vigencia desde 13/03/2019

285 quater. [628] La provocación, la conspiración y la proposición para cometer los delitos previstos en los artículos 284 a 285 bis se castigará, respectivamente, con la pena inferior en uno o dos grados.

286. [629] 1. Será castigado con las penas de prisión de seis meses a dos años y multa de seis a 24 meses el que, sin consentimiento del prestador de servicios y con fines comerciales, facilite el acceso inteligible a un servicio de radiodifusión sonora o televisiva, a servicios interactivos prestados a distancia por vía electrónica, o suministre el acceso condicional a los mismos, considerado como servicio independiente, mediante:

1º La fabricación, importación, distribución, puesta a disposición por vía electrónica, venta, alquiler, o posesión de cualquier equipo o programa informático, no autorizado en otro Estado miembro de la Unión Europea, diseñado o adaptado para hacer posible dicho acceso.

2º La instalación, mantenimiento o sustitución de los equipos o programas informáticos mencionados en el párrafo 1º.

2. Con idéntica pena será castigado quien, con ánimo de lucro, altere o duplique el número identificativo de equipos de telecomunicaciones, o comercialice equipos que hayan sufrido alteración fraudulenta.

3. A quien, sin ánimo de lucro, facilite a terceros el acceso descrito en el apartado 1, o por medio de una comunicación pública, comercial o no, suministre información a una pluralidad de personas sobre el modo de conseguir el acceso no autorizado a un servicio o el uso de un dispositivo o programa, de los expresados en ese mismo apartado 1, incitando a lograrlos, se le impondrá la pena de multa en él prevista.

4. A quien utilice los equipos o programas que permitan el acceso no autorizado a servicios de acceso condicional o equipos de telecomunicación, se le impondrá la pena prevista en el art. 255 de este Código con independencia de la cuantía de la defraudación.

---

[628] Añadido por art. único apartado 7 de Ley Orgánica 1/2019 de 20 de febrero de 2019, con vigencia desde 13/03/2019

[629] Dada nueva redacción por art. único apartado 103 de Ley Orgánica 15/2003 de 25 de noviembre de 2003, con vigencia desde 01/10/2004

SECCIÓN CUARTA
Delitos de corrupción en los negocios [630]

286 bis. [631] 1. El directivo, administrador, empleado o colaborador de una empresa mercantil o de una sociedad que, por sí o por persona interpuesta, reciba, solicite o acepte un beneficio o ventaja no justificados de cualquier naturaleza, u ofrecimiento o promesa de obtenerlo, para sí o para un tercero, como contraprestación para favorecer indebidamente a otro en la adquisición o venta de mercancías, o en la contratación de servicios o en las relaciones comerciales, será castigado con la pena de prisión de seis meses a cuatro años, inhabilitación especial para el ejercicio de industria o comercio por tiempo de uno a seis años y multa del tanto al triplo del valor del beneficio o ventaja. [632]

2. Con las mismas penas será castigado quien, por sí o por persona interpuesta, prometa, ofrezca o conceda a directivos, administradores, empleados o colaboradores de una empresa mercantil o de una sociedad, un beneficio o ventaja no justificados, de cualquier naturaleza, para ellos o para terceros, como contraprestación para que le favorezca indebidamente a él o a un tercero frente a otros en la adquisición o venta de mercancías, contratación de servicios o en las relaciones comerciales.

3. Los Jueces y Tribunales, en atención a la cuantía del beneficio o al valor de la ventaja, y a la trascendencia de las funciones del culpable, podrán imponer la pena inferior en grado y reducir la de multa a su prudente arbitrio.

4. Lo dispuesto en este artículo será aplicable, en sus respectivos casos, a los directivos, administradores, empleados o colaboradores de una entidad deportiva, cualquiera que sea la forma jurídica de ésta, así como a los deportistas, árbitros o Jueces, respecto de aquellas conductas que tengan por finalidad predeterminar o alterar de manera

[630] Dada nueva redacción por art. único apartado 155 de Ley Orgánica 1/2015 de 30 de marzo de 2015, con vigencia desde 01/07/2015

[631] Dada nueva redacción por art. único apartado 156 de Ley Orgánica 1/2015 de 30 de marzo de 2015, con vigencia desde 01/07/2015

[632] Dada nueva redacción apartado 1 por art. único apartado 8 de Ley Orgánica 1/2019 de 20 de febrero de 2019, con vigencia desde 13/03/2019

deliberada y fraudulenta el resultado de una prueba, encuentro o competición deportiva de especial relevancia económica o deportiva.

A estos efectos, se considerará competición deportiva de especial relevancia económica, aquélla en la que la mayor parte de los participantes en la misma perciban cualquier tipo de retribución, compensación o ingreso económico por su participación en la actividad; y competición deportiva de especial relevancia deportiva, la que sea calificada en el calendario deportivo anual aprobado por la federación deportiva correspondiente como competición oficial de la máxima categoría de la modalidad, especialidad, o disciplina de que se trate.

5. A los efectos de este artículo resulta aplicable lo dispuesto en el art. 297 .

286 ter. [633] 1. Los que mediante el ofrecimiento, promesa o concesión de cualquier beneficio o ventaja indebidos, pecuniarios o de otra clase, corrompieren o intentaren corromper, por sí o por persona interpuesta, a una autoridad o funcionario público en beneficio de estos o de un tercero, o atendieran sus solicitudes al respecto, con el fin de que actúen o se abstengan de actuar en relación con el ejercicio de funciones públicas para conseguir o conservar un contrato, negocio o cualquier otra ventaja competitiva en la realización de actividades económicas internacionales, serán castigados, salvo que ya lo estuvieran con una pena más grave en otro precepto de este Código, con las penas de prisión de prisión de tres a seis años, multa de doce a veinticuatro meses, salvo que el beneficio obtenido fuese superior a la cantidad resultante, en cuyo caso la multa será del tanto al triplo del montante de dicho beneficio.

Además de las penas señaladas, se impondrá en todo caso al responsable la pena de prohibición de contratar con el sector público, así como la pérdida de la posibilidad de obtener subvenciones o ayudas públicas y del derecho a gozar de beneficios o incentivos fiscales y de la Seguridad Social, y la prohibición de intervenir en transacciones comerciales de trascendencia pública por un periodo de siete a doce años.

---

[633] Añadido por art. único apartado 157 de Ley Orgánica 1/2015 de 30 de marzo de 2015, con vigencia desde 01/07/2015

2. A los efectos de este artículo se entenderá por funcionario público los determinados por los arts. 24 y 427.

286 quater. [634] Si los hechos a que se refieren los artículos de esta Sección resultaran de especial gravedad, se impondrá la pena en su mitad superior, pudiéndose llegar hasta la superior en grado.

Los hechos se considerarán, en todo caso, de especial gravedad cuando:

a) el beneficio o ventaja tenga un valor especialmente elevado,

b) la acción del autor no sea meramente ocasional,

c) se trate de hechos cometidos en el seno de una organización o grupo criminal, o

d) el objeto del negocio versara sobre bienes o servicios humanitarios o cualesquiera otros de primera necesidad.

En el caso del apartado 4 del art. 286 bis, los hechos se considerarán también de especial gravedad cuando:

a) tengan como finalidad influir en el desarrollo de juegos de azar o apuestas; o

b) sean cometidos en una competición deportiva oficial de ámbito estatal calificada como profesional o en una competición deportiva internacional.

SECCIÓN QUINTA
Disposiciones comunes a las secciones anteriores [635]

287. [636] 1. Para proceder por los delitos previstos en la Sección 3ª de este Capítulo, excepto los previstos en los arts. 284 y 285, será necesaria denuncia de la persona agraviada o de sus representantes legales. Cuando aquella sea menor de edad, persona con discapacidad

---

[634] Añadido por art. único apartado 158 de Ley Orgánica 1/2015 de 30 de marzo de 2015, con vigencia desde 01/07/2015

[635] Renumerada por art. único apartado 73 de Ley Orgánica 5/2010 de 22 de junio de 2010 como Sección 5ª, con vigencia desde 23/12/2010

[636] Dada nueva redacción por art. único apartado 75 de Ley Orgánica 5/2010 de 22 de junio de 2010, con vigencia desde 23/12/2010

necesitada de especial protección o una persona desvalida, también podrá denunciar el Ministerio Fiscal [637]. [638]

2. No será precisa la denuncia exigida en el apartado anterior cuando la comisión del delito afecte a los intereses generales o a una pluralidad de personas.

288. [639] En los supuestos previstos en los artículos anteriores se dispondrá la publicación de la sentencia en los periódicos oficiales y, si lo solicitara el perjudicado, el juez o tribunal podrá ordenar su reproducción total o parcial en cualquier otro medio informativo, a costa del condenado.

Cuando de acuerdo con lo establecido en el artículo 31 bis una persona jurídica sea responsable de los delitos recogidos en este Capítulo, se le impondrán las siguientes penas:

1.º En el caso de los delitos previstos en los artículos 270, 271, 273, 274, 275, 276, 283 y 286:

a) Multa del doble al cuádruple del beneficio obtenido, o que se hubiera podido obtener, si el delito cometido por la persona física tiene prevista una pena de prisión de más de dos años.

b) Multa del doble al triple del beneficio obtenido, favorecido o que se hubiera podido obtener, en el resto de los casos.

2.º En el caso de los delitos previstos en los artículos 277, 278, 279, 280, 281, 282, 282 bis, 284, 285, 285 bis, 285 quater y 286 bis al 286 quater:

a) Multa de dos a cinco años, o del triple al quíntuple del beneficio obtenido o que se hubiere podido obtener si la cantidad resultante fuese más elevada, cuando el delito cometido por la persona física tiene prevista una pena de más de dos años de privación de libertad.

b) Multa de seis meses a dos años, o del tanto al duplo del beneficio obtenido o que se hubiere podido obtener si la cantidad resultante fuese más elevada, en el resto de los casos.

---

[637] Véanse arts. 25 y 86 de la presente Ley

[638] Dada nueva redacción apartado 1 por art. único apartado 258 punto 1 de Ley Orgánica 1/2015 de 30 de marzo de 2015, con vigencia desde 01/07/2015

[639] Dada nueva redacción por art. único apartado 9 de Ley Orgánica 1/2019 de 20 de febrero de 2019, con vigencia desde 13/03/2019

3.º Atendidas las reglas establecidas en el artículo 66 bis, los jueces y tribunales podrán asimismo imponer las penas recogidas en las letras b) a g) del apartado 7 del artículo 33.

288 bis. [640] En los supuestos previstos en los artículos 281 y 284 de este Código, quedarán exentos de responsabilidad criminal los directores, administradores de hecho o de Derecho, gerentes y otros miembros del personal actuales y anteriores de cualquier sociedad, constituida o en formación, que en esa condición hayan cometido alguno de los hechos previstos en ellos, cuando pongan fin a su participación en los mismos y cooperen con las autoridades competentes de manera plena, continua y diligente, aportando informaciones y elementos de prueba de los que estas carecieran, que sean útiles para la investigación, detección y sanción de las demás personas implicadas, siempre que se cumplan las siguientes condiciones:

a) Cooperen activamente en este sentido con la autoridad de la competencia que lleva el caso,

b) estas sociedades o personas físicas hayan presentado una solicitud de exención del pago de la multa de conformidad con lo establecido en la Ley de Defensa de la Competencia,

c) dicha solicitud se haya presentado en un momento anterior a aquel en que los directores, administradores de hecho o de Derecho, gerentes y otros miembros del personal actuales y anteriores de cualquier sociedad, constituida o en formación, que en esa condición hayan sido informados de que están siendo investigados en relación con estos hechos,

d) se trate de una colaboración activa también con la autoridad judicial o el Ministerio Fiscal proporcionando indicios útiles y concretos para asegurar la prueba del delito e identificar a otros autores.

---

[640] Añadido por art. 1 apartado 8 de Ley Orgánica 14/2022 de 22 de diciembre de 2022, con vigencia desde 12/01/2023

CAPÍTULO XII
De la sustracción de cosa propia a su utilidad social o cultural

289. [641] El que por cualquier medio destruyera, inutilizara o dañara una cosa propia de utilidad social o cultural, o de cualquier modo la sustrajera al cumplimiento de los deberes legales impuestos en interés de la comunidad, será castigado con la pena de prisión de tres a cinco meses o multa de seis a 10 meses [642].

CAPÍTULO XIII
De los delitos societarios [643]

290. Los administradores, de hecho o de derecho, de una sociedad constituida o en formación, que falsearen las cuentas anuales u otros documentos que deban reflejar la situación jurídica o económica de la entidad, de forma idónea para causar un perjuicio económico a la misma, a alguno de sus socios, o a un tercero, serán castigados con la pena de prisión de uno a tres años y multa de seis a doce meses.

Si se llegare a causar el perjuicio económico se impondrán las penas en su mitad superior [644].

291. Los que, prevaliéndose de su situación mayoritaria en la Junta de accionistas o el órgano de administración de cualquier sociedad constituida o en formación, impusieren acuerdos abusivos, con ánimo de lucro propio o ajeno, en perjuicio de los demás socios, y sin que reporten beneficios a la misma, serán castigados con la pena de prisión

---

[641] Dada nueva redacción por art. único apartado 105 de Ley Orgánica 15/2003 de 25 de noviembre de 2003, con vigencia desde 01/10/2004

[642] Véase art. 33.2 CE y Ley 16/1985, de 25 de junio, del Patrimonio Histórico Español

[643] Véase art. 19.4 Ley 50/1981, de 30 de diciembre, del Estatuto del Ministerio Fiscal y art. 297 de la presente Ley

[644] Véanse arts. 234, 236 y 253 a 258 RDLeg. 1/2010, de 2 de julio, por la que se aprueba el Texto Refundido de la Ley de Sociedades de Capital; arts. 281 y ss CCom; art. 1692 CC; arts. 261, y 390 a 393 de la presente Ley

de seis meses a tres años o multa del tanto al triplo del beneficio obtenido [645].

292. La misma pena del artículo anterior se impondrá a los que impusieren o se aprovecharen para sí o para un tercero, en perjuicio de la sociedad o de alguno de sus socios, de un acuerdo lesivo adoptado por una mayoría ficticia, obtenida por abuso de firma en blanco, por atribución indebida del derecho de voto a quienes legalmente carezcan del mismo, por negación ilícita del ejercicio de este derecho a quienes lo tengan reconocido por la Ley, o por cualquier otro medio o procedimiento semejante, y sin perjuicio de castigar el hecho como corresponde si constituyese otro delito [646].

293. Los administradores de hecho o de derecho de cualquier sociedad constituida o en formación, que sin causa legal negaren o impidieren a un socio el ejercicio de los derechos de información, participación en la gestión o control de la actividad social, o suscripción preferente de acciones reconocidos por las Leyes, serán castigados con la pena de multa de seis a doce meses.

294. Los que, como administradores de hecho o de derecho de cualquier sociedad constituida o en formación, sometida o que actúe en mercados sujetos a supervisión administrativa, negaren o impidieren la actuación de las personas, órganos o entidades inspectoras o supervisoras, serán castigados con la pena de prisión de seis meses a tres años o multa de doce a veinticuatro meses.

Además de las penas previstas en el párrafo anterior, la autoridad judicial podrá decretar algunas de las medidas previstas en el art. 129 de este Código.

---

[645] Véanse arts. 159 a 165 y 204 a 207 RDLeg. 1/2010, de 2 de julio, por la que se aprueba el Texto Refundido de la Ley de Sociedades de Capital

[646] Véanse arts. 175 a 205 RDLeg. 1/2010, de 2 de julio, por la que se aprueba el Texto Refundido de la Ley de Sociedades de Capital

295. [647] (Derogado)

296. 1. Los hechos descritos en el presente Capítulo, sólo serán perseguibles mediante denuncia de la persona agraviada o de su representante legal. Cuando aquélla sea menor de edad, persona con discapacidad necesitada de especial protección o una persona desvalida, también podrá denunciar el Ministerio Fiscal. [648]

2. No será precisa la denuncia exigida en el apartado anterior cuando la comisión del delito afecte a los intereses generales o a una pluralidad de personas.

297. A los efectos de este Capítulo se entiende por sociedad toda cooperativa, Caja de ahorros, mutua, entidad financiera o de crédito, fundación, sociedad mercantil o cualquier otra entidad de análoga naturaleza que para el cumplimiento de sus fines participe de modo permanente en el mercado.

CAPÍTULO XIV
De la receptación y el blanqueo de capitales [649]

298. 1. El que, con ánimo de lucro y con conocimiento de la comisión de un delito contra el patrimonio o el orden socioeconómico, en el que no haya intervenido ni como autor ni como cómplice, ayude a los responsables a aprovecharse de los efectos del mismo, o reciba, adquiera u oculte tales efectos, será castigado con la pena de prisión de seis meses a dos años [650].

Se impondrá una pena de uno a tres años de prisión en los siguientes supuestos:

---

[647] Derogado por art. único apartado 160 de Ley Orgánica 1/2015 de 30 de marzo de 2015, con vigencia desde 01/07/2015

[648] Dada nueva redacción apartado 1 por art. único apartado 258 punto 1 de Ley Orgánica 1/2015 de 30 de marzo de 2015, con vigencia desde 01/07/2015

[649] Dada nueva redacción por art. único apartado 77 de Ley Orgánica 5/2010 de 22 de junio de 2010, con vigencia desde 23/12/2010

[650] Véanse art. 85 CPM y art. 451 de la presente Ley

a) Cuando se trate de cosas de valor artístico, histórico, cultural o científico.

b) Cuando se trate de cosas de primera necesidad, conducciones, cableado, equipos o componentes de infraestructuras de suministro eléctrico o de servicios de telecomunicaciones, o de otras cosas destinadas a la prestación de servicios de interés general, productos agrarios o ganaderos o de los instrumentos o medios que se utilizan para su obtención.

c) Cuando los hechos revistan especial gravedad, atendiendo al valor de los efectos receptados o a los perjuicios que previsiblemente hubiera causado su sustracción. [651]

2. Estas penas se impondrán en su mitad superior a quien reciba, adquiera u oculte los efectos del delito para traficar con ellos. Si el tráfico se realizase utilizando un establecimiento o local comercial o industrial, se impondrá, además, la pena de multa de doce a veinticuatro meses. En estos casos los Jueces o Tribunales, atendiendo a la gravedad del hecho y a las circunstancias personales del delincuente, podrán imponer también a éste la pena de inhabilitación especial para el ejercicio de su profesión o industria, por tiempo de dos a cinco años y acordar la medida de clausura temporal o definitiva del establecimiento o local. Si la clausura fuese temporal, su duración no podrá exceder de cinco años. [652]

3. En ningún caso podrá imponerse pena privativa de libertad que exceda de la señalada al delito encubierto. Si éste estuviese castigado con pena de otra naturaleza, la pena privativa de libertad será sustituida por la de multa de 12 a 24 meses, salvo que el delito encubierto tenga asignada pena igual o inferior a ésta; en tal caso, se impondrá al culpable la pena de aquel delito en su mitad inferior [653]. [654]

---

[651] Dada nueva redacción apartado 1 por art. único apartado 161 de Ley Orgánica 1/2015 de 30 de marzo de 2015, con vigencia desde 01/07/2015

[652] Dada nueva redacción apartado 2 por art. único apartado 161 de Ley Orgánica 1/2015 de 30 de marzo de 2015, con vigencia desde 01/07/2015

[653] Véanse arts. 451 y 452 de la presente Ley

[654] Dada nueva redacción apartado 3 por art. único apartado 106 de Ley Orgánica 15/2003 de 25 de noviembre de 2003, con vigencia desde 01/10/2004

299. [655] (Derogado)

300. Las disposiciones de este Capítulo se aplicarán aun cuando el autor o el cómplice del hecho de que provengan los efectos aprovechados fuera irresponsable o estuviera personalmente exento de pena [656].

301. 1. El que adquiera, posea, utilice, convierta, o transmita bienes, sabiendo que éstos tienen su origen en una actividad delictiva, cometida por él o por cualquiera tercera persona, o realice cualquier otro acto para ocultar o encubrir su origen ilícito, o para ayudar a la persona que haya participado en la infracción o infracciones a eludir las consecuencias legales de sus actos, será castigado con la pena de prisión de seis meses a seis años y multa del tanto al triplo del valor de los bienes. En estos casos, los Jueces o Tribunales, atendiendo a la gravedad del hecho y a las circunstancias personales del delincuente, podrán imponer también a éste la pena de inhabilitación especial para el ejercicio de su profesión o industria por tiempo de uno a tres años, y acordar la medida de clausura temporal o definitiva del establecimiento o local. Si la clausura fuese temporal, su duración no podrá exceder de cinco años.

La pena se impondrá en su mitad superior cuando los bienes tengan su origen en alguno de los delitos relacionados con el tráfico de drogas tóxicas, estupefacientes o sustancias psicotrópicas descritos en los arts. 368 a 372 de este Código. En estos supuestos se aplicarán las disposiciones contenidas en el art. 374 de este Código. [657]

También se impondrá la pena en su mitad superior cuando los bienes tengan su origen en alguno de los delitos comprendidos en el título VII bis, el capítulo V del título VIII, la sección 4.ª del capítulo

---

[655] Derogado por art. único apartado 162 de Ley Orgánica 1/2015 de 30 de marzo de 2015, con vigencia desde 01/07/2015

[656] Véanse arts. 268 y 453 de la presente Ley

[657] Dada nueva redacción apartado 1 por art. único apartado 78 de Ley Orgánica 5/2010 de 22 de junio de 2010, con vigencia desde 23/12/2010

XI del título XIII, el título XV bis, el capítulo I del título XVI o los capítulos V, VI, VII, VIII, IX y X del título XIX. [658]

2. Con las mismas penas se sancionará, según los casos, la ocultación o encubrimiento de la verdadera naturaleza, origen, ubicación, destino, movimiento o derechos sobre los bienes o propiedad de los mismos, a sabiendas de que proceden de alguno de los delitos expresados en el apartado anterior o de un acto de participación en ellos.

3. Si los hechos se realizasen por imprudencia grave, la pena será de prisión de seis meses a dos años y multa del tanto al triplo.

4. El culpable será igualmente castigado aunque el delito del que provinieren los bienes, o los actos penados en los apartados anteriores hubiesen sido cometidos, total o parcialmente, en el extranjero.

5. Si el culpable hubiera obtenido ganancias, serán decomisadas conforme a las reglas del art. 127 de este Código. [659]

302. [660] 1. En los supuestos previstos en el artículo anterior se impondrán las penas privativas de libertad en su mitad superior a las personas que pertenezca a una organización dedicada a los fines señalados en los mismos, y la pena superior en grado a los jefes, administradores o encargados de las referidas organizaciones.

También se impondrá la pena en su mitad superior a quienes, siendo sujetos obligados conforme a la normativa de prevención del blanqueo de capitales y de la financiación del terrorismo, cometan cualquiera de las conductas descritas en el artículo 301 en el ejercicio de su actividad profesional. [661]

2. En tales casos, cuando de acuerdo con lo establecido en el art. 31 bis sea responsable una persona jurídica, se le impondrán las siguientes penas:

a) Multa de dos a cinco años, si el delito cometido por la persona física tiene prevista una pena de prisión de más de cinco años.

---

[658] Dada nueva redacción apartado 1 párrafo 3 por art. 2 apartado 1 de Ley Orgánica 6/2021 de 28 de abril de 2021, con vigencia desde 30/04/2021

[659] Añadido apartado 5 por art. único apartado 108 de Ley Orgánica 15/2003 de 25 de noviembre de 2003, con vigencia desde 01/10/2004

[660] Dada nueva redacción por art. único apartado 109 de Ley Orgánica 15/2003 de 25 de noviembre de 2003, con vigencia desde 01/10/2004

[661] Añadido apartado 1 párrafo 2 por art. 2 apartado 2 de Ley Orgánica 6/2021 de 28 de abril de 2021, con vigencia desde 30/04/2021

b) Multa de seis meses a dos años, en el resto de los casos.

Atendidas las reglas establecidas en el art. 66 bis, los Jueces y Tribunales podrán asimismo imponer las penas recogidas en las letras b) a g) del apartado 7 del art. 33 . [662]

303. Si los hechos previstos en los artículos anteriores fueran realizados por empresario, intermediario en el sector financiero, facultativo, funcionario público, trabajador social, docente o educador, en el ejercicio de su cargo, profesión u oficio, se le impondrá, además de la pena correspondiente, la de inhabilitación especial para empleo o cargo público, profesión u oficio, industria o comercio, de tres a diez años. Se impondrá la pena de inhabilitación absoluta de diez a veinte años cuando los referidos hechos fueren realizados por autoridad o agente de la misma [663]

A tal efecto, se entiende que son facultativos los médicos, psicólogos, las personas en posesión de títulos sanitarios, los veterinarios, los farmacéuticos y sus dependientes.

304. La provocación, la conspiración y la proposición para cometer los delitos previstos en los arts. 301 a 303 se castigará, respectivamente, con la pena inferior en uno o dos grados.

TÍTULO XIII BIS
De los delitos de financiación ilegal de los partidos políticos [664]

304 bis. [665] 1. Será castigado con una pena de multa del triplo al quíntuplo de su valor, el que reciba donaciones o aportaciones destinadas a un partido político, federación, coalición o agrupación de electores con infracción de lo dispuesto en el art. 5.Uno de la Ley

---

[662] Dada nueva redacción apartado 2 por art. único apartado 79 de Ley Orgánica 5/2010 de 22 de junio de 2010, con vigencia desde 23/12/2010

[663] Véase art. 24 de la presente Ley

[664] Añadido por art. único apartado 163 de Ley Orgánica 1/2015 de 30 de marzo de 2015, con vigencia desde 01/07/2015

[665] Añadido por art. único apartado 164 de Ley Orgánica 1/2015 de 30 de marzo de 2015, con vigencia desde 01/07/2015

Orgánica 8/2007, de 4 de julio, sobre financiación de los partidos políticos.

2. Los hechos anteriores serán castigados con una pena de prisión de seis meses a cuatro años y multa del triplo al quíntuplo de su valor o del exceso cuando:

a) Se trate de donaciones recogidas en el art. 5.Uno, letras a) o c) de la Ley Orgánica 8/2007, de 4 de julio, sobre financiación de los partidos políticos, de importe superior a 500.000 euros, o que superen en esta cifra el límite fijado en la letra b) del aquel precepto, cuando sea ésta el infringido.

b) Se trate de donaciones recogidas en el art. 7.Dos de la Ley Orgánica 8/2007, de 4 de julio, sobre financiación de los partidos políticos, que superen el importe de 100.000 euros.

3. Si los hechos a que se refiere el apartado anterior resultaran de especial gravedad, se impondrá la pena en su mitad superior, pudiéndose llegar hasta la superior en grado.

4. Las mismas penas se impondrán, en sus respectivos casos, a quien entregare donaciones o aportaciones destinadas a un partido político, federación, coalición o agrupación de electores, por sí o por persona interpuesta, en alguno de los supuestos de los números anteriores.

5. Las mismas penas se impondrán cuando, de acuerdo con lo establecido en el art. 31 bis de este Código, una persona jurídica sea responsable de los hechos. Atendidas las reglas establecidas en el art. 66 bis, los Jueces y Tribunales podrán asimismo imponer las penas recogidas en las letras b) a g) del apartado 7 del art. 33 .

304 ter. [666] 1. Será castigado con la pena de prisión de uno a cinco años, el que participe en estructuras u organizaciones, cualquiera que sea su naturaleza, cuya finalidad sea la financiación de partidos políticos, federaciones, coaliciones o agrupaciones de electores, al margen de lo establecido en la ley.

2. Se impondrá la pena en su mitad superior a las personas que dirijan dichas estructuras u organizaciones.

---

[666] Añadido por art. único apartado 165 de Ley Orgánica 1/2015 de 30 de marzo de 2015, con vigencia desde 01/07/2015

3. Si los hechos a que se refieren los apartados anteriores resultaran de especial gravedad, se impondrá la pena en su mitad superior, pudiéndose llegar hasta la superior en grado.

TÍTULO XIV
De los delitos contra la Hacienda Pública y contra la Seguridad Social [667]

305. [668] 1. El que, por acción u omisión, defraude a la Hacienda Pública estatal, autonómica, foral o local, eludiendo el pago de tributos, cantidades retenidas o que se hubieran debido retener o ingresos a cuenta, obteniendo indebidamente devoluciones o disfrutando beneficios fiscales de la misma forma, siempre que la cuantía de la cuota defraudada, el importe no ingresado de las retenciones o ingresos a cuenta o de las devoluciones o beneficios fiscales indebidamente obtenidos o disfrutados exceda de ciento veinte mil euros será castigado con la pena de prisión de uno a cinco años y multa del tanto al séxtuplo de la citada cuantía, salvo que hubiere regularizado su situación tributaria en los términos del apartado 4 del presente artículo.

La mera presentación de declaraciones o autoliquidaciones no excluye la defraudación, cuando ésta se acredite por otros hechos.

Además de las penas señaladas, se impondrá al responsable la pérdida de la posibilidad de obtener subvenciones o ayudas públicas y del derecho a gozar de los beneficios o incentivos fiscales o de la Seguridad Social durante el período de tres a seis años.

2. A los efectos de determinar la cuantía mencionada en el apartado anterior:

a) Si se trata de tributos, retenciones, ingresos a cuenta o devoluciones, periódicos o de declaración periódica, se estará a lo defraudado en cada período impositivo o de declaración, y si éstos son inferiores a doce meses, el importe de lo defraudado se referirá al año natural. No obstante lo anterior, en los casos en los que la defraudación se lleve a cabo en el seno de una organización o grupo criminal, o por personas

[667] Véase art. 31.1 CE

[668] Dada nueva redacción por art. único apartado 2 de Ley Orgánica 7/2012 de 27 de diciembre de 2012, con vigencia desde 17/01/2013

o entidades que actúen bajo la apariencia de una actividad económica real sin desarrollarla de forma efectiva, el delito será perseguible desde el mismo momento en que se alcance la cantidad fijada en el apartado 1.

b) En los demás supuestos, la cuantía se entenderá referida a cada uno de los distintos conceptos por los que un hecho imponible sea susceptible de liquidación.

3. Las mismas penas se impondrán a quien cometa las conductas descritas en el apartado 1 y a quien eluda el pago de cualquier cantidad que deba ingresar o disfrute de manera indebida de un beneficio obtenido legalmente, cuando los hechos se cometan contra la Hacienda de la Unión Europea, siempre que la cuantía defraudada excediera de cien mil euros en el plazo de un año natural. No obstante lo anterior, en los casos en los que la defraudación se lleve a cabo en el seno de una organización o grupo criminal, o por personas o entidades que actúen bajo la apariencia de una actividad económica real sin desarrollarla de forma efectiva, el delito será perseguible desde el mismo momento en que se alcance la cantidad fijada en este apartado.

Si la cuantía defraudada no superase los cien mil euros pero excediere de diez mil, se impondrá una pena de prisión de tres meses a un año o multa del tanto al triplo de la citada cuantía y la pérdida de la posibilidad de obtener subvenciones o ayudas públicas y del derecho a gozar de los beneficios o incentivos fiscales o de la Seguridad Social durante el período de seis meses a dos años. [669]

4. Se considerará regularizada la situación tributaria cuando se haya procedido por el obligado tributario al completo reconocimiento y pago de la deuda tributaria, antes de que por la Administración Tributaria se le haya notificado el inicio de actuaciones de comprobación o investigación tendentes a la determinación de las deudas tributarias objeto de la regularización o, en el caso de que tales actuaciones no se hubieran producido, antes de que el Ministerio Fiscal, el Abogado del Estado o el representante procesal de la Administración autonómica, foral o local de que se trate, interponga querella o denuncia contra aquél dirigida, o antes de que el Ministerio Fiscal o el Juez de Instrucción realicen actuaciones que le permitan tener conocimiento formal de la iniciación de diligencias.

---

[669] Dada nueva redacción apartado 3 por art. único apartado 10 de Ley Orgánica 1/2019 de 20 de febrero de 2019, con vigencia desde 13/03/2019

Asimismo, los efectos de la regularización prevista en el párrafo anterior resultarán aplicables cuando se satisfagan deudas tributarias una vez prescrito el derecho de la Administración a su determinación en vía administrativa.

La regularización por el obligado tributario de su situación tributaria impedirá que se le persiga por las posibles irregularidades contables u otras falsedades instrumentales que, exclusivamente en relación a la deuda tributaria objeto de regularización, el mismo pudiera haber cometido con carácter previo a la regularización de su situación tributaria.

5. Cuando la Administración Tributaria apreciare indicios de haberse cometido un delito contra la Hacienda Pública, podrá liquidar de forma separada, por una parte los conceptos y cuantías que no se encuentren vinculados con el posible delito contra la Hacienda Pública, y por otra, los que se encuentren vinculados con el posible delito contra la Hacienda Pública.

La liquidación indicada en primer lugar en el párrafo anterior seguirá la tramitación ordinaria y se sujetará al régimen de recursos propios de toda liquidación tributaria. Y la liquidación que en su caso derive de aquellos conceptos y cuantías que se encuentren vinculados con el posible delito contra la Hacienda Pública seguirá la tramitación que al efecto establezca la normativa tributaria, sin perjuicio de que finalmente se ajuste a lo que se decida en el proceso penal.

La existencia del procedimiento penal por delito contra la Hacienda Pública no paralizará la acción de cobro de la deuda tributaria. Por parte de la Administración Tributaria podrán iniciarse las actuaciones dirigidas al cobro, salvo que el Juez, de oficio o a instancia de parte, hubiere acordado la suspensión de las actuaciones de ejecución, previa prestación de garantía. Si no se pudiese prestar garantía en todo o en parte, excepcionalmente el Juez podrá acordar la suspensión con dispensa total o parcial de garantías si apreciare que la ejecución pudiese ocasionar daños irreparables o de muy difícil reparación.

6. Los Jueces y Tribunales podrán imponer al obligado tributario o al autor del delito la pena inferior en uno o dos grados, siempre que, antes de que transcurran dos meses desde la citación judicial como imputado satisfaga la deuda tributaria y reconozca judicialmente los hechos. Lo anterior será igualmente aplicable respecto de otros partícipes en el delito distintos del obligado tributario o del autor del delito, cuando colaboren activamente para la obtención de pruebas decisivas

para la identificación o captura de otros responsables, para el completo esclarecimiento de los hechos delictivos o para la averiguación del patrimonio del obligado tributario o de otros responsables del delito.

7. En los procedimientos por el delito contemplado en este artículo, para la ejecución de la pena de multa y la responsabilidad civil, que comprenderá el importe de la deuda tributaria que la Administración Tributaria no haya liquidado por prescripción u otra causa legal en los términos previstos en la Ley 58/2003, General Tributaria, de 17 de diciembre, incluidos sus intereses de demora, los Jueces y Tribunales recabarán el auxilio de los servicios de la Administración Tributaria que las exigirá por el procedimiento administrativo de apremio en los términos establecidos en la citada Ley.

305 bis. [670] 1. El delito contra la Hacienda Pública será castigado con la pena de prisión de dos a seis años y multa del doble al séxtuplo de la cuota defraudada cuando la defraudación se cometiere concurriendo alguna de las circunstancias siguientes:

a) Que la cuantía de la cuota defraudada exceda de seiscientos mil euros.

b) Que la defraudación se haya cometido en el seno de una organización o de un grupo criminal.

c) Que la utilización de personas físicas o jurídicas o entes sin personalidad jurídica interpuestos, negocios o instrumentos fiduciarios o paraísos fiscales o territorios de nula tributación oculte o dificulte la determinación de la identidad del obligado tributario o del responsable del delito, la determinación de la cuantía defraudada o del patrimonio del obligado tributario o del responsable del delito.

2. A los supuestos descritos en el presente artículo les serán de aplicación todas las restantes previsiones contenidas en el art. 305.

En estos casos, además de las penas señaladas, se impondrá al responsable la pérdida de la posibilidad de obtener subvenciones o ayudas públicas y del derecho a gozar de los beneficios o incentivos fiscales o de la Seguridad Social durante el período de cuatro a ocho años.

---

[670] Añadido por art. único apartado 3 de Ley Orgánica 7/2012 de 27 de diciembre de 2012, con vigencia desde 17/01/2013

306. [671] El que por acción u omisión defraude a los presupuestos generales de la Unión Europea u otros administrados por esta, en cuantía superior a cincuenta mil euros, eludiendo, fuera de los casos contemplados en el apartado 3 del artículo 305, el pago de cantidades que se deban ingresar o, dando, fuera de los casos contemplados en el artículo 308, a los fondos obtenidos una aplicación distinta de aquella a que estuvieren destinados u obteniendo indebidamente fondos falseando las condiciones requeridas para su concesión u ocultando las que la hubieran impedido, será castigado con la pena de prisión de uno a cinco años y multa del tanto al séxtuplo de la citada cuantía y la pérdida de la posibilidad de obtener subvenciones o ayudas públicas y del derecho a gozar de los beneficios o incentivos fiscales o de la Seguridad Social durante el período de tres a seis años. [672]

Si la cuantía defraudada o aplicada indebidamente no superase los cincuenta mil euros, pero excediere de cuatro mil, se impondrá una pena de prisión de tres meses a un año o multa del tanto al triplo de la citada cuantía y la pérdida de la posibilidad de obtener subvenciones o ayudas públicas y del derecho a gozar de los beneficios o incentivos fiscales o de la Seguridad Social durante el período de seis meses a dos años.

307. [673] 1. El que, por acción u omisión, defraude a la Seguridad Social eludiendo el pago de las cuotas de ésta y conceptos de recaudación conjunta, obteniendo indebidamente devoluciones de las mismas o disfrutando de deducciones por cualquier concepto asimismo de forma indebida, siempre que la cuantía de las cuotas defraudadas o de las devoluciones o deducciones indebidas exceda de cincuenta mil euros será castigado con la pena de prisión de uno a cinco años y multa del tanto al séxtuplo de la citada cuantía salvo que hubiere regularizado su situación ante la Seguridad Social en los términos del apartado 3 del presente artículo.

---

[671] Dada nueva redacción por art. único apartado 4 de Ley Orgánica 7/2012 de 27 de diciembre de 2012, con vigencia desde 17/01/2013

[672] Dada nueva redacción párrafo 1 por disposición final 4 apartado 3 de Ley Orgánica 9/2021 de 1 de julio de 2021, con vigencia desde 03/07/2021

[673] Dada nueva redacción por art. único apartado 5 de Ley Orgánica 7/2012 de 27 de diciembre de 2012, con vigencia desde 17/01/2013

La mera presentación de los documentos de cotización no excluye la defraudación, cuando ésta se acredite por otros hechos.

Además de las penas señaladas, se impondrá al responsable la pérdida de la posibilidad de obtener subvenciones o ayudas públicas y del derecho a gozar de los beneficios o incentivos fiscales o de la Seguridad Social durante el período de tres a seis años.

2. A los efectos de determinar la cuantía mencionada en el apartado anterior se estará al importe total defraudado durante cuatro años naturales.

3. Se considerará regularizada la situación ante la Seguridad Social cuando se haya procedido por el obligado frente a la Seguridad Social al completo reconocimiento y pago de la deuda antes de que se le haya notificado la iniciación de actuaciones inspectoras dirigidas a la determinación de dichas deudas o, en caso de que tales actuaciones no se hubieran producido, antes de que el Ministerio Fiscal o el Letrado de la Seguridad Social interponga querella o denuncia contra aquél dirigida o antes de que el Ministerio Fiscal o el Juez de Instrucción realicen actuaciones que le permitan tener conocimiento formal de la iniciación de diligencias.

Asimismo, los efectos de la regularización prevista en el párrafo anterior, resultarán aplicables cuando se satisfagan deudas ante la Seguridad Social una vez prescrito el derecho de la Administración a su determinación en vía administrativa.

La regularización de la situación ante la Seguridad Social impedirá que a dicho sujeto se le persiga por las posibles irregularidades contables u otras falsedades instrumentales que, exclusivamente en relación a la deuda objeto de regularización, el mismo pudiera haber cometido con carácter previo a la regularización de su situación.

4. La existencia de un procedimiento penal por delito contra la Seguridad Social no paralizará el procedimiento administrativo para la liquidación y cobro de la deuda contraída con la Seguridad Social, salvo que el Juez lo acuerde previa prestación de garantía. En el caso de que no se pudiese prestar garantía en todo o en parte, el Juez, con carácter excepcional, podrá acordar la suspensión con dispensa total o parcial de las garantías, en el caso de que apreciara que la ejecución pudiera ocasionar daños irreparables o de muy difícil reparación. La liquidación administrativa se ajustará finalmente a lo que se decida en el proceso penal.

5. Los Jueces y Tribunales podrán imponer al obligado frente a la Seguridad Social o al autor del delito la pena inferior en uno o dos gra-

dos, siempre que, antes de que transcurran dos meses desde la citación judicial como imputado, satisfaga la deuda con la Seguridad Social y reconozca judicialmente los hechos. Lo anterior será igualmente aplicable respecto de otros partícipes en el delito distintos del deudor a la Seguridad Social o del autor del delito, cuando colaboren activamente para la obtención de pruebas decisivas para la identificación o captura de otros responsables, para el completo esclarecimiento de los hechos delictivos o para la averiguación del patrimonio del obligado frente a la Seguridad Social o de otros responsables del delito.

6. En los procedimientos por el delito contemplado en este artículo, para la ejecución de la pena de multa y la responsabilidad civil, que comprenderá el importe de la deuda frente a la Seguridad Social que la Administración no haya liquidado por prescripción u otra causa legal, incluidos sus intereses de demora, los Jueces y Tribunales recabarán el auxilio de los servicios de la Administración de la Seguridad Social que las exigirá por el procedimiento administrativo de apremio.

307 bis. [674] 1. El delito contra la Seguridad Social será castigado con la pena de prisión de dos a seis años y multa del doble al séxtuplo de la cuantía cuando en la comisión del delito concurriera alguna de las siguientes circunstancias:

a) Que la cuantía de las cuotas defraudadas o de las devoluciones o deducciones indebidas exceda de ciento veinte mil euros.

b) Que la defraudación se haya cometido en el seno de una organización o de un grupo criminal.

c) Que la utilización de personas físicas o jurídicas o entes sin personalidad jurídica interpuestos, negocios o instrumentos fiduciarios o paraísos fiscales o territorios de nula tributación oculte o dificulte la determinación de la identidad del obligado frente a la Seguridad Social o del responsable del delito, la determinación de la cuantía defraudada o del patrimonio del obligado frente a la Seguridad Social o del responsable del delito.

2. A los supuestos descritos en el presente artículo le serán de aplicación todas las restantes previsiones contenidas en el art. 307.

3. En estos casos, además de las penas señaladas, se impondrá al responsable la pérdida de la posibilidad de obtener subvenciones o

---

[674] Añadido por art. único apartado 6 de Ley Orgánica 7/2012 de 27 de diciembre de 2012, con vigencia desde 17/01/2013

ayudas públicas y del derecho a gozar de los beneficios o incentivos fiscales o de la Seguridad Social durante el período de cuatro a ocho años.

307 ter. [675] 1. Quien obtenga, para sí o para otro, el disfrute de prestaciones del Sistema de la Seguridad Social, la prolongación indebida del mismo, o facilite a otros su obtención, por medio del error provocado mediante la simulación o tergiversación de hechos, o la ocultación consciente de hechos de los que tenía el deber de informar, causando con ello un perjuicio a la Administración Pública, será castigado con la pena de seis meses a tres años de prisión.

Cuando los hechos, a la vista del importe defraudado, de los medios empleados y de las circunstancias personales del autor, no revistan especial gravedad, serán castigados con una pena de multa del tanto al séxtuplo.

Además de las penas señaladas, se impondrá al responsable la pérdida de la posibilidad de obtener subvenciones y del derecho a gozar de los beneficios o incentivos fiscales o de la Seguridad Social durante el período de tres a seis años.

2. Cuando el valor de las prestaciones fuera superior a cincuenta mil euros o hubiera concurrido cualquiera de las circunstancias a que se refieren las letras b) o c) del apartado 1 del art. 307 bis, se impondrá una pena de prisión de dos a seis años y multa del tanto al séxtuplo.

En estos casos, además de las penas señaladas, se impondrá al responsable la pérdida de la posibilidad de obtener subvenciones y del derecho a gozar de los beneficios o incentivos fiscales o de la Seguridad Social durante el período de cuatro a ocho años.

3. Quedará exento de responsabilidad criminal en relación con las conductas descritas en los apartados anteriores el que reintegre una cantidad equivalente al valor de la prestación recibida incrementada en un interés anual equivalente al interés legal del dinero aumentado en dos puntos porcentuales, desde el momento en que las percibió, antes de que se le haya notificado la iniciación de actuaciones de inspección y control en relación con las mismas o, en el caso de que tales actuaciones no se hubieran producido, antes de que el Ministerio Fiscal, el Abogado del Estado, el Letrado de la Seguridad Social, o el

---

[675] Añadido por art. único apartado 7 de Ley Orgánica 7/2012 de 27 de diciembre de 2012, con vigencia desde 17/01/2013

representante de la Administración autonómica o local de que se trate, interponga querella o denuncia contra aquél dirigida o antes de que el Ministerio Fiscal o el Juez de Instrucción realicen actuaciones que le permitan tener conocimiento formal de la iniciación de diligencias.

La exención de responsabilidad penal contemplada en el párrafo anterior alcanzará igualmente a dicho sujeto por las posibles falsedades instrumentales que, exclusivamente en relación a las prestaciones defraudadas objeto de reintegro, el mismo pudiera haber cometido con carácter previo a la regularización de su situación.

4. La existencia de un procedimiento penal por alguno de los delitos de los apartados 1 y 2 de este artículo, no impedirá que la Administración competente exija el reintegro por vía administrativa de las prestaciones indebidamente obtenidas. El importe que deba ser reintegrado se entenderá fijado provisionalmente por la Administración, y se ajustará después a lo que finalmente se resuelva en el proceso penal.

El procedimiento penal tampoco paralizará la acción de cobro de la Administración competente, que podrá iniciar las actuaciones dirigidas al cobro salvo que el Juez, de oficio o a instancia de parte, hubiere acordado la suspensión de las actuaciones de ejecución previa prestación de garantía. Si no se pudiere prestar garantía en todo o en parte, excepcionalmente el Juez podrá acordar la suspensión con dispensa total o parcial de garantías si apreciare que la ejecución pudiese ocasionar daños irreparables o de muy difícil reparación.

5. En los procedimientos por el delito contemplado en este artículo, para la ejecución de la pena de multa y de la responsabilidad civil, los Jueces y Tribunales recabarán el auxilio de los servicios de la Administración de la Seguridad Social que las exigirá por el procedimiento administrativo de apremio.

6. Resultará aplicable a los supuestos regulados en este artículo lo dispuesto en el apartado 5 del art. 307 del Código Penal.

308. [676] 1. El que obtenga subvenciones o ayudas de las Administraciones Públicas, incluida la Unión Europea, en una cantidad o por un valor superior a cien mil euros falseando las condiciones requeridas para su concesión u ocultando las que la hubiesen impedido será castigado con la pena de prisión de uno a cinco años y multa del tanto

---

[676] Dada nueva redacción por art. único apartado 11 de Ley Orgánica 1/2019 de 20 de febrero de 2019, con vigencia desde 13/03/2019

al séxtuplo de su importe, salvo que lleve a cabo el reintegro a que se refiere el apartado 6.

2. Las mismas penas se impondrán al que, en el desarrollo de una actividad sufragada total o parcialmente con fondos de las Administraciones públicas, incluida la Unión Europea, los aplique en una cantidad superior a cien mil euros a fines distintos de aquéllos para los que la subvención o ayuda fue concedida, salvo que lleve a cabo el reintegro a que se refiere el apartado 6.

3. Además de las penas señaladas, se impondrá al responsable la pérdida de la posibilidad de obtener subvenciones o ayudas públicas y del derecho a gozar de beneficios o incentivos fiscales o de la Seguridad Social durante un período de tres a seis años.

4. Si la cuantía obtenida, defraudada o aplicada indebidamente no superase los cien mil euros pero excediere de diez mil, se impondrá una pena de prisión de tres meses a un año o multa del tanto al triplo de la citada cuantía y la pérdida de la posibilidad de obtener subvenciones o ayudas públicas y del derecho a gozar de los beneficios o incentivos fiscales o de la Seguridad Social durante el período de seis meses a dos años, salvo que lleve a cabo el reintegro a que se refiere el apartado 6.

5. A los efectos de determinar la cuantía a que se refiere este artículo, se atenderá al total de lo obtenido, defraudado o indebidamente aplicado, con independencia de si procede de una o de varias Administraciones Públicas conjuntamente.

6. Se entenderá realizado el reintegro al que se refieren los apartados 1, 2 y 4 cuando por el perceptor de la subvención o ayuda se proceda a devolver las subvenciones o ayudas indebidamente percibidas o aplicadas, incrementadas en el interés de demora aplicable en materia de subvenciones desde el momento en que las percibió, y se lleve a cabo antes de que se haya notificado la iniciación de actuaciones de comprobación o control en relación con dichas subvenciones o ayudas o, en el caso de que tales actuaciones no se hubieran producido, antes de que el Ministerio Fiscal, el Abogado del Estado o el representante de la Administración autonómica o local de que se trate, interponga querella o denuncia contra aquél dirigida o antes de que el Ministerio Fiscal o el juez de instrucción realicen actuaciones que le permitan tener conocimiento formal de la iniciación de diligencias. El reintegro impedirá que a dicho sujeto se le persiga por las posibles falsedades instrumentales que, exclusivamente en relación a la deuda objeto de

regularización, el mismo pudiera haber cometido con carácter previo a la regularización de su situación.

7. La existencia de un procedimiento penal por alguno de los delitos de los apartados 1, 2 y 4 de este artículo, no impedirá que la Administración competente exija el reintegro por vía administrativa de las subvenciones o ayudas indebidamente aplicadas. El importe que deba ser reintegrado se entenderá fijado provisionalmente por la Administración, y se ajustará después a lo que finalmente se resuelva en el proceso penal.

El procedimiento penal tampoco paralizará la acción de cobro de la Administración, que podrá iniciar las actuaciones dirigidas al cobro salvo que el juez, de oficio o a instancia de parte, hubiere acordado la suspensión de las actuaciones de ejecución previa prestación de garantía. Si no se pudiere prestar garantía en todo o en parte, excepcionalmente el juez podrá acordar la suspensión con dispensa total o parcial de garantías si apreciare que la ejecución pudiese ocasionar daños irreparables o de muy difícil reparación.

8. Los jueces y tribunales podrán imponer al responsable de este delito la pena inferior en uno o dos grados, siempre que, antes de que transcurran dos meses desde la citación judicial como investigado, lleve a cabo el reintegro a que se refiere el apartado 6 y reconozca judicialmente los hechos. Lo anterior será igualmente aplicable respecto de otros partícipes en el delito distintos del obligado al reintegro o del autor del delito, cuando colaboren activamente para la obtención de pruebas decisivas para la identificación o captura de otros responsables, para el completo esclarecimiento de los hechos delictivos o para la averiguación del patrimonio del obligado o del responsable del delito.

308 bis. [677] 1. La suspensión de la ejecución de las penas impuestas por alguno de los delitos regulados en este Título se regirá por las disposiciones contenidas en el Capítulo III del Título III del Libro I de este Código, completadas por las siguientes reglas:

1ª La suspensión de la ejecución de la pena de prisión impuesta requerirá, además del cumplimiento de los requisitos regulados en el art. 80 , que el penado haya abonado la deuda tributaria o con la Segu-

---

[677] Añadido por art. único apartado 167 de Ley Orgánica 1/2015 de 30 de marzo de 2015, con vigencia desde 01/07/2015

ridad Social, o que haya procedido al reintegro de las subvenciones o ayudas indebidamente recibidas o utilizadas.

Este requisito se entenderá cumplido cuando el penado asuma el compromiso de satisfacer la deuda tributaria, la deuda frente a la Seguridad Social o de proceder al reintegro de las subvenciones o ayudas indebidamente recibidas o utilizadas y las responsabilidades civiles de acuerdo a su capacidad económica y de facilitar el decomiso acordado, y sea razonable esperar que el mismo será cumplido. La suspensión no se concederá cuando conste que el penado ha facilitado información inexacta o insuficiente sobre su patrimonio.

La resolución por la que el Juez o Tribunal concedan la suspensión de la ejecución de la pena será comunicada a la representación procesal de la Hacienda Pública estatal, autonómica, local o foral, de la Seguridad Social o de la Administración que hubiera concedido la subvención o ayuda.

2ª El Juez o Tribunal revocarán la suspensión y ordenarán la ejecución de la pena, además de en los supuestos del art. 86 , cuando el penado no dé cumplimiento al compromiso de pago de la deuda tributaria o con la Seguridad Social, al de reintegro de las subvenciones y ayudas indebidamente recibidas o utilizadas, o al de pago de las responsabilidades civiles, siempre que tuviera capacidad económica para ello, o facilite información inexacta o insuficiente sobre su patrimonio. En estos casos, el juez de vigilancia penitenciaria podrá denegar la concesión de la libertad condicional.

2. En el supuesto del art. 125 , el Juez o Tribunal oirán previamente a la representación procesal de la Hacienda Pública estatal, autonómica, local o foral, de la Seguridad Social o de la Administración que hubiera concedido la subvención o ayuda, al objeto de que aporte informe patrimonial de los responsables del delito en el que se analizará la capacidad económica y patrimonial real de los responsables y se podrá incluir una propuesta de fraccionamiento acorde con dicha capacidad y con la normativa tributaria, de la Seguridad Social o de subvenciones.

309. [678] (Derogado)

---

[678] Derogado por disposición derogatoria única apartado 1 de Ley Orgánica 7/2012 de 27 de diciembre de 2012, con vigencia desde 17/01/2013

310. [679] Será castigado con la pena de prisión de cinco a siete meses el que estando obligado por Ley tributaria a llevar contabilidad mercantil, libros o registros fiscales:

a) Incumpla absolutamente dicha obligación en régimen de estimación directa de bases tributarias.

b) Lleve contabilidades distintas que, referidas a una misma actividad y ejercicio económico, oculten o simulen la verdadera situación de la empresa.

c) No hubiere anotado en los libros obligatorios negocios, actos, operaciones o, en general, transacciones económicas, o los hubiese anotado con cifras distintas a las verdaderas.

d) Hubiere practicado en los libros obligatorios anotaciones contables ficticias.

La consideración como delito de los supuestos de hecho, a que se refieren los párrafos c) y d) anteriores, requerirá que se hayan omitido las declaraciones tributarias o que las presentadas fueren reflejo de su falsa contabilidad y que la cuantía, en más o menos, de los cargos o abonos omitidos o falseados exceda, sin compensación aritmética entre ellos, de 240.000 euros por cada ejercicio económico [680].

310 bis. [681] Cuando de acuerdo con lo establecido en el art. 31 bis una persona jurídica sea responsable de los delitos recogidos en este Título, se le impondrán las siguientes penas:

a) Multa del tanto al doble de la cantidad defraudada o indebidamente obtenida, si el delito cometido por la persona física tiene prevista una pena de prisión de más de dos años.

b) Multa del doble al cuádruple de la cantidad defraudada o indebidamente obtenida, si el delito cometido por la persona física tiene prevista una pena de prisión de más de cinco años.

c) Multa de seis meses a un año, en los supuestos recogidos en el art. 310.

Además de las señaladas, se impondrá a la persona jurídica responsable la pérdida de la posibilidad de obtener subvenciones o ayudas

---

[679] Dada nueva redacción por art. único apartado 115 de Ley Orgánica 15/2003 de 25 de noviembre de 2003, con vigencia desde 01/10/2004

[680] Véase art. 184.2 y 3 LGT

[681] Dada nueva redacción por art. único apartado 9 de Ley Orgánica 7/2012 de 27 de diciembre de 2012, con vigencia desde 17/01/2013

públicas y del derecho a gozar de los beneficios o incentivos fiscales o de la Seguridad Social durante el período de tres a seis años. Podrá imponerse la prohibición para contratar con las Administraciones Públicas.

Atendidas las reglas establecidas en el art. 66 bis, los Jueces y Tribunales podrán asimismo imponer las penas recogidas en las letras b), c), d), e) y g) del apartado 7 del art. 33 .

TÍTULO XV
De los delitos contra los derechos de los trabajadores

311. [682] Serán castigados con las penas de prisión de seis meses a seis años y multa de seis a doce meses:

1º Los que, mediante engaño o abuso de situación de necesidad, impongan a los trabajadores a su servicio condiciones laborales o de Seguridad Social que perjudiquen, supriman o restrinjan los derechos que tengan reconocidos por disposiciones legales, convenios colectivos o contrato individual.

2º Los que impongan condiciones ilegales a sus trabajadores mediante su contratación bajo fórmulas ajenas al contrato de trabajo, o las mantengan en contra de requerimiento o sanción administrativa.

3º Los que den ocupación simultáneamente a una pluralidad de trabajadores sin comunicar su alta en el régimen de la Seguridad Social que corresponda o, en su caso, sin haber obtenido la correspondiente autorización de trabajo, siempre que el número de trabajadores afectados sea al menos de:

a) el veinticinco por ciento, en las empresas o centros de trabajo que ocupen a más de cien trabajadores,

b) el cincuenta por ciento, en las empresas o centros de trabajo que ocupen a más de diez trabajadores y no más de cien, o

c) la totalidad de los mismos, en las empresas o centros de trabajo que ocupen a más de cinco y no más de diez trabajadores.

---

[682] Añadido por art. 1 apartado 9 de Ley Orgánica 14/2022 de 22 de diciembre de 2022 un nuevo numeral 2.º, renumerándose los anteriores 2.º a 4.º como 3.º a 5.º, con vigencia desde 12/01/2023

4º Los que en el supuesto de transmisión de empresas, con conocimiento de los procedimientos descritos en los apartados anteriores, mantengan las referidas condiciones impuestas por otro.

5º Si las conductas reseñadas en los apartados anteriores se llevaren a cabo con violencia o intimidación se impondrán las penas superiores en grado.

311 bis. [683] Será castigado con la pena de prisión de tres a dieciocho meses o multa de doce a treinta meses, salvo que los hechos estén castigados con una pena más grave en otro precepto de este Código, quien:

a) De forma reiterada, emplee o dé ocupación a ciudadanos extranjeros que carezcan de permiso de trabajo, o

b) emplee o dé ocupación a un menor de edad que carezca de permiso de trabajo.

312. 1. Serán castigados con las penas de prisión de dos a cinco años y multa de seis a doce meses, los que trafiquen de manera ilegal con mano de obra. [684]

2. En la misma pena incurrirán quienes recluten personas o las determinen a abandonar su puesto de trabajo ofreciendo empleo o condiciones de trabajo engañosas o falsas, y quienes empleen a súbditos extranjeros sin permiso de trabajo en condiciones que perjudiquen, supriman o restrinjan los derechos que tuviesen reconocidos por disposiciones legales, convenios colectivos o contrato individual [685] .

---

[683] Añadido por art. único apartado 168 de Ley Orgánica 1/2015 de 30 de marzo de 2015, con vigencia desde 01/07/2015

[684] Dada nueva redacción apartado 1 por disposición final 1 de Ley Orgánica 4/2000 de 11 de enero de 2000, con vigencia desde 01/02/2000

[685] Véase LO 4/2000 de 11 enero, sobre Derechos y Libertades de los extranjeros en España y su integración social y su nuevo Reglamento, aprobado por RD 1155/2024 de 19 noviembre, con vigencia desde el 20 mayo 2025, que sustituye al anterior, aprobado por RD 557/2011 de 20 abril

313. [686] El que determinare o favoreciere la emigración de alguna persona a otro país simulando contrato o colocación, o usando de otro engaño semejante, será castigado con la pena prevista en el artículo anterior.

314. [687] Quienes produzcan una grave discriminación en el empleo, público o privado, contra alguna persona por razón de su ideología, religión o creencias, su situación familiar, su pertenencia a una etnia, raza o nación, su origen nacional, su sexo, edad, orientación o identidad sexual o de género, razones de género, de aporofobia o de exclusión social, la enfermedad que padezca o su discapacidad, por ostentar la representación legal o sindical de los trabajadores, por el parentesco con otros trabajadores de la empresa o por el uso de alguna de las lenguas oficiales dentro del Estado español, y no restablezcan la situación de igualdad ante la ley tras requerimiento o sanción administrativa, reparando los daños económicos que se hayan derivado, serán castigados con la pena de prisión de seis meses a dos años o multa de doce a veinticuatro meses [688].

315. [689] 1. Serán castigados con las penas de prisión de seis meses a dos años o multa de seis a doce meses los que, mediante engaño o abuso de situación de necesidad, impidieren o limitaren el ejercicio de la libertad sindical o el derecho de huelga [690].

2. Si las conductas reseñadas en el apartado anterior se llevaren a cabo con coacciones serán castigadas con la pena de prisión de un año y nueve meses hasta tres años o con la pena de multa de dieciocho meses a veinticuatro meses [691].

---

[686] Dada nueva redacción por art. único apartado 86 de Ley Orgánica 5/2010 de 22 de junio de 2010, con vigencia desde 23/12/2010

[687] Dada nueva redacción por disposición final 6 apartado 31 de Ley Orgánica 8/2021 de 4 de junio de 2021, con vigencia desde 25/06/2021

[688] Véanse arts. 14 y 35.1 CE y arts. 22.4 y 512 de la presente Ley

[689] Dada nueva redacción por art. único apartado 169 de Ley Orgánica 1/2015 de 30 de marzo de 2015, con vigencia desde 01/07/2015

[690] Véanse arts. 7 y 28 CE y arts. 314, 539, 540 y 542 de la presente Ley

[691] Véase art. 172 de la presente Ley

Apartado 3 (Derogado) [692]

316. Los que con infracción de las normas de prevención de riesgos laborales y estando legalmente obligados, no faciliten los medios necesarios para que los trabajadores desempeñen su actividad con las medidas de seguridad e higiene adecuadas, de forma que pongan así en peligro grave su vida, salud o integridad física, serán castigados con las penas de prisión de seis meses a tres años y multa de seis a doce meses [693].

317. Cuando el delito a que se refiere el artículo anterior se cometa por imprudencia grave, será castigado con la pena inferior en grado.

318. [694] Cuando los hechos previstos en los artículos de este Título se atribuyeran a personas jurídicas, se impondrá la pena señalada a los administradores o encargados del servicio que hayan sido responsables de los mismos y a quienes, conociéndolos y pudiendo remediarlo, no hubieran adoptado medidas para ello. En estos supuestos la autoridad judicial podrá decretar, además, alguna o algunas de las medidas previstas en el art. 129 de este Código [695].

---

[692] Derogado apartado 3 por art. único de Ley Orgánica 5/2021 de 22 de abril de 2021, con vigencia desde 24/04/2021

[693] Véase art. 19 ET y arts. 341 y ss y 350 de la presente Ley

[694] Dada nueva redacción por art. 1 apartado 12 de Ley Orgánica 11/2003 de 29 de septiembre de 2003, con vigencia desde 01/10/2003

[695] Véase art. 31 de la presente Ley

TÍTULO XV BIS
Delitos contra los derechos de los ciudadanos extranjeros [696]

318 bis. [697] 1. El que intencionadamente ayude a una persona que no sea nacional de un Estado miembro de la Unión Europea a entrar en territorio español o a transitar a través del mismo de un modo que vulnere la legislación sobre entrada o tránsito de extranjeros, será castigado con una pena de multa de tres a doce meses o prisión de tres meses a un año.

Los hechos no serán punibles cuando el objetivo perseguido por el autor fuere únicamente prestar ayuda humanitaria a la persona de que se trate.

Si los hechos se hubieran cometido con ánimo de lucro se impondrá la pena en su mitad superior.

2. El que intencionadamente ayude, con ánimo de lucro, a una persona que no sea nacional de un Estado miembro de la Unión Europea a permanecer en España, vulnerando la legislación sobre estancia de extranjeros será castigado con una pena de multa de tres a doce meses o prisión de tres meses a un año.

3. Los hechos a que se refiere el apartado 1 de este artículo serán castigados con la pena de prisión de cuatro a ocho años cuando concurra alguna de las circunstancias siguientes:

a) Cuando los hechos se hubieran cometido en el seno de una organización que se dedicare a la realización de tales actividades. Cuando se trate de los jefes, administradores o encargados de dichas organizaciones o asociaciones, se les aplicará la pena en su mitad superior, que podrá elevarse a la inmediatamente superior en grado.

b) Cuando se hubiera puesto en peligro la vida de las personas objeto de la infracción, o se hubiera creado el peligro de causación de lesiones graves.

4. En las mismas penas del párrafo anterior y además en la de inhabilitación absoluta de seis a doce años, incurrirán los que realicen los hechos prevaliéndose de su condición de autoridad, agente de ésta o funcionario público.

---

[696] Añadido por disposición final 2 de Ley Orgánica 4/2000 de 11 de enero de 2000, con vigencia desde 01/02/2000

[697] Dada nueva redacción por art. único apartado 170 de Ley Orgánica 1/2015 de 30 de marzo de 2015, con vigencia desde 01/07/2015

5. Cuando de acuerdo con lo establecido en el art. 31 bis una persona jurídica sea responsable de los delitos recogidos en este Título, se le impondrá la pena de multa de dos a cinco años, o la del triple al quíntuple del beneficio obtenido si la cantidad resultante fuese más elevada.

Atendidas las reglas establecidas en el art. 66 bis, los Jueces y Tribunales podrán asimismo imponer las penas recogidas en las letras b) a g) del apartado 7 del art. 33 .

6. Los Tribunales, teniendo en cuenta la gravedad del hecho y sus circunstancias, las condiciones del culpable y la finalidad perseguida por éste, podrán imponer la pena inferior en un grado a la respectivamente señalada [698] .

TÍTULO XVI
De los delitos relativos a la ordenación del territorio y el urbanismo, la protección del patrimonio histórico y el medio ambiente [699]

CAPÍTULO PRIMERO
De los delitos sobre la ordenación del territorio y el urbanismo [700] [701]

319. [702] 1. Se impondrán las penas de prisión de un año y seis meses a cuatro años, multa de doce a veinticuatro meses, salvo que el beneficio obtenido por el delito fuese superior a la cantidad resultante en cuyo caso la multa será del tanto al triplo del montante de dicho beneficio, e inhabilitación especial para profesión u oficio por tiempo

---

[698] Véanse art. 54 LO 4/2000, de 11 de enero, sobre derechos y libertades de los extranjeros en España y su integración social y arts. 24, 312 y 313 de la presente Ley

[699] Dada nueva redacción por art. único apartado 88 de Ley Orgánica 5/2010 de 22 de junio de 2010, con vigencia desde 23/12/2010

[700] Véanse arts. 45, 46, 47 y 148.1 CE y RDLeg. 7/2015, de 30 de octubre por el que se aprueba el texto refundido de la Ley de Suelo y Rehabilitación Urbana

[701] Dada nueva redacción por art. único apartado 89 de Ley Orgánica 5/2010 de 22 de junio de 2010, con vigencia desde 23/12/2010

[702] Dada nueva redacción por art. único apartado 90 de Ley Orgánica 5/2010 de 22 de junio de 2010, con vigencia desde 23/12/2010

de uno a cuatro años, a los promotores, constructores o técnicos directores que lleven a cabo obras de urbanización, construcción o edificación no autorizables en suelos destinados a viales, zonas verdes, bienes de dominio público o lugares que tengan legal o administrativamente reconocido su valor paisajístico, ecológico, artístico, histórico o cultural, o por los mismos motivos hayan sido considerados de especial protección.

2. Se impondrá la pena de prisión de uno a tres años, multa de doce a veinticuatro meses, salvo que el beneficio obtenido por el delito fuese superior a la cantidad resultante en cuyo caso la multa será del tanto al triplo del montante de dicho beneficio, e inhabilitación especial para profesión u oficio por tiempo de uno a cuatro años, a los promotores, constructores o técnicos directores que lleven a cabo obras de urbanización, construcción o edificación no autorizables en el suelo no urbanizable.

3. En cualquier caso, los Jueces o Tribunales, motivadamente, podrán ordenar, a cargo del autor del hecho, la demolición de la obra y la reposición a su estado originario de la realidad física alterada, sin perjuicio de las indemnizaciones debidas a terceros de buena fe, y valorando las circunstancias, y oída la Administración competente, condicionarán temporalmente la demolición a la constitución de garantías que aseguren el pago de aquéllas. En todo caso se dispondrá el decomiso de las ganancias provenientes del delito cualesquiera que sean las transformaciones que hubieren podido experimentar. [703]

4. En los supuestos previstos en este artículo, cuando fuere responsable una persona jurídica de acuerdo con lo establecido en el art. 31 bis de este Código se le impondrá la pena de multa de uno a tres años, salvo que el beneficio obtenido por el delito fuese superior a la cantidad resultante en cuyo caso la multa será del doble al cuádruple del montante de dicho beneficio.

Atendidas las reglas establecidas en el art. 66 bis, los Jueces y Tribunales podrán asimismo imponer las penas recogidas en las letras b) a g) del apartado 7 del art. 33 [704].

---

[703] Dada nueva redacción apartado 3 por art. único apartado 171 de Ley Orgánica 1/2015 de 30 de marzo de 2015, con vigencia desde 01/07/2015

[704] Véanse arts. 109 y ss de la presente Ley

320. [705] 1. La autoridad o funcionario público que, a sabiendas de su injusticia, haya informado favorablemente instrumentos de planeamiento, proyectos de urbanización, parcelación, reparcelación, construcción o edificación o la concesión de licencias contrarias a las normas de ordenación territorial o urbanística vigentes, o que con motivo de inspecciones haya silenciado la infracción de dichas normas o que haya omitido la realización de inspecciones de carácter obligatorio será castigado con la pena establecida en el art. 404 de este Código y, además, con la de prisión de un año y seis meses a cuatro años y la de multa de doce a veinticuatro meses.

2. Con las mismas penas se castigará a la autoridad o funcionario público que por sí mismo o como miembro de un organismo colegiado haya resuelto o votado a favor de la aprobación de los instrumentos de planeamiento, los proyectos de urbanización, parcelación, reparcelación, construcción o edificación o la concesión de las licencias a que se refiere el apartado anterior, a sabiendas de su injusticia [706].

CAPÍTULO II
De los delitos sobre el patrimonio histórico [707]

321. Los que derriben o alteren gravemente edificios singularmente protegidos por su interés histórico, artístico, cultural o monumental serán castigados con las penas de prisión de seis meses a tres años, multa de doce a veinticuatro meses y, en todo caso, inhabilitación especial para profesión u oficio por tiempo de uno a cinco años.

En cualquier caso, los Jueces o Tribunales, motivadamente, podrán ordenar, a cargo del autor del hecho, la reconstrucción o restauración de la obra, sin perjuicio de las indemnizaciones debidas a terceros de buena fe [708].

322. 1. La autoridad o funcionario público que, a sabiendas de su injusticia, haya informado favorablemente proyectos de derribo o

---

[705] Dada nueva redacción por art. único apartado 91 de Ley Orgánica 5/2010 de 22 de junio de 2010, con vigencia desde 23/12/2010

[706] Véase art. 24 de la presente Ley

[707] Véase art. 46 CE

[708] Véanse arts. 109 y ss, 264.1, 289, 625.2 y 629 de la presente Ley

alteración de edificios singularmente protegidos será castigado además de con la pena establecida en el art. 404 de este Código con la de prisión de seis meses a dos años o la de multa de doce a veinticuatro meses.

2. Con las mismas penas se castigará a la autoridad o funcionario público que por sí mismo o como miembro de un organismo colegiado haya resuelto o votado a favor de su concesión a sabiendas de su injusticia [709].

323. [710] 1. Será castigado con la pena de prisión de seis meses a tres años o multa de doce a veinticuatro meses el que cause daños en bienes de valor histórico, artístico, científico, cultural o monumental, o en yacimientos arqueológicos, terrestres o subacuáticos. Con la misma pena se castigarán los actos de expolio en estos últimos.

2. Si se hubieran causado daños de especial gravedad o que hubieran afectado a bienes cuyo valor histórico, artístico, científico, cultural o monumental fuera especialmente relevante, podrá imponerse la pena superior en grado a la señalada en el apartado anterior.

3. En todos estos casos, los Jueces o Tribunales podrán ordenar, a cargo del autor del daño, la adopción de medidas encaminadas a restaurar, en lo posible, el bien dañado [711].

324. [712] El que por imprudencia grave cause daños, en cuantía superior a 400 euros, en un archivo, registro, museo, biblioteca, centro docente, gabinete científico, institución análoga o en bienes de valor artístico, histórico, cultural, científico o monumental, así como en yacimientos arqueológicos, será castigado con la pena de multa de tres a 18 meses, atendiendo a la importancia de los mismos.

---

[709] Véase art. 24 de la presente Ley

[710] Dada nueva redacción por art. único apartado 172 de Ley Orgánica 1/2015 de 30 de marzo de 2015, con vigencia desde 01/07/2015

[711] Véanse arts. 264.1, 265, 289 y 324 de la presente Ley

[712] Dada nueva redacción por art. único apartado 117 de Ley Orgánica 15/2003 de 25 de noviembre de 2003, con vigencia desde 01/10/2004

CAPÍTULO III
De los delitos contra los recursos naturales y el medio ambiente [713]

325. [714] 1. Será castigado con las penas de prisión de seis meses a dos años, multa de diez a catorce meses e inhabilitación especial para profesión u oficio por tiempo de uno a dos años el que, contraviniendo las leyes u otras disposiciones de carácter general protectoras del medio ambiente, provoque o realice directa o indirectamente emisiones, vertidos, radiaciones, extracciones o excavaciones, aterramientos, ruidos, vibraciones, inyecciones o depósitos, en la atmósfera, el suelo, el subsuelo o las aguas terrestres, subterráneas o marítimas, incluido el alta mar, con incidencia incluso en los espacios transfronterizos, así como las captaciones de aguas que, por sí mismos o conjuntamente con otros, cause o pueda causar daños sustanciales a la calidad del aire, del suelo o de las aguas, o a animales o plantas.

2. Si las anteriores conductas, por sí mismas o conjuntamente con otras, pudieran perjudicar gravemente el equilibrio de los sistemas naturales, se impondrá una pena de prisión de dos a cinco años, multa de ocho a veinticuatro meses e inhabilitación especial para profesión u oficio por tiempo de uno a tres años.

Si se hubiera creado un riesgo de grave perjuicio para la salud de las personas, se impondrá la pena de prisión en su mitad superior, pudiéndose llegar hasta la superior en grado.

326. [715] 1. Serán castigados con las penas previstas en el artículo anterior, en sus respectivos supuestos, quienes, contraviniendo las leyes u otras disposiciones de carácter general, recojan, transporten, valoricen, transformen, eliminen o aprovechen residuos, o no controlen o vigilen adecuadamente tales actividades, de modo que causen o puedan causar daños sustanciales a la calidad del aire, del suelo o de las aguas, o a animales o plantas, muerte o lesiones graves a personas, o puedan perjudicar gravemente el equilibrio de los sistemas naturales.

---

[713] Véanse arts. 45, 148.1, 149.1 CE y art. 1 LOTJ

[714] Dada nueva redacción por art. único apartado 173 de Ley Orgánica 1/2015 de 30 de marzo de 2015, con vigencia desde 01/07/2015

[715] Dada nueva redacción por art. único apartado 174 de Ley Orgánica 1/2015 de 30 de marzo de 2015, con vigencia desde 01/07/2015

2. Quien, fuera del supuesto a que se refiere el apartado anterior, traslade una cantidad no desdeñable de residuos, tanto en el caso de uno como en el de varios traslados que aparezcan vinculados, en alguno de los supuestos a que se refiere el Derecho de la Unión Europea relativo a los traslados de residuos, será castigado con una pena de tres meses a un año de prisión, o multa de seis a dieciocho meses e inhabilitación especial para profesión u oficio por tiempo de tres meses a un año [716].

326 bis. [717] Serán castigados con las penas previstas en el art. 325, en sus respectivos supuestos, quienes, contraviniendo las leyes u otras disposiciones de carácter general, lleven a cabo la explotación de instalaciones en las que se realice una actividad peligrosa o en las que se almacenen o utilicen sustancias o preparados peligrosos de modo que causen o puedan causar daños sustanciales a la calidad del aire, del suelo o de las aguas, a animales o plantas, muerte o lesiones graves a las personas, o puedan perjudicar gravemente el equilibrio de los sistemas naturales.

327. [718] Los hechos a los que se refieren los tres artículos anteriores serán castigados con la pena superior en grado, sin perjuicio de las que puedan corresponder con arreglo a otros preceptos de este Código, cuando en la comisión de cualquiera de los hechos descritos en el artículo anterior concurra alguna de las circunstancias siguientes:

a) Que la industria o actividad funcione clandestinamente, sin haber obtenido la preceptiva autorización o aprobación administrativa de sus instalaciones.

b) Que se hayan desobedecido las órdenes expresas de la autoridad administrativa de corrección o suspensión de las actividades tipificadas en el artículo anterior.

---

[716] Véanse los Reglamentos (CE) nº 1013/2006, de 14 de junio (hasta el 21 de mayo de 2026) y (UE) 2024/1157, de 11 de abril (a partir del 21 de mayo de 2026), relativos a los traslados de residuos, arts. 31 y 32. Ley 7/2022, de 8 de abril, de residuos y suelos contaminados para una economía circular y Ley 21/2013, de 9 de diciembre, de evaluación ambiental

[717] Añadido por art. único apartado 175 de Ley Orgánica 1/2015 de 30 de marzo de 2015, con vigencia desde 01/07/2015

[718] Dada nueva redacción por art. único apartado 176 de Ley Orgánica 1/2015 de 30 de marzo de 2015, con vigencia desde 01/07/2015

c) Que se haya falseado u ocultado información sobre los aspectos ambientales de la misma.

d) Que se haya obstaculizado la actividad inspectora de la Administración.

e) Que se haya producido un riesgo de deterioro irreversible o catastrófico.

f) Que se produzca una extracción ilegal de aguas en período de restricciones.

328. [719] Cuando de acuerdo con lo establecido en el art. 31 bis una persona jurídica sea responsable de los delitos recogidos en este Capítulo, se le impondrán las siguientes penas:

a) Multa de uno a tres años, o del doble al cuádruple del perjuicio causado cuando la cantidad resultante fuese más elevada, si el delito cometido por la persona física tiene prevista una pena de más de dos años de privación de libertad.

b) Multa de seis meses a dos años, o del doble al triple del perjuicio causado si la cantidad resultante fuese más elevada, en el resto de los casos.

Atendidas las reglas establecidas en el art. 66 bis, los Jueces y Tribunales podrán asimismo imponer las penas recogidas en las letras b) a g) del apartado 7 del art. 33 [720].

329. 1. La autoridad o funcionario público que, a sabiendas, hubiere informado favorablemente la concesión de licencias manifiestamente ilegales que autoricen el funcionamiento de las industrias o actividades contaminantes a que se refieren los artículos anteriores, o que con motivo de sus inspecciones hubiere silenciado la infracción de Leyes o disposiciones normativas de carácter general que las regulen, o que hubiere omitido la realización de inspecciones de carácter obligatorio, será castigado con la pena establecida en el art. 404 de este

---

[719] Dada nueva redacción por art. único apartado 177 de Ley Orgánica 1/2015 de 30 de marzo de 2015, con vigencia desde 01/07/2015

[720] Véanse los Reglamentos (CE) nº 1013/2006, de 14 de junio (hasta el 21 de mayo de 2026) y (UE) 2024/1157, de 11 de abril (a partir del 21 de mayo de 2026), relativos a los traslados de residuos, Ley 22/2011, de 28 de julio, de residuos y suelos contaminados y Ley 21/2013, de 9 de diciembre, de evaluación ambiental

Código y, además, con la de prisión de seis meses a tres años y la de multa de ocho a veinticuatro meses. [721]

2. Con las mismas penas se castigará a la autoridad o funcionario público que por sí mismo o como miembro de un organismo colegiado hubiese resuelto o votado a favor de su concesión a sabiendas de su injusticia.

330. Quien, en un espacio natural protegido, dañare gravemente alguno de los elementos que hayan servido para calificarlo, incurrirá en la pena de prisión de uno a cuatro años y multa de doce a veinticuatro meses.

331. Los hechos previstos en este Capítulo serán sancionados, en su caso, con la pena inferior en grado, en sus respectivos supuestos, cuando se hayan cometido por imprudencia grave.

CAPÍTULO IV
De los delitos contra la flora y fauna [722] [723]

332. [724] 1. El que, contraviniendo las leyes u otras disposiciones de carácter general, corte, tale, arranque, recolecte, adquiera, posea o destruya especies protegidas de flora silvestre, o trafique con ellas, sus partes, derivados de las mismas o con sus propágulos, salvo que la conducta afecte a una cantidad insignificante de ejemplares y no tenga consecuencias relevantes para el estado de conservación de la especie, será castigado con la pena de prisión de seis meses a dos años o multa de ocho a veinticuatro meses, e inhabilitación especial para profesión u oficio por tiempo de seis meses a dos años.

---

[721] Dada nueva redacción apartado 1 por art. único apartado 95 de Ley Orgánica 5/2010 de 22 de junio de 2010 , con vigencia desde 23/12/2010

[722] Véanse arts. 45, 148.1 y149.1 CE y art. 1 LOT

[723] Dada nueva redacción por art. único apartado 1 de Ley Orgánica 3/2023 de 28 de marzo de 2023, con vigencia desde 18/04/2023

[724] Dada nueva redacción por art. único apartado 178 de Ley Orgánica 1/2015 de 30 de marzo de 2015, con vigencia desde 01/07/2015

La misma pena se impondrá a quien, contraviniendo las leyes u otras disposiciones de carácter general, destruya o altere gravemente su hábitat.

2. La pena se impondrá en su mitad superior si se trata de especies o subespecies catalogadas en peligro de extinción.

3. Si los hechos se hubieran cometido por imprudencia grave, se impondrá una pena de prisión de tres meses a un año o multa de cuatro a ocho meses, e inhabilitación especial para profesión u oficio por tiempo de tres meses a dos años [725].

333. [726] El que introdujera o liberara especies de flora o fauna no autóctona, de modo que perjudique el equilibrio biológico, contraviniendo las Leyes o disposiciones de carácter general protectoras de las especies de flora o fauna, será castigado con la pena de prisión de cuatro meses a dos años o multa de ocho a veinticuatro meses y, en todo caso, inhabilitación especial para profesión u oficio por tiempo de uno a tres años [727].

334. [728] 1. Será castigado con la pena de prisión de seis meses a dos años o multa de ocho a veinticuatro meses y, en todo caso, inhabilitación especial para profesión u oficio e inhabilitación especial para el ejercicio del derecho de cazar o pescar por tiempo de dos a cuatro años quien, contraviniendo las leyes u otras disposiciones de carácter general:

a) cace, pesque, adquiera, posea o destruya especies protegidas de fauna silvestre;

b) trafique con ellas, sus partes o derivados de las mismas; o,

c) realice actividades que impidan o dificulten su reproducción o migración.

---

[725] Véanse arts. 352 y ss de la presente Ley

[726] Dada nueva redacción por art. único apartado 96 de Ley Orgánica 5/2010 de 22 de junio de 2010, con vigencia desde 23/12/2010

[727] Véase art. 2.1 f) LO 12/1995, de 12 de diciembre, de represión del Contrabando

[728] Dada nueva redacción por art. único apartado 179 de Ley Orgánica 1/2015 de 30 de marzo de 2015, con vigencia desde 01/07/2015

La misma pena se impondrá a quien, contraviniendo las leyes u otras disposiciones de carácter general, destruya o altere gravemente su hábitat.

2. La pena se impondrá en su mitad superior si se trata de especies o subespecies catalogadas en peligro de extinción.

3. Si los hechos se hubieran cometido por imprudencia grave, se impondrá una pena de prisión de tres meses a un año o multa de cuatro a ocho meses y, en todo caso, inhabilitación especial para profesión u oficio e inhabilitación especial para el ejercicio del derecho de cazar o pescar por tiempo de tres meses a dos años [729].

4. Se impondrá la pena de privación del derecho a la tenencia y porte de armas por un periodo de entre dos a cuatro años, cuando los hechos relativos a los apartados a) y c) del apartado1 se hubieran cometido utilizando armas, en actividades relacionadas o no con la caza. [730]

335. [731] 1. El que cace o pesque especies distintas de las indicadas en el artículo anterior, cuando esté expresamente prohibido por las normas específicas sobre su caza o pesca, será castigado con la pena de multa de ocho a doce meses, inhabilitación especial para el ejercicio del derecho de cazar o pescar por tiempo de dos a cinco años y privación del derecho para la tenencia y porte de armas por el mismo periodo.

2. El que cace o pesque o realice actividades de marisqueo relevantes sobre especies distintas de las indicadas en el artículo anterior en terrenos públicos o privados ajenos, sometidos a régimen cinegético especial, sin el debido permiso de su titular o sometidos a concesión o autorización marisquera o acuícola sin el debido título administrativo habilitante, será castigado con la pena de multa de cuatro a ocho meses e inhabilitación especial para el ejercicio del derecho de cazar, pescar o realizar actividades de marisqueo por tiempo de uno a tres años y privación del derecho para la tenencia y porte de armas por el mismo

---

[729] Véase Ley 5/2023, de 17 de marzo, de pesca sostenible e investigación pesquera y Ley 1/1970 de 4 de abril, de Caza

[730] Añadido apartado 4 por art. único apartado 2 de Ley Orgánica 3/2023 de 28 de marzo de 2023, con vigencia desde 18/04/2023

[731] Dada nueva redacción por art. único apartado 3 de Ley Orgánica 3/2023 de 28 de marzo de 2023, con vigencia desde 18/04/2023

periodo, además de las penas que pudieran corresponderle, en su caso, por la comisión del delito previsto en el apartado 1 de este artículo.

3. Si las conductas anteriores produjeran graves daños al patrimonio cinegético de un terreno sometido a régimen cinegético especial o a la sostenibilidad de los recursos en zonas de concesión o autorización marisquera o acuícola, se impondrá la pena de prisión de seis meses a dos años e inhabilitación especial para el ejercicio de los derechos de cazar, pescar, y realizar actividades de marisqueo por tiempo de dos a cinco años y privación del derecho para la tenencia y porte de armas por el mismo periodo.

336. [732] El que, sin estar legalmente autorizado, emplee para la caza o pesca veneno, medios explosivos u otros instrumentos o artes de similar eficacia destructiva o no selectiva para la fauna, será castigado con la pena de prisión de cuatro meses a dos años o multa de ocho a veinticuatro meses y, en cualquier caso, la de inhabilitación especial para profesión u oficio e inhabilitación especial para el ejercicio del derecho a cazar o pescar por tiempo de uno a tres años, con la privación del derecho para la tenencia y porte de armas por el mismo periodo. Si el daño causado fuera de notoria importancia, se impondrá la pena de prisión antes mencionada en su mitad superior [733].

337 y 337 bis. [734] (Derogados)

---

[732] Dada nueva redacción por art. único apartado 4 de Ley Orgánica 3/2023 de 28 de marzo de 2023, con vigencia desde 18/04/2023

[733] Véase RD 581/2001, de 1 de junio, por el que en determinadas zonas húmedas se prohíbe la tenencia y el uso de municiones que contengan plomo para el ejercicio de la caza y el tiro deportivo

[734] Derogado por art. único apartado 5 de Ley Orgánica 3/2023 de 28 de marzo de 2023, con vigencia desde 18/04/2023

CAPÍTULO V
Disposiciones comunes

338. Cuando las conductas definidas en este Título afecten a algún espacio natural protegido, se impondrán las penas superiores en grado a las respectivamente previstas [735].

339. [736] Los Jueces o Tribunales ordenarán la adopción, a cargo del autor del hecho, de las medidas necesarias encaminadas a restaurar el equilibrio ecológico perturbado, así como de cualquier otra medida cautelar necesaria para la protección de los bienes tutelados en este Título.

340. Si el culpable de cualquiera de los hechos tipificados en este Título hubiera procedido voluntariamente a reparar el daño causado, los Jueces y Tribunales le impondrán la pena inferior en grado a las respectivamente previstas.

TÍTULO XVI BIS
DE LOS DELITOS CONTRA LOS ANIMALES [737]

340 bis. [738] 1. Será castigado con la pena de prisión de tres a dieciocho meses o multa de seis a doce meses y con la pena de inhabilitación especial de uno a tres años para el ejercicio de profesión, oficio o comercio que tenga relación con los animales y para la tenencia de animales el que fuera de las actividades legalmente reguladas y por cualquier medio o procedimiento, incluyendo los actos de carácter sexual, cause a un animal doméstico, amansado, domesticado o que

---

[735] Véase Ley 42/2007, de 13 de diciembre del Patrimonio Natural y la Biodiversidad y Ley 5/2007, de 3 de abril, de la Red de parques Nacionales

[736] Dada nueva redacción por art. único apartado 100 de Ley Orgánica 5/2010 de 22 de junio de 2010, con vigencia desde 23/12/2010

[737] Añadido por art. único apartado 7 de Ley Orgánica 3/2023 de 28 de marzo de 2023, con vigencia desde 18/04/2023

[738] Añadido por art. único apartado 7 de Ley Orgánica 3/2023 de 28 de marzo de 2023, con vigencia desde 18/04/2023

viva temporal o permanentemente bajo el control humano lesión que requiera tratamiento veterinario para el restablecimiento de su salud.

Si las lesiones del apartado anterior se causaren a un animal vertebrado no incluido en el apartado anterior, se impondrá la pena de prisión de tres a doce meses o multa de tres a seis meses, además de la pena de inhabilitación especial de uno a tres años para el ejercicio de la profesión, oficio o comercio que tenga relación con los animales y para la tenencia de animales.

Si el delito se hubiera cometido utilizando armas de fuego, el juez o tribunal podrá imponer motivadamente la pena de privación del derecho a tenencia y porte de armas por un tiempo de uno a cuatro años.

2. Las penas previstas en el apartado anterior se impondrán en su mitad superior cuando concurra alguna de las siguientes circunstancias agravantes:

a) Utilizar armas, instrumentos, objetos, medios, métodos o formas que pudieran resultar peligrosas para la vida o salud del animal.

b) Ejecutar el hecho con ensañamiento.

c) Causar al animal la pérdida o la inutilidad de un sentido, órgano o miembro principal.

d) Realizar el hecho por su propietario o quien tenga confiado el cuidado del animal.

e) Ejecutar el hecho en presencia de un menor de edad o de una persona especialmente vulnerable.

f) Ejecutar el hecho con ánimo de lucro.

g) Cometer el hecho para coaccionar, intimidar, acosar o producir menoscabo psíquico a quien sea o haya sido cónyuge o a persona que esté o haya estado ligada al autor por una análoga relación de afectividad, aun sin convivencia.

h) Ejecutar el hecho en un evento público o difundirlo a través de tecnologías de la información o la comunicación.

i) Utilizar veneno, medios explosivos u otros instrumentos o artes de similar eficacia destructiva o no selectiva.

3. Cuando, con ocasión de los hechos previstos en el apartado primero de este artículo, se cause la muerte de un animal doméstico, amansado, domesticado o que viva temporal o permanentemente bajo el control humano, se impondrá la pena de prisión de doce a veinticuatro meses, además de la pena de inhabilitación especial de dos a

cuatro años para el ejercicio de profesión, oficio o comercio que tenga relación con los animales y para la tenencia de animales.

Cuando, con ocasión de los hechos previstos en el apartado primero de este artículo, se cause muerte de un animal vertebrado no incluido en el apartado anterior, se impondrá la pena de prisión de seis a dieciocho meses o multa de dieciocho a veinticuatro meses, además de la pena de inhabilitación especial de dos a cuatro años para el ejercicio de la profesión, oficio o comercio que tenga relación con los animales y para la tenencia de animales.

Si el delito se hubiera cometido utilizando armas de fuego, el juez o tribunal podrá imponer motivadamente la pena de privación del derecho a tenencia y porte de armas por un tiempo de dos a cinco años.

Cuando concurra alguna de las circunstancias previstas en el apartado anterior, el juez o tribunal impondrá las penas en su mitad superior.

4. Si las lesiones producidas no requiriesen tratamiento veterinario o se hubiere maltratado gravemente al animal sin causarle lesiones, se impondrá una pena de multa de uno a dos meses o trabajos en beneficio de la comunidad de uno a treinta días. Asimismo, se impondrá la pena de inhabilitación especial de tres meses a un año para el ejercicio de profesión, oficio o comercio que tenga relación con los animales y para la tenencia de animales.

340 ter. [739] Quien abandone a un animal vertebrado que se encuentre bajo su responsabilidad en condiciones en que pueda peligrar su vida o integridad será castigado con una pena de multa de uno a seis meses o de trabajos en beneficio de la comunidad de treinta y uno a noventa días. Asimismo, se impondrá la pena de inhabilitación especial de uno a tres años para el ejercicio de profesión, oficio o comercio que tenga relación con los animales y para la tenencia de animales.

---

[739] Añadido por art. único apartado 7 de Ley Orgánica 3/2023 de 28 de marzo de 2023, con vigencia desde 18/04/2023

340 quater. [740] 1. Cuando   de acuerdo con lo establecido en el artículo 31 bis una persona jurídica sea responsable de los delitos recogidos en este título, se le impondrán las siguientes penas:

a) Multa de uno a tres años, si el delito cometido por la persona física tiene prevista en la ley una pena de prisión superior a dos años.

b) Multa de seis meses a dos años, en el resto de los casos.

2. Atendidas las reglas establecidas en el artículo 66 bis, en los supuestos de responsabilidad de personas jurídicas los jueces y tribunales podrán asimismo imponer las penas recogidas en el artículo 33.7, párrafos b) a g).

340 quinquies. [741] Los jueces o tribunales podrán adoptar motivadamente cualquier medida cautelar necesaria para la protección de los bienes tutelados en este Título, incluyendo cambios provisionales sobre la titularidad y cuidado del animal.

Cuando la pena de inhabilitación especial para el ejercicio de profesión, oficio o comercio que tenga relación con los animales y para la tenencia de animales recaiga sobre la persona que tuviera a asignada la titularidad o cuidado del animal maltratado, el juez o tribunal, de oficio o a instancia de parte, adoptará las medidas pertinentes respecto a la titularidad y el cuidado del animal.

---

[740] Añadido por art. único apartado 7 de Ley Orgánica 3/2023 de 28 de marzo de 2023, con vigencia desde 18/04/2023

[741] Añadido por art. único apartado 7 de Ley Orgánica 3/2023 de 28 de marzo de 2023, con vigencia desde 18/04/2023

TÍTULO XVII
De los delitos contra la seguridad colectiva

CAPÍTULO PRIMERO
De los delitos de riesgo catastrófico

SECCIÓN PRIMERA
De los delitos relativos a la energía nuclear y a las radiaciones ionizantes [742]

341. El que libere energía nuclear o elementos radiactivos que pongan en peligro la vida o la salud de las personas o sus bienes, aunque no se produzca explosión, será sancionado con la pena de prisión de quince a veinte años, e inhabilitación especial para empleo o cargo público, profesión u oficio por tiempo de diez a veinte años [743].

342. El que, sin estar comprendido en el artículo anterior, perturbe el funcionamiento de una instalación nuclear o radiactiva, o altere el desarrollo de actividades en las que intervengan materiales o equipos productores de radiaciones ionizantes, creando una situación de grave peligro para la vida o la salud de las personas, será sancionado con la pena de prisión de cuatro a diez años, e inhabilitación especial para empleo o cargo público, profesión u oficio por tiempo de seis a diez años.

343. [744] 1. El que mediante el vertido, la emisión o la introducción en el aire, el suelo o las aguas de una cantidad de materiales o de radiaciones ionizantes, o la exposición por cualquier otro medio a dichas radiaciones ponga en peligro la vida, integridad, salud o bienes

---

[742] Véase Ley 25/1964, de 29 de abril, de Energía Nuclear

[743] Véase Ley 25/1964, de 29 de abril, de Energía Nuclear

[744] Dada nueva redacción por art. único apartado 101 de Ley Orgánica 5/2010 de 22 de junio de 2010, con vigencia desde 23/12/2010

de una o varias personas, será sancionado con la pena de prisión de seis a doce años e inhabilitación especial para empleo o cargo público, profesión u oficio por tiempo de seis a diez años. La misma pena se impondrá cuando mediante esta conducta se ponga en peligro la calidad del aire, del suelo o de las aguas o a animales o plantas [745].

2. Cuando con ocasión de la conducta descrita en el apartado anterior se produjere, además del riesgo prevenido, un resultado lesivo constitutivo de delito, cualquiera que sea su gravedad, los Jueces o Tribunales apreciarán tan sólo la infracción más gravemente penada, aplicando la pena en su mitad superior.

3. Cuando de acuerdo con lo establecido en el art. 31 bis una persona jurídica sea responsable de los delitos recogidos en este artículo, se le impondrá la pena de multa de dos a cinco años.

Atendidas las reglas establecidas en el art. 66 bis, los Jueces y Tribunales podrán asimismo imponer las penas recogidas en las letras b) a g) del apartado 7 del art. 33 .

344. Los hechos previstos en los artículos anteriores serán sancionados con la pena inferior en grado, en sus respectivos supuestos, cuando se hayan cometido por imprudencia grave.

345. [746] 1. El que, contraviniendo las leyes u otras disposiciones de carácter general, adquiera, posea, trafique, facilite, trate, transforme, utilice, almacene, transporte o elimine materiales nucleares u otras sustancias radiactivas peligrosas que causen o puedan causar la muerte o lesiones graves a personas, o daños sustanciales a la calidad del aire, la calidad del suelo o la calidad de las aguas o a animales o plantas, será castigado con la pena de prisión de uno a cinco años, multa de seis a dieciocho meses, e inhabilitación especial para profesión u oficio por tiempo de uno a tres años.

---

[745] Véase RD 1029/2022 de 20 diciembre, por el que se aprueba el Reglamento sobre protección de la salud contra los riesgos derivados de la exposición a las radiaciones ionizantes, cap. III RD 1308/2011 de 26 septiembre, RD 451/2020 de 10 marzo, sobre control y recuperación de las fuentes radiactivas huérfanas y tít. IV RD 1217/2024 de 3 diciembre, por el que se aprueba el Reglamento sobre instalaciones nucleares y radiactivas, y otras actividades relacionadas con la exposición a las radiaciones ionizantes

[746] Dada nueva redacción por art. único apartado 183 de Ley Orgánica 1/2015 de 30 de marzo de 2015, con vigencia desde 01/07/2015

2. El que sin la debida autorización produjere tales materiales o sustancias será castigado con la pena superior en grado.

3. Si los hechos a que se refieren los apartados anteriores se hubieran cometido por imprudencia grave, se impondrá la pena inferior en grado a la señalada en los mismos [747].

SECCIÓN SEGUNDA
De los estragos

346. [748] 1. Los que provocando explosiones o utilizando cualquier otro medio de similar potencia destructiva, causaren la destrucción de aeropuertos, puertos, estaciones, edificios, locales públicos, depósitos que contengan materiales inflamables o explosivos, vías de comunicación, medios de transporte colectivos, o la inmersión o varamiento de nave, inundación, explosión de una mina o instalación industrial, levantamiento de los carriles de una vía férrea, cambio malicioso de las señales empleadas en el servicio de ésta para la seguridad de los medios de transporte, voladura de puente, destrozo de calzada pública, daño a oleoductos, perturbación grave de cualquier clase o medio de comunicación, perturbación o interrupción del suministro de agua, electricidad, hidrocarburos u otro recurso natural fundamental incurrirán en la pena de prisión de diez a veinte años, cuando los estragos comportaran necesariamente un peligro para la vida o integridad de las personas [749]. [750]

2. Cuando no concurriere tal peligro, se castigarán con una pena de cuatro a ocho años de prisión. [751]

---

[747] Véase art. 282 bis LECrim y arts. 234 y 237 de la presente Ley

[748] Dada nueva redacción por art. único apartado 127 de Ley Orgánica 15/2003 de 25 de noviembre de 2003, con vigencia desde 01/10/2004

[749] Véase arts. 27 y 75.1 CPM; art. 40.2 LPPNA y arts. 265, 266, 351, 473.2, 571 y 577 de la presente Ley

[750] Dada nueva redacción apartado 1 por art. único apartado 184 de Ley Orgánica 1/2015 de 30 de marzo de 2015, con vigencia desde 01/07/2015

[751] Dada nueva redacción apartado 2 por art. único apartado 184 de Ley Orgánica 1/2015 de 30 de marzo de 2015, con vigencia desde 01/07/2015

3. Si, además del peligro, se hubiere producido lesión para la vida, integridad física o salud de las personas, los hechos se castigarán separadamente con la pena correspondiente al delito cometido.

347. El que por imprudencia grave provocare un delito de estragos será castigado con la pena de prisión de uno a cuatro años.

SECCIÓN TERCERA
De otros delitos de riesgo provocados por explosivos y otros agentes [752] [753]

348. [754] 1. Los que en la fabricación, manipulación, transporte, tenencia o comercialización de explosivos, sustancias inflamables o corrosivas, tóxicas y asfixiantes, o cualesquiera otras materias, aparatos o artificios que puedan causar estragos, contravinieran las normas de seguridad establecidas, poniendo en concreto peligro la vida, la integridad física o la salud de las personas, o el medio ambiente, serán castigados con la pena de prisión de seis meses a tres años, multa de doce a veinticuatro meses e inhabilitación especial para empleo o cargo público, profesión u oficio por tiempo de seis a doce años. Las mismas penas se impondrán a quien, de forma ilegal, produzca, importe, exporte, comercialice o utilice sustancias destructoras del ozono. [755]

2. Los responsables de la vigilancia, control y utilización de explosivos que puedan causar estragos que, contraviniendo la normativa en materia de explosivos, hayan facilitado su efectiva pérdida o sustracción serán castigados con las penas de prisión de seis meses a tres años, multa de doce a veinticuatro meses e inhabilitación especial para empleo o cargo público, profesión u oficio de seis a doce años.

---

[752] Véase Ley 22/2011, de 28 de julio, de residuos y suelos contaminados; art. 35 LPPNA y arts. 316 y ss, 359 y 568 y ss de la presente Ley

[753] Dada nueva redacción por art. único apartado 1 de Ley Orgánica 4/2005 de 10 de octubre de 2005, con vigencia desde 12/10/2005

[754] Dada nueva redacción por art. único apartado 2 de Ley Orgánica 4/2005 de 10 de octubre de 2005, con vigencia desde 12/10/2005

[755] Dada nueva redacción apartado 1 por art. único apartado 103 de Ley Orgánica 5/2010 de 22 de junio de 2010, con vigencia desde 23/12/2010

3. En los supuestos recogidos en los apartados anteriores, cuando de los hechos fuera responsable una persona jurídica de acuerdo con lo establecido en el art. 31 bis de este Código, se le impondrá la pena de multa de uno a tres años, salvo que, acreditado el perjuicio producido, su importe fuera mayor, en cuyo caso la multa será del doble al cuádruple del montante de dicho perjuicio.

Atendidas las reglas establecidas en el art. 66 bis, los Jueces y Tribunales podrán asimismo imponer las penas recogidas en las letras b) a g) del apartado 7 del art. 33 .

Las penas establecidas en los apartados anteriores se impondrán en su mitad superior cuando se trate de los directores, administradores o encargados de la sociedad, empresa, organización o explotación. [756]

4. Serán castigados con las penas de prisión de seis meses a un año, multa de seis a doce meses e inhabilitación especial para empleo o cargo público, profesión u oficio por tiempo de tres a seis años los responsables de las fábricas, talleres, medios de transporte, depósitos y demás establecimientos relativos a explosivos que puedan causar estragos, cuando incurran en alguna o algunas de las siguientes conductas:

a) Obstaculizar la actividad inspectora de la Administración en materia de seguridad de explosivos.

b) Falsear u ocultar a la Administración información relevante sobre el cumplimiento de las medidas de seguridad obligatorias relativas a explosivos.

c) Desobedecer las órdenes expresas de la Administración encaminadas a subsanar las anomalías graves detectadas en materia de seguridad de explosivos [757] .

349. Los que en la manipulación, transporte o tenencia de organismos contravinieren las normas o medidas de seguridad establecidas, poniendo en concreto peligro la vida, la integridad física o la salud de las personas, o el medio ambiente, serán castigados con las penas de prisión de seis meses a dos años, multa de seis a doce meses,

---

[756] Dada nueva redacción apartado 3 por art. único apartado 103 de Ley Orgánica 5/2010 de 22 de junio de 2010, con vigencia desde 23/12/2010

[757] Véase Ley 22/2011, de 28 de julio, de residuos y suelos contaminados

e inhabilitación especial para el empleo o cargo público, profesión u oficio por tiempo de tres a seis años [758] .

350. Sin perjuicio de lo dispuesto en el art. 316 , incurrirán en las penas previstas en el artículo anterior los que en la apertura de pozos o excavaciones, en la construcción o demolición de edificios, presas, canalizaciones u obras análogas o, en su conservación, acondicionamiento o mantenimiento infrinjan las normas de seguridad establecidas cuya inobservancia pueda ocasionar resultados catastróficos, y pongan en concreto peligro la vida, la integridad física de las personas o el medio ambiente [759] .

CAPÍTULO II
De los incendios

SECCIÓN PRIMERA
De los delitos de incendio

351. Los que provocaren un incendio que comporte un peligro para la vida o integridad física de las personas, serán castigados con la pena de prisión de diez a veinte años. Los Jueces o Tribunales podrán imponer la pena inferior en grado atendidas la menor entidad del peligro causado y las demás circunstancias del hecho.

Cuando no concurra tal peligro para la vida o integridad física de las personas, los hechos se castigarán como daños previstos en el art. 266 de este Código [760] . [761]

---

[758] Véase Ley 9/2003, de 25 de abril, por la que se establece el régimen jurídico de la utilización confinada, liberalización voluntaria y comercialización de organismos modificados genéticamente

[759] Véase RD 1627/1997, de 24 de octubre, por el que se establecen disposiciones mínimas de seguridad y de salud en las obras de construcción

[760] Véanse arts. 13 y 40.2 LPPNA; art. 75.1 CPM y arts. 263 y ss, 266, 346, 352, 358, 571, 573 y 577 de la presente Ley

[761] Añadido párrafo 2 por art. 1 apartado 4 de Ley Orgánica 7/2000 de 22 de diciembre de 2000, con vigencia desde 24/12/2000

SECCIÓN SEGUNDA
De los incendios forestales [762]

352. Los que incendiaren montes o masas forestales, serán castigados con las penas de prisión de uno a cinco años y multa de doce a dieciocho meses.

Si ha existido peligro para la vida o integridad física de las personas, se castigará el hecho conforme a lo dispuesto en el art. 351 , imponiéndose, en todo caso, la pena de multa de doce a veinticuatro meses.

353. [763] 1. Los hechos a que se refiere el artículo anterior serán castigados con una pena de prisión de tres a seis años y multa de dieciocho a veinticuatro meses cuando el incendio alcance especial gravedad, atendida la concurrencia de alguna de las circunstancias siguientes:

1ª Que afecte a una superficie de considerable importancia.

2ª Que se deriven grandes o graves efectos erosivos en los suelos [764] .

3ª Que altere significativamente las condiciones de vida animal o vegetal, o afecte a algún espacio natural protegido [765] .

4ª Que el incendio afecte a zonas próximas a núcleos de población o a lugares habitados.

5ª Que el incendio sea provocado en un momento en el que las condiciones climatológicas o del terreno incrementen de forma relevante el riesgo de propagación del mismo.

6ª En todo caso, cuando se ocasione grave deterioro o destrucción de los recursos afectados [766] .

2. Se impondrá la misma pena cuando el autor actúe para obtener un beneficio económico con los efectos derivados del incendio.

---

[762] Véanse Ley 42/2007, de 13 de diciembre, del Patrimonio Natural y de la Biodiversidad; Ley 5/2007, de 3 de abril, de la Red de Parques Nacionales y arts. 325 y ss, 332 y ss, y 358 de la presente Ley

[763] Dada nueva redacción por art. único apartado 185 de Ley Orgánica 1/2015 de 30 de marzo de 2015, con vigencia desde 01/07/2015

[764] Véase art. 332 de la presente Ley

[765] Véase art. 336 de la presente Ley

[766] Véanse arts. 325 y ss de la presente Ley

354. 1. El que prendiere fuego a montes o masas forestales sin que llegue a propagarse el incendio de los mismos, será castigado con la pena de prisión de seis meses a un año y multa de seis a doce meses.

2. La conducta prevista en el apartado anterior quedará exenta de pena si el incendio no se propaga por la acción voluntaria y positiva de su autor [767].

355. En todos los casos previstos en esta sección, los Jueces o Tribunales podrán acordar que la calificación del suelo en las zonas afectadas por un incendio forestal no pueda modificarse en un plazo de hasta treinta años. Igualmente podrán acordar que se limiten o supriman los usos que se vinieran llevando a cabo en las zonas afectadas por el incendio, así como la intervención administrativa de la madera quemada procedente del incendio [768].

SECCIÓN TERCERA
De los incendios en zonas no forestales

356. El que incendiare zonas de vegetación no forestales perjudicando gravemente el medio natural, será castigado con la pena de prisión de seis meses a dos años y multa de seis a veinticuatro meses [769].

SECCIÓN CUARTA
De los incendios en bienes propios

357. El incendiario de bienes propios será castigado con la pena de prisión de uno a cuatro años si tuviere propósito de defraudar o perjudicar a terceros, hubiere causado defraudación o perjuicio, existiere peligro de propagación a edificio, arbolado o plantío ajeno o

---

[767] Véase art. 16.2 y 3 de la presente Ley
[768] Véanse arts. 45, 46, 47 y 148.1 CE
[769] Véase art. 332 de la presente Ley

hubiere perjudicado gravemente las condiciones de la vida silvestre, los bosques o los espacios naturales [770] .

SECCIÓN QUINTA
Disposiciones comunes [771]

358. El que por imprudencia grave provocare alguno de los delitos de incendio penados en las secciones anteriores, será castigado con la pena inferior en grado, a las respectivamente previstas para cada supuesto.

358 bis. [772] Lo dispuesto en los arts. 338 a 340 será también aplicable a los delitos regulados en este Capítulo.

CAPÍTULO III
De los delitos contra la salud pública [773]

359. El que, sin hallarse debidamente autorizado, elabore sustancias nocivas para la salud o productos químicos que puedan causar estragos, o los despache o suministre, o comercie con ellos, será castigado con la pena de prisión de seis meses a tres años y multa de seis a doce meses, e inhabilitación especial para profesión o industria por tiempo de seis meses a dos años [774] .

---

[770] Véanse arts. 248 y ss y 332 y ss de la presente Ley

[771] Dada nueva redacción por art. único apartado 186 de Ley Orgánica 1/2015 de 30 de marzo de 2015, con vigencia desde 01/07/2015

[772] Añadido por art. único apartado 186 de Ley Orgánica 1/2015 de 30 de marzo de 2015, con vigencia desde 01/07/2015

[773] Véase art. 45 CE; art. 65.1.d LOPJ; art. 32 Ley 14/1986, de 25 de abril, General de Sanidad y art. 346 de la presente Ley

[774] Véanse D 2484/1967, de 21 de septiembre, por el que se aprueba el Código Alimentario Español y arts. 346 y 368 de la presente Ley

360. El que, hallándose autorizado para el tráfico de las sustancias o productos a que se refiere el artículo anterior, los despache o suministre sin cumplir con las formalidades previstas en las Leyes y Reglamentos respectivos, será castigado con la pena de multa de seis a doce meses e inhabilitación para la profesión u oficio de seis meses a dos años [775].

361. [776] El que fabrique, importe, exporte, suministre, intermedie, comercialice, ofrezca o ponga en el mercado, o almacene con estas finalidades, medicamentos, incluidos los de uso humano y veterinario, así como los medicamentos en investigación, que carezcan de la necesaria autorización exigida por la ley, o productos sanitarios que no dispongan de los documentos de conformidad exigidos por las disposiciones de carácter general, o que estuvieran deteriorados, caducados o incumplieran las exigencias técnicas relativas a su composición, estabilidad y eficacia, y con ello se genere un riesgo para la vida o la salud de las personas, será castigado con una pena de prisión de seis meses a tres años, multa de seis a doce meses e inhabilitación especial para profesión u oficio de seis meses a tres años [777].

361 bis. [778] La distribución o difusión pública a través de Internet, del teléfono o de cualquier otra tecnología de la información o de la comunicación de contenidos específicamente destinados a promover o facilitar, entre personas menores de edad o personas con discapacidad necesitadas de especial protección, el consumo de productos, preparados o sustancias o la utilización de técnicas de ingestión o eliminación de productos alimenticios cuyo uso sea susceptible de generar riesgo para la salud de las personas será castigado con la pena de multa de seis a doce meses o pena de prisión de uno a tres años.

---

[775] Véanse art. 45 CE; art. 65.1.d LOPJ y arts. 346 y 368 de la presente Ley

[776] Dada nueva redacción por art. único apartado 187 de Ley Orgánica 1/2015 de 30 de marzo de 2015, con vigencia desde 01/07/2015

[777] Véase RD 1824/2010, de 25 de junio, por el que se regulan los laboratorios farmacéuticos, los fabricantes de principios activos de uso farmacéutico y el comercio exterior de medicamentos y medicamentos en investigación

[778] Añadido por disposición final 6 apartado 32 de Ley Orgánica 8/2021 de 4 de junio de 2021, con vigencia desde 25/06/2021

Las autoridades judiciales ordenarán la adopción de las medidas necesarias para la retirada de los contenidos a los que se refiere el párrafo anterior, para la interrupción de los servicios que ofrezcan predominantemente dichos contenidos o para el bloqueo de unos y otros cuando radiquen en el extranjero.

362. [779] 1. Será castigado con una pena de prisión de seis meses a cuatro años, multa de seis a dieciocho meses e inhabilitación especial para profesión u oficio de uno a tres años, el que elabore o produzca [780]:

a) un medicamento, incluidos los de uso humano y veterinario, así como los medicamentos en investigación; o una sustancia activa o un excipiente de dicho medicamento;

b) un producto sanitario, así como los accesorios, elementos o materiales que sean esenciales para su integridad;

de modo que se presente engañosamente: su identidad, incluidos, en su caso, el envase y etiquetado, la fecha de caducidad, el nombre o composición de cualquiera de sus componentes, o, en su caso, la dosificación de los mismos; su origen, incluidos el fabricante, el país de fabricación, el país de origen y el titular de la autorización de comercialización o de los documentos de conformidad; datos relativos al cumplimiento de requisitos o exigencias legales, licencias, documentos de conformidad o autorizaciones; o su historial, incluidos los registros y documentos relativos a los canales de distribución empleados, siempre que estuvieran destinados al consumo público o al uso por terceras personas, y generen un riesgo para la vida o la salud de las personas.

2. Las mismas penas se impondrán a quien altere, al fabricarlo o elaborarlo o en un momento posterior, la cantidad, la dosis, la caducidad o la composición genuina, según lo autorizado o declarado, de cualquiera de los medicamentos, sustancias, excipientes, productos sanitarios, accesorios, elementos o materiales mencionados en el apartado anterior, de un modo que reduzca su seguridad, eficacia o calidad, generando un riesgo para la vida o la salud de las personas.

---

[779] Dada nueva redacción por art. único apartado 189 de Ley Orgánica 1/2015 de 30 de marzo de 2015, con vigencia desde 01/07/2015

[780] Véase Ley 34/1988, de 11 de noviembre, General de Publicidad; y art. 282 de la presente Ley

362 bis. [781] Será castigado con una pena de prisión de seis meses a cuatro años, multa de seis a dieciocho meses e inhabilitación especial para profesión u oficio de uno a tres años, el que, con conocimiento de su falsificación o alteración, importe, exporte, anuncie o haga publicidad, ofrezca, exhiba, venda, facilite, expenda, despache, envase, suministre, incluyendo la intermediación, trafique, distribuya o ponga en el mercado, cualquiera de los medicamentos, sustancias activas, excipientes, productos sanitarios, accesorios, elementos o materiales a que se refiere el artículo anterior, y con ello genere un riesgo para la vida o la salud de las personas.

Las mismas penas se impondrán a quien los adquiera o tenga en depósito con la finalidad de destinarlos al consumo público, al uso por terceras personas o a cualquier otro uso que pueda afectar a la salud pública.

362 ter. [782] El que elabore cualquier documento falso o de contenido mendaz referido a cualquiera de los medicamentos, sustancias activas, excipientes, productos sanitarios, accesorios, elementos o materiales a que se refiere el apartado 1 del art. 362, incluidos su envase, etiquetado y modo de empleo, para cometer o facilitar la comisión de uno de los delitos del art. 362, será castigado con la pena de seis meses a dos años de prisión, multa de seis a doce meses e inhabilitación especial para profesión u oficio de seis meses a dos años.

362 quater. [783] Se impondrán las penas superiores en grado a las señaladas en los arts. 361, 362, 362 bis o 362 ter, cuando el delito se perpetre concurriendo alguna de las circunstancias siguientes:

1ª Que el culpable fuere autoridad, funcionario público, facultativo, profesional sanitario, docente, educador, entrenador físico o deportivo, y obrase en el ejercicio de su cargo, profesión u oficio.

2ª Que los medicamentos, sustancias activas, excipientes, productos sanitarios, accesorios, elementos o materiales referidos en el art. 362:

---

[781] Añadido por art. único apartado 190 de Ley Orgánica 1/2015 de 30 de marzo de 2015, con vigencia desde 01/07/2015

[782] Añadido por art. único apartado 191 de Ley Orgánica 1/2015 de 30 de marzo de 2015, con vigencia desde 01/07/2015

[783] Añadido por art. único apartado 192 de Ley Orgánica 1/2015 de 30 de marzo de 2015, con vigencia desde 01/07/2015

a) se hubieran ofrecido a través de medios de difusión a gran escala; o

b) se hubieran ofrecido o facilitado a menores de edad, personas con discapacidad necesitadas de especial protección, o personas especialmente vulnerables en relación con el producto facilitado.

3ª Que el culpable perteneciera a una organización o grupo criminal que tuviera como finalidad la comisión de este tipo de delitos.

4ª Que los hechos fuesen realizados en establecimientos abiertos al público por los responsables o empleados de los mismos.

362 quinquies. [784] 1. Los que, sin justificación terapéutica, prescriban, proporcionen, dispensen, suministren, administren, ofrezcan o faciliten a deportistas federados no competitivos, deportistas no federados que practiquen el deporte por recreo, o deportistas que participen en competiciones organizadas en España por entidades deportivas, sustancias o grupos farmacológicos prohibidos, así como métodos no reglamentarios, destinados a aumentar sus capacidades físicas o a modificar los resultados de las competiciones, que por su contenido, reiteración de la ingesta u otras circunstancias concurrentes, pongan en peligro la vida o la salud de los mismos, serán castigados con las penas de prisión de seis meses a dos años, multa de seis a dieciocho meses e inhabilitación especial para empleo o cargo público, profesión u oficio, de dos a cinco años.

2. Se impondrán las penas previstas en el apartado anterior en su mitad superior cuando el delito se perpetre concurriendo alguna de las circunstancias siguientes:

1ª Que la víctima sea menor de edad.

2ª Que se haya empleado engaño o intimidación.

3ª Que el responsable se haya prevalido de una relación de superioridad laboral o profesional.

362 sexies. [785] En los delitos previstos en los artículos anteriores de este Capítulo serán objeto de decomiso las sustancias y productos a que se refieren los arts. 359 y siguientes, así como los bienes,

---

[784] Añadido por art. único apartado 193 de Ley Orgánica 1/2015 de 30 de marzo de 2015, con vigencia desde 01/07/2015

[785] Añadido por art. único apartado 194 de Ley Orgánica 1/2015 de 30 de marzo de 2015, con vigencia desde 01/07/2015

medios, instrumentos y ganancias con sujeción a lo dispuesto en los arts. 127 a 128.

363. Serán castigados con la pena de prisión de uno a cuatro años, multa de seis a doce meses e inhabilitación especial para profesión, oficio, industria o comercio por tiempo de tres a seis años los productores, distribuidores o comerciantes que pongan en peligro la salud de los consumidores [786] :

1. Ofreciendo en el mercado productos alimentarios con omisión o alteración de los requisitos establecidos en las Leyes o reglamentos sobre caducidad o composición.

2. Fabricando o vendiendo bebidas o comestibles destinados al consumo público y nocivos para la salud.

3. Traficando con géneros corrompidos.

4. Elaborando productos cuyo uso no se halle autorizado y sea perjudicial para la salud, o comerciando con ellos.

5. Ocultando o sustrayendo efectos destinados a ser inutilizados o desinfectados, para comerciar con ellos.

364. 1. El que adulterare con aditivos u otros agentes no autorizados susceptibles de causar daños a la salud de las personas los alimentos, sustancias o bebidas destinadas al comercio alimentario, será castigado con las penas del artículo anterior. Si el reo fuera el propietario o el responsable de producción de una fábrica de productos alimenticios, se le impondrá, además, la pena de inhabilitación especial para profesión, oficio, industria o comercio de seis a diez años.

2. Se impondrá la misma pena al que realice cualquiera de las siguientes conductas:

1º) Administrar a los animales cuyas carnes o productos se destinen al consumo humano sustancias no permitidas que generen riesgo para la salud de las personas, o en dosis superiores o para fines distintos a los autorizados.

2º) Sacrificar animales de abasto o destinar sus productos al consumo humano, sabiendo que se les ha administrado las sustancias mencionadas en el número anterior.

---

[786] Véase RD 1945/1983, de 22 de junio, por el que se regulan las infracciones y sanciones en materia de defensa del consumidor y de la producción agroalimentaria; y arts. 362 y 365 de la presente Ley

3º) Sacrificar animales de abasto a los que se hayan aplicado tratamientos terapéuticos mediante sustancias de las referidas en el apartado 1.

4º) Despachar al consumo público las carnes o productos de los animales de abasto sin respetar los períodos de espera en su caso reglamentariamente previstos [787].

365. Será castigado con la pena de prisión de dos a seis años el que envenenare o adulterare con sustancias infecciosas, u otras que puedan ser gravemente nocivas para la salud, las aguas potables o las sustancias alimenticias destinadas al uso público o al consumo de una colectividad de personas [788].

366. [789] Cuando de acuerdo con lo establecido en el art. 31 bis una persona jurídica sea responsable de los delitos recogidos en los artículos anteriores de este Capítulo, se le impondrá una pena de multa de uno a tres años, o del doble al quíntuplo del valor de las sustancias y productos a que se refieren los arts. 359 y siguientes, o del beneficio que se hubiera obtenido o podido obtener, aplicándose la cantidad que resulte más elevada.

Atendidas las reglas establecidas en el art. 66 bis, los Jueces y Tribunales podrán asimismo imponer las penas recogidas en las letras b) a g) del apartado 7 del art. 33.

367. Si los hechos previstos en todos los artículos anteriores fueran realizados por imprudencia grave, se impondrán, respectivamente, las penas inferiores en grado.

368. [790] Los que ejecuten actos de cultivo, elaboración o tráfico, o de otro modo promuevan, favorezcan o faciliten el consumo ilegal de

---

[787] Véase art. 45 CE; art. 65.1.d LOPJ y art. 346 de la presente Ley

[788] Véase art. 18.6 de la Ley 14/1986, de 25 de abril, General de Sanidad

[789] Dada nueva redacción por art. único apartado 195 de Ley Orgánica 1/2015 de 30 de marzo de 2015, con vigencia desde 01/07/2015

[790] Dada nueva redacción por art. único apartado 104 de Ley Orgánica 5/2010 de 22 de junio de 2010, con vigencia desde 23/12/2010

drogas tóxicas, estupefacientes o sustancias psicotrópicas, o las posean con aquellos fines, serán castigados con las penas de prisión de tres a seis años y multa del tanto al triplo del valor de la droga objeto del delito si se tratare de sustancias o productos que causen grave daño a la salud, y de prisión de uno a tres años y multa del tanto al duplo en los demás casos.

No obstante lo dispuesto en el párrafo anterior, los Tribunales podrán imponer la pena inferior en grado a las señaladas en atención a la escasa entidad del hecho y a las circunstancias personales del culpable. No se podrá hacer uso de esta facultad si concurriere alguna de las circunstancias a que se hace referencia en los arts. 369 bis y 370 [791].

369. [792] 1. Se impondrán las penas superiores en grado a las señaladas en el artículo anterior y multa del tanto al cuádruplo cuando concurran alguna de las siguientes circunstancias:

1ª) El culpable fuere autoridad, funcionario público, facultativo, trabajador social, docente o educador y obrase en el ejercicio de su cargo, profesión u oficio.

2ª) El culpable participare en otras actividades organizadas o cuya ejecución se vea facilitada por la comisión del delito. [793]

3ª) Los hechos fueren realizados en establecimientos abiertos al público por los responsables o empleados de los mismos. [794]

4ª) Las sustancias a que se refiere el artículo anterior se faciliten a menores de 18 años, a disminuidos psíquicos o a personas sometidas a tratamiento de deshabituación o rehabilitación. [795]

---

[791] Véase Ley 17/1967, de 8 de abril, de Estupefacientes; Ley 4/2009, de 15 de junio, de control de precursores de drogas y arts. 301.1 y 379 de la presente Ley

[792] Dada nueva redacción por art. único apartado 128 de Ley Orgánica 15/2003 de 25 de noviembre de 2003, con vigencia desde 01/10/2004

[793] Renumerado apartado 1 número 3 por art. único apartado 105 de Ley Orgánica 5/2010 de 22 de junio de 2010 como número 2, con vigencia desde 23/12/2010

[794] Renumerado apartado 1 número 4 por art. único apartado 105 de Ley Orgánica 5/2010 de 22 de junio de 2010 como número 3, con vigencia desde 23/12/2010

[795] Renumerado apartado 1 número 5 por art. único apartado 105 de Ley Orgánica 5/2010 de 22 de junio de 2010 como número 4, con vigencia desde 23/12/2010

5ª) Fuere de notoria importancia la cantidad de las citadas sustancias objeto de las conductas a que se refiere el artículo anterior. [796]

6ª) Las referidas sustancias se adulteren, manipulen o mezclen entre sí o con otras, incrementando el posible daño a la salud. [797]

7ª) Las conductas descritas en el artículo anterior tengan lugar en centros docentes, en centros, establecimientos o unidades militares, en establecimientos penitenciarios o en centros de deshabituación o rehabilitación, o en sus proximidades. [798]

8ª) El culpable empleare violencia o exhibiere o hiciese uso de armas para cometer el hecho [799] . [800]

Apartado 1 número 10 (Derogado) [801]

Apartado 2 (Derogado) [802]

369 bis. [803] Cuando los hechos descritos en el art. 368 se hayan realizado por quienes pertenecieren a una organización delictiva, se impondrán las penas de prisión de nueve a doce años y multa del tanto al cuádruplo del valor de la droga si se tratara de sustancias y productos que causen grave daño a la salud y de prisión de cuatro años y seis meses a diez años y la misma multa en los demás casos.

A los jefes, encargados o administradores de la organización se les impondrán las penas superiores en grado a las señaladas en el párrafo primero.

---

[796] Renumerado apartado 1 número 6 por art. único apartado 105 de Ley Orgánica 5/2010 de 22 de junio de 2010 como número 5, con vigencia desde 23/12/2010

[797] Renumerado apartado 1 número 7 por art. único apartado 105 de Ley Orgánica 5/2010 de 22 de junio de 2010 como número 6, con vigencia desde 23/12/2010

[798] Renumerado apartado 1 número 8 por art. único apartado 105 de Ley Orgánica 5/2010 de 22 de junio de 2010 como número 7, con vigencia desde 23/12/2010

[799] El apartado 1 número 10 ha sido derogado por art. único 105 Ley Orgánica 5/2010 de 22 junio 2010, con efectos desde 23/12/2010

[800] Renumerado apartado 1 número 9 por art. único apartado 105 de Ley Orgánica 5/2010 de 22 de junio de 2010 como número 8, con vigencia desde 23/12/2010

[801] Derogado apartado 1 número 10 por art. único apartado 105 de Ley Orgánica 5/2010 de 22 de junio de 2010, con vigencia desde 23/12/2010

[802] Derogado apartado 2 por art. único apartado 105 de Ley Orgánica 5/2010 de 22 de junio de 2010, con vigencia desde 23/12/2010

[803] Añadido por art. único apartado 106 de Ley Orgánica 5/2010 de 22 de junio de 2010, con vigencia desde 23/12/2010

Cuando de acuerdo con lo establecido en el art. 31 bis una persona jurídica sea responsable de los delitos recogidos en los dos artículos anteriores, se le impondrán las siguientes penas:

a) Multa de dos a cinco años, o del triple al quíntuple del valor de la droga cuando la cantidad resultante fuese más elevada, si el delito cometido por la persona física tiene prevista una pena de prisión de más de cinco años.

b) Multa de uno a tres años, o del doble al cuádruple del valor de la droga cuando la cantidad resultante fuese más elevada, si el delito cometido por la persona física tiene prevista una pena de prisión de más de dos años no incluida en el anterior inciso.

Atendidas las reglas establecidas en el art. 66 bis, los Jueces y Tribunales podrán asimismo imponer las penas recogidas en las letras b) a g) del apartado 7 del art. 33 .

370. [804] Se impondrá la pena superior en uno o dos grados a la señalada en el art. 368 cuando:

1º) Se utilice a menores de 18 años o a disminuidos psíquicos para cometer estos delitos.

2º) Se trate de los jefes, administradores o encargados de las organizaciones a que se refiere la circunstancia 2ª del apartado 1 del art. 369. [805]

3º) Las conductas descritas en el art. 368 fuesen de extrema gravedad.

Se consideran de extrema gravedad los casos en que la cantidad de las sustancias a que se refiere el art. 368 excediere notablemente de la considerada como de notoria importancia, o se hayan utilizado buques, embarcaciones o aeronaves como medio de transporte específico, o se hayan llevado a cabo las conductas indicadas simulando operaciones de comercio internacional entre empresas, o se trate de redes inter-

---

[804] Dada nueva redacción por art. único apartado 129 de Ley Orgánica 15/2003 de 25 de noviembre de 2003, con vigencia desde 01/10/2004

[805] Dada nueva redacción apartado 2 por art. único apartado 107 de Ley Orgánica 5/2010 de 22 de junio de 2010 , con vigencia desde 23/12/2010

nacionales dedicadas a este tipo de actividades, o cuando concurrieren tres o más de las circunstancias previstas en el art. 369.1. [806]

En los supuestos de los anteriores números 2º y 3º se impondrá a los culpables, además, una multa del tanto al triplo del valor de la droga objeto del delito.

371. 1. El que fabrique, transporte, distribuya, comercie o tenga en su poder equipos, materiales o sustancias enumeradas en el cuadro I y cuadro II de la Convención de Naciones Unidas, hecha en Viena el 20 de diciembre de 1988, sobre el tráfico ilícito de estupefacientes y sustancias psicotrópicas, y cualesquiera otros productos adicionados al mismo Convenio o que se incluyan en otros futuros Convenios de la misma naturaleza, ratificados por España, a sabiendas de que van a utilizarse en el cultivo, la producción o la fabricación ilícitas de drogas tóxicas, estupefacientes o sustancias psicotrópicas, o para estos fines, será castigado con la pena de prisión de tres a seis años y multa del tanto al triplo del valor de los géneros o efectos [807].

2. Se impondrá la pena señalada en su mitad superior cuando las personas que realicen los hechos descritos en el apartado anterior pertenezcan a una organización dedicada a los fines en él señalados, y la pena superior en grado cuando se trate de los jefes, administradores o encargados de las referidas organizaciones o asociaciones [808].

En tales casos, los Jueces o Tribunales impondrán, además de las penas correspondientes, la de inhabilitación especial del reo para el ejercicio de su profesión o industria por tiempo de tres a seis años, y las demás medidas previstas en el art. 369.2. [809]

372. Si los hechos previstos en este Capítulo fueran realizados por empresario, intermediario en el sector financiero, facultativo, funcionario público, trabajador social, docente o educador, en el ejercicio

---

[806] Dada nueva redacción apartado 3 párrafo 2 por art. único apartado 107 de Ley Orgánica 5/2010 de 22 de junio de 2010 , con vigencia desde 23/12/2010

[807] Véase art. 359 de la presente Ley

[808] Véase art. 372 de la presente Ley

[809] Dada nueva redacción apartado 2 por art. único apartado 130 de Ley Orgánica 15/2003 de 25 de noviembre de 2003 , con vigencia desde 01/10/2004

de su cargo, profesión u oficio, se le impondrá, además de la pena correspondiente, la de inhabilitación especial para empleo o cargo público, profesión u oficio, industria o comercio, de tres a diez años. Se impondrá la pena de inhabilitación absoluta de diez a veinte años cuando los referidos hechos fueren realizados por autoridad o agente de la misma, en el ejercicio de su cargo [810].

A tal efecto, se entiende que son facultativos los médicos, psicólogos, las personas en posesión de título sanitario, los veterinarios, los farmacéuticos y sus dependientes.

373. La provocación, la conspiración y la proposición para cometer los delitos previstos en los arts. 368 al 372, se castigarán con la pena inferior en uno a dos grados a la que corresponde, respectivamente, a los hechos previstos en los preceptos anteriores.

374. [811] En los delitos previstos en el párrafo segundo del apartado 1 del art. 301 y en los arts. 368 a 372, además de las penas que corresponda imponer por el delito cometido, serán objeto de decomiso las drogas tóxicas, estupefacientes o sustancias psicotrópicas, los equipos, materiales y sustancias a que se refiere el art. 371, así como los bienes, medios, instrumentos y ganancias con sujeción a lo dispuesto en los arts. 127 a 128 y a las siguientes normas especiales [812]:

1ª Una vez firme la sentencia, se procederá a la destrucción de las muestras que se hubieran apartado, o a la destrucción de la totalidad de lo incautado, en el caso de que el órgano judicial competente hubiera ordenado su conservación.

2ª Los bienes, medios, instrumentos y ganancias definitivamente decomisados por sentencia, que no podrán ser aplicados a la satisfacción de las responsabilidades civiles derivadas del delito ni de las costas procesales, serán adjudicados íntegramente al Estado [813].

---

[810] Véase art. 369.2 y 8 de la presente Ley

[811] Dada nueva redacción por art. único apartado 196 de Ley Orgánica 1/2015 de 30 de marzo de 2015, con vigencia desde 01/07/2015

[812] Véanse arts. 263 bis y 282 bis LECrim y art. 127 de la presente Ley

[813] Véase Ley 17/2003, de 29 de mayo, por la que se regula el Fondo de bienes decomisados por tráfico ilícito de drogas y otros delitos relacionados y RD 864/1997,

375. [814] Las condenas de Jueces o Tribunales extranjeros por delitos de la misma naturaleza que los previstos en los arts. 361 al 372 de este Capítulo producirán los efectos de reincidencia, salvo que el antecedente penal haya sido cancelado o pueda serlo con arreglo al Derecho español [815].

376. [816] En los casos previstos en los arts. 361 a 372, los Jueces o Tribunales, razonándolo en la sentencia, podrán imponer la pena inferior en uno o dos grados a la señalada por la ley para el delito de que se trate, siempre que el sujeto haya abandonado voluntariamente sus actividades delictivas y haya colaborado activamente con las autoridades o sus agentes bien para impedir la producción del delito, bien para obtener pruebas decisivas para la identificación o captura de otros responsables o para impedir la actuación o el desarrollo de las organizaciones o asociaciones a las que haya pertenecido o con las que haya colaborado.

Igualmente, en los casos previstos en los arts. 368 a 372, los Jueces o Tribunales podrán imponer la pena inferior en uno o dos grados al reo que, siendo drogodependiente en el momento de comisión de los hechos, acredite suficientemente que ha finalizado con éxito un tratamiento de deshabituación, siempre que la cantidad de drogas tóxicas, estupefacientes o sustancias psicotrópicas no fuese de notoria importancia o de extrema gravedad [817].

377. Para la determinación de la cuantía de las multas que se impongan en aplicación de los arts. 368 al 372, el valor de la droga objeto del delito o de los géneros o efectos intervenidos será el precio final del producto o, en su caso, la recompensa o ganancia obtenida por el reo, o que hubiera podido obtener.

---

de 6 de junio, por el que se aprueba el Reglamento del Fondo procedente de los bienes decomisados por tráfico de drogas y otros delitos relacionados

[814] Dada nueva redacción por art. único apartado 197 de Ley Orgánica 1/2015 de 30 de marzo de 2015, con vigencia desde 01/07/2015

[815] Véase art. 28.8 de la presente Ley

[816] Dada nueva redacción por art. único apartado 198 de Ley Orgánica 1/2015 de 30 de marzo de 2015, con vigencia desde 01/07/2015

[817] Véanse arts. 21.4 y 579.3 de la presente Ley

378. [818] Los pagos que se efectúen por el penado por uno o varios de los delitos a que se refieren los arts. 361 al 372 se imputarán por el orden siguiente [819]:

1º A la reparación del daño causado e indemnización de perjuicios.

2º A la indemnización del Estado por el importe de los gastos que se hayan hecho por su cuenta en la causa.

3º A la multa.

4º A las costas del acusador particular o privado cuando se imponga en la sentencia su pago.

5º A las demás costas procesales, incluso las de la defensa del procesado, sin preferencia entre los interesados.

CAPÍTULO IV
De los delitos contra la Seguridad Vial [820] [821]

379. [822] 1. El que condujere un vehículo de motor o un ciclomotor a velocidad superior en sesenta kilómetros por hora en vía urbana o en ochenta kilómetros por hora en vía interurbana a la permitida reglamentariamente, será castigado con la pena de prisión de tres a seis meses o con la de multa de seis a doce meses o con la de trabajos en beneficio de la comunidad de treinta y uno a noventa días, y, en cualquier caso, con la de privación del derecho a conducir vehículos a motor y ciclomotores por tiempo superior a uno y hasta cuatro años.

2. Con las mismas penas será castigado el que condujere un vehículo de motor o ciclomotor bajo la influencia de drogas tóxicas, estupefacientes, sustancias psicotrópicas o de bebidas alcohólicas. En todo caso será condenado con dichas penas el que condujere con una

---

[818] Dada nueva redacción por art. único apartado 199 de Ley Orgánica 1/2015 de 30 de marzo de 2015, con vigencia desde 01/07/2015

[819] Véase art. 126 de la presente Ley

[820] Véanse art. 82 TRLTSV; art. 2 RPST; art. 14 RGCo; arts. 1, 2 y 4 RSO; y art. 47 de la presente Ley

[821] Dada nueva redacción por art. único apartado 2 de Ley Orgánica 15/2007 de 30 de noviembre de 2007, con vigencia desde 02/12/2007

[822] Dada nueva redacción por art. único apartado 108 de Ley Orgánica 5/2010 de 22 de junio de 2010, con vigencia desde 23/12/2010

tasa de alcohol en aire espirado superior a 0,60 miligramos por litro o con una tasa de alcohol en sangre superior a 1,2 gramos por litro [823] .

380. [824] [825]

1. El que condujere un vehículo a motor o un ciclomotor con temeridad manifiesta y pusiere en concreto peligro la vida o la integridad de las personas será castigado con las penas de prisión de seis meses a dos años y privación del derecho a conducir vehículos a motor y ciclomotores por tiempo superior a uno y hasta seis años.

2. A los efectos del presente precepto se reputará manifiestamente temeraria la conducción en la que concurrieren las circunstancias previstas en el apartado primero y en el inciso segundo del apartado segundo del artículo anterior.

381. [826] 1. Será castigado con las penas de prisión de dos a cinco años, multa de doce a veinticuatro meses y privación del derecho a conducir vehículos a motor y ciclomotores durante un período de seis a diez años el que, con manifiesto desprecio por la vida de los demás, realizare la conducta descrita en el artículo anterior.

2. Cuando no se hubiere puesto en concreto peligro la vida o la integridad de las personas, las penas serán de prisión de uno a dos años, multa de seis a doce meses y privación del derecho a conducir vehículos a motor y ciclomotores por el tiempo previsto en el párrafo anterior [827] .

Apartado 3 (Derogado) [828]

---

[823] Véanse Base 4ª LB; arts. 12, 19, 53 a 58, 65, 67, 83 y 84 y Anexo I TA; arts. 20 a 28, 47 a 52 y 144 RGC; y arts. 380, 382 y 383 de la presente Ley

[824] Dada nueva redacción por art. único apartado 4 de Ley Orgánica 15/2007 de 30 de noviembre de 2007, con vigencia desde 02/12/2007

[825] Véanse Base 4ª LB y arts. 10 y 77 TRLTSV

[826] Dada nueva redacción por art. único apartado 5 de Ley Orgánica 15/2007 de 30 de noviembre de 2007, con vigencia desde 02/12/2007

[827] Véase art. 66 de la presente Ley

[828] Derogado apartado 3 por art. único apartado 109 de Ley Orgánica 5/2010 de 22 de junio de 2010, con vigencia desde 23/12/2010

382. [829] [830]

Cuando con los actos sancionados en los artículos 379, 380 y 381 se ocasionare, además del riesgo prevenido, un resultado lesivo constitutivo de delito, cualquiera que sea su gravedad, los Jueces o Tribunales apreciarán tan sólo la infracción más gravemente penada, aplicando la pena en su mitad superior y condenando, en todo caso, al resarcimiento de la responsabilidad civil que se hubiera originado.

Cuando el resultado lesivo concurra con un delito del artículo 381, se impondrá en todo caso la pena de privación del derecho a conducir vehículos a motor y ciclomotores prevista en este precepto en su mitad superior.

382 bis. [831] 1. El conductor de un vehículo a motor o de un ciclomotor que, fuera de los casos contemplados en el artículo 195, voluntariamente y sin que concurra riesgo propio o de terceros, abandone el lugar de los hechos tras causar un accidente en el que fallecieren una o varias personas o en el que se les causare alguna de las lesiones a que se refieren los artículos 147.1, 149 y 150, será castigado como autor de un delito de abandono del lugar del accidente. [832]

2. Los hechos contemplados en este artículo que tuvieran su origen en una acción imprudente del conductor, serán castigados con la pena de prisión de seis meses a cuatro años y privación del derecho a conducir vehículos a motor y ciclomotores de uno a cuatro años.

3. Si el origen de los hechos que dan lugar al abandono fuera fortuito le corresponderá una pena de tres a seis meses de prisión y privación del derecho a conducir vehículos a motor y ciclomotores de seis meses a dos años.

---

[829] Dada nueva redacción por art. único apartado 5 de Ley Orgánica 2/2019 de 1 de marzo de 2019, con vigencia desde 03/03/2019

[830] Véase art. 66 de la presente Ley

[831] Añadido por art. único apartado 6 de Ley Orgánica 2/2019 de 1 de marzo de 2019, con vigencia desde 03/03/2019

[832] Dada nueva redacción apartado 1 por art. único apartado 3 de Ley Orgánica 11/2022 de 13 de septiembre de 2022, con vigencia desde 15/09/2022

383. [833] El conductor que, requerido por un agente de la autoridad, se negare a someterse a las pruebas legalmente establecidas para la comprobación de las tasas de alcoholemia y la presencia de las drogas tóxicas, estupefacientes y sustancias psicotrópicas a que se refieren los artículos anteriores, será castigado con la penas de prisión de seis meses a un año y privación del derecho a conducir vehículos a motor y ciclomotores por tiempo superior a uno y hasta cuatro años [834].

384. [835] [836]

El que condujere un vehículo de motor o ciclomotor en los casos de pérdida de vigencia del permiso o licencia por pérdida total de los puntos asignados legalmente, será castigado con la pena de prisión de tres a seis meses o con la de multa de doce a veinticuatro meses o con la de trabajos en beneficio de la comunidad de treinta y uno a noventa días.

La misma pena se impondrá al que realizare la conducción tras haber sido privado cautelar o definitivamente del permiso o licencia por decisión judicial y al que condujere un vehículo de motor o ciclomotor sin haber obtenido nunca permiso o licencia de conducción.

385. [837] [838]

Será castigado con la pena de prisión de seis meses a dos años o a las de multa de doce a veinticuatro meses y trabajos en beneficio de la comunidad de diez a cuarenta días, el que originare un grave riesgo para la circulación de alguna de las siguientes formas:

1ª. Colocando en la vía obstáculos imprevisibles, derramando sustancias deslizantes o inflamables o mutando, sustrayendo o anulando la señalización o por cualquier otro medio.

---

[833] Dada nueva redacción por art. único apartado 7 de Ley Orgánica 15/2007 de 30 de noviembre de 2007, con vigencia desde 02/12/2007

[834] Véanse base 4.ª LB; arts. 14, 77, 80, 103 y 104 TRLTSV y arts. 20 a 28 RGC

[835] Dada nueva redacción por art. único apartado 112 de Ley Orgánica 5/2010 de 22 de junio de 2010, con vigencia desde 23/12/2010

[836] Véanse base 6.ª LB; arts. 1, 11, 59 a 65, 69 a 72 y 77 TRLTSV; arts. 1 a 4, 21 a 23, 40, 76 y 77 RGCo y arts. 47 y 468 de la presente Ley

[837] Dada nueva redacción por art. único apartado 9 de Ley Orgánica 15/2007 de 30 de noviembre de 2007, con vigencia desde 02/12/2007

[838] Véanse arts. 1 y 58 TRLTSV y art. 140 RGC

2ª. No restableciendo la seguridad de la vía, cuando haya obligación de hacerlo.

385 bis. [839] El vehículo a motor o ciclomotor utilizado en los hechos previstos en este Capítulo se considerará instrumento del delito a los efectos de los arts. 127 y 128.

385 ter. [840] En los delitos previstos en los arts. 379, 383, 384 y 385, el Juez o Tribunal, razonándolo en sentencia, podrá rebajar en un grado la pena de prisión en atención a la menor entidad del riesgo causado y a las demás circunstancias del hecho.

TÍTULO XVIII
De las falsedades [841]

CAPÍTULO PRIMERO
De la falsificación de moneda y efectos timbrados [842]

386. [843] 1. Será castigado con la pena de prisión de ocho a doce años y multa del tanto al décuplo del valor aparente de la moneda: [844]
1.º El que altere la moneda o fabrique moneda falsa.
2.º El que exporte moneda falsa o alterada o la importe a España o a cualquier otro Estado miembro de la Unión Europea.

---

[839] Añadido por art. único apartado 111 de Ley Orgánica 5/2010 de 22 de junio de 2010, con vigencia desde 23/12/2010

[840] Añadido por art. único apartado 112 de Ley Orgánica 5/2010 de 22 de junio de 2010, con vigencia desde 23/12/2010

[841] Véanse art. 55 CPM; art. 681.6 CC y RDLeg. 3/2011, de 14 de noviembre, por la que se aprueba el texto refundido de la Ley de Contratos del Sector Público

[842] Véase art. 400 de la presente Ley

[843] Dada nueva redacción por art. único apartado 200 de Ley Orgánica 1/2015 de 30 de marzo de 2015, con vigencia desde 01/07/2015

[844] Véase art. 282 bis LECrim y art. 629 de la presente Ley

3.º El que transporte, expenda o distribuya moneda falsa o alterada con conocimiento de su falsedad. [845]

2. Si la moneda falsa fuera puesta en circulación se impondrá la pena en su mitad superior.

La tenencia, recepción u obtención de moneda falsa para su expedición o distribución o puesta en circulación será castigada con la pena inferior en uno o dos grados, atendiendo al valor de aquélla y al grado de connivencia con el falsificador, alterador, introductor o exportador.

3. El que habiendo recibido de buena fe moneda falsa la expenda o distribuya después de constarle su falsedad será castigado con la pena de prisión de tres a seis meses o multa de seis a veinticuatro meses. No obstante, si el valor aparente de la moneda no excediera de 400 euros, se impondrá la pena de multa de uno a tres meses.

4. Si el culpable perteneciere a una sociedad, organización o asociación, incluso de carácter transitorio, que se dedicare a la realización de estas actividades, el Juez o Tribunal podrá imponer alguna o algunas de las consecuencias previstas en el art. 129 de este Código.

5. Cuando, de acuerdo con lo establecido en el artículo 31 bis, una persona jurídica sea responsable de los anteriores delitos, se le impondrá la pena de multa del triple al décuplo del valor aparente de la moneda. Atendidas las reglas establecidas en el artículo 66 bis, los jueces y tribunales podrán asimismo imponer las penas recogidas en las letras b) a g) del apartado 7 del artículo 33. [846]

387. [847] A los efectos del artículo anterior, se entiende por moneda la metálica y el papel moneda de curso legal y aquella que no ha sido todavía emitida o puesta en circulación oficialmente pero que está destinada a su circulación como moneda de curso legal. Se equipararán a la moneda nacional las de otros países de la Unión Europea y las extranjeras. [848]

---

[845] Dada nueva redacción apartado 1 por art. único apartado 12 de Ley Orgánica 1/2019 de 20 de febrero de 2019, con vigencia desde 13/03/2019

[846] Dada nueva redacción apartado 5 por art. único apartado 12 de Ley Orgánica 1/2019 de 20 de febrero de 2019, con vigencia desde 13/03/2019

[847] Dada nueva redacción por art. único apartado 201 de Ley Orgánica 1/2015 de 30 de marzo de 2015, con vigencia desde 01/07/2015

[848] Dada nueva redacción párrafo 1 por art. único apartado 13 de Ley Orgánica 1/2019 de 20 de febrero de 2019, con vigencia desde 13/03/2019

Se tendrá igualmente por moneda falsa aquella que, pese a ser realizada en las instalaciones y con los materiales legales, se realiza incumpliendo, a sabiendas, las condiciones de emisión que hubiere puesto la autoridad competente o cuando se emita no existiendo orden de emisión alguna.

388. La condena de un Tribunal extranjero, impuesta por delito de la misma naturaleza de los comprendidos en este Capítulo, será equiparada a las sentencias de los Jueces o Tribunales españoles a los efectos de reincidencia, salvo que el antecedente penal haya sido cancelado o pudiese serlo con arreglo al Derecho español [849].

389. [850] El que falsificare o expendiere, en connivencia con el falsificador, sellos de correos o efectos timbrados, o los introdujera en España conociendo su falsedad, será castigado con la pena de prisión de seis meses a tres años.

El adquirente de buena fe de sellos de correos o efectos timbrados que, conociendo su falsedad, los distribuyera o utilizara será castigado con la pena de prisión de tres a seis meses o multa de seis a veinticuatro meses. No obstante, si el valor aparente de los sellos o efectos timbrados no excediera de 400 euros, se impondrá la pena de multa de uno a tres meses [851]. [852]

---

[849] Véase art. 23.4 LOPJ

[850] Dada nueva redacción por art. único apartado 138 de Ley Orgánica 15/2003 de 25 de noviembre de 2003, con vigencia desde 01/10/2004

[851] Véanse arts. 14 a 19 RD 1637/2011, de 14 de noviembre, por el que se establece la composición, competencias y régimen de funcionamiento de la Comisión Filatélica del Estado y se regulan las emisiones de sellos de correo y otros signos de franqueo

[852] Dada nueva redacción párrafo 2 por art. único apartado 202 de Ley Orgánica 1/2015 de 30 de marzo de 2015, con vigencia desde 01/07/2015

CAPÍTULO II
De las falsedades documentales [853]

SECCIÓN PRIMERA
De la falsificación de documentos públicos, oficiales y mercantiles y de los despachos transmitidos por servicios de telecomunicación [854]

390. 1. Será castigado con las penas de prisión de tres a seis años, multa de seis a veinticuatro meses e inhabilitación especial por tiempo de dos a seis años, la autoridad o funcionario público que, en el ejercicio de sus funciones, cometa falsedad [855]:

1º) Alterando un documento en alguno de sus elementos o requisitos de carácter esencial.

2º) Simulando un documento en todo o en parte, de manera que induzca a error sobre su autenticidad.

3º) Suponiendo en un acto la intervención de personas que no la han tenido, o atribuyendo a las que han intervenido en él declaraciones o manifestaciones diferentes de las que hubieran hecho.

4º) Faltando a la verdad en la narración de los hechos.

2. Será castigado con las mismas penas a las señaladas en el apartado anterior el responsable de cualquier confesión religiosa que incurra en alguna de las conductas descritas en los números anteriores, respecto de actos y documentos que puedan producir efecto en el estado de las personas o en el orden civil.

391. La autoridad o funcionario público que por imprudencia grave incurriere en alguna de las falsedades previstas en el artículo anterior o diere lugar a que otro las cometa, será castigado con la pena de multa de seis a doce meses y suspensión de empleo o cargo público por tiempo de seis meses a un año.

---

[853] Véase art. 55 CPM; art. 510.2 LEC; art. 954.3 LECrim y arts. 26 y 400 de la presente Ley

[854] Véanse arts. 55, 56 y 58 LPPNA; art. 1216 CC; art. 317 LEC y RD 255/2025 de 1 abril, por el que se regula el Documento Nacional de Identidad

[855] Véase art. 140 LEG

392. [856] 1. El particular que cometiere en documento público, oficial o mercantil, alguna de las falsedades descritas en los tres primeros números del apartado 1 del art. 390, será castigado con las penas de prisión de seis meses a tres años y multa de seis a doce meses.

2. Las mismas penas se impondrán al que, sin haber intervenido en la falsificación, traficare de cualquier modo con un documento de identidad falso. Se impondrá la pena de prisión de seis meses a un año y multa de tres a seis meses al que hiciere uso, a sabiendas, de un documento de identidad falso.

Esta disposición es aplicable aun cuando el documento de identidad falso aparezca como perteneciente a otro Estado de la Unión Europea o a un tercer Estado o haya sido falsificado o adquirido en otro Estado de la Unión Europea o en un tercer Estado si es utilizado o se trafica con él en España [857].

393. El que, a sabiendas de su falsedad, presentare en juicio o, para perjudicar a otro, hiciere uso de un documento falso de los comprendidos en los artículos precedentes, será castigado con la pena inferior en grado a la señalada a los falsificadores [858].

394. 1. La autoridad o funcionario público encargado de los servicios de telecomunicación que supusiere o falsificare un despacho telegráfico u otro propio de dichos servicios, incurrirá en la pena de prisión de seis meses a tres años e inhabilitación especial por tiempo de dos a seis años.

2. El que, a sabiendas de su falsedad, hiciere uso del despacho falso para perjudicar a otro, será castigado con la pena inferior en grado a la señalada a los falsificadores.

---

[856] Dada nueva redacción por art. único apartado 114 de Ley Orgánica 5/2010 de 22 de junio de 2010, con vigencia desde 23/12/2010

[857] Véanse art. 141 LEG; art. 681.6 CC y Ley 19/1985, de 16 de julio, Cambiaria y del Cheque

[858] Véase art. 954.3 LECrim y art. 510 LEC

SECCIÓN SEGUNDA
De la falsificación de documentos privados [859]

395. El que, para perjudicar a otro, cometiere en documento privado alguna de las falsedades previstas en los tres primeros números del apartado 1 del art. 390 , será castigado con la pena de prisión de seis meses a dos años.

396. El que, a sabiendas de su falsedad, presentare en juicio o, para perjudicar a otro, hiciere uso de un documento falso de los comprendidos en el artículo anterior, incurrirá en la pena inferior en grado a la señalada a los falsificadores.

SECCIÓN TERCERA
De la falsificación de certificados

397. El facultativo que librare certificado falso será castigado con la pena de multa de tres a doce meses.

398. [860] La autoridad o funcionario público que librare certificación falsa con escasa trascendencia en el tráfico jurídico será castigado con la pena de suspensión de seis meses a dos años [861] .

Este precepto no será aplicable a los certificados relativos a la Seguridad Social y a la Hacienda Pública.

---

[859] Véanse arts. 1225 a 1230 CC

[860] Dada nueva redacción por art. único apartado 11 de Ley Orgánica 7/2012 de 27 de diciembre de 2012, con vigencia desde 17/01/2013

[861] Véase Ley 68/1980, de 1 de diciembre, sobre expedición de certificaciones e informes sobre conducta ciudadana y arts. 154 a 156 RD 1608/2005, de 30 de diciembre, por el que se aprueba el Régimen Orgánico del Cuerpo de Secretarios Judiciales

399. [862] 1. El particular que falsificare una certificación de las designadas en los artículos anteriores será castigado con la pena de multa de tres a seis meses.

2. La misma pena se impondrá al que hiciere uso, a sabiendas, de la certificación, así como al que, sin haber intervenido en su falsificación, traficare con ella de cualquier modo.

3. Esta disposición es aplicable aun cuando el certificado aparezca como perteneciente a otro Estado de la Unión Europea o a un tercer Estado o haya sido falsificado o adquirido en otro Estado de la Unión Europea o en un tercer Estado si es utilizado en España.

SECCIÓN CUARTA
De la falsificación de tarjetas de crédito y débito, cheques de viaje y demás instrumentos de pago distintos del efectivo [863]

399 bis. [864] 1. El que altere, copie, reproduzca o de cualquier otro modo falsifique tarjetas de crédito o débito, cheques de viaje o cualquier otro instrumento de pago distinto del efectivo, será castigado con la pena de prisión de cuatro a ocho años.

Se impondrá la pena en su mitad superior cuando los efectos falsificados afecten a una generalidad de personas o cuando los hechos se cometan en el marco de una organización criminal dedicada a estas actividades.

Cuando de acuerdo con lo establecido en el artículo 31 bis una persona jurídica sea responsable de los anteriores delitos, se le impondrá la pena de multa de dos a cinco años. Atendidas las reglas establecidas en el artículo 66 bis, los jueces y tribunales podrán asimismo imponer las penas recogidas en las letras b) a g) del apartado 7 del artículo 33.

2. La tenencia de tarjetas de crédito o débito, cheques de viaje o cualesquiera otros instrumentos de pago distintos del efectivo falsifica-

---

[862] Dada nueva redacción por art. único apartado 115 de Ley Orgánica 5/2010 de 22 de junio de 2010, con vigencia desde 23/12/2010

[863] Dada nueva redacción por art. 1 apartado 10 de Ley Orgánica 14/2022 de 22 de diciembre de 2022, con vigencia desde 12/01/2023

[864] Dada nueva redacción por art. 1 apartado 11 de Ley Orgánica 14/2022 de 22 de diciembre de 2022, con vigencia desde 12/01/2023

dos, destinados a la distribución o tráfico será castigada con la pena señalada a la falsificación.

3. El que sin haber intervenido en la falsificación usare, en perjuicio de otro y a sabiendas de la falsedad, tarjetas de crédito o débito, cheques de viaje o cualesquiera otros instrumentos de pago distintos del efectivo falsificados, será castigado con la pena de prisión de dos a cinco años.

4. El que, para su utilización fraudulenta y a sabiendas de su falsedad, posea u obtenga, para sí o para un tercero, tarjetas de crédito o débito, cheques de viaje o cualquier otro instrumento de pago distinto del efectivo será castigado con pena de prisión de uno a dos años.

399 ter. [865] A los efectos de este Código, se entiende por instrumento de pago distinto del efectivo cualquier dispositivo, objeto o registro protegido, material o inmaterial, o una combinación de estos, exceptuada la moneda de curso legal, que, por sí solo o en combinación con un procedimiento o conjunto de procedimientos, permite al titular o usuario transferir dinero o valor monetario incluso a través de medios digitales de intercambio.

CAPÍTULO III
Disposiciones generales [866]

400. [867] La fabricación, recepción, obtención, tenencia, distribución, puesta a disposición o comercialización de útiles, materiales, instrumentos, sustancias, datos y programas informáticos, aparatos, elementos de seguridad o cualquier otro medio diseñado o adaptado específicamente para la comisión de los delitos descritos en los capítulos anteriores, se castigarán con la pena señalada en cada caso para los autores.

---

[865] Añadido por art. 1 apartado 12 de Ley Orgánica 14/2022 de 22 de diciembre de 2022, con vigencia desde 12/01/2023

[866] Dada nueva redacción por art. único apartado 118 de Ley Orgánica 5/2010 de 22 de junio de 2010, con vigencia desde 23/12/2010

[867] Dada nueva redacción por art. 1 apartado 13 de Ley Orgánica 14/2022 de 22 de diciembre de 2022, con vigencia desde 12/01/2023

400 bis. [868] En los supuestos descritos en los arts. 392, 393, 394, 396 y 399 de este Código también se entenderá por uso de documento, despacho, certificación o documento de identidad falsos el uso de los correspondientes documentos, despachos, certificaciones o documentos de identidad auténticos realizado por quien no esté legitimado para ello.

CAPÍTULO IV
De la usurpación del estado civil

401. El que usurpare el estado civil de otro será castigado con la pena de prisión de seis meses a tres años [869] .

CAPÍTULO V
De la usurpación de funciones públicas y del intrusismo

402. El que ilegítimamente ejerciere actos propios de una autoridad o funcionario público atribuyéndose carácter oficial, será castigado con la pena de prisión de uno a tres años [870] .

402 bis. [871] El que sin estar autorizado usare pública e indebidamente uniforme, traje o insignia que le atribuyan carácter oficial será castigado con la pena de multa de uno a tres meses.

---

[868] Añadido por art. único apartado 118 de Ley Orgánica 5/2010 de 22 de junio de 2010, con vigencia desde 23/12/2010

[869] Véase Ley 20/2011, de 21 de julio, del Registro Civil; Ley 40/1999, de 5 de noviembre, sobre nombre y apellidos y orden de los mismos; arts. 325 a 332 CC y arts. 220 y ss de la presente Ley

[870] Véase art. 637 de la presente Ley

[871] Añadido por art. único apartado 204 de Ley Orgánica 1/2015 de 30 de marzo de 2015, con vigencia desde 01/07/2015

403. [872] 1. El que ejerciere actos propios de una profesión sin poseer el correspondiente título académico expedido o reconocido en España de acuerdo con la legislación vigente, incurrirá en la pena de multa de doce a veinticuatro meses. Si la actividad profesional desarrollada exigiere un título oficial que acredite la capacitación necesaria y habilite legalmente para su ejercicio, y no se estuviere en posesión de dicho título, se impondrá la pena de multa de seis a doce meses.

2. Se impondrá una pena de prisión de seis meses a dos años si concurriese alguna de las siguientes circunstancias:

a) Si el culpable, además, se atribuyese públicamente la cualidad de profesional amparada por el título referido.

b) Si el culpable ejerciere los actos a los que se refiere el apartado anterior en un local o establecimiento abierto al público en el que se anunciare la prestación de servicios propios de aquella profesión [873].

TÍTULO XIX
Delitos contra la Administración Pública [874]

CAPÍTULO PRIMERO
De la prevaricación de los funcionarios públicos y otros comportamientos injustos [875]

404. [876] A la autoridad o funcionario público que, a sabiendas de su injusticia, dictare una resolución arbitraria en un asunto administrativo se le castigará con la pena de inhabilitación especial para

---

[872] Dada nueva redacción por art. único apartado 205 de Ley Orgánica 1/2015 de 30 de marzo de 2015, con vigencia desde 01/07/2015

[873] Véase art. 36 CE; art. 38 LPPNA y Ley 2/1974, de 13 de febrero, de Colegios Profesionales

[874] Véanse arts. 103 y 121 CE; art. 72.5.d LOGP; arts. 24 y ss y disposición adicional 1 LOTJ; art. 81.3 D 315/1964, de 7 de febrero, por el que se aprueba el texto articulado de la Ley de Funcionarios del Estado y art. 24 de la presente Ley

[875] Véase arts. 244 a 248 LOPJ y art. 404 de la presente Ley

[876] Dada nueva redacción por art. único apartado 206 de Ley Orgánica 1/2015 de 30 de marzo de 2015, con vigencia desde 01/07/2015

empleo o cargo público y para el ejercicio del derecho de sufragio pasivo por tiempo de nueve a quince años [877] .

405. [878] A la autoridad o funcionario público que, en el ejercicio de su competencia y a sabiendas de su ilegalidad, propusiere, nombrare o diere posesión para el ejercicio de un determinado cargo público a cualquier persona sin que concurran los requisitos legalmente establecidos para ello, se le castigará con las penas de multa de tres a ocho meses y suspensión de empleo o cargo público por tiempo de uno a tres años [879] .

406. La misma pena de multa se impondrá a la persona que acepte la propuesta, nombramiento o toma de posesión mencionada en el artículo anterior, sabiendo que carece de los requisitos legalmente exigibles.

CAPÍTULO II
Del abandono de destino y de la omisión del deber de perseguir delitos

407. 1. A la autoridad o funcionario público que abandonare su destino con el propósito de no impedir o no perseguir cualquiera de los delitos comprendidos en los Títulos XXI, XXII, XXIII y XXIV se le castigará con la pena de prisión de uno a cuatro años e inhabilitación absoluta para empleo o cargo público por tiempo de seis a diez años. Si hubiera realizado el abandono para no impedir o no perseguir cualquier otro delito, se le impondrá la pena de inhabilitación especial para empleo o cargo público por tiempo de uno a tres años.

---

[877] Véanse arts. 320, 322, 329, 446 y 447 de la presente Ley

[878] Dada nueva redacción por art. único apartado 207 de Ley Orgánica 1/2015 de 30 de marzo de 2015, con vigencia desde 01/07/2015

[879] Véase RD 33/1986, de 10 de enero, Reglamento de Régimen Disciplinario de los Funcionarios de la Administración del Estado

2. Las mismas penas se impondrán, respectivamente, cuando el abandono tenga por objeto no ejecutar las penas correspondientes a estos delitos impuestas por la autoridad judicial competente [880].

408. La autoridad o funcionario que, faltando a la obligación de su cargo, dejare intencionadamente de promover la persecución de los delitos de que tenga noticia o de sus responsables, incurrirá en la pena de inhabilitación especial para empleo o cargo público por tiempo de seis meses a dos años [881].

409. A las autoridades o funcionarios públicos que promovieren, dirigieren u organizaren el abandono colectivo y manifiestamente ilegal de un servicio público, se les castigará con la pena de multa de ocho a doce meses y suspensión de empleo o cargo público por tiempo de seis meses a dos años.

Las autoridades o funcionarios públicos que meramente tomaren parte en el abandono colectivo o manifiestamente ilegal de un servicio público esencial y con grave perjuicio de éste o de la comunidad, serán castigados con la pena de multa de ocho a doce meses [882].

CAPÍTULO III
De la desobediencia y denegación de auxilio

410. 1. Las autoridades o funcionarios públicos que se negaren abiertamente a dar el debido cumplimiento a resoluciones judiciales, decisiones u órdenes de la autoridad superior, dictadas dentro del ámbito de su respectiva competencia y revestidas de las formalidades legales, incurrirán en la pena de multa de tres a doce meses e inhabili-

---

[880] Véanse arts. 56, 57, 61 y 67 CPM; art. 143 LEG y 62.10 Ley 50/1981, de 30 de diciembre, del Estatuto Orgánico del Ministerio Fiscal

[881] Véanse arts. 1, 3, 4 y 63.4 Ley 50/1981, de 30 de diciembre, del Estatuto Orgánico del Ministerio Fiscal; arts. 547 a 550 LOPJ; arts. 64 y 80 CPM; art. 262 LECrim y art. 412 de la presente Ley

[882] Véase art. 28.2 CE y LO 11/1985, de 2 de agosto, de Libertad Sindical

tación especial para empleo o cargo público por tiempo de seis meses a dos años [883].

2. No obstante lo dispuesto en el apartado anterior, no incurrirán en responsabilidad criminal las autoridades o funcionarios por no dar cumplimiento a un mandato que constituya una infracción manifiesta, clara y terminante de un precepto de Ley o de cualquier otra disposición general.

411. La autoridad o funcionario público que, habiendo suspendido por cualquier motivo que no sea el expresado en el apartado 2 del artículo anterior, la ejecución de las órdenes de sus superiores, las desobedeciere después de que aquéllos hubieren desaprobado la suspensión, incurrirá en las penas de multa de doce a veinticuatro meses, e inhabilitación especial para empleo o cargo público por tiempo de uno a tres años [884].

412. 1. El funcionario público que, requerido por autoridad competente, no prestare el auxilio debido para la Administración de justicia u otro servicio público, incurrirá en las penas de multa de tres a doce meses, y suspensión de empleo o cargo público por tiempo de seis meses a dos años.

2. Si el requerido fuera autoridad, jefe o responsable de una fuerza pública o un agente de la autoridad, se impondrán las penas de multa de doce a dieciocho meses y suspensión de empleo o cargo público por tiempo de dos a tres años.

3. La autoridad o funcionario público que, requerido por un particular a prestar algún auxilio a que venga obligado por razón de su cargo para evitar un delito contra la vida de las personas, se abstuviera de prestarlo, será castigado con la pena de multa de dieciocho a veinticuatro meses e inhabilitación especial para empleo o cargo público por tiempo de tres a seis años.

Si se tratase de un delito contra la integridad, libertad sexual, salud o libertad de las personas, será castigado con la pena de multa de doce

---

[883] Véanse arts. 103.1 y 118 CE; art. 17.2 LOPJ; art. 50 LPPNA; art. 44 CPM y art. 20.7 de la presente Ley

[884] Véanse arts. 103.1 y 118 CE; art. 17.2 LOPJ; art. 50 LPPNA; art. 44 CPM y art. 20.7 de la presente Ley

a dieciocho meses y suspensión de empleo o cargo público de uno a tres años.

En el caso de que tal requerimiento lo fuera para evitar cualquier otro delito u otro mal, se castigará con la pena de multa de tres a doce meses y suspensión de empleo o cargo público por tiempo de seis meses a dos años [885].

CAPÍTULO IV
De la infidelidad en la custodia de documentos y de la violación de secretos [886]

413. La autoridad o funcionario público que, a sabiendas, sustrajere, destruyere, inutilizare u ocultare, total o parcialmente, documentos cuya custodia le esté encomendada por razón de su cargo, incurrirá en las penas de prisión de uno a cuatro años, multa de siete a veinticuatro meses, e inhabilitación especial para empleo o cargo público por tiempo de tres a seis años [887].

414. 1. A la autoridad o funcionario público que, por razón de su cargo, tenga encomendada la custodia de documentos respecto de los que la autoridad competente haya restringido el acceso, y que a sabiendas destruya o inutilice los medios puestos para impedir ese acceso o consienta su destrucción o inutilización, incurrirá en la pena de prisión de seis meses a un año o multa de seis a veinticuatro meses y, en cualquier caso, inhabilitación especial para empleo o cargo público por tiempo de uno a tres años.

2. El particular que destruyere o inutilizare los medios a que se refiere el apartado anterior, será castigado con la pena de multa de seis a dieciocho meses [888].

---

[885] Véase art. 118 CE; arts. 17.1 y 399.2 LOPJ; arts. 4.2 y 5.1 e) LO 2/1986, de 13 de marzo, de Fuerzas y Cuerpos de Seguridad y arts. 195, 408 y 450 de la presente Ley

[886] Véanse arts. 573 a 588 LECrim;   art. 1 LOTJ; y arts. 26, 264 y 535 de la presente Ley

[887] Véanse arts. 234, 237 y 263 de la presente Ley

[888] Véase art. 263 de la presente Ley

415. La autoridad o funcionario público no comprendido en el artículo anterior que, a sabiendas y sin la debida autorización, accediere o permitiere acceder a documentos secretos cuya custodia le esté confiada por razón de su cargo, incurrirá en la pena de multa de seis a doce meses, e inhabilitación especial para empleo o cargo público por tiempo de uno a tres años [889].

416. Serán castigados con las penas de prisión o multa inmediatamente inferiores a las respectivamente señaladas en los tres artículos anteriores los particulares encargados accidentalmente del despacho o custodia de documentos, por comisión del Gobierno o de las autoridades o funcionarios públicos a quienes hayan sido confiados por razón de su cargo, que incurran en las conductas descritas en los mismos.

417. 1. La autoridad o funcionario público que revelare secretos o informaciones de los que tenga conocimiento por razón de su oficio o cargo y que no deban ser divulgados, incurrirá en la pena de multa de doce a dieciocho meses e inhabilitación especial para empleo o cargo público por tiempo de uno a tres años.

Si de la revelación a que se refiere el párrafo anterior resultara grave daño para la causa pública o para tercero, la pena será de prisión de uno a tres años, e inhabilitación especial para empleo o cargo público por tiempo de tres a cinco años.

2. Si se tratara de secretos de un particular, las penas serán las de prisión de dos a cuatro años, multa de doce a dieciocho meses, y suspensión de empleo o cargo público por tiempo de uno a tres años [890].

418. [891] El particular que aprovechare para sí o para un tercero el secreto o la información privilegiada que obtuviere de un funcionario

---

[889] Véanse arts. 18.1 y 20.4 CE; art. 95.2 f) Ley 7/2007, de 12 de abril, del Estatuto Básico del Empleado Público y arts. 197 a 201 y 278 a 280 de la presente Ley

[890] Véanse arts. 18.1 y 20.3 y 4 CE; arts. 301 y 417.2 LECrim; Ley 9/1968, de 5 de abril, de Secretos Oficiales; art. 25 CPM y arts. 197 y ss y 278 a 280 de la presente Ley

[891] Dada nueva redacción por art. único apartado 208 de Ley Orgánica 1/2015 de 30 de marzo de 2015, con vigencia desde 01/07/2015

público o autoridad, será castigado con multa del tanto al triplo del beneficio obtenido o facilitado y la pérdida de la posibilidad de obtener subvenciones o ayudas públicas y del derecho a gozar de los beneficios o incentivos fiscales o de la Seguridad Social durante el período de uno a tres años. Si resultara grave daño para la causa pública o para tercero, la pena será de prisión de uno a seis años y la pérdida de la posibilidad de obtener subvenciones o ayudas públicas y del derecho a gozar de los beneficios o incentivos fiscales o de la Seguridad Social durante el periodo de seis a diez años [892].

CAPÍTULO V
Del cohecho [893]

419. [894] La autoridad o funcionario público que, en provecho propio o de un tercero, recibiere o solicitare, por sí o por persona interpuesta, dádiva, favor o retribución de cualquier clase o aceptare ofrecimiento o promesa para realizar en el ejercicio de su cargo un acto contrario a los deberes inherentes al mismo o para no realizar o retrasar injustificadamente el que debiera practicar, incurrirá en la pena de prisión de tres a seis años, multa de doce a veinticuatro meses, e inhabilitación especial para empleo o cargo público y para el ejercicio del derecho de sufragio pasivo por tiempo de nueve a doce años, sin perjuicio de la pena correspondiente al acto realizado, omitido o retrasado en razón de la retribución o promesa, si fuera constitutivo de delito.

420. [895] La autoridad o funcionario público que, en provecho propio o de un tercero, recibiere o solicitare, por sí o por persona interpuesta, dádiva, favor o retribución de cualquier clase o aceptare ofrecimiento o promesa para realizar un acto propio de su cargo,

---

[892] Véase art. 442 de la presente Ley

[893] Véase art. 954.3 LECrim; art. 510.4 LEC y art. 1 LOTJ

[894] Dada nueva redacción por art. único apartado 209 de Ley Orgánica 1/2015 de 30 de marzo de 2015, con vigencia desde 01/07/2015

[895] Dada nueva redacción por art. único apartado 210 de Ley Orgánica 1/2015 de 30 de marzo de 2015, con vigencia desde 01/07/2015

incurrirá en la pena de prisión de dos a cuatro años, multa de doce a veinticuatro meses e inhabilitación especial para empleo o cargo público y para el ejercicio del derecho de sufragio pasivo por tiempo de cinco a nueve años.

421. [896] Las penas señaladas en los artículos precedentes se impondrán también cuando la dádiva, favor o retribución se recibiere o solicitare por la autoridad o funcionario público, en sus respectivos casos, como recompensa por la conducta descrita en dichos artículos.

422. [897] La autoridad o funcionario público que, en provecho propio o de un tercero, admitiera, por sí o por persona interpuesta, dádiva o regalo que le fueren ofrecidos en consideración a su cargo o función, incurrirá en la pena de prisión de seis meses a un año y suspensión de empleo y cargo público de uno a tres años.

423. [898] Lo dispuesto en los artículos precedentes será igualmente aplicable a los jurados y árbitros, nacionales o internacionales, así como a mediadores, peritos, administradores o interventores designados judicialmente, administradores concursales o a cualesquiera personas que participen en el ejercicio de la función pública. [899]

424. [900] 1. El particular que ofreciere o entregare dádiva o retribución de cualquier otra clase a una autoridad, funcionario público o persona que participe en el ejercicio de la función pública para que realice un acto contrario a los deberes inherentes a su cargo o un acto propio de su cargo, para que no realice o retrase el que debiera practicar, o en consideración a su cargo o función, será castigado en

---

[896] Dada nueva redacción por art. único apartado 121 de Ley Orgánica 5/2010 de 22 de junio de 2010, con vigencia desde 23/12/2010

[897] Dada nueva redacción por art. único apartado 122 de Ley Orgánica 5/2010 de 22 de junio de 2010, con vigencia desde 23/12/2010

[898] Dada nueva redacción por art. único apartado 14 de Ley Orgánica 1/2019 de 20 de febrero de 2019, con vigencia desde 13/03/2019

[899] Véase art. 954.3 LECrim; art. 510.4 LEC y art. 1 LOTJ

[900] Dada nueva redacción por art. único apartado 212 de Ley Orgánica 1/2015 de 30 de marzo de 2015, con vigencia desde 01/07/2015

sus respectivos casos, con las mismas penas de prisión y multa que la autoridad, funcionario o persona corrompida.

2. Cuando un particular entregare la dádiva o retribución atendiendo la solicitud de la autoridad, funcionario público o persona que participe en el ejercicio de la función pública, se le impondrán las mismas penas de prisión y multa que a ellos les correspondan.

3. Si la actuación conseguida o pretendida de la autoridad o funcionario tuviere relación con un procedimiento de contratación, de subvenciones o de subastas convocados por las Administraciones o entes públicos, se impondrá al particular y, en su caso, a la sociedad, asociación u organización a que representare la pena de inhabilitación para obtener subvenciones y ayudas públicas, para contratar con entes, organismos o entidades que formen parte del sector público y para gozar de beneficios o incentivos fiscales y de la Seguridad Social por un tiempo de cinco a diez años.

425. [901] Cuando el soborno mediare en causa criminal a favor del reo por parte de su cónyuge u otra persona a la que se halle ligado de forma estable por análoga relación de afectividad, o de algún ascendiente, descendiente o hermano por naturaleza, por adopción o afines en los mismos grados, se impondrá al sobornador la pena de prisión de seis meses a un año [902].

426. [903] Quedará exento de pena por el delito de cohecho el particular que, habiendo accedido ocasionalmente a la solicitud de dádiva u otra retribución realizada por autoridad o funcionario público, denunciare el hecho a la autoridad que tenga el deber de proceder a su averiguación antes de la apertura del procedimiento, siempre que no haya transcurrido más de dos meses desde la fecha de los hechos.

---

[901] Dada nueva redacción por art. único apartado 125 de Ley Orgánica 5/2010 de 22 de junio de 2010, con vigencia desde 23/12/2010

[902] Véanse arts. 23 y 67 de la presente Ley

[903] Dada nueva redacción por art. único apartado 126 de Ley Orgánica 5/2010 de 22 de junio de 2010, con vigencia desde 23/12/2010

427. [904] Lo dispuesto en los artículos precedentes será también aplicable cuando las conductas descritas sean realizadas por o afecten a:

a) Cualquier persona que ostente un cargo o empleo legislativo, administrativo o judicial de un país de la Unión Europea o de cualquier otro país extranjero, tanto por nombramiento como por elección.

b) Cualquier persona que ejerza una función pública para un país de la Unión Europea o cualquier otro país extranjero, incluido un organismo público o una empresa pública, para la Unión Europea o para otra organización internacional pública.

c) Cualquier funcionario o agente de la Unión Europea o de una organización internacional pública.

d) Cualquier persona a la que se haya asignado y que esté ejerciendo una función de servicio público que consista en la gestión, en los Estados miembros o en terceros países, de intereses financieros de la Unión Europea o en tomar decisiones sobre esos intereses.

427 bis. [905] Cuando de acuerdo con lo establecido en el art. 31 bis una persona jurídica sea responsable de los delitos recogidos en este Capítulo, se le impondrán las siguientes penas:

a) Multa de dos a cinco años, o del triple al quíntuple del beneficio obtenido cuando la cantidad resultante fuese más elevada, si el delito cometido por la persona física tiene prevista una pena de prisión de más de cinco años.

b) Multa de uno a tres años, o del doble al cuádruple del beneficio obtenido cuando la cantidad resultante fuese más elevada, si el delito cometido por la persona física tiene prevista una pena de más de dos años de privación de libertad no incluida en el anterior inciso.

c) Multa de seis meses a dos años, o del doble al triple del beneficio obtenido si la cantidad resultante fuese más elevada, en el resto de los casos.

---

[904] Dada nueva redacción por art. único apartado 15 de Ley Orgánica 1/2019 de 20 de febrero de 2019, con vigencia desde 13/03/2019

[905] Añadido por art. único apartado 214 de Ley Orgánica 1/2015 de 30 de marzo de 2015, con vigencia desde 01/07/2015

Atendidas las reglas establecidas en el art. 66 bis, los Jueces y Tribunales podrán asimismo imponer las penas recogidas en las letras b) a g) del apartado 7 del art. 33 .

CAPÍTULO VI
Del tráfico de influencias [906]

428. [907] El funcionario público o autoridad que influyere en otro funcionario público o autoridad prevaliéndose del ejercicio de las facultades de su cargo o de cualquier otra situación derivada de su relación personal o jerárquica con éste o con otro funcionario o autoridad para conseguir una resolución que le pueda generar directa o indirectamente un beneficio económico para sí o para un tercero, incurrirá en las penas de prisión de seis meses a dos años, multa del tanto al duplo del beneficio perseguido u obtenido e inhabilitación especial para empleo o cargo público y para el ejercicio del derecho de sufragio pasivo por tiempo de cinco a nueve años. Si obtuviere el beneficio perseguido, estas penas se impondrán en su mitad superior [908] .

429. [909] El particular que influyere en un funcionario público o autoridad prevaliéndose de cualquier situación derivada de su relación personal con éste o con otro funcionario público o autoridad para conseguir una resolución que le pueda generar directa o indirectamente un beneficio económico para sí o para un tercero, será castigado con las penas de prisión de seis meses a dos años, multa del tanto al duplo del beneficio perseguido u obtenido, y prohibición de contratar con el sector público, así como la pérdida de la posibilidad de obtener

---

[906] Véanse RDLeg. 3/2011, de 14 de noviembre, por la que se aprueba el texto refundido de la Ley de Contratos del Sector Público; art. 19.4 f) Ley 50/1981, de 30 de diciembre, por la que se regula el Estatuto Orgánico del Ministerio Fiscal y art. 1 LOTJ

[907] Dada nueva redacción por art. único apartado 215 de Ley Orgánica 1/2015 de 30 de marzo de 2015, con vigencia desde 01/07/2015

[908] Véanse arts. 285, 418 y 439 de la presente Ley

[909] Dada nueva redacción por art. único apartado 216 de Ley Orgánica 1/2015 de 30 de marzo de 2015, con vigencia desde 01/07/2015

subvenciones o ayudas públicas y del derecho a gozar de beneficios o incentivos fiscales y de la Seguridad Social por tiempo de seis a diez años. Si obtuviere el beneficio perseguido, estas penas se impondrán en su mitad superior [910] .

430. [911] Los que, ofreciéndose a realizar las conductas descritas en los dos artículos anteriores, solicitaren de terceros dádivas, presentes o cualquier otra remuneración, o aceptaren ofrecimiento o promesa, serán castigados con la pena de prisión de seis meses a un año. Si el delito fuere cometido por autoridad o funcionario público se le impondrá, además, la pena de inhabilitación especial para cargo o empleo público y para el ejercicio del derecho de sufragio pasivo por tiempo de uno a cuatro años.

Cuando de acuerdo con lo establecido en el art. 31 bis una persona jurídica sea responsable de los delitos recogidos en este Capítulo, se le impondrá la pena de multa de seis meses a dos años.

Atendidas las reglas establecidas en el art. 66 bis, los Jueces y Tribunales podrán asimismo imponer las penas recogidas en las letras b) a g) del apartado 7 del art. 33 .

431. [912] A los efectos de este capítulo se entenderán funcionarios públicos los determinados por los artículos 24 y 427.

---

[910] Véanse arts. 285, 418 y 439 de la presente Ley

[911] Dada nueva redacción por art. único apartado 217 de Ley Orgánica 1/2015 de 30 de marzo de 2015, con vigencia desde 01/07/2015

[912] Añadido por art. único apartado 16 de Ley Orgánica 1/2019 de 20 de febrero de 2019, con vigencia desde 13/03/2019

CAPÍTULO VII
De la malversación [913]

432. [914] 1. La autoridad o funcionario público que, con ánimo de lucro, se apropiare o consintiere que un tercero, con igual ánimo, se apropie del patrimonio público que tenga a su cargo por razón de sus funciones o con ocasión de las mismas, será castigado con una pena de prisión de dos a seis años, inhabilitación especial para cargo o empleo público y para el ejercicio del derecho de sufragio pasivo por tiempo de seis a diez años.

2. Se impondrán las penas de prisión de cuatro a ocho años e inhabilitación absoluta por tiempo de diez a veinte años si en los hechos que se refieren en el apartado anterior hubiere concurrido alguna de las circunstancias siguientes:

a) se hubiera causado un daño o entorpecimiento graves al servicio público,

b) el valor del perjuicio causado o del patrimonio público apropiado excediere de 50.000 euros,

c) las cosas malversadas fueran de valor artístico, histórico, cultural o científico; o si se tratare de efectos destinados a aliviar alguna calamidad pública.

Si el valor del perjuicio causado o del patrimonio público apropiado excediere de 250.000 euros, se impondrá la pena de prisión en su mitad superior, pudiéndose llegar hasta la superior en grado.

3. Los hechos a que se refiere el presente artículo serán castigados con una pena de prisión de uno a dos años y multa de tres meses y un día a doce meses, y en todo caso inhabilitación especial para cargo o empleo público y derecho de sufragio pasivo por tiempo de uno a cinco años, cuando el perjuicio causado o el valor del patrimonio público sea inferior a 4.000 euros.

---

[913] Véase art. 82 CPM; 19.4 d) Ley 50/1981, de 30 de diciembre, por la que se regula el Estatuto Orgánico del Ministerio Fiscal y art. 1 LOTJ

[914] Dada nueva redacción por art. 1 apartado 14 de Ley Orgánica 14/2022 de 22 de diciembre de 2022, con vigencia desde 12/01/2023

432 bis. [915] La autoridad o funcionario público que, sin ánimo de apropiárselo, destinare a usos privados el patrimonio público puesto a su cargo por razón de sus funciones o con ocasión de las mismas, incurrirá en la pena de prisión de seis meses a tres años, y suspensión de empleo o cargo público de uno a cuatro años.

Si el culpable no reintegrara los mismos elementos del patrimonio público distraídos dentro de los diez días siguientes al de la incoación del proceso, se le impondrán las penas del artículo anterior.

433. [916] La autoridad o funcionario público que, sin estar comprendido en los artículos anteriores, diere al patrimonio público que administrare una aplicación pública diferente de aquélla a la que estuviere destinado, incurrirá en las penas de prisión de uno a cuatro años e inhabilitación especial de empleo o cargo público de dos a seis años, si resultare daño o entorpecimiento graves del servicio al que estuviere consignado, y de inhabilitación de empleo o cargo público de uno a tres años y multa de tres a doce meses, si no resultare.

433 bis. [917] 1. La autoridad o funcionario público que, de forma idónea para causar un perjuicio económico a la entidad pública de la que dependa, y fuera de los supuestos previstos en el art. 390 , falseare su contabilidad, los documentos que deban reflejar su situación económica o la información contenida en los mismos, será castigado con la pena de inhabilitación especial para empleo o cargo público por tiempo de uno a diez años y multa de doce a veinticuatro meses.

2. Con las mismas penas se castigará a la autoridad o funcionario público, que de forma idónea para causar un perjuicio económico a la entidad pública de la que dependa, facilite a terceros información mendaz relativa a la situación económica de la misma o alguno de los documentos o informaciones a que se refiere el apartado anterior.

3. Si se llegare a causar el perjuicio económico a la entidad, se impondrán las penas de prisión de uno a cuatro años, inhabilitación

---

[915] Añadido por art. 1 apartado 15 de Ley Orgánica 14/2022 de 22 de diciembre de 2022, con vigencia desde 12/01/2023

[916] Dada nueva redacción por art. 1 apartado 16 de Ley Orgánica 14/2022 de 22 de diciembre de 2022, con vigencia desde 12/01/2023

[917] Añadido por art. único apartado 12 de Ley Orgánica 7/2012 de 27 de diciembre de 2012, con vigencia desde 17/01/2013

especial para empleo o cargo público por tiempo de tres a diez años y multa de doce a veinticuatro meses.

433 ter. [918] A los efectos del presente Código, se entenderá por patrimonio público todo el conjunto de bienes y derechos, de contenido económico-patrimonial, pertenecientes a las Administraciones públicas.

434. [919] Si el culpable de cualquiera de los hechos tipificados en este capítulo hubiere reparado de modo efectivo e íntegro el perjuicio causado al patrimonio público antes del inicio del juicio oral, o hubiera colaborado activa y eficazmente con las autoridades o sus agentes para obtener pruebas decisivas para la identificación o captura de otros responsables o para el completo esclarecimiento de los hechos delictivos, los jueces y tribunales impondrán al responsable de este delito la pena inferior en uno o dos grados.

435. Las disposiciones de este Capítulo son extensivas:
1º) A los que se hallen encargados por cualquier concepto de fondos, rentas o efectos de las Administraciones públicas.
2º) A los particulares legalmente designados como depositarios de caudales o efectos públicos.
3º) A los administradores o depositarios de dinero o bienes embargados, secuestrados o depositados por autoridad pública, aunque pertenezcan a particulares.
4º) A los administradores concursales, con relación a la masa concursal o los intereses económicos de los acreedores. En particular, se considerarán afectados los intereses de los acreedores cuando de manera dolosa se alterara el orden de pagos de los créditos establecido en la ley. [920]

---

[918] Añadido por art. 1 apartado 17 de Ley Orgánica 14/2022 de 22 de diciembre de 2022, con vigencia desde 12/01/2023

[919] Dada nueva redacción por art. 1 apartado 18 de Ley Orgánica 14/2022 de 22 de diciembre de 2022, con vigencia desde 12/01/2023

[920] Añadido apartado 4 por art. único apartado 222 de Ley Orgánica 1/2015 de 30 de marzo de 2015, con vigencia desde 01/07/2015

5º) A las personas jurídicas que de acuerdo con lo establecido en el artículo 31 bis sean responsables de los delitos recogidos en este Capítulo. En estos casos se impondrán las siguientes penas:

a) Multa de dos a cinco años, o del triple al quíntuple del valor del perjuicio causado o de los bienes o efectos apropiados cuando la cantidad resultante fuese más elevada, si el delito cometido por la persona física tiene prevista una pena de prisión de más de cinco años.

b) Multa de uno a tres años, o del doble al cuádruple del valor del perjuicio causado o de los bienes o efectos apropiados cuando la cantidad resultante fuese más elevada, si el delito cometido por la persona física tiene prevista una pena de más de dos años de privación de libertad no incluida en el anterior inciso.

c) Multa de seis meses a dos años, o del doble al triple del valor del perjuicio causado o de los bienes o efectos apropiados si la cantidad resultante fuese más elevada, en el resto de los casos.

Atendidas las reglas establecidas en el artículo 66 bis, los jueces y tribunales podrán asimismo imponer las penas recogidas en las letras b) a g) del apartado 7 del artículo 33. [921]

435 bis. [922] A los efectos de este capítulo se entenderá por funcionario público los determinados por los artículos 24 y 427.

CAPÍTULO VIII
De los fraudes y exacciones ilegales [923]

436. [924] La autoridad o funcionario público que, interviniendo por razón de su cargo en cualesquiera de los actos de las modalidades

---

[921] Añadido apartado 5 por art. único apartado 17 de Ley Orgánica 1/2019 de 20 de febrero de 2019, con vigencia desde 13/03/2019

[922] Añadido por art. único apartado 18 de Ley Orgánica 1/2019 de 20 de febrero de 2019, con vigencia desde 13/03/2019

[923] Véanse RDLeg. 3/2011, de 14 de noviembre, por la que se aprueba el texto refundido de la Ley de Contratos del Sector Público; art. 19.4 e) Ley 50/1981, de 30 de diciembre, por la que se regula el Estatuto Orgánico del Ministerio Fiscal y art. 1 LOTJ

[924] Dada nueva redacción por art. único apartado 223 de Ley Orgánica 1/2015 de 30 de marzo de 2015, con vigencia desde 01/07/2015

de contratación pública o en liquidaciones de efectos o haberes públicos, se concertara con los interesados o usase de cualquier otro artificio para defraudar a cualquier ente público, incurrirá en las penas de prisión de dos a seis años e inhabilitación especial para empleo o cargo público y para el ejercicio del derecho de sufragio pasivo por tiempo de seis a diez años. Al particular que se haya concertado con la autoridad o funcionario público se le impondrá la misma pena de prisión que a éstos, así como la de inhabilitación para obtener subvenciones y ayudas públicas, para contratar con entes, organismos o entidades que formen parte del sector público y para gozar de beneficios o incentivos fiscales y de la Seguridad Social por un tiempo de dos a siete años.

437. La autoridad o funcionario público que exigiere, directa o indirectamente, derechos, tarifas por aranceles o minutas que no sean debidos o en cuantía mayor a la legalmente señalada, será castigado, sin perjuicio de los reintegros a que viniere obligado, con las penas de multa de seis a veinticuatro meses y de suspensión de empleo o cargo público por tiempo de seis meses a cuatro años [925].

438. [926] La autoridad o funcionario público que, abusando de su cargo, cometiere algún delito de estafa o de fraude de prestaciones del Sistema de Seguridad Social del art. 307 ter, incurrirá en las penas respectivamente señaladas a éstos, en su mitad superior, pudiéndose llegar hasta la superior en grado, e inhabilitación especial para empleo o cargo público y para el ejercicio del derecho de sufragio pasivo por tiempo de tres a nueve años, salvo que los hechos estén castigados con una pena más grave en algún otro precepto de este Código [927].

438 bis. [928] La autoridad que, durante el desempeño de su función o cargo y hasta cinco años después de haber cesado en ellos, hubiera obtenido un incremento patrimonial o una cancelación de

---

[925] Véase art. 4 Ley 8/1989, de 13 de abril, de Tasas y Precios Públicos

[926] Dada nueva redacción por art. único apartado 224 de Ley Orgánica 1/2015 de 30 de marzo de 2015, con vigencia desde 01/07/2015

[927] Véanse arts. 248 a 254 de la presente Ley

[928] Añadido por art. 1 apartado 19 de Ley Orgánica 14/2022 de 22 de diciembre de 2022, con vigencia desde 12/01/2023

obligaciones o deudas por un valor superior a 250.000 euros respecto a sus ingresos acreditados, y se negara abiertamente a dar el debido cumplimiento a los requerimientos de los órganos competentes destinados a comprobar su justificación, será castigada con las penas de prisión de seis meses a tres años, multa del tanto al triplo del beneficio obtenido, e inhabilitación especial para empleo o cargo público y para el ejercicio del derecho de sufragio pasivo por tiempo de dos a siete años.

CAPÍTULO IX
De las negociaciones y actividades prohibidas a los funcionarios públicos y de los abusos en el ejercicio de su función [929]

439. [930] La autoridad o funcionario público que, debiendo intervenir por razón de su cargo en cualquier clase de contrato, asunto, operación o actividad, se aproveche de tal circunstancia para forzar o facilitarse cualquier forma de participación, directa o por persona interpuesta, en tales negocios o actuaciones, incurrirá en la pena de prisión de seis meses a dos años, multa de doce a veinticuatro meses e inhabilitación especial para empleo o cargo público y para el ejercicio del derecho de sufragio pasivo por tiempo de dos a siete años [931].

440. [932] Los peritos, árbitros y contadores partidores que se condujeren del modo previsto en el artículo anterior, respecto de los bienes o cosas en cuya tasación, partición o adjudicación hubieran intervenido, y los tutores, curadores o albaceas respecto de los pertenecientes a sus pupilos o testamentarías, y los administradores concursales respecto de los bienes y derechos integrados en la masa del

---

[929] Véanse arts. 389 a 397 LOPJ; art. 83 CPM; art. 19.4.h Ley 50/1981, de 30 de diciembre, Estatuto Orgánico del Ministerio Fiscal y art. 1 LOTJ

[930] Dada nueva redacción por art. único apartado 225 de Ley Orgánica 1/2015 de 30 de marzo de 2015, con vigencia desde 01/07/2015

[931] Véase art. 83 CPM y RDLeg. 3/2011, de 14 de noviembre, por la que se aprueba el texto refundido de la Ley de Contratos del Sector Público

[932] Dada nueva redacción por art. único apartado 226 de Ley Orgánica 1/2015 de 30 de marzo de 2015, con vigencia desde 01/07/2015

concurso, serán castigados con la pena de multa de doce a veinticuatro meses e inhabilitación especial para empleo o cargo público, profesión u oficio, guarda, tutela o curatela, según los casos, por tiempo de tres a seis años, salvo que esta conducta esté sancionada con mayor pena en otro precepto de este Código.

441. [933] La autoridad o funcionario público que, fuera de los casos admitidos en las leyes o reglamentos, realizare, por sí o por persona interpuesta, una actividad profesional o de asesoramiento permanente o accidental, bajo la dependencia o al servicio de entidades privadas o de particulares, en asunto en que deba intervenir o haya intervenido por razón de su cargo, o en los que se tramiten, informen o resuelvan en la oficina o centro directivo en que estuviere destinado o del que dependa, incurrirá en las penas de multa de seis a doce meses y suspensión de empleo o cargo público por tiempo de dos a cinco años [934].

442. [935] La autoridad o funcionario público que haga uso de un secreto del que tenga conocimiento por razón de su oficio o cargo, o de una información privilegiada, con ánimo de obtener un beneficio económico para sí o para un tercero, incurrirá en las penas de multa del tanto al triplo del beneficio perseguido, obtenido o facilitado e inhabilitación especial para empleo o cargo público y para el ejercicio del derecho de sufragio pasivo por tiempo de dos a cuatro años. Si obtuviere el beneficio perseguido se impondrán las penas de prisión de uno a tres años, multa del tanto al séxtuplo del beneficio perseguido, obtenido o facilitado e inhabilitación especial para empleo o cargo público y para el ejercicio del derecho de sufragio pasivo por tiempo de cuatro a seis años.

Si resultara grave daño para la causa pública o para tercero, la pena será de prisión de uno a seis años, e inhabilitación especial para

---

[933] Dada nueva redacción por art. único apartado 227 de Ley Orgánica 1/2015 de 30 de marzo de 2015, con vigencia desde 01/07/2015

[934] Véase art. 95.2.n Ley 7/2007, de 12 de abril, del Estatuto Básico del Empleado Público y Ley 53/1984, de 26 de diciembre, de Incompatibilidades del Personal al Servicio de las Administraciones Públicas

[935] Dada nueva redacción por art. único apartado 228 de Ley Orgánica 1/2015 de 30 de marzo de 2015, con vigencia desde 01/07/2015

empleo o cargo público y para el ejercicio del derecho de sufragio pasivo por tiempo de nueve a doce años. A los efectos de este artículo se entiende por información privilegiada toda información de carácter concreto que se tenga exclusivamente por razón del oficio o cargo público y que no haya sido notificada, publicada o divulgada [936].

443. [937] 1. Será castigado con la pena de prisión de uno a dos años e inhabilitación absoluta por tiempo de seis a 12 años, la autoridad o funcionario público que solicitare sexualmente a una persona que, para sí misma o para su cónyuge u otra persona con la que se halle ligado de forma estable por análoga relación de afectividad, ascendiente, descendiente, hermano, por naturaleza, por adopción, o afín en los mismos grados, tenga pretensiones pendientes de la resolución de aquel o acerca de las cuales deba evacuar informe o elevar consulta a su superior [938].

2. El funcionario de Instituciones Penitenciarias, de centros de protección o reforma de menores, centro de internamiento de personas extranjeras, o cualquier otro centro de detención, o custodia, incluso de estancia temporal, que solicitara sexualmente a una persona sujeta a su guarda, será castigado con la pena de prisión de uno a cuatro años e inhabilitación absoluta por tiempo de seis a doce años [939]. [940]

3. En las mismas penas incurrirán cuando la persona solicitada fuera ascendiente, descendiente, hermano, por naturaleza, por adopción, o afines en los mismos grados de persona que tuviere bajo su guarda. Incurrirá, asimismo, en estas penas cuando la persona solicitada sea cónyuge de persona que tenga bajo su guarda o se halle ligada a ésta de forma estable por análoga relación de afectividad [941].

---

[936] Véanse arts. 197 y ss, 278 y ss, y 285 de la presente Ley

[937] Dada nueva redacción por art. único apartado 140 de Ley Orgánica 15/2003 de 25 de noviembre de 2003, con vigencia desde 01/10/2004

[938] Véase RD 33/1986, de 10 de enero, que aprueba el Reglamento Disciplinario de los Funcionarios de la Administración del Estado y arts. 181 y ss de la presente Ley

[939] Véanse arts. 181 y ss de la presente Ley

[940] Dada nueva redacción apartado 2 por disposición final 4 apartado 18 de Ley Orgánica 10/2022 de 6 de septiembre de 2022, con vigencia desde 07/10/2022

[941] Véanse arts. 178 a 194 de la presente Ley

444. [942] Las penas previstas en el artículo anterior se impondrán sin perjuicio de las que correspondan por los delitos contra la libertad sexual efectivamente cometidos [943].

CAPÍTULO X
Disposición común a los capítulos anteriores [944]

445. [945] La provocación, la conspiración y la proposición para cometer los delitos previstos en este Título se castigará, respectivamente, con la pena inferior en uno o dos grados.

TÍTULO XIX BIS
De los delitos de corrupción en las transacciones comerciales internacionales [946] [947]

445 bis. [948] *Los que, con dádivas, presentes, ofrecimientos o promesas, corrompieren o intentaren corromper, por sí o por persona interpuesta, a las autoridades o funcionarios públicos extranjeros o de organizaciones internacionales en el ejercicio de su cargo en beneficio de éstos o de un tercero, o atendieren a sus solicitudes al respecto, con el fin de que actúen o se abstengan de actuar en relación con el ejercicio de*

---

[942] Dada nueva redacción por art. único apartado 141 de Ley Orgánica 15/2003 de 25 de noviembre de 2003, con vigencia desde 01/10/2004

[943] Véanse arts. 178 a 194 de la presente Ley

[944] Dada nueva redacción por art. único apartado 229 de Ley Orgánica 1/2015 de 30 de marzo de 2015, con vigencia desde 01/07/2015

[945] Dada nueva redacción por art. único apartado 230 de Ley Orgánica 1/2015 de 30 de marzo de 2015, con vigencia desde 01/07/2015

[946] El Título XIX bis, compuesto por art. 445 bis, ha de entenderse derogado, aunque no lo ha sido expresamente, desde 1 octubre 2004, por art. único 142 LO 15/2003, de 25 de noviembre

[947] Añadido por art. único de Ley Orgánica 3/2000 de 11 de enero de 2000, con vigencia desde 01/02/2000

[948] Añadido por art. único de Ley Orgánica 3/2000 de 11 de enero de 2000, con vigencia desde 01/02/2000

*funciones públicas para conseguir o conservar un contrato u otro benefi-
cio irregular en la realización de actividades económicas internacionales,
serán castigados con las penas previstas en el art. 423 , en sus respectivos
casos* [949] .

TÍTULO XX
Delitos contra la Administración de Justicia

CAPÍTULO PRIMERO
De la prevaricación

446. [950] El juez o magistrado que, a sabiendas, dictare sentencia
o resolución injusta será castigado [951] :

1º) Con la pena de prisión de uno a cuatro años si se trata de
sentencia injusta contra el reo en causa criminal por delito grave o
menos grave y la sentencia no hubiera llegado a ejecutarse, y con la
misma pena en su mitad superior y multa de doce a veinticuatro meses
si se ha ejecutado. En ambos casos se impondrá, además, la pena de
inhabilitación absoluta por tiempo de diez a veinte años.

2º) Con la pena de multa de seis a doce meses e inhabilitación
especial para empleo o cargo público por tiempo de seis a diez años, si
se tratara de una sentencia injusta contra el reo dictada en proceso por
delito leve.

3º) Con la pena de multa de doce a veinticuatro meses e inhabilitación especial para empleo o cargo público por tiempo de diez a veinte
años, cuando dictara cualquier otra sentencia o resolución injustas.

447. El Juez o Magistrado que por imprudencia grave o ignoran-
cia inexcusable dictara sentencia o resolución manifiestamente injusta

---

[949] El art. 445 bis, ha de entenderse derogado, aunque no lo ha sido expresamente,
desde 1 octubre 2004, por art. único 142 LO 15/2003, de 25 de noviembre

[950] Dada nueva redacción por art. único apartado 231 de Ley Orgánica 1/2015 de
30 de marzo de 2015, con vigencia desde 01/07/2015

[951] Véase disposición adicional 1 LOTJ

incurrirá en la pena de inhabilitación especial para empleo o cargo público por tiempo de dos a seis años.

448. El Juez o Magistrado que se negase a juzgar, sin alegar causa legal, o so pretexto de oscuridad, insuficiencia o silencio de la Ley, será castigado con la pena de inhabilitación especial para empleo o cargo público por tiempo de seis meses a cuatro años [952].

449. 1. En la misma pena señalada en el artículo anterior incurrirá el Juez, Magistrado o Secretario Judicial culpable de retardo malicioso en la Administración de Justicia. Se entenderá por malicioso el retardo provocado para conseguir cualquier finalidad ilegítima [953].

2. Cuando el retardo sea imputable a funcionario distinto de los mencionados en el apartado anterior, se le impondrá la pena indicada, en su mitad inferior [954].

CAPÍTULO II
De la omisión de los deberes de impedir delitos o de promover su persecución [955]

450. 1. El que, pudiendo hacerlo con su intervención inmediata y sin riesgo propio o ajeno, no impidiere la comisión de un delito que afecte a las personas en su vida, integridad o salud, libertad o libertad sexual, será castigado con la pena de prisión de seis meses a dos años si el delito fuera contra la vida, y la de multa de seis a veinticuatro meses en los demás casos, salvo que al delito no impedido le correspondiera igual o menor pena, en cuyo caso se impondrá la pena inferior en grado a la de aquél.

2. En las mismas penas incurrirá quien, pudiendo hacerlo, no acuda a la autoridad o a sus agentes para que impidan un delito de los

[952] Véase art. 24.1 CE; art. 11.3 LOPJ; art. 1.7 CC y art. 198 LECrim

[953] Véase art. 417 LOPJ

[954] Véanse arts. 154 a 156 RD 1608/2005, de 30 de diciembre, por el que se aprueba el Reglamento Orgánico del Cuerpo de Secretarios Judiciales

[955] Véanse arts. 259 y 264 LECrim y arts. 195, 412.3 y 618 de la presente Ley

previstos en el apartado anterior y de cuya próxima o actual comisión tenga noticia.

CAPÍTULO III
Del encubrimiento [956]

451. Será castigado con la pena de prisión de seis meses a tres años el que, con conocimiento de la comisión de un delito y sin haber intervenido en el mismo como autor o cómplice, interviniere con posterioridad a su ejecución, de alguno de los modos siguientes:

1º) Auxiliando a los autores o cómplices para que se beneficien del provecho, producto o precio del delito, sin ánimo de lucro propio.

2º) Ocultando, alterando o inutilizando el cuerpo, los efectos o los instrumentos de un delito, para impedir su descubrimiento.

3º) Ayudando a los presuntos responsables de un delito a eludir la investigación de la autoridad o de sus agentes, o a sustraerse a su busca o captura, siempre que concurra alguna de las circunstancias siguientes:

a) Que el hecho encubierto sea constitutivo de traición, homicidio del Rey o de la Reina, o de cualquiera de sus ascendientes o descendientes, de la Reina consorte o del consorte de la Reina, del Regente o de algún miembro de la Regencia, o del Príncipe o de la Princesa de Asturias, genocidio, delito de lesa humanidad, delito contra las personas y bienes protegidos en caso de conflicto armado, rebelión, terrorismo, homicidio, piratería, trata de seres humanos o tráfico ilegal de órganos. [957]

b) Que el favorecedor haya obrado con abuso de funciones públicas. En este caso se impondrá, además de la pena de privación de libertad, la de inhabilitación especial para empleo o cargo público por tiempo de dos a cuatro años si el delito encubierto fuere menos grave, y la de inhabilitación absoluta por tiempo de seis a doce años si aquél fuera grave.

---

[956] Véanse arts. 298 y ss de la presente Ley

[957] Dada nueva redacción apartado 3 letra a por art. único apartado 259 de Ley Orgánica 1/2015 de 30 de marzo de 2015, con vigencia desde 01/07/2015

452. En ningún caso podrá imponerse pena privativa de libertad que exceda de la señalada al delito encubierto. Si éste estuviera castigado con pena de otra naturaleza, la pena privativa de libertad será sustituida por la de multa de seis a veinticuatro meses, salvo que el delito encubierto tenga asignada pena igual o inferior a ésta, en cuyo caso se impondrá al culpable la pena de aquel delito en su mitad inferior.

453. Las disposiciones de este Capítulo se aplicarán aun cuando el autor del hecho encubierto sea irresponsable o esté personalmente exento de pena [958].

454. Están exentos de las penas impuestas a los encubridores los que lo sean de su cónyuge o de persona a quien se hallen ligados de forma estable por análoga relación de afectividad, de sus ascendientes, descendientes, hermanos, por naturaleza, por adopción, o afines en los mismos grados, con la sola excepción de los encubridores que se hallen comprendidos en el supuesto del número 1º del art. 451 .

CAPÍTULO IV
De la realización arbitraria del propio derecho [959]

455. 1. El que, para realizar un derecho propio, actuando fuera de las vías legales, empleare violencia, intimidación o fuerza en las cosas, será castigado con la pena de multa de seis a doce meses.

2. Se impondrá la pena superior en grado si para la intimidación o violencia se hiciera uso de armas u objetos peligrosos.

CAPÍTULO V
De la acusación y denuncia falsas y de la simulación de delitos

456. 1. Los que, con conocimiento de su falsedad o temerario desprecio hacia la verdad, imputaren a alguna persona hechos que,

---

[958] Véanse arts. 19, 20, 427, 462 y 480 de la presente Ley
[959] Véase art. 1747 CC

de ser ciertos, constituirían infracción penal, si esta imputación se hiciera ante funcionario judicial o administrativo que tenga el deber de proceder a su averiguación, serán sancionados:

1º) Con la pena de prisión de seis meses a dos años y multa de doce a veinticuatro meses, si se imputara un delito grave.

2º) Con la pena de multa de doce a veinticuatro meses, si se imputara un delito menos grave.

3º) Con la pena de multa de tres a seis meses, si se imputara un delito leve. [960]

2. No podrá procederse contra el denunciante o acusador sino tras sentencia firme o auto también firme, de sobreseimiento o archivo del Juez o Tribunal que haya conocido de la infracción imputada. Estos mandarán proceder de oficio contra el denunciante o acusador siempre que de la causa principal resulten indicios bastantes de la falsedad de la imputación, sin perjuicio de que el hecho pueda también perseguirse previa denuncia del ofendido [961].

457. El que, ante alguno de los funcionarios señalados en el artículo anterior, simulare ser responsable o víctima de una infracción penal o denunciare una inexistente, provocando actuaciones procesales, será castigado con la multa de seis a doce meses [962].

CAPÍTULO VI
Del falso testimonio

458. 1. El testigo que faltare a la verdad en su testimonio en causa judicial, será castigado con las penas de prisión de seis meses a dos años y multa de tres a seis meses.

2. Si el falso testimonio se diera en contra del reo en causa criminal por delito, las penas serán de prisión de uno a tres años y multa de seis a doce meses. Si a consecuencia del testimonio hubiera recaído sentencia condenatoria, se impondrán las penas superiores en grado.

---

[960] Dada nueva redacción apartado 1 por art. único apartado 232 de Ley Orgánica 1/2015 de 30 de marzo de 2015, con vigencia desde 01/07/2015

[961] Véanse arts. 102.2 y 259 y ss LECrim y arts. 208 y 211 de la presente Ley

[962] Véase art. 456 de la presente Ley

3. Las mismas penas se impondrán si el falso testimonio tuviera lugar ante Tribunales Internacionales que, en virtud de Tratados debidamente ratificados conforme a la Constitución Española, ejerzan competencias derivadas de ella, o se realizara en España al declarar en virtud de comisión rogatoria remitida por un Tribunal extranjero [963].

459. Las penas de los artículos precedentes se impondrán en su mitad superior a los peritos o intérpretes que faltaren a la verdad maliciosamente en su dictamen o traducción, los cuales serán, además, castigados con la pena de inhabilitación especial para profesión u oficio, empleo o cargo público, por tiempo de seis a doce años.

460. Cuando el testigo, perito o intérprete, sin faltar sustancialmente a la verdad, la alterare con reticencias, inexactitudes o silenciando hechos o datos relevantes que le fueran conocidos, será castigado con la pena de multa de seis a doce meses y, en su caso, de suspensión de empleo o cargo público, profesión u oficio, de seis meses a tres años [964].

461. 1. El que presentare a sabiendas testigos falsos o peritos o intérpretes mendaces, será castigado con las mismas penas que para ellos se establecen en los artículos anteriores.

2. Si el responsable de este delito fuese abogado, procurador, graduado social o representante del Ministerio Fiscal, en actuación profesional o ejercicio de su función, se impondrá en cada caso la pena en su mitad superior y la de inhabilitación especial para empleo o cargo público, profesión u oficio, por tiempo de dos a cuatro años [965]. [966]

462. Quedará exento de pena el que, habiendo prestado un falso testimonio en causa criminal, se retracte en tiempo y forma, manifes-

---

[963] Véanse arts. 715 y 954.3 LECrim y art. 681.6 CC

[964] Véanse arts. 456 y ss y 723 y ss LECrim y art. 335.1 LEC

[965] Véanse arts. 701 y ss y 954.3 LECrim y arts. 26 y 390 y ss de la presente Ley

[966] Renumerado apartado 3 por art. único apartado 145 de Ley Orgánica 15/2003 de 25 de noviembre de 2003 como apartado 2, con vigencia desde 01/10/2004

tando la verdad para que surta efecto antes de que se dicte sentencia en el proceso de que se trate. Si a consecuencia del falso testimonio, se hubiese producido la privación de libertad, se impondrán las penas correspondientes inferiores en grado [967].

CAPÍTULO VII
De la obstrucción a la Justicia y la deslealtad profesional

463. 1. El que, citado en legal forma, dejare voluntariamente de comparecer, sin justa causa, ante un juzgado o Tribunal en proceso criminal con reo en prisión provisional, provocando la suspensión del juicio oral, será castigado con la pena de prisión de tres a seis meses o multa de seis a 24 meses. En la pena de multa de seis a 10 meses incurrirá el que, habiendo sido advertido, lo hiciera por segunda vez en causa criminal sin reo en prisión, haya provocado o no la suspensión. [968]

2. Si el responsable de este delito fuese abogado, procurador o representante del Ministerio Fiscal, en actuación profesional o ejercicio de su función, se le impondrá la pena en su mitad superior y la de inhabilitación especial para empleo o cargo público, profesión u oficio, por tiempo de dos a cuatro años.

3. Si la suspensión tuviera lugar, en el caso del apartado 1 de este artículo, como consecuencia de la incomparecencia del Juez o miembro del Tribunal o de quien ejerza las funciones de secretario judicial, se impondrá la pena de prisión de tres a seis meses o multa de seis a 24 meses y, en cualquier caso, inhabilitación especial por tiempo de dos a cuatro años [969]. [970]

464. 1. El que con violencia o intimidación intentare influir directa o indirectamente en quien sea denunciante, parte o imputado, aboga-

---

[967] Véanse arts. 715 LECrim y arts. 16.3, 214 y 458 de la presente Ley

[968] Dada nueva redacción apartado 1 por art. único apartado 146 de Ley Orgánica 15/2003 de 25 de noviembre de 2003, con vigencia desde 01/10/2004

[969] Véanse arts. 410 a 449, 462, 463, 661 y 966 LECrim; art. 292 LEC; art. 417.3, 418.8 y 553,3 LOPJ y arts. 412 y 634 de la presente Ley

[970] Dada nueva redacción apartado 3 por art. único apartado 146 de Ley Orgánica 15/2003 de 25 de noviembre de 2003, con vigencia desde 01/10/2004

do, procurador, perito, intérprete o testigo en un procedimiento para que modifique su actuación procesal, será castigado con la pena de prisión de uno a cuatro años y multa de seis a veinticuatro meses.

Si el autor del hecho alcanzara su objetivo se impondrá la pena en su mitad superior.

2. Iguales penas se impondrán a quien realizare cualquier acto atentatorio contra la vida, integridad, libertad, libertad sexual o bienes, como represalia contra las personas citadas en el apartado anterior, por su actuación en procedimiento judicial, sin perjuicio de la pena correspondiente a la infracción de que tales hechos sean constitutivos [971].

465. 1. El que, interviniendo en un proceso como abogado o procurador, con abuso de su función, destruyere, inutilizare u ocultare documentos o actuaciones de los que haya recibido traslado en aquella calidad, será castigado con la pena de prisión de seis meses a dos años, multa de siete a doce meses e inhabilitación especial para su profesión, empleo o cargo público de tres a seis años.

2. Si los hechos descritos en el apartado primero de este artículo fueran realizados por un particular, la pena será de multa de tres a seis meses [972].

466. 1. El abogado o procurador que revelare actuaciones procesales declaradas secretas por la autoridad judicial, será castigado con las penas de multa de doce a veinticuatro meses e inhabilitación especial para empleo, cargo público, profesión u oficio de uno a cuatro años.

2. Si la revelación de las actuaciones declaradas secretas fuese realizada por el Juez o miembro del Tribunal, representante del Ministerio Fiscal, Secretario Judicial o cualquier funcionario al servicio de la Administración de Justicia, se le impondrán las penas previstas en el art. 417 en su mitad superior.

---

[971] Véanse arts. 439 y 474 LECrim; LO 19/1994, de 23 de diciembre, de protección a testigos y peritos en causas criminales y arts. 263 y 264.1 de la presente Ley
[972] Véanse arts. 234 y 263 de la presente Ley

3. Si la conducta descrita en el apartado primero fuere realizada por cualquier otro particular que intervenga en el proceso, la pena se impondrá en su mitad inferior [973].

467. 1. El abogado o procurador que, habiendo asesorado o tomado la defensa o representación de alguna persona, sin el consentimiento de ésta defienda o represente en el mismo asunto a quien tenga intereses contrarios, será castigado con la pena de multa de seis a doce meses e inhabilitación especial para su profesión de dos a cuatro años.

2. El abogado o procurador que, por acción u omisión, perjudique de forma manifiesta los intereses que le fueren encomendados será castigado con las penas de multa de doce a veinticuatro meses e inhabilitación especial para empleo, cargo público, profesión u oficio de uno a cuatro años.

Si los hechos fueran realizados por imprudencia grave, se impondrán las penas de multa de seis a doce meses e inhabilitación especial para su profesión de seis meses a dos años [974].

CAPÍTULO VIII
Del quebrantamiento de condena

468. [975] 1. Los que quebrantaren su condena, medida de seguridad, prisión, medida cautelar, conducción o custodia serán castigados con la pena de prisión de seis meses a un año si estuvieran privados de libertad, y con la pena de multa de doce a veinticuatro meses en los demás casos.

2. Se impondrá en todo caso la pena de prisión de seis meses a un año a los que quebrantaren una pena de las contempladas en el art. 48

---

[973] Véanse arts. 263, 301 y 416.2 LECrim; arts. 542.3; 543.3 y 564.2 LOPJ; tít. V RD 135/2021, de 2 de marzo, por el que se aprueba el Estatuto General de la Abogacía Española; arts. 38 y ss RD 1281/2002, de 5 de diciembre, por el que se aprueba en Estatuto General de los Procuradores de los Tribunales de España y arts. 197, 198 y 414 a 417 de la presente Ley

[974] Véanse arts. 263, 301 y 416,2 LECrim y arts. 437.2 y 438.2 LOPJ

[975] Dada nueva redacción por art. 40 de Ley Orgánica 1/2004 de 28 de diciembre de 2004, con vigencia desde 29/06/2005

de este Código o una medida cautelar o de seguridad de la misma naturaleza impuesta en procesos criminales en los que el ofendido sea alguna de las personas a las que se refiere el art. 173.2, así como a aquellos que quebrantaren la medida de libertad vigilada [976] . [977]

3. Los que inutilicen o perturben el funcionamiento normal de los dispositivos técnicos que hubieran sido dispuestos para controlar el cumplimiento de penas, medidas de seguridad o medidas cautelares, no los lleven consigo u omitan las medidas exigibles para mantener su correcto estado de funcionamiento, serán castigados con una pena de multa de seis a doce meses. [978]

469. Los sentenciados o presos que se fugaren del lugar en que estén recluidos, haciendo uso de violencia o intimidación en las personas o fuerza en las cosas o tomando parte en motín, serán castigados con la pena de prisión de seis meses a cuatro años [979] .

470. 1. El particular que proporcionare la evasión a un condenado, preso o detenido, bien del lugar en que esté recluido, bien durante su conducción, será castigado con la pena de prisión de seis meses a un año y multa de doce a veinticuatro meses.

2. Si se empleara al efecto violencia o intimidación en las personas, fuerza en las cosas o soborno, la pena será de prisión de seis meses a cuatro años.

3. Si se tratara de alguna de las personas citadas en el art. 454 , se les castigará con la pena de multa de tres a seis meses, pudiendo en este caso el Juez o Tribunal imponer tan sólo las penas correspondientes a los daños causados o a las amenazas o violencias ejercidas [980] .

---

[976] Véase art. 785.8.c LECrim; arts. 4.1.a y 45.1.a LOGP y arts. 108 y 157 RP

[977] Dada nueva redacción apartado 2 por art. único apartado 135 de Ley Orgánica 5/2010 de 22 de junio de 2010 , con vigencia desde 23/12/2010

[978] Añadido apartado 3 por art. único apartado 233 de Ley Orgánica 1/2015 de 30 de marzo de 2015, con vigencia desde 01/07/2015

[979] Véase art. 45.1 LOGP

[980] Véanse art. 78 CPM y arts. 423 y 424 de la presente Ley

471. Se impondrá la pena superior en grado, en sus respectivos casos, si el culpable fuera un funcionario público encargado de la conducción o custodia de un condenado, preso o detenido. El funcionario será castigado, además, con la pena de inhabilitación especial para empleo o cargo público de seis a diez años si el fugitivo estuviera condenado por sentencia ejecutoria, y con la inhabilitación especial para empleo o cargo público de tres a seis años en los demás casos [981].

CAPÍTULO IX
De los delitos contra la Administración de Justicia de la Corte Penal Internacional [982]

471 bis. [983] 1. El testigo que, intencionadamente, faltare a la verdad en su testimonio ante la Corte Penal Internacional, estando obligado a decir verdad conforme a las normas estatutarias y reglas de procedimiento y prueba de dicha Corte, será castigado con prisión de seis meses a dos años. Si el falso testimonio se diera en contra del acusado, la pena será de prisión de dos a cuatro años. Si a consecuencia del testimonio se dictara un fallo condenatorio, se impondrá pena de prisión de cuatro a cinco años.

2. El que presentare pruebas ante la Corte Penal Internacional a sabiendas de que son falsas o han sido falsificadas será castigado con las penas señaladas en el apartado anterior de este artículo.

3. El que intencionadamente destruya o altere pruebas, o interfiera en las diligencias de prueba ante la Corte Penal Internacional será castigado con la pena de prisión de seis meses a dos años y multa de siete a 12 meses.

4. El que corrompiera a un testigo, obstruyera su comparecencia o testimonio ante la Corte Penal Internacional o interfiriera en ellos será castigado con la pena de prisión de uno a cuatro años y multa de seis a 24 meses.

---

[981] Véase art. 18 LOGP y arts. 118 y 161.2 de la presente Ley

[982] Añadido por art. único apartado 148 de Ley Orgánica 15/2003 de 25 de noviembre de 2003, con vigencia desde 01/10/2004

[983] Añadido por art. único apartado 148 de Ley Orgánica 15/2003 de 25 de noviembre de 2003, con vigencia desde 01/10/2004

5. Será castigado con prisión de uno a cuatro años y multa de seis a 24 meses quien pusiera trabas a un funcionario de la Corte, lo corrompiera o intimidara, para obligarlo o inducirlo a que no cumpla sus funciones o a que lo haga de manera indebida.

6. El que tomara represalias contra un funcionario de la Corte Penal Internacional en razón de funciones que haya desempeñado él u otro funcionario será castigado con la pena de prisión de uno a cuatro años y multa de seis a 24 meses. En la misma pena incurrirá quien tome represalias contra un testigo por su declaración ante la Corte.

7. El que solicitara o aceptara un soborno en calidad de funcionario de la Corte y en relación con sus funciones oficiales incurrirá en la pena de prisión de dos a cinco años y multa del tanto al triplo del valor de la dádiva solicitada o aceptada.

TÍTULO XXI
Delitos contra la Constitución

CAPÍTULO PRIMERO
Rebelión [984]

472. Son reos del delito de rebelión los que se alzaren violenta y públicamente para cualquiera de los fines siguientes:

1º) Derogar, suspender o modificar total o parcialmente la Constitución [985].

2º) Destituir o despojar en todo o en parte de sus prerrogativas y facultades al Rey o a la Reina o al Regente o miembros de la Regencia, u obligarles a ejecutar un acto contrario a su voluntad [986]. [987]

---

[984] Véanse art. 9.2 CPM y art. 23.3.c LOPJ

[985] Véase art. 9.2 CPM

[986] Véase art. 9.2 CPM; arts. 56 a 59 CE; art. 3 LO 5/2005, de 17 de noviembre, de la Defensa Nacional y art. 468 de la presente Ley

[987] Dada nueva redacción apartado 2 por art. único apartado 259 punto 1 de Ley Orgánica 1/2015 de 30 de marzo de 2015, con vigencia desde 01/07/2015

3º) Impedir la libre celebración de elecciones para cargos públicos [988].

4º) Disolver las Cortes Generales, el Congreso de los Diputados, el Senado o cualquier Asamblea Legislativa de una Comunidad Autónoma, impedir que se reúnan, deliberen o resuelvan, arrancarles alguna resolución o sustraerles alguna de sus atribuciones o competencias [989].

5º) Declarar la independencia de una parte del territorio nacional [990].

6º) Sustituir por otro el Gobierno de la Nación o el Consejo de Gobierno de una Comunidad Autónoma, o usar o ejercer por sí o despojar al Gobierno o Consejo de Gobierno de una Comunidad Autónoma, o a cualquiera de sus miembros de sus facultades, o impedirles o coartarles su libre ejercicio, u obligar a cualquiera de ellos a ejecutar actos contrarios a su voluntad [991].

7º) Sustraer cualquier clase de fuerza armada a la obediencia del Gobierno [992].

473. 1. Los que, induciendo a los rebeldes, hayan promovido o sostengan la rebelión, y los jefes principales de ésta, serán castigados con la pena de prisión de quince a veinticinco años e inhabilitación absoluta por el mismo tiempo; los que ejerzan un mando subalterno, con la de prisión de diez a quince años e inhabilitación absoluta de diez a quince años, y los meros participantes, con la de prisión de cinco a diez años e inhabilitación especial para empleo o cargo público por tiempo de seis a diez años.

2. Si se han esgrimido armas, o si ha habido combate entre la fuerza de su mando y los sectores leales a la autoridad legítima, o la rebelión hubiese causado estragos en propiedades de titularidad pública o privada, cortado las comunicaciones telegráficas, telefónicas, por ondas, ferroviarias o de otra clase, ejercido violencias graves contra las personas, exigido contribuciones o distraído los caudales públicos

---

[988] Véase art. 62.b CE y art. 9.2 CPM.

[989] Véase art. 62.b CE; art. 9.2 CPM y arts. 493 a 501 de la presente Ley

[990] Véase art. 2 CE y art. 9.2 CPM

[991] Véanse arts. 97 y 98 CE; art. 9.2 CPM y arts. 503 y 504 de la presente Ley

[992] Véase art. 8 CE; art. 9.2 CPM y art. 554.2 de la presente Ley

de su legítima inversión, las penas de prisión serán, respectivamente, de veinticinco a treinta años para los primeros, de quince a veinticinco años para los segundos y de diez a quince años para los últimos.

474. Cuando la rebelión no haya llegado a organizarse con jefes conocidos, se reputarán como tales los que de hecho dirijan a los demás, o lleven la voz por ellos, o firmen escritos expedidos a su nombre, o ejerzan otros actos semejantes de dirección o representación [993].

475. Serán castigados como rebeldes con la pena de prisión de cinco a diez años e inhabilitación absoluta por tiempo de seis a doce años los que sedujeren o allegaren tropas o cualquier otra clase de fuerza armada para cometer el delito de rebelión.
Si llegara a tener efecto la rebelión, se reputarán promotores y sufrirán la pena señalada en el art. 473 [994].

476. 1. El militar que no empleare los medios a su alcance para contener la rebelión en las fuerzas de su mando, será castigado con las penas de prisión de dos a cinco años e inhabilitación absoluta de seis a diez años [995].
2. Será castigado con las mismas penas previstas en el apartado anterior en su mitad inferior el militar que, teniendo conocimiento de que se trata de cometer un delito de rebelión, no lo denuncie inmediatamente a sus superiores o a las autoridades o funcionarios que, por razón de su cargo, tengan la obligación de perseguir el delito.

477. La provocación, la conspiración y la proposición para cometer rebelión serán castigadas, además de con la inhabilitación prevista en los artículos anteriores, con la pena de prisión inferior en uno o dos grados a la del delito correspondiente [996].

---

[993] Véase art. 9.2 CPM y art. 546 de la presente Ley
[994] Véanse art. 9.2 CPM y art. 58.1 de la presente Ley
[995] Véase art. 9.2 CPM
[996] Véase art. 9.2 CPM y arts. 17 y 18 de la presente Ley

478. En el caso de hallarse constituido en autoridad el que cometa cualquiera de los delitos previstos en este Capítulo, la pena de inhabilitación que estuviese prevista en cada caso se sustituirá por la inhabilitación absoluta por tiempo de quince a veinte años, salvo que tal circunstancia se halle específicamente contemplada en el tipo penal de que se trate [997].

479. Luego que se manifieste la rebelión, la autoridad gubernativa intimará a los sublevados a que inmediatamente se disuelvan y retiren.

Si los sublevados no depusieran su actitud inmediatamente después de la intimación, la autoridad hará uso de la fuerza de que disponga para disolverlos.

No será necesaria la intimación desde el momento en que los rebeldes rompan el fuego [998].

480. 1. Quedará exento de pena el que, implicado en un delito de rebelión, lo revelare a tiempo de poder evitar sus consecuencias.

2. A los meros ejecutores que depongan las armas antes de haber hecho uso de ellas, sometiéndose a las autoridades legítimas, se les aplicará la pena de prisión inferior en grado. La misma pena se impondrá si los rebeldes se disolvieran o sometieran a la autoridad legítima antes de la intimación o a consecuencia de ella [999].

481. Los delitos particulares cometidos en una rebelión o con motivo de ella serán castigados, respectivamente, según las disposiciones de este Código [1000].

482. Las autoridades que no hayan resistido la rebelión, serán castigadas con la pena de inhabilitación absoluta de doce a veinte años [1001].

---

[997] Véase art. 24 de la presente Ley
[998] Véanse arts. 24 y 549 de la presente Ley
[999] Véase art. 9.2 CPM y arts. 16.2 y 3, 473 y 549 de la presente Ley
[1000] Véanse arts. 138 y ss, 147 y ss, y 549 de la presente Ley
[1001] Véanse arts. 24 y 549 de la presente Ley

483. Los funcionarios que continúen desempeñando sus cargos bajo el mando de los alzados o que, sin habérseles admitido la renuncia de su empleo, lo abandonen cuando haya peligro de rebelión, incurrirán en la pena de inhabilitación especial para empleo o cargo público de seis a doce años [1002].

484. Los que aceptaren empleo de los rebeldes, serán castigados con la pena de inhabilitación absoluta de seis a doce años.

CAPÍTULO II
Delitos contra la Corona [1003]

485. [1004] 1. El que matare al Rey o a la Reina o al Príncipe o a la Princesa de Asturias será castigado con la pena de prisión permanente revisable.

2. El que matare a cualquiera de los ascendientes o descendientes del Rey o de la Reina, a la Reina consorte o al consorte de la Reina, al Regente o a algún miembro de la Regencia, será castigado con la pena de prisión de veinte a veinticinco años, salvo que los hechos estuvieran castigados con una pena más grave en algún otro precepto de este Código.

Si concurrieran en el delito dos o más circunstancias agravantes, se impondrá la pena de prisión de veinticinco a treinta años.

3. En el caso de tentativa de estos delitos podrá imponerse la pena inferior en un grado [1005].

486. 1. El que causare al Rey o a la Reina, o a cualquiera de sus ascendientes o descendientes, a la Reina consorte o al consorte de la

---

[1002] Véanse arts. 44, 53.1, 58.1 y 61 CPM y arts. 407 y 549 de la presente Ley

[1003] Véanse arts. 56 a 60 CE; arts. 23.3.b y 65.1.a LOPJ y RD 1368/1987, de 6 de diciembre, sobre régimen de títulos, tratamientos y honores de la Familia Real y de los regentes

[1004] Dada nueva redacción por art. único apartado 234 de Ley Orgánica 1/2015 de 30 de marzo de 2015, con vigencia desde 01/07/2015

[1005] Véanse arts. 15, 16, 22, 62, 64, 67 y 138 y ss de la presente Ley

Reina, al Regente o a algún miembro de la Regencia, o al Príncipe o a la Princesa de Asturias, lesiones de las previstas en el art. 149 , será castigado con la pena de prisión de quince a veinte años. [1006]

Si se tratara de alguna de las lesiones previstas en el art. 150 , se castigará con la pena de prisión de ocho a quince años.

2. El que les causare cualquier otra lesión, será castigado con la pena de prisión de cuatro a ocho años [1007] .

487. [1008] Será castigado con la pena de prisión de quince a veinte años el que privare al Rey o a la Reina, o a cualquiera de sus ascendientes o descendientes, a la Reina consorte o al consorte de la Reina, al Regente o a algún miembro de la Regencia o al Príncipe o a la Princesa de Asturias, de su libertad personal, salvo que los hechos estén castigados con mayor pena en otros preceptos de este Código [1009] .

488. La provocación, la conspiración y la proposición para los delitos previstos en los artículos anteriores se castigará con la pena inferior en uno o dos grados a las respectivamente previstas [1010] .

489. El que con violencia o intimidación grave obligare a las personas referidas en los artículos anteriores a ejecutar un acto contra su voluntad, será castigado con la pena de prisión de ocho a doce años.

En el caso previsto en el párrafo anterior, si la violencia o la intimidación no fueran graves, se impondrá la pena inferior en grado [1011] .

490. 1. El que allanare con violencia o intimidación la morada de cualquiera de las personas mencionadas en los artículos anteriores será

[1006] Dada nueva redacción apartado 1 párrafo 1 por art. único apartado 259 de Ley Orgánica 1/2015 de 30 de marzo de 2015, con vigencia desde 01/07/2015

[1007] Véanse arts. 147 y ss de la presente Ley

[1008] Dada nueva redacción por art. único apartado 259 de Ley Orgánica 1/2015 de 30 de marzo de 2015, con vigencia desde 01/07/2015

[1009] Véanse arts. 163 y ss y 531 de la presente Ley

[1010] Véanse arts. 17 y 18 de la presente Ley

[1011] Véase art. 472.2 de la presente Ley

castigado con la pena de prisión de tres a seis años. Si no hubiere violencia o intimidación la pena será de dos a cuatro años.

2. Con la pena de prisión de tres a seis años será castigado el que amenazare gravemente a cualquiera de las personas mencionadas en el apartado anterior, y con la pena de prisión de uno a tres años si la amenaza fuera leve [1012].

3. El que calumniare o injuriare al Rey o a la Reina o a cualquiera de sus ascendientes o descendientes, a la Reina consorte o al consorte de la Reina, al Regente o a algún miembro de la Regencia, o al Príncipe o a la Princesa de Asturias, en el ejercicio de sus funciones o con motivo u ocasión de éstas, será castigado con la pena de prisión de seis meses a dos años si la calumnia o injuria fueran graves, y con la de multa de seis a doce meses si no lo son [1013] . [1014]

491. 1. Las calumnias e injurias contra cualquiera de las personas mencionadas en el artículo anterior, y fuera de los supuestos previstos en el mismo, serán castigadas con la pena de multa de cuatro a veinte meses.

2. Se impondrá la pena de multa de seis a veinticuatro meses al que utilizare la imagen del Rey o de la Reina o de cualquiera de sus ascendientes o descendientes, o de la Reina consorte o del consorte de la Reina, o del Regente o de algún miembro de la Regencia, o del Príncipe o de la Princesa de Asturias, de cualquier forma que pueda dañar el prestigio de la Corona [1015] . [1016]

[1012] Véanse arts. 169 a 171 de la presente Ley

[1013] Véanse arts. 205 a 216 de la presente Ley

[1014] Dada nueva redacción apartado 3 por art. único apartado 259 de Ley Orgánica 1/2015 de 30 de marzo de 2015, con vigencia desde 01/07/2015

[1015] Véanse arts. 205 a 216 de la presente Ley

[1016] Dada nueva redacción apartado 2 por art. único apartado 259 punto 1 de Ley Orgánica 1/2015 de 30 de marzo de 2015, con vigencia desde 01/07/2015

CAPÍTULO III
De los delitos contra las Instituciones del Estado y la división de poderes

SECCIÓN PRIMERA
Delitos contra las Instituciones del Estado [1017]

492. Los que, al vacar la Corona o quedar inhabilitado su Titular para el ejercicio de su autoridad, impidieren a las Cortes Generales reunirse para nombrar la Regencia o el tutor del Titular menor de edad, serán sancionados con la pena de prisión de diez a quince años e inhabilitación absoluta por tiempo de diez a quince años, sin perjuicio de la pena que pudiera corresponderles por la comisión de otras infracciones más graves [1018].

493. Los que, sin alzarse públicamente, invadieren con fuerza, violencia o intimidación las sedes del Congreso de los Diputados, del Senado o de una Asamblea Legislativa de Comunidad Autónoma, si están reunidos, serán castigados con la pena de prisión de tres a cinco años [1019].

494. Incurrirán en la pena de prisión de seis meses a un año o multa de doce a veinticuatro meses los que promuevan, dirijan o presidan manifestaciones u otra clase de reuniones ante las sedes del Congreso de los Diputados, del Senado o de una Asamblea Legislativa de Comunidad Autónoma, cuando estén reunidos, alterando su normal funcionamiento [1020].

495. 1. Los que, sin alzarse públicamente, portando armas u otros instrumentos peligrosos, intentaren penetrar en las sedes del Congreso

---

[1017] Véanse arts. 66 y ss CE y arts. 23.3.b y 65.1.a LOPJ
[1018] Véanse arts. 56 a 60, 66 y 74 CE y art. 472.4 de la presente Ley
[1019] Véanse arts. 73 y 74 CE y arts. 472, 495 y 544 de la presente Ley
[1020] Véanse arts. 21 y 77 CE y arts. 513 y 514 de la presente Ley

de los Diputados, del Senado o de la Asamblea Legislativa de una Comunidad Autónoma, para presentar en persona o colectivamente peticiones a los mismos, incurrirán en la pena de prisión de tres a cinco años [1021].

2. La pena prevista en el apartado anterior se aplicará en su mitad superior a quienes promuevan, dirijan o presidan el grupo.

496. El que injuriare gravemente a las Cortes Generales o a una Asamblea Legislativa de Comunidad Autónoma, hallándose en sesión, o a alguna de sus Comisiones en los actos públicos en que las representen, será castigado con la pena de multa de doce a dieciocho meses.

El imputado de las injurias descritas en el párrafo anterior quedará exento de pena si se dan las circunstancias previstas en el art. 210 [1022].

497. 1. Incurrirán en la pena de prisión de seis meses a un año quienes, sin ser miembros del Congreso de los Diputados, del Senado o de una Asamblea Legislativa de Comunidad Autónoma, perturben gravemente el orden de sus sesiones.

2. Cuando la perturbación del orden de las sesiones a que se refiere el apartado anterior no sea grave, se impondrá la pena de multa de seis a doce meses [1023].

498. Los que emplearen fuerza, violencia, intimidación o amenaza grave para impedir a un miembro del Congreso de los Diputados, del Senado o de una Asamblea Legislativa de Comunidad Autónoma asistir a sus reuniones, o, por los mismos medios, coartaren la libre manifestación de sus opiniones o la emisión de su voto, serán castigados con la pena de prisión de tres a cinco años [1024].

[1021] Véanse arts. 29 y 77 CE; LO 4/2001, de 12 de noviembre, reguladora del derecho de petición y art. 493 de la presente Ley

[1022] Véase art. 75 CE y arts. 208 y ss de la presente Ley

[1023] Véase art. 72.3 CE y arts. 558 y 633 de la presente Ley

[1024] Véase art. 20 CE y arts. 169 a 172 de la presente Ley

499. La autoridad o funcionario público que quebrantare la inviolabilidad de las Cortes Generales o de una Asamblea Legislativa de Comunidad Autónoma, será castigado con las penas de inhabilitación especial para empleo o cargo público por tiempo de diez a veinte años, sin perjuicio de las que pudieran corresponderle si el hecho constituyera otro delito más grave [1025].

500. La autoridad o funcionario público que detuviere a un miembro de las Cortes Generales o de una Asamblea Legislativa de Comunidad Autónoma fuera de los supuestos o sin los requisitos establecidos por la legislación vigente incurrirá, según los casos, en las penas previstas en este Código, impuestas en su mitad superior, y además en la de inhabilitación especial para empleo o cargo público de seis a doce años [1026].

501. La autoridad judicial que inculpare o procesare a un miembro de las Cortes Generales o de una Asamblea Legislativa de Comunidad Autónoma sin los requisitos establecidos por la legislación vigente, será castigada con la pena de inhabilitación especial para empleo o cargo público de diez a veinte años [1027].

502. 1. Los que, habiendo sido requeridos en forma legal y bajo apercibimiento, dejaren de comparecer ante una Comisión de investigación de las Cortes Generales o de una Asamblea Legislativa de Comunidad Autónoma, serán castigados como reos del delito de desobediencia. Si el reo fuera autoridad o funcionario público, se le impondrá además la pena de suspensión de empleo o cargo público por tiempo de seis meses a dos años [1028].

2. En las mismas penas incurrirá la autoridad o funcionario que obstaculizare la investigación del Defensor del Pueblo, Tribunal de

---

[1025] Véase art. 66.3 CE y art. 24 de la presente Ley

[1026] Véanse arts. 17 y 71 CE; arts. 750 a 756 LECrim y arts. 163 y ss de la presente Ley

[1027] Véase art. 71 CE; art. 57 LOPJ; arts. 118 bis, y 750 a 756 LECrim y arts. 446 y ss y 507 a 509 de la presente Ley

[1028] Véanse arts. 109 y 110.1 CE y arts. 410 y 463 de la presente Ley

Cuentas u órganos equivalentes de las Comunidades Autónomas, negándose o dilatando indebidamente el envío de los informes que éstos solicitaren o dificultando su acceso a los expedientes o documentación administrativa necesaria para tal investigación [1029].

3. El que convocado ante una comisión parlamentaria de investigación faltare a la verdad en su testimonio será castigado con la pena de prisión de seis meses a un año o multa de 12 a 24 meses [1030]. [1031]

503. Incurrirán en la pena de prisión de dos a cuatro años:

1º) Los que invadan violentamente o con intimidación el local donde esté constituido el Consejo de Ministros o un Consejo de Gobierno de Comunidad Autónoma.

2º) Los que coarten o por cualquier medio pongan obstáculos a la libertad del Gobierno reunido en Consejo o de los miembros de un Gobierno de Comunidad Autónoma, reunido en Consejo, salvo que los hechos sean constitutivos de otro delito más grave [1032].

504. [1033] 1. Incurrirán en la pena de multa de doce a dieciocho meses los que calumnien, injurien o amenacen gravemente al Gobierno de la Nación, al Consejo General del Poder Judicial, al Tribunal Constitucional, al Tribunal Supremo, o al Consejo de Gobierno o al Tribunal Superior de Justicia de una Comunidad Autónoma.

El culpable de calumnias o injurias conforme a lo dispuesto en el párrafo anterior quedará exento de pena si se dan las circunstancias previstas, respectivamente, en los arts. 207 y 210 de este Código.

Se impondrá la pena de prisión de tres a cinco años a los que empleen fuerza, violencia o intimidación para impedir a los miembros de dichos Organismos asistir a sus respectivas reuniones.

2. Los que injuriaren o amenazaren gravemente a los Ejércitos, Clases o Cuerpos y Fuerzas de Seguridad, serán castigados con la pena de multa de doce a dieciocho meses.

[1029] Véase art. 103.1 CE y art. 4 LRJAPPAC

[1030] Véanse arts. 458 y ss de la presente Ley

[1031] Dada nueva redacción apartado 3 por art. único apartado 149 de Ley Orgánica 15/2003 de 25 de noviembre de 2003, con vigencia desde 01/10/2004

[1032] Véase art. 98 CE y art. 472.6 de la presente Ley

[1033] Dada nueva redacción por art. 1 apartado 5 de Ley Orgánica 7/2000 de 22 de diciembre de 2000, con vigencia desde 24/12/2000

El culpable de las injurias previstas en el párrafo anterior quedará exento de pena si se dan las circunstancias descritas en el art. 210 de este Código [1034].

505. [1035] 1. Incurrirán en la pena de prisión de seis meses a un año quienes, sin ser miembros de la corporación local, perturben de forma grave el orden de sus plenos impidiendo el acceso a los mismos, el desarrollo del orden del día previsto, la adopción de acuerdos o causen desórdenes que tengan por objeto manifestar el apoyo a organizaciones o grupos terroristas.

2. Quienes, amparándose en la existencia de organizaciones o grupos terroristas, calumnien, injurien, coaccionen o amenacen a los miembros de corporaciones locales, serán castigados con la pena superior en grado a la que corresponda por el delito cometido [1036].

SECCIÓN SEGUNDA
De la usurpación de atribuciones

506. La autoridad o funcionario público que, careciendo de atribuciones para ello, dictare una disposición general o suspendiere su ejecución, será castigado con la pena de prisión de uno a tres años, multa de seis a doce meses e inhabilitación especial para empleo o cargo público por tiempo de seis a doce años [1037].

506 bis. [1038] (Derogado)

[1034] Véanse arts. 97 y ss, 122, 123, 143 y ss, 152.1 y 159 a 165 CE; arts. 53, 54 y 107 LOPJ y arts. 169 a 172 y 205 a 216 de la presente Ley

[1035] Dada nueva redacción por disposición adicional 1 de Ley Orgánica 5/2010 de 22 de junio de 2010 suprimiendo la expresión "bandas armadas", con vigencia desde 23/12/2010

[1036] Véanse arts. 557 y ss de la presente Ley

[1037] Véase art. 24 de la presente Ley

[1038] Derogado por art. único de Ley Orgánica 2/2005 de 22 de junio de 2005, con vigencia desde 24/06/2005

507. El Juez o Magistrado que se arrogare atribuciones administrativas de las que careciere, o impidiere su legítimo ejercicio por quien las ostentare, será castigado con la pena de prisión de seis meses a un año, multa de tres a seis meses y suspensión de empleo o cargo público por tiempo de uno a tres años [1039].

508. 1. La autoridad o funcionario público que se arrogare atribuciones judiciales o impidiere ejecutar una resolución dictada por la autoridad judicial competente, será castigado con las penas de prisión de seis meses a un año, multa de tres a ocho meses y suspensión de empleo o cargo público por tiempo de uno a tres años.

2. La autoridad o funcionario administrativo o militar que atentare contra la independencia de los Jueces o Magistrados, garantizada por la Constitución, dirigiéndoles instrucción, orden o intimación relativas a causas o actuaciones que estén conociendo, será castigado con la pena de prisión de uno a dos años, multa de cuatro a diez meses e inhabilitación especial para empleo o cargo público por tiempo de dos a seis años [1040].

509. El Juez o Magistrado, la autoridad o el funcionario público que, legalmente requerido de inhibición, continuare procediendo sin esperar a que se decida el correspondiente conflicto jurisdiccional, salvo en los casos permitidos por la Ley, será castigado con la pena de multa de tres a diez meses e inhabilitación especial para empleo o cargo público por tiempo de seis meses a un año [1041].

[1039] Véanse arts. 38 a 41 LOPJ.

[1040] Véanse arts. 238.2, 239, 378 a 388 y 399 LOPJ; art. 225 LEC; art. 117 CE y arts. 24 y 259 de la presente Ley

[1041] Véanse arts. 38 a 41 y disposición adicional 1 LOPJ; art. 22 LECrim y arts. 64 y 65 LEC

CAPÍTULO IV
De los delitos relativos al ejercicio de los derechos fundamentales y libertades públicas [1042]

SECCIÓN PRIMERA
De los delitos cometidos con ocasión del ejercicio de los derechos fundamentales y de las libertades públicas garantizados por la Constitución

510. [1043] 1. Serán castigados con una pena de prisión de uno a cuatro años y multa de seis a doce meses:

a) Quienes públicamente fomenten, promuevan o inciten directa o indirectamente al odio, hostilidad, discriminación o violencia contra un grupo, una parte del mismo o contra una persona determinada por razón de su pertenencia a aquel, por motivos racistas, antisemitas, antigitanos u otros referentes a la ideología, religión o creencias, situación familiar, la pertenencia de sus miembros a una etnia, raza o nación, su origen nacional, su sexo, orientación o identidad sexual, por razones de género, aporofobia, enfermedad o discapacidad.

b) Quienes produzcan, elaboren, posean con la finalidad de distribuir, faciliten a terceras personas el acceso, distribuyan, difundan o vendan escritos o cualquier otra clase de material o soportes que por su contenido sean idóneos para fomentar, promover, o incitar directa o indirectamente al odio, hostilidad, discriminación o violencia contra un grupo, una parte del mismo, o contra una persona determinada por razón de su pertenencia a aquel, por motivos racistas, antisemitas, antigitanos u otros referentes a la ideología, religión o creencias, situación familiar, la pertenencia de sus miembros a una etnia, raza o nación, su origen nacional, su sexo, orientación o identidad sexual, por razones de género, aporofobia, enfermedad o discapacidad.

c) Quienes públicamente nieguen, trivialicen gravemente o enaltezcan los delitos de genocidio, de lesa humanidad o contra las personas

---

[1042] Dada nueva redacción por art. 1 apartado 1 de Ley Orgánica 3/2002 de 22 de mayo de 2002, con vigencia desde 24/05/2002

[1043] Dada nueva redacción por art. único apartado 235 de Ley Orgánica 1/2015 de 30 de marzo de 2015, con vigencia desde 01/07/2015

y bienes protegidos en caso de conflicto armado, o enaltezcan a sus autores, cuando se hubieran cometido contra un grupo o una parte del mismo, o contra una persona determinada por razón de su pertenencia al mismo, por motivos racistas, antisemitas, antigitanos, u otros referentes a la ideología, religión o creencias, la situación familiar o la pertenencia de sus miembros a una etnia, raza o nación, su origen nacional, su sexo, orientación o identidad sexual, por razones de género, aporofobia, enfermedad o discapacidad, cuando de este modo se promueva o favorezca un clima de violencia, hostilidad, odio o discriminación contra los mismos. [1044]

2. Serán castigados con la pena de prisión de seis meses a dos años y multa de seis a doce meses:

a) Quienes lesionen la dignidad de las personas mediante acciones que entrañen humillación, menosprecio o descrédito de alguno de los grupos a que se refiere el apartado anterior, o de una parte de los mismos, o de cualquier persona determinada por razón de su pertenencia a ellos por motivos racistas, antisemitas, antigitanos u otros referentes a la ideología, religión o creencias, situación familiar, la pertenencia de sus miembros a una etnia, raza o nación, su origen nacional, su sexo, orientación o identidad sexual, por razones de género, aporofobia, enfermedad o discapacidad, o produzcan, elaboren, posean con la finalidad de distribuir, faciliten a terceras personas el acceso, distribuyan, difundan o vendan escritos o cualquier otra clase de material o soportes que por su contenido sean idóneos para lesionar la dignidad de las personas por representar una grave humillación, menosprecio o descrédito de alguno de los grupos mencionados, de una parte de ellos, o de cualquier persona determinada por razón de su pertenencia a los mismos.

b) Quienes enaltezcan o justifiquen por cualquier medio de expresión pública o de difusión los delitos que hubieran sido cometidos contra un grupo, una parte del mismo, o contra una persona determinada por razón de su pertenencia a aquel por motivos racistas, antisemitas, antigitanos u otros referentes a la ideología, religión o creencias, situación familiar, la pertenencia de sus miembros a una etnia, raza o nación, su origen nacional, su sexo, orientación o identidad sexual, por razones de género, aporofobia, enfermedad o discapacidad, o a quienes hayan participado en su ejecución.

[1044] Dada nueva redacción apartado 1 por art. único apartado 2 de Ley Orgánica 6/2022 de 12 de julio de 2022, con vigencia desde 14/07/2022

Los hechos serán castigados con una pena de uno a cuatro años de prisión y multa de seis a doce meses cuando de ese modo se promueva o favorezca un clima de violencia, hostilidad, odio o discriminación contra los mencionados grupos. [1045]

3. Las penas previstas en los apartados anteriores se impondrán en su mitad superior cuando los hechos se hubieran llevado a cabo a través de un medio de comunicación social, por medio de internet o mediante el uso de tecnologías de la información, de modo que, aquel se hiciera accesible a un elevado número de personas.

4. Cuando los hechos, a la vista de sus circunstancias, resulten idóneos para alterar la paz pública o crear un grave sentimiento de inseguridad o temor entre los integrantes del grupo, se impondrá la pena en su mitad superior, que podrá elevarse hasta la superior en grado.

5. En todos los casos, se impondrá además la pena de inhabilitación especial para profesión u oficio educativos, en el ámbito docente, deportivo y de tiempo libre, por un tiempo superior entre tres y diez años al de la duración de la pena de privación de libertad impuesta en su caso en la sentencia, atendiendo proporcionalmente a la gravedad del delito, el número de los cometidos y a las circunstancias que concurran en el delincuente.

6. El Juez o Tribunal acordará la destrucción, borrado o inutilización de los libros, archivos, documentos, artículos y cualquier clase de soporte objeto del delito a que se refieren los apartados anteriores o por medio de los cuales se hubiera cometido. Cuando el delito se hubiera cometido a través de tecnologías de la información y la comunicación, se acordará la retirada de los contenidos.

En los casos en los que, a través de un portal de acceso a internet o servicio de la sociedad de la información, se difundan exclusiva o preponderantemente los contenidos a que se refiere el apartado anterior, se ordenará el bloqueo del acceso o la interrupción de la prestación del mismo [1046].

[1045] Dada nueva redacción apartado 2 por art. único apartado 2 de Ley Orgánica 6/2022 de 12 de julio de 2022, con vigencia desde 14/07/2022
[1046] Véanse arts. 14 y 16 CE y arts. 22.4 y 208 y ss de la presente Ley

510 bis. [1047] Cuando de acuerdo con lo establecido en el art. 31 bis una persona jurídica sea responsable de los delitos comprendidos en los dos artículos anteriores, se le impondrá la pena de multa de dos a cinco años. Atendidas las reglas establecidas en el art. 66 bis, los Jueces y Tribunales podrán asimismo imponer las penas recogidas en las letras b) a g) del apartado 7 del art. 33 .

En este caso será igualmente aplicable lo dispuesto en el número 3 del art. 510 del Código Penal.

511. [1048] 1. Incurrirá en la pena de prisión de seis meses a dos años, multa de doce a veinticuatro meses e inhabilitación especial para empleo o cargo público por tiempo de uno a tres años el particular encargado de un servicio público que deniegue a una persona una prestación a la que tenga derecho por razón de su ideología, religión o creencias, su situación familiar, pertenencia a una etnia, raza o nación, su origen nacional, su sexo, edad, orientación o identidad sexual o de género, razones de género, de aporofobia o de exclusión social, la enfermedad que padezca o su discapacidad.

2. Las mismas penas serán aplicables cuando los hechos se cometan contra una asociación, fundación, sociedad o corporación o contra sus miembros por razón de su ideología, religión o creencias, su situación familiar, la pertenencia de sus miembros o de alguno de ellos a una etnia, raza o nación, su origen nacional, su sexo, edad, orientación o identidad sexual o de género, razones de género, de aporofobia o de exclusión social, la enfermedad que padezca o su discapacidad.

3. Los funcionarios públicos que cometan alguno de los hechos previstos en este artículo, incurrirán en las mismas penas en su mitad superior y en la de inhabilitación especial para empleo o cargo público por tiempo de dos a cuatro años [1049] .

4. En todos los casos se impondrá además la pena de inhabilitación especial para profesión u oficio educativos, en el ámbito docente, deportivo y de tiempo libre, por un tiempo superior entre uno y tres

---

[1047] Añadido por art. único apartado 236 de Ley Orgánica 1/2015 de 30 de marzo de 2015, con vigencia desde 01/07/2015

[1048] Dada nueva redacción por disposición final 6 apartado 33 de Ley Orgánica 8/2021 de 4 de junio de 2021, con vigencia desde 25/06/2021

[1049] Véase art. 95.2.b Ley 7/2007, de 12 de abril, del Estatuto Básico del Empleado Público

años al de la duración de la pena impuesta si esta fuera de privación de libertad, cuando la pena impuesta fuera de multa, la pena de inhabilitación especial tendrá una duración de uno a tres años. En todo caso se atenderá proporcionalmente a la gravedad del delito y a las circunstancias que concurran en el delincuente.

512. [1050] Quienes en el ejercicio de sus actividades profesionales o empresariales denegaren a una persona una prestación a la que tenga derecho por razón de su ideología, religión o creencias, su situación familiar, su pertenencia a una etnia, raza o nación, su origen nacional, su sexo, edad, orientación o identidad sexual o de género, razones de género, de aporofobia o de exclusión social, la enfermedad que padezca o su discapacidad, incurrirán en la pena de inhabilitación especial para el ejercicio de profesión, oficio, industria o comercio e inhabilitación especial para profesión u oficio educativos, en el ámbito docente, deportivo y de tiempo libre por un periodo de uno a cuatro años [1051].

513. Son punibles las reuniones o manifestaciones ilícitas, y tienen tal consideración [1052]:

1º) Las que se celebren con el fin de cometer algún delito.

2º) Aquéllas a las que concurran personas con armas, artefactos explosivos u objetos contundentes o de cualquier otro modo peligroso.

514. 1. Los promotores o directores de cualquier reunión o manifestación comprendida en el número 1º del artículo anterior y los que, en relación con el número 2º del mismo, no hayan tratado de impedir por todos los medios a su alcance las circunstancias en ellos mencionadas, incurrirán en las penas de prisión de uno a tres años y multa de doce a veinticuatro meses. A estos efectos, se reputarán directores o promotores de la reunión o manifestación los que las convoquen o presidan.

[1050] Dada nueva redacción por disposición final 6 apartado 34 de Ley Orgánica 8/2021 de 4 de junio de 2021, con vigencia desde 25/06/2021

[1051] Véanse arts. 14 y 16 CE y arts. 22.4 y 314 de la presente Ley

[1052] Véase art. 21.1 CE y arts. 472 a 478, 544 a 549 y 563 a 580 de la presente Ley

2. Los asistentes a una reunión o manifestación que porten armas u otros medios igualmente peligrosos serán castigados con la pena de prisión de uno a dos años y multa de seis a doce meses. Los Jueces o Tribunales, atendiendo a los antecedentes del sujeto, circunstancias del caso y características del arma o instrumento portado, podrán rebajar en un grado la pena señalada.

3. Las personas que, con ocasión de la celebración de una reunión o manifestación, realicen actos de violencia contra la autoridad, sus agentes, personas o propiedades públicas o privadas, serán castigadas con la pena que a su delito corresponda, en su mitad superior.

4. Los que impidieren el legítimo ejercicio de las libertades de reunión o manifestación, o perturbaren gravemente el desarrollo de una reunión o manifestación lícita serán castigados con la pena de prisión de dos a tres años si los hechos se realizaran con violencia, y con la pena de prisión de tres a seis meses o multa de seis a 12 meses si se cometieren mediante vías de hecho o cualquier otro procedimiento ilegítimo. [1053]

5. Los promotores o directores de cualquier reunión o manifestación que convocaren, celebraren o intentaren celebrar de nuevo una reunión o manifestación que hubiese sido previamente suspendida o prohibida, y siempre que con ello pretendieran subvertir el orden constitucional o alterar gravemente la paz pública, serán castigados con las penas de prisión de seis meses a un año y multa de seis a doce meses, sin perjuicio de la pena que pudiera corresponder, en su caso, conforme a los apartados precedentes [1054]. [1055]

515. [1056] [1057]

Son punibles las asociaciones ilícitas, teniendo tal consideración:

1º) Las que tengan por objeto cometer algún delito o, después de constituidas, promuevan su comisión.

[1053] Dada nueva redacción apartado 4 por art. único apartado 150 de Ley Orgánica 15/2003 de 25 de noviembre de 2003, con vigencia desde 01/10/2004

[1054] Véanse arts. 24, 539, 540 y 557 y ss de la presente Ley

[1055] Añadido apartado 5 por art. 2 de Ley Orgánica 2/1998 de 15 de junio de 1998, con vigencia desde 17/06/1998

[1056] Dada nueva redacción por art. único apartado 239 de Ley Orgánica 1/2015 de 30 de marzo de 2015, con vigencia desde 01/07/2015

[1057] Véanse arts. 22 y 28.1 CE; art. 9 LO 6/2002, de 27 de junio, de Partidos Políticos; art. 4.1.b ET y arts. 517, 520 y 521 de la presente Ley

2º) Las que, aun teniendo por objeto un fin lícito, empleen medios violentos o de alteración o control de la personalidad para su consecución.

3º) Las organizaciones de carácter paramilitar.

4º) Las que fomenten, promuevan o inciten directa o indirectamente al odio, hostilidad, discriminación o violencia contra personas, grupos o asociaciones por razón de su ideología, religión o creencias, la pertenencia de sus miembros o de alguno de ellos a una etnia, raza o nación, su origen nacional, su sexo, edad, orientación o identidad sexual o de género, razones de género, de aporofobia o de exclusión social, situación familiar, enfermedad o discapacidad. [1058]

516. [1059] (Derogado)

517. En los casos previstos en los números 1º y 3º al 6º del art. 515 se impondrán las siguientes penas [1060] : [1061]

1º) A los fundadores, directores y presidentes de las asociaciones, las de prisión de dos a cuatro años, multa de doce a veinticuatro meses e inhabilitación especial para empleo o cargo público por tiempo de seis a doce años.

2º) A los miembros activos, las de prisión de uno a tres años y multa de doce a veinticuatro meses [1062] .

518. [1063] Los que con su cooperación económica o de cualquier otra clase, en todo caso relevante, favorezcan la fundación, organiza-

---

[1058] Dada nueva redacción apartado 4 por disposición final 6 apartado 35 de Ley Orgánica 8/2021 de 4 de junio de 2021, con vigencia desde 25/06/2021

[1059] Suprimido por art. único apartado 137 de Ley Orgánica 5/2010 de 22 de junio de 2010, con vigencia desde 23/12/2010

[1060] Téngase en cuenta que el número 6º del art. 515 ha sido derogado por LO 15/2003, de 25 de noviembre

[1061] Dada nueva redacción párrafo 1 por disposición final 3 apartado 2 de Ley Orgánica 4/2000 de 11 de enero de 2000, con vigencia desde 01/02/2000

[1062] Véase LO 4/2000, de 11 de enero, sobre derechos y libertades de los extranjeros en España y su integración social

[1063] Dada nueva redacción por disposición final 3 apartado 3 de Ley Orgánica 4/2000 de 11 de enero de 2000, con vigencia desde 01/02/2000

ción o actividad de las asociaciones comprendidas en los números 1º y 3º al 6º del art. 515 , incurrirán en la pena de prisión de uno a tres años, multa de doce a veinticuatro meses, e inhabilitación para empleo o cargo público por tiempo de uno a cuatro años [1064] .

519. La provocación, la conspiración y la proposición para cometer el delito de asociación ilícita se castigarán con la pena inferior en uno o dos grados a la que corresponda, respectivamente, a los hechos previstos en los artículos anteriores [1065] .

520. Los Jueces o Tribunales, en los supuestos previstos en el art. 515 , acordarán la disolución de la asociación ilícita y, en su caso, cualquier otra de las consecuencias accesorias del art. 129 de este Código.

521. En el delito de asociación ilícita, si el reo fuera autoridad, agente de ésta o funcionario público, se le impondrá, además de las penas señaladas, la de inhabilitación absoluta de diez a quince años [1066] .

521 bis. [1067] (Derogado)

SECCIÓN SEGUNDA
De los delitos contra la libertad de conciencia, los sentimientos religiosos y el respeto a los difuntos [1068]

522. Incurrirán en la pena de multa de cuatro a diez meses:

[1064] Véanse arts. 301 y ss de la presente Ley
[1065] Véanse arts. 17 y 18 de la presente Ley
[1066] Véase art. 24 de la presente Ley
[1067] Derogado por art. único de Ley Orgánica 2/2005 de 22 de junio de 2005, con vigencia desde 24/06/2005
[1068] Véanse arts. 14 y 16 CE

1º) Los que por medio de violencia, intimidación, fuerza o cualquier otro apremio ilegítimo impidan a un miembro o miembros de una confesión religiosa practicar los actos propios de las creencias que profesen, o asistir a los mismos.

2º) Los que por iguales medios fuercen a otro u otros a practicar o concurrir a actos de culto o ritos, o a realizar actos reveladores de profesar o no profesar una religión, o a mudar la que profesen [1069].

523. El que con violencia, amenaza, tumulto o vías de hecho, impidiere, interrumpiere o perturbare los actos, funciones, ceremonias o manifestaciones de las confesiones religiosas inscritas en el correspondiente registro público del Ministerio de Justicia e Interior, será castigado con la pena de prisión de seis meses a seis años, si el hecho se ha cometido en lugar destinado al culto, y con la de multa de cuatro a diez meses si se realiza en cualquier otro lugar [1070].

524. [1071] El que en templo, lugar destinado al culto o en ceremonias religiosas ejecutare actos de profanación en ofensa de los sentimientos religiosos legalmente tutelados será castigado con la pena de prisión de seis meses a un año o multa de 12 a 24 meses.

525. 1. Incurrirán en la pena de multa de ocho a doce meses los que, para ofender los sentimientos de los miembros de una confesión religiosa, hagan públicamente, de palabra, por escrito o mediante cualquier tipo de documento, escarnio de sus dogmas, creencias, ritos o ceremonias, o vejen, también públicamente, a quienes los profesan o practican.

[1069] Véase art. 16.2 CE y arts. 169 y 172 de la presente Ley

[1070] Véase art. 21 CE; art. 5 LO 7/1980, de 5 de julio, de Libertad Religiosa y arts. 169 y ss, 172 y 559 de la presente Ley

[1071] Dada nueva redacción por art. único apartado 152 de Ley Orgánica 15/2003 de 25 de noviembre de 2003, con vigencia desde 01/10/2004

2. En las mismas penas incurrirán los que hagan públicamente escarnio, de palabra o por escrito, de quienes no profesan religión o creencia alguna [1072].

526. [1073] El que, faltando al respeto debido a la memoria de los muertos, violare los sepulcros o sepulturas, profanare un cadáver o sus cenizas o, con ánimo de ultraje, destruyere, alterare o dañare las urnas funerarias, panteones, lápidas o nichos será castigado con la pena de prisión de tres a cinco meses o multa de seis a 10 meses [1074].

SECCIÓN TERCERA
De los delitos contra el deber de cumplimiento de la prestación social sustitutoria (Derogada) [1075]

527. [1076] (Derogado)

528. [1077] (Derogado)

[1072] Véanse arts. 14 y 16 CE y arts. 1 a 4 LO 7/1980, de 5 de julio, de Libertad Religiosa

[1073] Dada nueva redacción por art. único apartado 153 de Ley Orgánica 15/2003 de 25 de noviembre de 2003, con vigencia desde 01/10/2004

[1074] Véase arts. 263 y 625 de la presente Ley

[1075] Derogada por art. 1 apartado 2 de Ley Orgánica 3/2002 de 22 de mayo de 2002, con vigencia desde 24/05/2002

[1076] Derogado por art. 1 apartado 2 de Ley Orgánica 3/2002 de 22 de mayo de 2002, con vigencia desde 24/05/2002

[1077] Derogado por disposición derogatoria única de Ley Orgánica 7/1998 de 5 de octubre de 1998, con vigencia desde 07/10/1998

CAPÍTULO V
De los delitos cometidos por los funcionarios públicos contra las garantías constitucionales [1078]

SECCIÓN PRIMERA
De los delitos cometidos por los funcionarios públicos contra la libertad individual [1079]

529. 1. El Juez o Magistrado que entregare una causa criminal a otra autoridad o funcionario, militar o administrativo, que ilegalmente se la reclame, será castigado con la pena de inhabilitación especial para empleo o cargo público por tiempo de seis meses a dos años.

2. Si además entregara la persona de un detenido, se le impondrá la pena superior en grado [1080].

530. La autoridad o funcionario público que, mediando causa por delito, acordare, practicare o prolongare cualquier privación de libertad de un detenido, preso o sentenciado, con violación de los plazos o demás garantías constitucionales o legales, será castigado con la pena de inhabilitación especial para empleo o cargo público por tiempo de cuatro a ocho años [1081].

531. La autoridad o funcionario público que, mediando causa por delito, decretare, practicare o prolongare la incomunicación de un detenido, preso o sentenciado, con violación de los plazos o demás garantías constitucionales o legales, será castigado con la pena de

---

[1078] Véanse arts. 14 a 29 CE; art. 6.2, 3 y 4 LO 3/1981, de 6 de abril, del Defensor del Pueblo; arts. 16.1, 21.2, 23.1, 57.2 y 3, 61.4, 73.3.b, 119.1 y 398.1 LOPJ y art. 8 LO 2/1986, de 13 de marzo, de Fuerzas y Cuerpos de Seguridad

[1079] Véanse arts. 17.1, 24.1 y 25.3 CE y art. 24 de la presente Ley

[1080] Véanse arts. 17 y 24 CE; art. 1 LECrim y art. 2.1 LOPJ

[1081] Véase art. 17 CE; arts. 489 a 505, 520.1 y 520 bis LECrim y arts. 167 y 487 de la presente Ley

inhabilitación especial para empleo o cargo público por tiempo de dos a seis años [1082].

532. Si los hechos descritos en los dos artículos anteriores fueran cometidos por imprudencia grave, se castigarán con la pena de suspensión de empleo o cargo público por tiempo de seis meses a dos años.

533. El funcionario penitenciario o de centros de protección o corrección de menores que impusiere a los reclusos o internos sanciones o privaciones indebidas, o usare con ellos de un rigor innecesario, será castigado con la pena de inhabilitación especial para empleo o cargo público por tiempo de dos a seis años [1083].

SECCIÓN SEGUNDA
De los delitos cometidos por los funcionarios públicos contra la inviolabilidad domiciliaria y demás garantías de la intimidad [1084]

534. 1. Será castigado con las penas de multa de seis a doce meses e inhabilitación especial para empleo o cargo público de dos a seis años la autoridad o funcionario público que, mediando causa por delito, y sin respetar las garantías constitucionales o legales:
1º) Entre en un domicilio sin el consentimiento del morador.
2º) Registre los papeles o documentos de una persona o los efectos que se hallen en su domicilio, a no ser que el dueño haya prestado libremente su consentimiento.
Si no devolviera al dueño, inmediatamente después del registro, los papeles, documentos y efectos registrados, las penas serán las de inhabilitación especial para empleo o cargo público de seis a doce años

---

[1082] Véanse arts. 16 y 51 a 53 LOGP; arts. 41 y ss y 50 y ss RP; arts. 506 a 511 LECrim y art. 167 de la presente Ley

[1083] Véanse arts. 3, 6 y 42 y ss LOGP; arts. 173 y ss y 231 y ss RP y art. 175 de la presente Ley

[1084] Véanse arts. 18.2, 55 y 116 CE y art. 17 LO 4/1981, de 1 de junio, reguladora de los estados de Alarma, Excepción y Sitio

y multa de doce a veinticuatro meses, sin perjuicio de la pena que pudiera corresponderle por la apropiación.

2. La autoridad o funcionario público que, con ocasión de lícito registro de papeles, documentos o efectos de una persona, cometa cualquier vejación injusta o daño innecesario en sus bienes, será castigado con las penas previstas para estos hechos, impuestas en su mitad superior, y, además, con la pena de inhabilitación especial para empleo o cargo público por tiempo de dos a seis años [1085].

535. La autoridad o funcionario público que, mediando causa por delito, interceptare cualquier clase de correspondencia privada, postal o telegráfica, con violación de las garantías constitucionales o legales, incurrirá en la pena de inhabilitación especial para empleo o cargo público de dos a seis años.

Si divulgara o revelara la información obtenida, se impondrá la pena de inhabilitación especial, en su mitad superior, y, además, la de multa de seis a dieciocho meses [1086].

536. La autoridad, funcionario público o agente de éstos que, mediando causa por delito, interceptare las telecomunicaciones o utilizare artificios técnicos de escuchas, transmisión, grabación o reproducción del sonido, de la imagen o de cualquier otra señal de comunicación, con violación de las garantías constitucionales o legales, incurrirá en la pena de inhabilitación especial para empleo o cargo público de dos a seis años.

Si divulgare o revelare la información obtenida, se impondrán las penas de inhabilitación especial, en su mitad superior y, además, la de multa de seis a dieciocho meses [1087].

[1085] Véase art. 18 CE y arts. 197, 198, 202 a 204, 263 y 620.2 de la presente Ley

[1086] Véanse arts. 18.3, 55 y 116 CE; arts. 579, 580, 581, 582, 583, 584, 585, 586, 587, y 588 LECrim y arts. 197 y 198 de la presente Ley

[1087] Véanse art. 51.4 LOGP; arts. 46 a 49 RP; arts. 579 a 588 LECrim y arts. 197 y 198 de la presente Ley

SECCIÓN TERCERA
De los delitos cometidos por los funcionarios públicos contra otros derechos individuales

537. La autoridad o funcionario público que impida u obstaculice el derecho a la asistencia de abogado al detenido o preso, procure o favorezca la renuncia del mismo a dicha asistencia o no le informe de forma inmediata y de modo que le sea comprensible de sus derechos y de las razones de su detención, será castigado con la pena de multa de cuatro a diez meses e inhabilitación especial para empleo o cargo público de dos a cuatro años [1088].

538. La autoridad o funcionario público que establezca la censura previa o, fuera de los casos permitidos por la Constitución y las Leyes, recoja ediciones de libros o periódicos o suspenda su publicación o la difusión de cualquier emisión radiotelevisiva, incurrirá en la pena de inhabilitación absoluta de seis a diez años [1089].

539. La autoridad o funcionario público que disuelva o suspenda en sus actividades a una asociación legalmente constituida, sin previa resolución judicial, o sin causa legítima le impida la celebración de sus sesiones, será castigado con la pena de inhabilitación especial para empleo o cargo público de ocho a doce años y multa de seis a doce meses [1090].

540. La autoridad o funcionario público que prohiba una reunión pacífica o la disuelva fuera de los casos expresamente permitidos por las Leyes, será castigado con la pena de inhabilitación especial para empleo o cargo público de cuatro a ocho años y multa de seis a nueve meses [1091].

[1088] Véanse arts. 17.3, 24.2 y 55 CE; art. 546.1 LOPJ; arts. 520.2, 3, 4, 5 y 6, 527, 767 y 768 LECrim; art. 51.2 LOGP y art. 48 RP

[1089] Véase art. 20 CE

[1090] Véanse arts. 1, 6, 7, 21, 22 y 28 CE y arts. 315.3, y 510 a 521 de la presente Ley

[1091] Véase LO 9/1983, de 15 de julio, reguladora del Derecho de Reunión y art. 315.3 de la presente Ley

541. La autoridad o funcionario público que expropie a una persona de sus bienes fuera de los casos permitidos y sin cumplir los requisitos legales, incurrirá en las penas de inhabilitación especial para empleo o cargo público de uno a cuatro años y multa de seis a doce meses [1092].

542. Incurrirá en la pena de inhabilitación especial para empleo o cargo público por tiempo de uno a cuatro años la autoridad o el funcionario público que, a sabiendas, impida a una persona el ejercicio de otros derechos cívicos reconocidos por la Constitución y las Leyes [1093].

CAPÍTULO VI
De los ultrajes a España

543. Las ofensas o ultrajes de palabra, por escrito o de hecho a España, a sus Comunidades Autónomas o a sus símbolos o emblemas, efectuados con publicidad, se castigarán con la pena de multa de siete a doce meses [1094].

[1092] Véase art. 33.3 CE

[1093] Véanse arts. 10 y ss CE; art. 95.2.k y l Ley 7/2007, de 12 de abril, del Estatuto Básico del Empleado Público y arts. 315.3 y 559 de la presente Ley

[1094] Véanse arts. 1, 2, 4, 137 y 147 CE; Ley 39/1981, de 28 de octubre, por la que se regula el uso de la bandera de España y de otras banderas y enseñas y arts. 208 y ss, 490.3, 496 y 504 de la presente Ley

TÍTULO XXII
Delitos contra el orden público

CAPÍTULO PRIMERO
Sedición [1095] (Derogado) [1096]

544 a 549. [1097] (Derogados)

CAPÍTULO II
De los atentados contra la autoridad, sus agentes y los funcionarios públicos, y de la resistencia y desobediencia [1098]

550. [1099] 1. Son reos de atentado los que agredieren o, con intimidación grave o violencia, opusieren resistencia grave a la autoridad, a sus agentes o funcionarios públicos, o los acometieren, cuando se hallen en el ejercicio de las funciones de sus cargos o con ocasión de ellas.

En todo caso, se considerarán actos de atentado los cometidos contra los funcionarios docentes o sanitarios que se hallen en el ejercicio de las funciones propias de su cargo, o con ocasión de ellas.

2. Los atentados serán castigados con las penas de prisión de uno a cuatro años y multa de tres a seis meses si el atentado fuera contra autoridad y de prisión de seis meses a tres años en los demás casos.

3. No obstante lo previsto en el apartado anterior, si la autoridad contra la que se atentare fuera miembro del Gobierno, de los Consejos de Gobierno de las Comunidades Autónomas, del Congreso de los

---

[1095] Véanse arts. 38 a 41 CPM y arts. 20 a 27 LPPNA

[1096] Derogado por art. 1 apartado 20 de Ley Orgánica 14/2022 de 22 de diciembre de 2022, con vigencia desde 12/01/2023

[1097] Derogado por art. 1 apartado 20 de Ley Orgánica 14/2022 de 22 de diciembre de 2022, con vigencia desde 12/01/2023

[1098] Véanse arts. 34, 35 y 42 CPM; 45 y 48 a 50 LPPNA; art. 23.3.g LOPJ y art. 24 de la presente Ley

[1099] Dada nueva redacción por art. único apartado 240 de Ley Orgánica 1/2015 de 30 de marzo de 2015, con vigencia desde 01/07/2015

Diputados, del Senado o de las Asambleas Legislativas de las Comunidades Autónomas, de las Corporaciones locales, del Consejo General del Poder Judicial, Magistrado del Tribunal Constitucional, juez, magistrado o miembro del Ministerio Fiscal, se impondrá la pena de prisión de uno a seis años y multa de seis a doce meses [1100].

551. [1101] Se impondrán las penas superiores en grado a las respectivamente previstas en el artículo anterior siempre que el atentado se cometa:

1º) Haciendo uso de armas u otros objetos peligrosos.

2º) Cuando el acto de violencia ejecutado resulte potencialmente peligroso para la vida de las personas o pueda causar lesiones graves. En particular, están incluidos los supuestos de lanzamiento de objetos contundentes o líquidos inflamables, el incendio y la utilización de explosivos.

3º) Acometiendo a la autoridad, a su agente o al funcionario público haciendo uso de un vehículo de motor.

4º) Cuando los hechos se lleven a cabo con ocasión de un motín, plante o incidente colectivo en el interior de un centro penitenciario [1102].

552. [1103] (Derogado)

553. La provocación, la conspiración y la proposición para cualquiera de los delitos previstos en los artículos anteriores, será castigada con la pena inferior en uno o dos grados a la del delito correspondiente [1104].

[1100] Véanse arts. 19 y 48 LPPNA; art. 7.2 LO 2/1986, de 13 de marzo, de Fuerzas y Cuerpos de Seguridad y art. 556 de la presente Ley

[1101] Dada nueva redacción por art. único apartado 241 de Ley Orgánica 1/2015 de 30 de marzo de 2015, con vigencia desde 01/07/2015

[1102] Véanse arts. 555 y 572.2 de la presente Ley

[1103] Derogado por art. único apartado 242 de Ley Orgánica 1/2015 de 30 de marzo de 2015, con vigencia desde 01/07/2015

[1104] Véanse arts. 17 y 18 de la presente Ley

554. [1105] 1. Los hechos descritos en los arts. 550 y 551 serán también castigados con las penas expresadas en ellos cuando se cometieren contra un miembro de las Fuerzas Armadas que, vistiendo uniforme, estuviera prestando un servicio que le hubiera sido legalmente encomendado.

2. Las mismas penas se impondrán a quienes acometan, empleen violencia o intimiden a las personas que acudan en auxilio de la autoridad, sus agentes o funcionarios.

3. También se impondrán las penas de los arts. 550 y 551 a quienes acometan, empleen violencia o intimiden gravemente:

a) A los bomberos o miembros del personal sanitario o equipos de socorro que estuvieran interviniendo con ocasión de un siniestro, calamidad pública o situación de emergencia, con la finalidad de impedirles el ejercicio de sus funciones.

b) Al personal de seguridad privada, debidamente identificado, que desarrolle actividades de seguridad privada en cooperación y bajo el mando de las Fuerzas y Cuerpos de Seguridad [1106].

555. [1107] (Derogado)

556. [1108] 1. Serán castigados con la pena de prisión de tres meses a un año o multa de seis a dieciocho meses, los que, sin estar comprendidos en el art. 550, resistieren o desobedecieren gravemente a la autoridad o sus agentes en el ejercicio de sus funciones, o al personal de seguridad privada, debidamente identificado, que desarrolle actividades de seguridad privada en cooperación y bajo el mando de las Fuerzas y Cuerpos de Seguridad [1109].

[1105] Dada nueva redacción por art. único apartado 243 de Ley Orgánica 1/2015 de 30 de marzo de 2015, con vigencia desde 01/07/2015

[1106] Véanse art. 35 CPM y arts. 550 y 556 de la presente Ley

[1107] Derogado por art. único apartado 244 de Ley Orgánica 1/2015 de 30 de marzo de 2015, con vigencia desde 01/07/2015

[1108] Dada nueva redacción por art. único apartado 245 de Ley Orgánica 1/2015 de 30 de marzo de 2015, con vigencia desde 01/07/2015

[1109] Véanse arts. 192 y 193 LOPJ; art. 30 CPM; arts. 215.2 y 3, 569.5, 575.2, 716 y 764.4 LECrim y arts. 380, 502.1 y 2 y 634 de la presente Ley

2. Los que faltaren al respeto y consideración debida a la autoridad, en el ejercicio de sus funciones, serán castigados con la pena de multa de uno a tres meses.

CAPÍTULO III
De los desórdenes públicos [1110]

557. [1111] 1. Serán castigados con la pena de prisión de seis meses a tres años los que, actuando en grupo y con el fin de atentar contra la paz pública, ejecuten actos de violencia o intimidación:

a) Sobre las personas o las cosas; u

b) obstaculizando las vías públicas ocasionando un peligro para la vida o salud de las personas; o

c) invadiendo instalaciones o edificios alterando gravemente el funcionamiento efectivo de servicios esenciales en esos lugares.

2. Los hechos descritos en el apartado anterior serán castigados con la pena de prisión de tres a cinco años e inhabilitación especial para empleo o cargo público por el mismo tiempo cuando se cometan por una multitud cuyo número, organización y propósito sean idóneos para afectar gravemente el orden público. En caso de hallarse los autores constituidos en autoridad, la pena de inhabilitación será absoluta por tiempo de seis a ocho años.

3. Las penas de los apartados anteriores se impondrán en su mitad superior a los intervinientes que portaran instrumentos peligrosos o a los que llevaran a cabo actos de pillaje.

Estas penas se aplicarán en un grado superior cuando se portaran armas de fuego.

4. La provocación, la conspiración y la proposición para las conductas previstas en los apartados 2 y 3 del presente artículo serán castigadas con las penas inferiores en uno o dos grados a las respectivamente previstas.

[1110] Véase art. 26 LOSC y RD 203/2010, de 26 de febrero, por el que se aprueba el Reglamento de prevención de la violencia, el racismo, la xenofobia y la intolerancia en el deporte

[1111] Dada nueva redacción por art. 1 apartado 21 de Ley Orgánica 14/2022 de 22 de diciembre de 2022, con vigencia desde 12/01/2023

5. Será castigado con pena de prisión de seis meses a dos años quien en lugar concurrido provocara avalancha, estampida u otra reacción análoga en el público que pongan en situación de peligro la vida o la salud de las personas.

6. Las penas señaladas en este artículo se impondrán sin perjuicio de las que les puedan corresponder a los actos concretos de lesiones, amenazas, coacciones o daños que se hubieran llevado a cabo [1112].

557 bis. [1113] Los que, actuando en grupo, invadan u ocupen, contra la voluntad de su titular, el domicilio de una persona jurídica pública o privada, un despacho, oficina, establecimiento o local, aunque se encuentre abierto al público, y causen con ello una perturbación relevante de la paz pública y de su actividad normal, serán castigados con una pena de prisión de tres a seis meses o multa de seis a doce meses, salvo que los hechos ya estuvieran castigados con una pena más grave en otro precepto de este Código.

557 ter. [1114] (Derogado)

558. [1115] Serán castigados con la pena de prisión de tres a seis meses o multa de seis a 12 meses, los que perturben gravemente el orden en la audiencia de un Tribunal o juzgado, en los actos públicos propios de cualquier autoridad o corporación, en colegio electoral, oficina o establecimiento público, centro docente o con motivo de la celebración de espectáculos deportivos o culturales. En estos casos se podrá imponer también la pena de privación de acudir a los lugares, eventos o espectáculos de la misma naturaleza por un tiempo superior hasta tres años a la pena de prisión impuesta [1116].

[1112] Véanse arts. 147 y ss., 263 a 268 y 382 de la presente Ley

[1113] Dada nueva redacción por art. 1 apartado 22 de Ley Orgánica 14/2022 de 22 de diciembre de 2022, con vigencia desde 12/01/2023

[1114] Derogado por art. 1 apartado 23 de Ley Orgánica 14/2022 de 22 de diciembre de 2022, con vigencia desde 12/01/2023

[1115] Dada nueva redacción por art. único apartado 155 de Ley Orgánica 15/2003 de 25 de noviembre de 2003, con vigencia desde 01/10/2004

[1116] Véanse arts. 23, 24 y 26 LOSC; arts. 258 y 684 LECrim y art. 633 de la presente Ley

559. [1117] (Derogado)

560. 1. Los que causaren daños que interrumpan, obstaculicen o destruyan líneas o instalaciones de telecomunicaciones o la correspondencia postal, serán castigados con la pena de prisión de uno a cinco años.

2. En la misma pena incurrirán los que causen daños en vías férreas u originen un grave daño para la circulación ferroviaria de alguna de las formas previstas en el art. 382 .

3. Igual pena se impondrá a los que dañen las conducciones o transmisiones de agua, gas o electricidad para las poblaciones, interrumpiendo o alterando gravemente el suministro o servicio [1118] .

561. [1119] Quien afirme falsamente o simule una situación de peligro para la comunidad o la producción de un siniestro a consecuencia del cual es necesario prestar auxilio a otro, y con ello provoque la movilización de los servicios de policía, asistencia o salvamento, será castigado con la pena de prisión de tres meses y un día a un año o multa de tres a dieciocho meses.

CAPÍTULO IV
Disposición común a los Capítulos anteriores

562. En el caso de hallarse constituido en autoridad el que cometa cualquiera de los delitos expresados en los Capítulos anteriores de este Título, la pena de inhabilitación que estuviese prevista en cada caso se sustituirá por la inhabilitación absoluta por tiempo de diez a quince

---

[1117] Derogado por art. 1 apartado 24 de Ley Orgánica 14/2022 de 22 de diciembre de 2022, con vigencia desde 12/01/2023

[1118] Véanse arts. 140 y ss Ley 16/1987, de 30 de julio, de Ordenación de los Transportes Terrestres y arts. 263 a 268 y 346 de la presente Ley

[1119] Dada nueva redacción por art. único apartado 250 de Ley Orgánica 1/2015 de 30 de marzo de 2015, con vigencia desde 01/07/2015

años, salvo que dicha circunstancia esté específicamente contemplada en el tipo penal de que se trate [1120].

CAPÍTULO V
De la tenencia, tráfico y depósito de armas, municiones o explosivos [1121] *[1122]*

SECCIÓN PRIMERA
De la tenencia, tráfico y depósito de armas, municiones o explosivos (Derogada) [1123]

563. La tenencia de armas prohibidas y la de aquéllas que sean resultado de la modificación sustancial de las características de fabricación de armas reglamentadas, será castigada con la pena de prisión de uno a tres años [1124].

564. 1. La tenencia de armas de fuego reglamentadas, careciendo de las licencias o permisos necesarios, será castigada:

1º) Con la pena de prisión de uno a dos años, si se trata de armas cortas.

2º) Con la pena de prisión de seis meses a un año, si se trata de armas largas.

2. Los delitos previstos en el número anterior se castigarán, respectivamente, con las penas de prisión de dos a tres años y de uno a dos años, cuando concurra alguna de las circunstancias siguientes:

1ª) Que las armas carezcan de marcas de fábrica o de número, o los tengan alterados o borrados.

[1120] Véase art. 24 de la presente Ley

[1121] Véase art. 23.4 b) LOPJ

[1122] Dada nueva redacción por art. único apartado 138 de Ley Orgánica 5/2010 de 22 de junio de 2010, con vigencia desde 23/12/2010

[1123] Suprimida por art. único apartado 139 de Ley Orgánica 5/2010 de 22 de junio de 2010, con vigencia desde 23/12/2010

[1124] Véanse arts. 4 y 5 RD 137/1993, de 29 de enero, Reglamento de Armas y arts. 565 y 570 de la presente Ley

2ª) Que hayan sido introducidas ilegalmente en territorio español.

3ª) Que hayan sido transformadas, modificando sus características originales [1125].

565. Los Jueces o Tribunales podrán rebajar en un grado las penas señaladas en los artículos anteriores, siempre que por las circunstancias del hecho y del culpable se evidencie la falta de intención de usar las armas con fines ilícitos.

566. [1126] 1. Los que fabriquen, comercialicen o establezcan depósitos de armas o municiones no autorizados por las leyes o la autoridad competente serán castigados:

1º) Si se trata de armas o municiones de guerra o de armas químicas, biológicas, nucleares o radiológicas o de minas antipersonas o municiones en racimo, con la pena de prisión de cinco a diez años los promotores y organizadores, y con la de prisión de tres a cinco años los que hayan cooperado a su formación.

2º) Si se trata de armas de fuego reglamentadas o municiones para las mismas, con la pena de prisión de dos a cuatro años los promotores y organizadores, y con la de prisión de seis meses a dos años los que hayan cooperado a su formación.

3º) Con las mismas penas será castigado, en sus respectivos casos, el tráfico de armas o municiones de guerra o de defensa, o de armas químicas, biológicas, nucleares o radiológicas o de minas antipersonas o municiones en racimo [1127].

2. Las penas contempladas en el punto 1º del apartado anterior se impondrán a los que desarrollen o empleen armas químicas, biológicas, nucleares o radiológicas o minas antipersonas o municiones en racimo, o inicien preparativos militares para su empleo o no las destruyan con infracción de los tratados o convenios internacionales en los que España sea parte.

[1125] Véanse arts. 28 y ss, 59 a 71, 88 y ss y 96 y ss RD 137/1993, de 29 de enero, Reglamento de Armas y art. 2.3.a LO 12/1995, de 12 de diciembre, de represión del contrabando

[1126] Dada nueva redacción por art. único apartado 251 de Ley Orgánica 1/2015 de 30 de marzo de 2015, con vigencia desde 01/07/2015

[1127] Véase art. 3 RD 137/1993, de 29 de enero, Reglamento de Armas

567. 1. Se considera depósito de armas de guerra la fabricación, la comercialización o la tenencia de cualquiera de dichas armas, con independencia de su modelo o clase, aun cuando se hallen en piezas desmontadas. Se considera depósito de armas químicas, biológicas, nucleares o radiológicas o de minas antipersonas o de municiones en racimo la fabricación, la comercialización o la tenencia de las mismas.

El depósito de armas, en su vertiente de comercialización, comprende tanto la adquisición como la enajenación. [1128]

2. Se consideran armas de guerra las determinadas como tales en las disposiciones reguladoras de la defensa nacional. Se consideran armas químicas, biológicas, nucleares o radiológicas, minas antipersonas o municiones en racimo las determinadas como tales en los tratados o convenios internacionales en los que España sea parte.

Se entiende por desarrollo de armas químicas, biológicas, nucleares o radiológicas, minas antipersonas o municiones en racimo cualquier actividad consistente en la investigación o estudio de carácter científico o técnico encaminada a la creación de una nueva arma química, biológica, nuclear o radiológica, o mina antipersona o munición en racimo o la modificación de una preexistente [1129] . [1130]

3. Se considera depósito de armas de fuego reglamentadas la fabricación, comercialización o reunión de cinco o más de dichas armas, aun cuando se hallen en piezas desmontadas.

4. Respecto de las municiones, los Jueces y Tribunales, teniendo en cuenta la cantidad y clase de las mismas, declararán si constituyen depósito a los efectos de este Capítulo [1131] .

568. La tenencia o el depósito de sustancias o aparatos explosivos, inflamables, incendiarios o asfixiantes, o sus componentes, así como su fabricación, tráfico o transporte, o suministro de cualquier forma, no autorizado por las Leyes o la autoridad competente, serán castigados con la pena de prisión de cuatro a ocho años, si se trata de sus

---

[1128] Dada nueva redacción apartado 1 por art. único apartado 252 de Ley Orgánica 1/2015 de 30 de marzo de 2015, con vigencia desde 01/07/2015

[1129] Véase art. 3 RD 137/1993, de 29 de enero, Reglamento de Armas

[1130] Dada nueva redacción apartado 2 por art. único apartado 252 de Ley Orgánica 1/2015 de 30 de marzo de 2015, con vigencia desde 01/07/2015

[1131] Véase art. 6 RD 137/1993, de 29 de enero, Reglamento de Armas

promotores y organizadores, y con la pena de prisión de tres a cinco años para los que hayan cooperado a su formación [1132].

569. Los depósitos de armas, municiones o explosivos establecidos en nombre o por cuenta de una asociación con propósito delictivo, determinarán la declaración judicial de ilicitud y su consiguiente disolución [1133].

570. [1134] 1. En los casos previstos en este Capítulo se podrá imponer la pena de privación del derecho a la tenencia y porte de armas por tiempo superior en tres años a la pena de prisión impuesta.

2. Igualmente, si el delincuente estuviera autorizado para fabricar o traficar con alguna o algunas de las sustancias, armas y municiones mencionadas en el mismo, sufrirá, además de las penas señaladas, la de inhabilitación especial para el ejercicio de su industria o comercio por tiempo de 12 a 20 años [1135].

[1132] Véanse arts. 3, 22 y ss, 56 y ss; 112, 113 y 118 y ss RD 130/2017, de 24 de febrero, Reglamento de Explosivos

[1133] Véanse arts. 515 y 520 de la presente Ley

[1134] Dada nueva redacción por art. único apartado 159 de Ley Orgánica 15/2003 de 25 de noviembre de 2003, con vigencia desde 01/10/2004

[1135] Véanse arts. 10 y ss y 59 y ss RD 137/1993, de 29 de enero, Reglamento de Armas

SECCIÓN SEGUNDA
De los delitos de terrorismo (Derogada) [1136]

CAPÍTULO VI
De las organizaciones y grupos criminales [1137]

570 bis. [1138] 1. Quienes promovieren, constituyeren, organizaren, coordinaren o dirigieren una organización criminal serán castigados con la pena de prisión de cuatro a ocho años si aquélla tuviere por finalidad u objeto la comisión de delitos graves, y con la pena de prisión de tres a seis años en los demás casos; y quienes participaren activamente en la organización, formaren parte de ella o cooperaren económicamente o de cualquier otro modo con la misma serán castigados con las penas de prisión de dos a cinco años si tuviere como fin la comisión de delitos graves, y con la pena de prisión de uno a tres años en los demás casos.

A los efectos de este Código se entiende por organización criminal la agrupación formada por más de dos personas con carácter estable o por tiempo indefinido, que de manera concertada y coordinada se repartan diversas tareas o funciones con el fin de cometer delitos. [1139]

2. Las penas previstas en el número anterior se impondrán en su mitad superior cuando la organización:

a) esté formada por un elevado número de personas.

b) disponga de armas o instrumentos peligrosos.

c) disponga de medios tecnológicos avanzados de comunicación o transporte que por sus características resulten especialmente aptos para facilitar la ejecución de los delitos o la impunidad de los culpables.

Si concurrieran dos o más de dichas circunstancias se impondrán las penas superiores en grado.

[1136] Suprimida por art. único apartado 139 de Ley Orgánica 5/2010 de 22 de junio de 2010, con vigencia desde 23/12/2010

[1137] Añadido por art. único apartado 142 de Ley Orgánica 5/2010 de 22 de junio de 2010, con vigencia desde 23/12/2010

[1138] Añadido por art. único apartado 143 de Ley Orgánica 5/2010 de 22 de junio de 2010, con vigencia desde 23/12/2010

[1139] Dada nueva redacción apartado 1 por art. único apartado 253 de Ley Orgánica 1/2015 de 30 de marzo de 2015, con vigencia desde 01/07/2015

3. Se impondrán en su mitad superior las penas respectivamente previstas en este artículo si los delitos fueren contra la vida o la integridad de las personas, la libertad, la libertad e indemnidad sexuales o la trata de seres humanos.

570 ter. [1140] 1. Quienes constituyeren, financiaren o integraren un grupo criminal serán castigados:

a) Si la finalidad del grupo es cometer delitos de los mencionados en el apartado 3 del artículo anterior, con la pena de dos a cuatro años de prisión si se trata de uno o más delitos graves y con la de uno a tres años de prisión si se trata de delitos menos graves.

b) Con la pena de seis meses a dos años de prisión si la finalidad del grupo es cometer cualquier otro delito grave.

c) Con la pena de tres meses a un año de prisión cuando se trate de cometer uno o varios delitos menos graves no incluidos en el apartado a) o de la perpetración reiterada de delitos leves.

A los efectos de este Código se entiende por grupo criminal la unión de más de dos personas que, sin reunir alguna o algunas de las características de la organización criminal definida en el artículo anterior, tenga por finalidad o por objeto la perpetración concertada de delitos. [1141]

2. Las penas previstas en el número anterior se impondrán en su mitad superior cuando el grupo:

a) esté formado por un elevado número de personas.

b) disponga de armas o instrumentos peligrosos.

c) disponga de medios tecnológicos avanzados de comunicación o transporte que por sus características resulten especialmente aptos para facilitar la ejecución de los delitos o la impunidad de los culpables.

Si concurrieran dos o más de dichas circunstancias se impondrán las penas superiores en grado.

[1140] Añadido por art. único apartado 144 de Ley Orgánica 5/2010 de 22 de junio de 2010, con vigencia desde 23/12/2010

[1141] Dada nueva redacción apartado 1 por art. único apartado 254 de Ley Orgánica 1/2015 de 30 de marzo de 2015, con vigencia desde 01/07/2015

570 quater. [1142] 1. Los Jueces o Tribunales, en los supuestos previstos en este Capítulo y el siguiente, acordarán la disolución de la organización o grupo y, en su caso, cualquier otra de las consecuencias de los arts. 33.7 y 129 de este Código. [1143]

2. Asimismo se impondrá a los responsables de las conductas descritas en los dos artículos anteriores, además de las penas en ellos previstas, la de inhabilitación especial para todas aquellas actividades económicas o negocios jurídicos relacionados con la actividad de la organización o grupo criminal o con su actuación en el seno de los mismos, por un tiempo superior entre seis y veinte años al de la duración de la pena de privación de libertad impuesta en su caso, atendiendo proporcionalmente a la gravedad del delito, al número de los cometidos y a las circunstancias que concurran en el delincuente.

En todo caso, cuando las conductas previstas en dichos artículos estuvieren comprendidas en otro precepto de este Código, será de aplicación lo dispuesto en la regla 4ª del art. 8 .

3. Las disposiciones de este Capítulo serán aplicables a toda organización o grupo criminal que lleve a cabo cualquier acto penalmente relevante en España, aunque se hayan constituido, estén asentados o desarrollen su actividad en el extranjero.

4. Los Jueces o Tribunales, razonándolo en la sentencia, podrán imponer al responsable de cualquiera de los delitos previstos en este Capítulo la pena inferior en uno o dos grados, siempre que el sujeto haya abandonado de forma voluntaria sus actividades delictivas y haya colaborado activamente con las autoridades o sus agentes, bien para obtener pruebas decisivas para la identificación o captura de otros responsables o para impedir la actuación o el desarrollo de las organizaciones o grupos a que haya pertenecido, bien para evitar la perpetración de un delito que se tratara de cometer en el seno o a través de dichas organizaciones o grupos.

[1142] Añadido por art. único apartado 145 de Ley Orgánica 5/2010 de 22 de junio de 2010, con vigencia desde 23/12/2010

[1143] Dada nueva redacción apartado 1 por disposición final 2 apartado 4 de Ley Orgánica 3/2011 de 28 de enero de 2011, con vigencia desde 30/01/2011

CAPÍTULO VII
De las organizaciones y grupos terroristas y de los delitos de terrorismo [1144]

SECCIÓN PRIMERA
De las organizaciones y grupos terroristas [1145]

571. [1146] A los efectos de este Código se considerarán organizaciones o grupos terroristas aquellas agrupaciones que, reuniendo las características respectivamente establecidas en el párrafo segundo del apartado 1 del art. 570 bis y en el párrafo segundo del apartado 1 del art. 570 ter, tengan por finalidad o por objeto la comisión de alguno de los delitos tipificados en la sección siguiente.

572. [1147] 1. Quienes promovieran, constituyeran, organizaran o dirigieran una organización o grupo terrorista serán castigados con las penas de prisión de ocho a quince años e inhabilitación absoluta durante el tiempo de la condena.

2. Quienes participaran activamente en la organización o grupo, o formaran parte de ellos, serán castigados con las penas de prisión de seis a doce años e inhabilitación absoluta durante el tiempo de la condena. [1148]

[1144] Dada nueva redacción por art. único de Ley Orgánica 2/2015 de 30 de marzo de 2015, con vigencia desde 01/07/2015

[1145] Dada nueva redacción por art. único de Ley Orgánica 2/2015 de 30 de marzo de 2015, con vigencia desde 01/07/2015

[1146] Dada nueva redacción por art. único de Ley Orgánica 2/2015 de 30 de marzo de 2015, con vigencia desde 01/07/2015

[1147] Dada nueva redacción por art. único apartado 19 de Ley Orgánica 1/2019 de 20 de febrero de 2019, con vigencia desde 13/03/2019

[1148] Véanse arts. 384 bis, 520 bis, 553 y 579.4 LECrim y arts. 515.2, 516, 518, 520, 521, 579 y 580 de la presente Ley

SECCIÓN SEGUNDA
De los delitos de terrorismo [1149]

573. [1150] 1. Se considerará delito de terrorismo la comisión de cualquier delito grave contra la vida o la integridad física, la libertad, la integridad moral, la libertad e indemnidad sexuales, el patrimonio, los recursos naturales o el medio ambiente, la salud pública, de riesgo catastrófico, incendio, de falsedad documental, contra la Corona, de atentado y tenencia, tráfico y depósito de armas, municiones o explosivos, previstos en el presente Código, y el apoderamiento de aeronaves, buques u otros medios de transporte colectivo o de mercancías, cuando se llevaran a cabo con cualquiera de las siguientes finalidades: [1151]

1ª Subvertir el orden constitucional, o suprimir o desestabilizar gravemente el funcionamiento de las instituciones políticas o de las estructuras económicas o sociales del Estado, u obligar a los poderes públicos a realizar un acto o a abstenerse de hacerlo.

2ª Alterar gravemente la paz pública.

3ª Desestabilizar gravemente el funcionamiento de una organización internacional.

4ª Provocar un estado de terror en la población o en una parte de ella.

2. Se considerarán igualmente delitos de terrorismo los delitos informáticos tipificados en los arts. 197 bis y 197 ter y 264 a 264 quater cuando los hechos se cometan con alguna de las finalidades a las que se refiere el apartado anterior.

3. Asimismo, tendrán la consideración de delitos de terrorismo el resto de los delitos tipificados en este Capítulo.

[1149] Dada nueva redacción por art. único de Ley Orgánica 2/2015 de 30 marzo de 2015, con vigencia desde 01/07/2015

[1150] Dada nueva redacción por art. único de Ley Orgánica 2/2015 de 30 marzo de 2015, con vigencia desde 01/07/2015

[1151] Dada nueva redacción apartado 1 párrafo 1 por art. único apartado 20 de Ley Orgánica 1/2019 de 20 de febrero de 2019, con vigencia desde 13/03/2019

573 bis. [1152] 1. Los delitos de terrorismo a los que se refiere el apartado 1 del artículo anterior serán castigados con las siguientes penas:

1ª Con la de prisión por el tiempo máximo previsto en este Código si se causara la muerte de una persona.

2ª Con la de prisión de veinte a veinticinco años cuando, en los casos de secuestro o detención ilegal, no se dé razón del paradero de la persona.

3ª Con la de prisión de quince a veinte años si se causara un aborto del art. 144 , se produjeran lesiones de las tipificadas en los arts. 149, 150, 157 o 158, el secuestro de una persona, o estragos o incendio de los previstos respectivamente en los arts. 346 y 351.

4ª Con la de prisión de diez a quince años si se causara cualquier otra lesión, o se detuviera ilegalmente, amenazara o coaccionara a una persona.

5ª Y con la pena prevista para el delito cometido en su mitad superior, pudiéndose llegar a la superior en grado, cuando se tratase de cualquier otro de los delitos a que se refiere el apartado 1 del artículo anterior.

2. Las penas se impondrán en su mitad superior si los hechos se cometieran contra las personas mencionadas en el apartado 3 del art. 550 o contra miembros de las Fuerzas y Cuerpos de Seguridad o de las Fuerzas Armadas o contra empleados públicos que presten servicio en instituciones penitenciarias.

3. Los delitos de terrorismo a los que se refiere el apartado 2 del artículo anterior se castigarán con la pena superior en grado a la respectivamente prevista en los correspondientes artículos.

4. El delito de desórdenes públicos previsto en los apartados 2 y 3 del artículo 557, así como el delito de rebelión, cuando se cometan por una organización o grupo terrorista o individualmente pero amparados en ellos, se castigarán con la pena superior en grado a las previstas para tales delitos. [1153]

[1152] Añadido por art. único de Ley Orgánica 2/2015 de 30 de marzo de 2015, con vigencia desde 01/07/2015

[1153] Dada nueva redacción apartado 4 por art. 1 apartado 25 de Ley Orgánica 14/2022 de 22 de diciembre de 2022, con vigencia desde 12/01/2023

574. [1154] 1. El depósito de armas o municiones, la tenencia o depósito de sustancias o aparatos explosivos, inflamables, incendiarios o asfixiantes, o de sus componentes, así como su fabricación, tráfico, transporte o suministro de cualquier forma, y la mera colocación o empleo de tales sustancias o de los medios o artificios adecuados, serán castigados con la pena de prisión de ocho a quince años cuando los hechos se cometan con cualquiera de las finalidades expresadas en el apartado 1 del art. 573.

2. Se impondrá la pena de diez a veinte años de prisión cuando se trate de armas, sustancias o aparatos nucleares, radiológicos, químicos o biológicos, o cualesquiera otros de similar potencia destructiva.

3. Serán también castigados con la pena de diez a veinte años de prisión quienes, con las mismas finalidades indicadas en el apartado 1, desarrollen armas químicas o biológicas, o se apoderen, posean, transporten, faciliten a otros o manipulen materiales nucleares, elementos radioactivos o materiales o equipos productores de radiaciones ionizantes [1155].

575. [1156] 1. Será castigado con la pena de prisión de dos a cinco años quien, con la finalidad de capacitarse para llevar a cabo cualquiera de los delitos tipificados en este Capítulo, reciba adoctrinamiento o adiestramiento militar o de combate, o en técnicas de desarrollo de armas químicas o biológicas, de elaboración o preparación de sustancias o aparatos explosivos, inflamables, incendiarios o asfixiantes, o específicamente destinados a facilitar la comisión de alguna de tales infracciones.

2. Con la misma pena se castigará a quien, con la misma finalidad de capacitarse para cometer alguno de los delitos tipificados en este Capítulo, lleve a cabo por sí mismo cualquiera de las actividades previstas en el apartado anterior.

Se entenderá que comete este delito quien, con tal finalidad, acceda de manera habitual a uno o varios servicios de comunicación accesibles al público en línea o contenidos accesibles a través de internet o

---

[1154] Dada nueva redacción por art. único de Ley Orgánica 2/2015 de 30 de marzo de 2015, con vigencia desde 01/07/2015

[1155] Véanse arts. 566, 569, 579 y 580 de la presente Ley

[1156] Dada nueva redacción por art. único de Ley Orgánica 2/2015 de 30 de marzo de 2015, con vigencia desde 01/07/2015

de un servicio de comunicaciones electrónicas cuyos contenidos estén dirigidos o resulten idóneos para incitar a la incorporación a una organización o grupo terrorista, o a colaborar con cualquiera de ellos o en sus fines. Los hechos se entenderán cometidos en España cuando se acceda a los contenidos desde el territorio español.

Asimismo se entenderá que comete este delito quien, con la misma finalidad, adquiera o tenga en su poder documentos que estén dirigidos o, por su contenido, resulten idóneos para incitar a la incorporación a una organización o grupo terrorista o a colaborar con cualquiera de ellos o en sus fines.

3. La misma pena se impondrá a quien, para ese mismo fin, o para colaborar con una organización o grupo terrorista, o para cometer cualquiera de los delitos comprendidos en este Capítulo, se traslade o establezca en un territorio extranjero. [1157]

576. [1158] 1. Será castigado con la pena de prisión de cinco a diez años y multa del triple al quíntuplo de su valor el que, por cualquier medio, directa o indirectamente, recabe, adquiera, posea, utilice, convierta, transmita o realice cualquier otra actividad con bienes o valores de cualquier clase con la intención de que se utilicen, o a sabiendas de que serán utilizados, en todo o en parte, para cometer cualquiera de los delitos comprendidos en este Capítulo.

2. Si los bienes o valores se pusieran efectivamente a disposición del responsable del delito de terrorismo, se podrá imponer la pena superior en grado. Si llegaran a ser empleados para la ejecución de actos terroristas concretos, el hecho se castigará como coautoría o complicidad, según los casos.

3. En el caso de que la conducta a que se refiere el apartado 1 se hubiera llevado a cabo atentando contra el patrimonio, cometiendo extorsión, falsedad documental o mediante la comisión de cualquier otro delito, éstos se castigarán con la pena superior en grado a la que les corresponda, sin perjuicio de imponer además la que proceda conforme a los apartados anteriores.

[1157] Dada nueva redacción apartado 3 por art. único apartado 21 de Ley Orgánica 1/2019 de 20 de febrero de 2019, con vigencia desde 13/03/2019

[1158] Dada nueva redacción por art. único de Ley Orgánica 2/2015 de 30 de marzo de 2015, con vigencia desde 01/07/2015

4. El que estando específicamente sujeto por la ley a colaborar con la autoridad en la prevención de las actividades de financiación del terrorismo dé lugar, por imprudencia grave en el cumplimiento de dichas obligaciones, a que no sea detectada o impedida cualquiera de las conductas descritas en el apartado 1 será castigado con la pena inferior en uno o dos grados a la prevista en él.

Apartado 5 (Derogado) [1159]

576 bis. [1160] (Derogado)

577. [1161] 1. Será castigado con las penas de prisión de cinco a diez años y multa de dieciocho a veinticuatro meses el que lleve a cabo, recabe o facilite cualquier acto de colaboración con las actividades o las finalidades de una organización, grupo o elemento terrorista, o para cometer cualquiera de los delitos comprendidos en este Capítulo.

En particular son actos de colaboración la información o vigilancia de personas, bienes o instalaciones, la construcción, acondicionamiento, cesión o utilización de alojamientos o depósitos, la ocultación, acogimiento o traslado de personas, la organización de prácticas de entrenamiento o la asistencia a ellas, la prestación de servicios tecnológicos, y cualquier otra forma equivalente de cooperación o ayuda a las actividades de las organizaciones o grupos terroristas, grupos o personas a que se refiere el párrafo anterior.

Cuando la información o vigilancia de personas mencionada en el párrafo anterior ponga en peligro la vida, la integridad física, la libertad o el patrimonio de las mismas se impondrá la pena prevista en este apartado en su mitad superior. Si se produjera la lesión de cualquiera de estos bienes jurídicos se castigará el hecho como coautoría o complicidad, según los casos.

2. Las penas previstas en el apartado anterior se impondrán a quienes lleven a cabo cualquier actividad de captación, adoctrinamiento o adiestramiento, que esté dirigida o que, por su contenido, resulte

[1159] Derogado apartado 5 por art. único apartado 22 de Ley Orgánica 1/2019 de 20 de febrero de 2019, con vigencia desde 13/03/2019

[1160] Derogado por art. único de Ley Orgánica 2/2015 de 30 de marzo de 2015, con vigencia desde 01/07/2015

[1161] Dada nueva redacción por art. único de Ley Orgánica 2/2015 de 30 de marzo de 2015, con vigencia desde 01/07/2015

idónea para incitar a incorporarse a una organización o grupo terrorista, o para cometer cualquiera de los delitos comprendidos en este Capítulo.

Asimismo se impondrán estas penas a los que faciliten adiestramiento o instrucción sobre la fabricación o uso de explosivos, armas de fuego u otras armas o sustancias nocivas o peligrosas, o sobre métodos o técnicas especialmente adecuados para la comisión de alguno de los delitos del art. 573, con la intención o conocimiento de que van a ser utilizados para ello.

Las penas se impondrán en su mitad superior, pudiéndose llegar a la superior en grado, cuando los actos previstos en este apartado se hubieran dirigido a menores de edad o personas con discapacidad necesitadas de especial protección o a mujeres víctimas de trata con el fin de convertirlas en cónyuges, compañeras o esclavas sexuales de los autores del delito, sin perjuicio de imponer las que además procedan por los delitos contra la libertad sexual cometidos.

3. Si la colaboración con las actividades o las finalidades de una organización o grupo terrorista, o en la comisión de cualquiera de los delitos comprendidos en este Capítulo, se hubiera producido por imprudencia grave se impondrá la pena de prisión de seis a dieciocho meses y multa de seis a doce meses [1162].

578. [1163] 1. El enaltecimiento o la justificación públicos de los delitos comprendidos en los arts. 572 a 577 o de quienes hayan participado en su ejecución, o la realización de actos que entrañen descrédito, menosprecio o humillación de las víctimas de los delitos terroristas o de sus familiares, se castigará con la pena de prisión de uno a tres años y multa de doce a dieciocho meses. El juez también podrá acordar en la sentencia, durante el período de tiempo que él mismo señale, alguna o algunas de las prohibiciones previstas en el art. 57 [1164].

2. Las penas previstas en el apartado anterior se impondrán en su mitad superior cuando los hechos se hubieran llevado a cabo mediante la difusión de servicios o contenidos accesibles al público a través

---

[1162] Véanse arts. 27, 28, 29, 61, 63, 516, 518, 579 y 580 de la presente Ley

[1163] Dada nueva redacción por art. único de Ley Orgánica 2/2015 de 30 de marzo de 2015, con vigencia desde 01/07/2015

[1164] Véanse arts. 18, 57 y 572 a 577 de la presente Ley

de medios de comunicación, internet, o por medio de servicios de comunicaciones electrónicas o mediante el uso de tecnologías de la información.

3. Cuando los hechos, a la vista de sus circunstancias, resulten idóneos para alterar gravemente la paz pública o crear un grave sentimiento de inseguridad o temor a la sociedad o parte de ella se impondrá la pena en su mitad superior, que podrá elevarse hasta la superior en grado.

4. El Juez o Tribunal acordará la destrucción, borrado o inutilización de los libros, archivos, documentos, artículos o cualquier otro soporte por medio del que se hubiera cometido el delito. Cuando el delito se hubiera cometido a través de tecnologías de la información y la comunicación se acordará la retirada de los contenidos.

Si los hechos se hubieran cometido a través de servicios o contenidos accesibles a través de internet o de servicios de comunicaciones electrónicas, el Juez o Tribunal podrá ordenar la retirada de los contenidos o servicios ilícitos. Subsidiariamente, podrá ordenar a los prestadores de servicios de alojamiento que retiren los contenidos ilícitos, a los motores de búsqueda que supriman los enlaces que apunten a ellos y a los proveedores de servicios de comunicaciones electrónicas que impidan el acceso a los contenidos o servicios ilícitos siempre que concurra alguno de los siguientes supuestos:

a) Cuando la medida resulte proporcionada a la gravedad de los hechos y a la relevancia de la información y necesaria para evitar su difusión.

b) Cuando se difundan exclusiva o preponderantemente los contenidos a los que se refieren los apartados anteriores.

5. Las medidas previstas en el apartado anterior podrán también ser acordadas por el juez instructor con carácter cautelar durante la instrucción de la causa.

579. [1165] 1. Será castigado con la pena inferior en uno o dos grados a la prevista para el delito de que se trate el que, por cualquier medio, difunda públicamente mensajes o consignas que tengan como finalidad o que, por su contenido, sean idóneos para incitar a otros a la comisión de alguno de los delitos de este Capítulo.

[1165] Dada nueva redacción por art. único de Ley Orgánica 2/2015 de 30 de marzo de 2015, con vigencia desde 01/07/2015

2. La misma pena se impondrá al que, públicamente o ante una concurrencia de personas, incite a otros a la comisión de alguno de los delitos de este Capítulo, así como a quien solicite a otra persona que los cometa.

3. Los demás actos de provocación, conspiración y proposición para cometer alguno de los delitos regulados en este Capítulo se castigarán también con la pena inferior en uno o dos grados a la que corresponda respectivamente a los hechos previstos en este Capítulo.

4. En los casos previstos en este precepto, los Jueces o Tribunales podrán adoptar las medidas establecidas en los apartados 4 y 5 del artículo anterior [1166].

579 bis. [1167] 1. El responsable de los delitos previstos en este Capítulo, sin perjuicio de las penas que correspondan con arreglo a los artículos precedentes, será también castigado, atendiendo proporcionalmente a la gravedad del delito, el número de los cometidos y a las circunstancias que concurran en el delincuente, con las penas de inhabilitación absoluta, inhabilitación especial para profesión u oficio educativos, en los ámbitos docente, deportivo y de tiempo libre, por un tiempo superior entre seis y veinte años al de la duración de la pena de privación de libertad impuesta en su caso en la sentencia.

2. Al condenado a pena grave privativa de libertad por uno o más delitos comprendidos en este Capítulo se le impondrá además la medida de libertad vigilada de cinco a diez años, y de uno a cinco años si la pena privativa de libertad fuera menos grave. No obstante lo anterior, cuando se trate de un solo delito que no sea grave, y su autor hubiere delinquido por primera vez, el Tribunal podrá imponer o no la medida de libertad vigilada, en atención a su menor peligrosidad.

3. En los delitos previstos en este Capítulo, los Jueces y Tribunales, razonándolo en sentencia, podrán imponer la pena inferior en uno o dos grados a la señalada para el delito de que se trate, cuando el sujeto haya abandonado voluntariamente sus actividades delictivas, se presente a las autoridades confesando los hechos en que haya participado y colabore activamente con éstas para impedir la producción del delito, o coadyuve eficazmente a la obtención de pruebas decisivas para

---

[1166] Véanse arts. 17, 18, 21.4, 373 y 580 de la presente Ley

[1167] Añadido por art. único de Ley Orgánica 2/2015 de 30 de marzo de 2015, con vigencia desde 01/07/2015

la identificación o captura de otros responsables o para impedir la actuación o el desarrollo de organizaciones, grupos u otros elementos terroristas a los que haya pertenecido o con los que haya colaborado.

4. Los Jueces y Tribunales, motivadamente, atendiendo a las circunstancias concretas, podrán imponer también la pena inferior en uno o dos grados a la señalada en este Capítulo para el delito de que se trate, cuando el hecho sea objetivamente de menor gravedad, atendidos el medio empleado o el resultado producido.

580. [1168] En todos los delitos de terrorismo, la condena de un Juez o Tribunal extranjero será equiparada a las sentencias de los Jueces o Tribunales españoles a los efectos de aplicación de la agravante de reincidencia [1169].

580 bis. [1170] Cuando de acuerdo con lo establecido en el artículo 31 bis una persona jurídica sea responsable de los delitos recogidos en este Capítulo, se le impondrán las siguientes penas:

a) Multa de dos a cinco años, o del doble al cuádruple del perjuicio causado cuando la cantidad resultante fuese más elevada, si el delito cometido por la persona física tiene prevista una pena de más de dos años de privación de libertad.

b) Multa de seis meses a dos años, o del doble al triple del perjuicio causado si la cantidad resultante fuese más elevada, en el resto de los casos.

Atendidas las reglas establecidas en el artículo 66 bis, los jueces y tribunales podrán asimismo imponer las penas recogidas en las letras b) a g) del apartado 7 del artículo 33.

[1168] Dada nueva redacción por art. único de Ley Orgánica 2/2015 de 30 de marzo de 2015, con vigencia desde 01/07/2015

[1169] Véase art. 22.8 de la presente Ley

[1170] Añadido por art. único apartado 23 de Ley Orgánica 1/2019 de 20 de febrero de 2019, con vigencia desde 13/03/2019

TÍTULO XXIII
De los delitos de traición y contra la paz o la independencia del Estado y relativos a la Defensa Nacional

CAPÍTULO PRIMERO
Delitos de traición [1171]

581. El español que indujere a una potencia extranjera a declarar la guerra a España o se concertare con ella para el mismo fin, será castigado con la pena de prisión de quince a veinte años [1172].

582. Será castigado con la pena de prisión de doce a veinte años:

1º) El español que facilite al enemigo la entrada en España, la toma de una plaza, puesto militar, buque o aeronave del Estado o almacenes de intendencia o armamento.

2º) El español que seduzca o allegue tropa española o que se halle al servicio de España, para que se pase a las filas enemigas o deserte de sus banderas estando en campaña.

3º) El español que reclute gente o suministre armas u otros medios eficaces para hacer la guerra a España, bajo banderas enemigas [1173].

583. Será castigado con la pena de prisión de doce a veinte años:

1º) El español que tome las armas contra la Patria bajo banderas enemigas.

Se impondrá la pena superior en grado al que obre como jefe o promotor, o tenga algún mando, o esté constituido en autoridad.

2º) El español que suministre a las tropas enemigas caudales, armas, embarcaciones, aeronaves, efectos o municiones de intendencia o armamento u otros medios directos y eficaces para hostilizar a España, o favorezca el progreso de las armas enemigas de un modo no comprendido en el artículo anterior.

[1171] Véase art. 102.2 CE; art. 23.3.a LOPJ y art. 24 CPM
[1172] Véase art. 102.2 CE y arts. 590 y 592 de la presente Ley
[1173] Véase arts. 583 y 595 de la presente Ley

3º) El español que suministre al enemigo planos de fortalezas, edificios o de terrenos, documentos o noticias que conduzcan directamente al mismo fin de hostilizar a España o de favorecer el progreso de las armas enemigas.

4º) El español que, en tiempo de guerra, impida que las tropas nacionales reciban los auxilios expresados en el número 2º o los datos y noticias indicados en el número 3º de este artículo [1174].

584. El español que, con el propósito de favorecer a una potencia extranjera, asociación u organización internacional, se procure, falsee, inutilice o revele información clasificada como reservada o secreta, susceptible de perjudicar la seguridad nacional o la defensa nacional, será castigado, como traidor, con la pena de prisión de seis a doce años [1175].

585. La provocación, la conspiración y la proposición para cualquiera de los delitos previstos en los artículos anteriores de este Capítulo, serán castigadas con la pena de prisión inferior en uno o dos grados a la del delito correspondiente [1176].

586. El extranjero residente en España que cometiere alguno de los delitos comprendidos en este Capítulo será castigado con la pena inferior en grado a la señalada para ellos, salvo lo establecido por Tratados o por el Derecho de gentes acerca de los funcionarios diplomáticos, consulares y de Organizaciones internacionales [1177].

587. Las penas señaladas en los artículos anteriores de este Capítulo son aplicables a los que cometieren los delitos comprendidos en los

---

[1174] Véase arts. 582.3, 587, 595 y 596 de la presente Ley

[1175] Véanse arts. 1, 2, 3 y 8 a 13 Ley 9/1968, de 5 de abril, de Secretos Oficiales y art. 25 CPM

[1176] Véase art. 33 CPM y arts. 17 y 18 de la presente Ley

[1177] Véanse LO 4/2000, de 11 de enero, sobre derechos y libertades de los extranjeros en España; art. 13.4 CE y Ley 12/2009, de 30 de octubre, reguladora del derecho de asilo y de la protección subsidiaria

mismos contra una potencia aliada de España, en caso de hallarse en campaña contra el enemigo común [1178].

588. Incurrirán en la pena de prisión de quince a veinte años los miembros del Gobierno que, sin cumplir con lo dispuesto en la Constitución, declararan la guerra o firmaran la paz [1179].

CAPÍTULO II
Delitos que comprometen la paz o la independencia del Estado

589. El que publicare o ejecutare en España cualquier orden, disposición o documento de un Gobierno extranjero que atente contra la independencia o seguridad del Estado, se oponga a la observancia de sus Leyes o provoque su incumplimiento, será castigado con la pena de prisión de uno a tres años [1180].

590. 1. El que, con actos ilegales o que no estén debidamente autorizados, provocare o diere motivo a una declaración de guerra contra España por parte de otra potencia, o expusiere a los españoles a experimentar vejaciones o represalias en sus personas o en sus bienes, será castigado con la pena de prisión de ocho a quince años si es autoridad o funcionario, y de cuatro a ocho si no lo es [1181].

2. Si la guerra no llegara a declararse ni a tener efecto las vejaciones o represalias, se impondrá, respectivamente, la pena inmediata inferior.

591. Con las mismas penas señaladas en el artículo anterior será castigado, en sus respectivos casos, el que, durante una guerra en que no intervenga España, ejecutare cualquier acto que comprometa la

---

[1178] Véase art. 32 CPM

[1179] Véanse arts. 63.3, 74, 94, 97 y 102 CE; art. 57.2 LOPJ y arts. 5, 6 y 7 LO 5/2005, de 17 de noviembre, de Defensa Nacional

[1180] Véanse arts. 2 y 8 CE y art. 23.3.a LOPJ

[1181] Véase arts. 16, 24 y 581 de la presente Ley

neutralidad del Estado o infringiere las disposiciones publicadas por el Gobierno para mantenerla [1182] .

592. 1. Serán castigados con la pena de prisión de cuatro a ocho años los que, con el fin de perjudicar la autoridad del Estado o comprometer la dignidad o los intereses vitales de España, mantuvieran inteligencia o relación de cualquier género con Gobiernos extranjeros, con sus agentes o con grupos, Organismos o Asociaciones internacionales o extranjeras.

2. Quien realizara los actos referidos en el apartado anterior con la intención de provocar una guerra o rebelión será castigado con arreglo a los arts. 581 , 473 ó 475 de este Código según los casos.

593. Se impondrá la pena de prisión de ocho a quince años a quien violare tregua o armisticio acordado entre la Nación española y otra enemiga, o entre sus fuerzas beligerantes.

594. 1. El español que, en tiempo de guerra, comunicare o hiciere circular noticias o rumores falsos encaminados a perjudicar el crédito del Estado o los intereses de la Nación, será castigado con las penas de prisión de seis meses a dos años.

2. En las mismas penas incurrirá el extranjero que en el territorio español realizare cualquiera de los hechos comprendidos en el apartado anterior [1183] .

595. El que, sin autorización legalmente concedida, levantare tropas en España para el servicio de una potencia extranjera, cualquiera que sea el objeto que se proponga o la Nación a la que intente hostilizar, será castigado con la pena de prisión de cuatro a ocho años [1184] .

596. 1. El que, en tiempo de guerra y con el fin de comprometer la paz, seguridad o independencia del Estado, tuviere correspondencia

---

[1182] Véanse arts. 27, 29 y 30 CPM y art. 581 de la presente Ley

[1183] Véanse arts. 24.3 y 55 CPM

[1184] Véanse arts. 582.2 y 583 de la presente Ley

con un país enemigo u ocupado por sus tropas cuando el Gobierno lo hubiera prohibido, será castigado con la pena de prisión de uno a cinco años. Si en la correspondencia se dieran avisos o noticias de las que pudiera aprovecharse el enemigo se impondrá la pena de prisión de ocho a quince años.

2. En las mismas penas incurrirá el que ejecutare los delitos comprendidos en este artículo, aunque dirija la correspondencia por país amigo o neutral para eludir la Ley.

3. Si el reo se propusiera servir al enemigo con sus avisos o noticias, se estimará comprendido en el número 3º o el número 4º del art. 583 .

597. El español o extranjero que, estando en el territorio nacional, pasare o intentare pasar a país enemigo cuando lo haya prohibido el Gobierno, será castigado con la pena de multa de seis a doce meses [1185] .

CAPÍTULO III
Del descubrimiento y revelación de secretos e informaciones relativas a la Defensa Nacional [1186] *[1187]*

SECCIÓN PRIMERA
Del descubrimiento y revelación de secretos e informaciones relativas a la defensa nacional (Derogada) *[1188]*

598. El que, sin propósito de favorecer a una potencia extranjera, se procurare, revelare, falseare o inutilizare información legalmente calificada como reservada o secreta, relacionada con la seguridad na-

---

[1185] Véanse art. 24.2 CPM

[1186] Véanse art. 26 CPM; Ley 9/1968, de 5 de abril, de Secretos Oficiales y arts. 197 y ss, 413 y ss, 535 y 536 de la presente Ley

[1187] Dada nueva redacción por art. 1 apartado 3 de Ley Orgánica 3/2002 de 22 de mayo de 2002, con vigencia desde 24/05/2002

[1188] Derogada por art. 1 apartado 3 de Ley Orgánica 3/2002 de 22 de mayo de 2002, con vigencia desde 24/05/2002

cional o la defensa nacional o relativa a los medios técnicos o sistemas empleados por las Fuerzas Armadas o las industrias de interés militar, será castigado con la pena de prisión de uno a cuatro años [1189].

599. La pena establecida en el artículo anterior se aplicará en su mitad superior cuando concurra alguna de las circunstancias siguientes:

1º) Que el sujeto activo sea depositario o conocedor del secreto o información por razón de su cargo o destino.

2º) Que la revelación consistiera en dar publicidad al secreto o información en algún medio de comunicación social o de forma que asegure su difusión [1190].

600. 1. El que sin autorización expresa reprodujere planos o documentación referentes a zonas, instalaciones o materiales militares que sean de acceso restringido y cuyo conocimiento esté protegido y reservado por una información legalmente calificada como reservada o secreta, será castigado con la pena de prisión de seis meses a tres años.

2. Con la misma pena será castigado el que tenga en su poder objetos o información legalmente calificada como reservada o secreta, relativos a la seguridad o a la defensa nacional, sin cumplir las disposiciones establecidas en la legislación vigente [1191].

601. El que, por razón de su cargo, comisión o servicio, tenga en su poder o conozca oficialmente objetos o información legalmente calificada como reservada o secreta o de interés militar, relativos a la seguridad nacional o la defensa nacional, y por imprudencia grave dé lugar a que sean conocidos por persona no autorizada o divulgados, publicados o inutilizados, será castigado con la pena de prisión de seis meses a un año [1192].

[1189] Véanse arts. 25 y 26 CPM y arts. 194 y ss, 413 y ss, 535, 536 y 584 de la presente Ley

[1190] Véase art. 26 CPM

[1191] Véase art. 26 CPM

[1192] Véase art. 26 CPM

602. El que descubriere, violare, revelare, sustrajere o utilizare información legalmente calificada como reservada o secreta relacionada con la energía nuclear, será castigado con la pena de prisión de seis meses a tres años, salvo que el hecho tenga señalada pena más grave en otra Ley [1193].

603. El que destruyere, inutilizare, falseare o abriere sin autorización la correspondencia o documentación legalmente calificada como reservada o secreta, relacionadas con la defensa nacional y que tenga en su poder por razones de su cargo o destino, será castigado con la pena de prisión de dos a cinco años e inhabilitación especial de empleo o cargo público por tiempo de tres a seis años [1194].

SECCIÓN SEGUNDA
De los delitos contra el deber de prestación del servicio militar (Derogada) [1195]

604. [1196] (Derogado)

[1193] Véanse arts. 25 y 26 CPM

[1194] Véase art. 26 CPM y arts. 414 y 598 de la presente Ley

[1195] Derogada por art. 1 apartado 3 de Ley Orgánica 3/2002 de 22 de mayo de 2002, con vigencia desde 24/05/2002

[1196] Derogado por art. 1 apartado 4 de Ley Orgánica 3/2002 de 22 de mayo de 2002, con vigencia desde 24/05/2002

TÍTULO XXIV
Delitos contra la Comunidad Internacional

CAPÍTULO PRIMERO
Delitos contra el Derecho de gentes [1197]

605. 1. El que matare al Jefe de un Estado extranjero, o a otra persona internacionalmente protegida por un Tratado, que se halle en España, será castigado con la pena de prisión permanente revisable. [1198]

2. El que causare lesiones de las previstas en el art. 149 a las personas mencionadas en el apartado anterior, será castigado con la pena de prisión de quince a veinte años.

Si se tratara de alguna de las lesiones previstas en el art. 150 se castigará con la pena de prisión de ocho a quince años, y de cuatro a ocho años si fuera cualquier otra lesión.

3. Cualquier otro delito cometido contra las personas mencionadas en los números precedentes, o contra los locales oficiales, la residencia particular o los medios de transporte de dichas personas, será castigado con las penas establecidas en este Código para los respectivos delitos, en su mitad superior [1199].

606. 1. El que violare la inmunidad personal del Jefe de otro Estado o de otra persona internacionalmente protegida por un Tratado, será castigado con la pena de prisión de seis meses a tres años.

2. Cuando los delitos comprendidos en este artículo y en el anterior no tengan señalada una penalidad recíproca en las Leyes del país a que correspondan las personas ofendidas, se impondrá al delincuente la pena que sería propia del delito, con arreglo a las disposiciones de este Código, si la persona ofendida no tuviese el carácter oficial mencionado en el apartado anterior.

[1197] Véanse arts. 39 a 44 LPPNA y arts. 615 y 616 de la presente Ley

[1198] Dada nueva redacción apartado 1 por art. único apartado 255 de Ley Orgánica 1/2015 de 30 de marzo de 2015, con vigencia desde 01/07/2015

[1199] Véase art. 23.4.i LOPJ y arts. 138 y ss, 606 y 617.1 de la presente Ley

CAPÍTULO II
Delitos de genocidio [1200]

607. [1201] 1. Los que, con propósito de destruir total o parcialmente un grupo nacional, étnico, racial, religioso o determinado por la discapacidad de sus integrantes, perpetraren alguno de los actos siguientes, serán castigados:

1º) Con la pena de prisión permanente revisable, si mataran a alguno de sus miembros.

2º) Con la pena de prisión permanente revisable, si agredieran sexualmente a alguno de sus miembros o produjeran alguna de las lesiones previstas en el art. 149 .

3º) Con la pena de prisión de ocho a quince años, si sometieran al grupo o a cualquiera de sus individuos a condiciones de existencia que pongan en peligro su vida o perturben gravemente su salud, o cuando les produjeran algunas de las lesiones previstas en el art. 150 .

4º) Con la misma pena, si llevaran a cabo desplazamientos forzosos del grupo o sus miembros, adoptaran cualquier medida que tienda a impedir su género de vida o reproducción, o bien trasladaran por la fuerza individuos de un grupo a otro.

5º) Con la de prisión de cuatro a ocho años, si produjeran cualquier otra lesión distinta de las señaladas en los numerales 2º y 3º de este apartado.

2. En todos los casos se impondrá además la pena de inhabilitación especial para profesión u oficio educativos, en el ámbito docente, deportivo y de tiempo libre, por un tiempo superior entre tres y cinco años al de la duración de la pena de privación de libertad impuesta en su caso en la sentencia, atendiendo proporcionalmente a la gravedad del delito y a las circunstancias que concurran en el delincuente [1202] .

[1200] Véanse arts. 14 y 15 CE; art. 23.4.a LOPJ y arts. 22.4, 510, 511, 512, 615 y 616 de la presente Ley

[1201] Dada nueva redacción por art. único apartado 256 de Ley Orgánica 1/2015 de 30 de marzo de 2015, con vigencia desde 01/07/2015

[1202] Véase art. 23.4.i LOPJ y arts. 22, 138 a 143, 147 a 152, 178 a 180 y 617.1 de la presente Ley

CAPÍTULO II BIS
De los delitos de lesa humanidad [1203] *[1204]*

607 bis. *[1205]* 1. Son reos de delitos de lesa humanidad quienes cometan los hechos previstos en el apartado siguiente como parte de un ataque generalizado o sistemático contra la población civil o contra una parte de ella.

En todo caso, se considerará delito de lesa humanidad la comisión de tales hechos:

1º) Por razón de pertenencia de la víctima a un grupo o colectivo perseguido por motivos políticos, raciales, nacionales, étnicos, culturales, religiosos, de género, discapacidad u otros motivos universalmente reconocidos como inaceptables con arreglo al Derecho Internacional. **[1206]**

2º) En el contexto de un régimen institucionalizado de opresión y dominación sistemáticas de un grupo racial sobre uno o más grupos raciales y con la intención de mantener ese régimen.

2. Los reos de delitos de lesa humanidad serán castigados:

1º) Con la pena de prisión permanente revisable si causaran la muerte de alguna persona. **[1207]**

2º) Con la pena de prisión de 12 a 15 años si cometieran una violación, y de cuatro a seis años de prisión si el hecho consistiera en cualquier otra agresión sexual.

3º) Con la pena de prisión de 12 a 15 años si produjeran alguna de las lesiones del art. 149 , y con la de ocho a 12 años de prisión si sometieran a las personas a condiciones de existencia que pongan en peligro su vida o perturben gravemente su salud o cuando les produjeran alguna de las lesiones previstas en el art. 150 . Se aplicará

[1203] Véase LO 6/2000, de 4 de octubre, por la que se autoriza la ratificación por España del Estatuto de la Corte Penal Internacional

[1204] Añadido por art. único apartado 160 de Ley Orgánica 15/2003 de 25 de noviembre de 2003, con vigencia desde 01/10/2004

[1205] Añadido por art. único apartado 160 de Ley Orgánica 15/2003 de 25 de noviembre de 2003, con vigencia desde 01/10/2004

[1206] Dada nueva redacción apartado 1 número 1 por art. único apartado 156 de Ley Orgánica 5/2010 de 22 de junio de 2010, con vigencia desde 23/12/2010

[1207] Dada nueva redacción apartado 2 número 1 por art. único apartado 257 de Ley Orgánica 1/2015 de 30 de marzo de 2015, con vigencia desde 01/07/2015

la pena de prisión de cuatro a ocho años si cometieran alguna de las lesiones del art. 147 .

4º) Con la pena de prisión de ocho a 12 años si deportaran o trasladaran por la fuerza, sin motivos autorizados por el Derecho Internacional, a una o más personas a otro Estado o lugar, mediante la expulsión u otros actos de coacción.

5º) Con la pena de prisión de seis a ocho años si forzaran el embarazo de alguna mujer con intención de modificar la composición étnica de la población, sin perjuicio de la pena que corresponda, en su caso, por otros delitos.

6º) Con la pena de prisión de doce a quince años la desaparición forzada de personas. Se entenderá por desaparición forzada la aprehensión, detención o el secuestro o cualquier otra forma de privación de libertad que sean obra de agentes del Estado o por personas o grupos de personas que actúan con la autorización, el apoyo o la aquiescencia del Estado, seguida de la negativa a reconocer dicha privación de libertad o del ocultamiento de la suerte o el paradero de la persona desaparecida, sustrayéndola de la protección de la ley. [1208]

7º) Con la pena de prisión de ocho a 12 años si detuvieran a otro, privándolo de su libertad, con infracción de las normas internacionales sobre la detención.

Se impondrá la pena inferior en grado cuando la detención dure menos de quince días.

8º) Con la pena de cuatro a ocho años de prisión si cometieran tortura grave sobre personas que tuvieran bajo su custodia o control, y con la de prisión de dos a seis años si fuera menos grave.

A los efectos de este artículo, se entiende por tortura el sometimiento de la persona a sufrimientos físicos o psíquicos.

La pena prevista en este número se impondrá sin perjuicio de las penas que correspondieran, en su caso, por los atentados contra otros derechos de la víctima.

9º) Con la pena de prisión de cuatro a ocho años si cometieran alguna de las conductas relativas a la prostitución recogidas en el art. 187.1, y con la de seis a ocho años en los casos previstos en el art. 188.1.

Se impondrá la pena de seis a ocho años a quienes trasladen a personas de un lugar a otro, con el propósito de su explotación sexual,

---

[1208] Dada nueva redacción apartado 2 número 6 por art. único apartado 257 de Ley Orgánica 1/2015 de 30 de marzo de 2015, con vigencia desde 01/07/2015

empleando violencia, intimidación o engaño, o abusando de una situación de superioridad o de necesidad o de vulnerabilidad de la víctima.

Cuando las conductas previstas en el párrafo anterior y en el art. 188.1 se cometan sobre menores de edad o personas con discapacidad necesitadas de especial protección, se impondrán las penas superiores en grado. [1209]

10º) Con la pena de prisión de cuatro a ocho años si sometieran a alguna persona a esclavitud o la mantuvieran en ella. Esta pena se aplicará sin perjuicio de las que, en su caso, correspondan por los concretos atentados cometidos contra los derechos de las personas.

Por esclavitud se entenderá la situación de la persona sobre la que otro ejerce, incluso de hecho, todos o algunos de los atributos del derecho de propiedad, como comprarla, venderla, prestarla o darla en trueque.

3. En todos los casos previstos en el apartado anterior se impondrá además la pena de inhabilitación especial para profesión u oficio educativos, en el ámbito docente, deportivo y de tiempo libre, por un tiempo superior entre tres y cinco años al de la duración de la pena de privación de libertad impuesta en su caso en la sentencia, atendiendo proporcionalmente a la gravedad del delito y a las circunstancias que concurran en el delincuente. [1210]

CAPÍTULO III
De los delitos contra las personas y bienes protegidos en caso de conflicto armado

608. A los efectos de este Capítulo, se entenderá por personas protegidas:

1º) Los heridos, enfermos o náufragos y el personal sanitario o religioso, protegidos por el I y II Convenios de Ginebra de 12 de agosto de 1949 o por el Protocolo I Adicional de 8 de junio de 1977.

[1209] Dada nueva redacción apartado 2 número 9 párrafo 3 por art. único apartado 258 punto 1 de Ley Orgánica 1/2015 de 30 de marzo de 2015, con vigencia desde 01/07/2015

[1210] Añadido apartado 3 por art. único apartado 257 de Ley Orgánica 1/2015 de 30 de marzo de 2015, con vigencia desde 01/07/2015

2º) Los prisioneros de guerra protegidos por el III Convenio de Ginebra de 12 de agosto de 1949 o por el Protocolo I Adicional de 8 de junio de 1977.

3º) La población civil y las personas civiles protegidas por el IV Convenio de Ginebra de 12 de agosto de 1949 o por el Protocolo I Adicional de 8 de junio de 1977.

4º) Las personas fuera de combate y el personal de la Potencia Protectora y de su sustituto protegidos por los Convenios de Ginebra de 12 de agosto de 1949 o por el Protocolo I Adicional de 8 de junio de 1977.

5º) Los parlamentarios y las personas que los acompañen, protegidos por el Convenio II de La Haya de 29 de julio de 1899.

6º) El personal de Naciones Unidas y personal asociado, protegidos por la Convención sobre la Seguridad del Personal de las Naciones Unidas y del Personal Asociado, de 9 de diciembre de 1994. [1211]

7º) Cualquier otra que tenga aquella condición en virtud del Protocolo II Adicional de 8 de junio de 1977 o de cualesquiera otros Tratados internacionales en los que España fuere parte. [1212]

609. El que, con ocasión de un conflicto armado, maltrate de obra o ponga en grave peligro la vida, la salud o la integridad de cualquier persona protegida, la haga objeto de tortura o tratos inhumanos, incluidos los experimentos biológicos, le cause grandes sufrimientos o la someta a cualquier acto médico que no esté indicado por su estado de salud ni de acuerdo con las normas médicas generalmente reconocidas que la Parte responsable de la actuación aplicaría, en análogas circunstancias médicas, a sus propios nacionales no privados de libertad, será castigado con la pena de prisión de cuatro a ocho años, sin perjuicio de la pena que pueda corresponder por los resultados lesivos producidos.

[1211] Añadido apartado 6 por art. único apartado 161 de Ley Orgánica 15/2003 de 25 de noviembre de 2003, con vigencia desde 01/10/2004

[1212] Renumerado apartado 6 por art. único apartado 161 de Ley Orgánica 15/2003 de 25 de noviembre de 2003 como apartado 7, con vigencia desde 01/10/2004

610. [1213] El que, con ocasión de un conflicto armado, emplee u ordene emplear métodos o medios de combate prohibidos o destinados a causar sufrimientos innecesarios o males superfluos, así como aquéllos concebidos para causar o de los que fundamentalmente quepa prever que causen daños extensos, duraderos y graves al medio ambiente natural, comprometiendo la salud o la supervivencia de la población, u ordene no dar cuartel, será castigado con la pena de prisión de 10 a 15 años, sin perjuicio de la pena que corresponda por los resultados producidos.

611. Será castigado con la pena de prisión de diez a quince años, sin perjuicio de la pena que corresponda por los resultados producidos, el que, con ocasión de un conflicto armado:

1º) Realice u ordene realizar ataques indiscriminados o excesivos o haga objeto a la población civil de ataques, represalias o actos o amenazas de violencia cuya finalidad principal sea aterrorizarla.

2º) Destruya o dañe, violando las normas del Derecho Internacional aplicables en los conflictos armados, buque o aeronave no militares de una Parte adversa o neutral, innecesariamente y sin dar tiempo o sin adoptar las medidas necesarias para proveer a la seguridad de las personas y a la conservación de la documentación de a bordo.

3º) Obligue a un prisionero de guerra o persona civil a servir, en cualquier forma, en las Fuerzas Armadas de la Parte adversa, o les prive de su derecho a ser juzgados regular e imparcialmente.

4º) Deporte, traslade de modo forzoso, tome como rehén o detenga o confine ilegalmente a cualquier persona protegida o la utilice para poner ciertos puntos, zonas o fuerzas militares a cubierto de los ataques de la Parte adversa. [1214]

5º) Traslade y asiente, directa o indirectamente, en territorio ocupado a población de la parte ocupante, para que resida en él de modo permanente. [1215]

[1213] Dada nueva redacción por art. único apartado 162 de Ley Orgánica 15/2003 de 25 de noviembre de 2003, con vigencia desde 01/10/2004

[1214] Dada nueva redacción apartado 4 por art. único apartado 163 de Ley Orgánica 15/2003 de 25 de noviembre de 2003, con vigencia desde 01/10/2004

[1215] Dada nueva redacción apartado 5 por art. único apartado 163 de Ley Orgánica 15/2003 de 25 de noviembre de 2003, con vigencia desde 01/10/2004

6º) Realice, ordene realizar o mantenga, respecto de cualquier persona protegida, prácticas de segregación racial y demás prácticas inhumanas y degradantes basadas en otras distinciones de carácter desfavorable, que entrañen un ultraje contra la dignidad personal.

7º) Impida o demore, injustificadamente, la liberación o la repatriación de prisioneros de guerra o de personas civiles.

8º) Declare abolidos, suspendidos o inadmisibles ante un Juez o Tribunal los derechos y acciones de los nacionales de la Parte adversa. [1216]

9º) Atente contra la libertad sexual de una persona protegida cometiendo actos de violación, esclavitud sexual, prostitución inducida o forzada, embarazo forzado, esterilización forzada o cualquier otra forma de agresión sexual. [1217]

612. Será castigado con la pena de prisión de tres a siete años, sin perjuicio de la pena que corresponda por los resultados producidos, el que, con ocasión de un conflicto armado:

1º) Viole a sabiendas la protección debida a hospitales, instalaciones, material, unidades y medios de transporte sanitario, campos de prisioneros, zonas y localidades sanitarias y de seguridad, zonas neutralizadas, lugares de internamiento de la población civil, localidades no defendidas y zonas desmilitarizadas, dadas a conocer por los signos o señales distintivos apropiados. [1218]

2º) Ejerza violencia sobre el personal sanitario o religioso o integrante de la misión médica, o de las sociedades de socorro o contra el personal habilitado para usar los signos o señales distintivos de los Convenios de Ginebra, de conformidad con el Derecho Internacional. [1219]

[1216] Añadido apartado 8 por art. único apartado 157 de Ley Orgánica 5/2010 de 22 de junio de 2010, con vigencia desde 23/12/2010

[1217] Añadido apartado 9 por art. único apartado 157 de Ley Orgánica 5/2010 de 22 de junio de 2010, con vigencia desde 23/12/2010

[1218] Dada nueva redacción apartado 1 por art. único apartado 164 de Ley Orgánica 15/2003 de 25 de noviembre de 2003, con vigencia desde 01/10/2004

[1219] Dada nueva redacción apartado 2 por art. único apartado 164 de Ley Orgánica 15/2003 de 25 de noviembre de 2003, con vigencia desde 01/10/2004

3º) Injurie gravemente, prive o no procure el alimento indispensable o la asistencia médica necesaria a cualquier persona protegida o la haga objeto de tratos humillantes o degradantes, omita informarle, sin demora justificada y de modo comprensible, de su situación, imponga castigos colectivos por actos individuales o viole las prescripciones sobre el alojamiento de mujeres y familias o sobre protección especial de mujeres y niños establecidas en los tratados internacionales en los que España fuera parte y, en particular, reclute o aliste a menores de dieciocho años o los utilice para participar directamente en las hostilidades. [1220]

4º) Use indebidamente los signos protectores o distintivos, emblemas o señales establecidos y reconocidos en los tratados internacionales en los que España fuere parte, especialmente los signos distintivos de la Cruz Roja, de la Media Luna Roja y del Cristal Rojo. [1221]

5º) Utilice indebidamente o de modo pérfido bandera, uniforme, insignia o emblema distintivo de Estados neutrales, de las Naciones Unidas o de otros Estados que no sean partes en el conflicto o de Partes adversas, durante los ataques o para cubrir, favorecer, proteger u obstaculizar operaciones militares, salvo en los casos exceptuados expresamente previstos en los Tratados internacionales en los que España fuere parte.

6º) Utilice indebidamente o de modo pérfido bandera de parlamento o de rendición, atente contra la inviolabilidad o retenga indebidamente a parlamentario o a cualquiera de las personas que lo acompañen, a personal de la Potencia Protectora o su sustituto, o a miembro de la Comisión Internacional de Encuesta.

7º) Despoje de sus efectos a un cadáver, herido, enfermo, náufrago, prisionero de guerra o persona civil internada.

8º) Haga padecer intencionadamente hambre a la población civil como método de guerra, privándola de los bienes indispensables para su supervivencia, incluido el hecho de obstaculizar arbitrariamente los

---

[1220] Dada nueva redacción apartado 3 por art. único apartado 158 de Ley Orgánica 5/2010 de 22 de junio de 2010, con vigencia desde 23/12/2010

[1221] Dada nueva redacción apartado 4 por art. único apartado 158 de Ley Orgánica 5/2010 de 22 de junio de 2010, con vigencia desde 23/12/2010

suministros de socorro, realizados de conformidad con los Convenios de Ginebra y sus Protocolos Adicionales. [1222]

9°) Viole suspensión de armas, armisticio, capitulación u otro convenio celebrado con la Parte adversa. [1223]

10°) Dirija intencionadamente ataques contra cualquier miembro del personal de las Naciones Unidas, personal asociado o participante en una misión de paz o de asistencia humanitaria, de conformidad con la Carta de las Naciones Unidas, siempre que tengan derecho a la protección otorgada a personas o bienes civiles, con arreglo al Derecho Internacional de los conflictos armados, o les amenace con tal ataque para obligar a una persona natural o jurídica a realizar o abstenerse de realizar algún acto. [1224]

613. [1225] 1. Será castigado con la pena de prisión de cuatro a seis años el que, con ocasión de un conflicto armado, realice u ordene realizar alguna de las siguientes acciones:

a) Ataque o haga objeto de represalias o actos de hostilidad contra bienes culturales o lugares de culto que constituyen el patrimonio cultural o espiritual de los pueblos, siempre que tales bienes o lugares no estén situados en la inmediata proximidad de un objetivo militar o no sean utilizados en apoyo del esfuerzo militar del adversario y estén debidamente señalizados;

b) Use indebidamente los bienes culturales o lugares de culto referidos en la letra a) en apoyo de una acción militar;

c) Se apropie a gran escala, robe, saquee o realice actos de vandalismo contra los bienes culturales o lugares de culto referidos en la letra a);

d) Ataque o haga objeto de represalias o de actos de hostilidad a bienes de carácter civil de la Parte adversa, causando su destrucción, siempre que ello no ofrezca, en las circunstancias del caso, una ventaja

---

[1222] Añadido apartado 8 por art. único apartado 158 de Ley Orgánica 5/2010 de 22 de junio de 2010, con vigencia desde 23/12/2010

[1223] Añadido apartado 9 por art. único apartado 158 de Ley Orgánica 5/2010 de 22 de junio de 2010, con vigencia desde 23/12/2010

[1224] Añadido apartado 10 por art. único apartado 158 de Ley Orgánica 5/2010 de 22 de junio de 2010, con vigencia desde 23/12/2010

[1225] Dada nueva redacción por art. único apartado 159 de Ley Orgánica 5/2010 de 22 de junio de 2010, con vigencia desde 23/12/2010

militar definida o que tales bienes no contribuyan eficazmente a la acción militar del adversario;

e) Ataque, destruya, sustraiga o inutilice los bienes indispensables para la supervivencia de la población civil, salvo que la Parte adversa utilice tales bienes en apoyo directo de una acción militar o exclusivamente como medio de subsistencia para los miembros de sus fuerzas armadas;

f) Ataque o haga objeto de represalias a las obras o instalaciones que contengan fuerzas peligrosas, cuando tales ataques puedan producir la liberación de aquellas fuerzas y causar, en consecuencia, pérdidas importantes en la población civil, salvo que tales obras o instalaciones se utilicen en apoyo regular, importante y directo de operaciones militares y que tales ataques sean el único medio factible de poner fin a tal apoyo;

g) Destruya, dañe o se apodere, sin necesidad militar, de cosas que no le pertenezcan, obligue a otro a entregarlas o realice cualesquiera otros actos de pillaje;

h) Requise, indebida o innecesariamente, bienes muebles o inmuebles en territorio ocupado o destruya buque o aeronave no militares, y su carga, de una Parte adversa o neutral o los capture, con infracción de las normas internacionales aplicables a los conflictos armados en la mar;

i) Ataque o realice actos de hostilidad contra las instalaciones, material, unidades, residencia privada o vehículos de cualquier miembro del personal referido en el ordinal 10º del art. 612 o amenace con tales ataques o actos de hostilidad para obligar a una persona natural o jurídica a realizar o abstenerse de realizar algún acto.

2. Cuando el ataque, la represalia, el acto de hostilidad o la utilización indebida tengan por objeto bienes culturales o lugares de culto bajo protección especial o a los que se haya conferido protección en virtud de acuerdos especiales, o bienes culturales inmuebles o lugares de culto bajo protección reforzada o sus alrededores inmediatos, se podrá imponer la pena superior en grado.

En los demás supuestos previstos en el apartado anterior de este artículo, se podrá imponer la pena superior en grado cuando se causen destrucciones extensas e importantes en los bienes, obras o instalaciones sobre los que recaigan o en los supuestos de extrema gravedad.

614. [1226] El que, con ocasión de un conflicto armado, realice u ordene realizar cualesquiera otras infracciones o actos contrarios a las prescripciones de los tratados internacionales en los que España fuere parte y relativos a la conducción de las hostilidades, regulación de los medios y métodos de combate, protección de los heridos, enfermos y náufragos, trato debido a los prisioneros de guerra, protección de las personas civiles y protección de los bienes culturales en caso de conflicto armado, será castigado con la pena de prisión de seis meses a dos años.

614 bis. [1227] Cuando cualquiera de las conductas contenidas en este Capítulo formen parte de un plan o política o se cometan a gran escala, se aplicarán las respectivas penas en su mitad superior.

CAPÍTULO IV
Disposiciones comunes

615. [1228] La provocación, la conspiración y la proposición para la ejecución de los delitos previstos en los Capítulos anteriores de este Título se castigarán con la pena inferior en uno o dos grados a la que correspondería a los mismos [1229].

615 bis. [1230] 1. La autoridad o jefe militar o quien actúe efectivamente como tal que no adoptara las medidas a su alcance para evitar la comisión, por las fuerzas sometidas a su mando o control efectivo, de alguno de los delitos comprendidos en los Capítulos II, II bis y III de este Título, será castigado con la misma pena que los autores.

[1226] Dada nueva redacción por art. único apartado 160 de Ley Orgánica 5/2010 de 22 de junio de 2010, con vigencia desde 23/12/2010

[1227] Añadido por art. único apartado 166 de Ley Orgánica 15/2003 de 25 de noviembre de 2003, con vigencia desde 01/10/2004

[1228] Dada nueva redacción por art. único apartado 161 de Ley Orgánica 5/2010 de 22 de junio de 2010, con vigencia desde 23/12/2010

[1229] Véanse arts. 17 y 18 de la presente Ley

[1230] Añadido por art. único apartado 167 de Ley Orgánica 15/2003 de 25 de noviembre de 2003, con vigencia desde 01/10/2004

2. Si la conducta anterior se realizara por imprudencia grave, la pena será la inferior en uno o dos grados.

3. La autoridad o jefe militar o quien actúe efectivamente como tal que no adoptara las medidas a su alcance para que sean perseguidos los delitos comprendidos en los Capítulos II, II bis y III de este Título cometidos por las personas sometidas a su mando o control efectivo será castigada con la pena inferior en dos grados a la de los autores.

4. El superior no comprendido en los apartados anteriores que, en el ámbito de su competencia, no adoptara las medidas a su alcance para evitar la comisión por sus subordinados de alguno de los delitos comprendidos en los Capítulos II, II bis y III de este Título será castigado con la misma pena que los autores.

5. El superior que no adoptara las medidas a su alcance para que sean perseguidos los delitos comprendidos en los Capítulos II, II bis y III de este Título cometidos por sus subordinados será castigado con la pena inferior en dos grados a la de los autores.

6. El funcionario o autoridad que, sin incurrir en las conductas previstas en los apartados anteriores, y faltando a la obligación de su cargo, dejara de promover la persecución de alguno de los delitos de los comprendidos en los Capítulos II, II bis y III de este Título de que tenga noticia será castigado con la pena de inhabilitación especial para empleo o cargo público por tiempo de dos a seis años [1231].

616. [1232] En el caso de cometerse cualquiera de los delitos comprendidos en los Capítulos anteriores de este Título, excepto los previstos en el art. 614 y en los apartados 2 y 6 del 615 bis, y en el Título anterior por una autoridad o funcionario público, se le impondrá, además de las penas señaladas en ellos, la de inhabilitación absoluta por tiempo de diez a veinte años; si fuese un particular, los Jueces y Tribunales podrán imponerle la de inhabilitación especial para empleo o cargo público por tiempo de uno a diez años [1233].

[1231] Véanse arts. 24, 39, 40, 41 y 42 de la presente Ley

[1232] Dada nueva redacción por art. único apartado 162 de Ley Orgánica 5/2010 de 22 de junio de 2010, con vigencia desde 23/12/2010

[1233] Véanse arts. 24, 39, 40, 41 y 42 de la presente Ley

616 bis. [1234] Lo dispuesto en el art. 20.7º de este Código en ningún caso resultará aplicable a quienes cumplan mandatos de cometer o participar en los hechos incluidos en los Capítulos II y II bis de este Título [1235].

CAPÍTULO V
Delito de piratería [1236]

616 ter. [1237] El que con violencia, intimidación o engaño, se apodere, dañe o destruya una aeronave, buque u otro tipo de embarcación o plataforma en el mar, o bien atente contra las personas, cargamento o bienes que se hallaren a bordo de las mismas, será castigado como reo del delito de piratería con la pena de prisión de diez a quince años.

En todo caso, la pena prevista en este artículo se impondrá sin perjuicio de las que correspondan por los delitos cometidos.

616 quater. [1238] 1. El que con ocasión de la prevención o persecución de los hechos previstos en el artículo anterior, se resistiere o desobedeciere a un buque de guerra o aeronave militar u otro buque o aeronave que lleve signos claros y sea identificable como buque o aeronave al servicio del Estado español y esté autorizado a tal fin, será castigado con la pena de prisión de uno a tres años.

2. Si en la conducta anterior se empleare fuerza o violencia se impondrá la pena de diez a quince años de prisión.

[1234] Añadido por art. único apartado 168 de Ley Orgánica 15/2003 de 25 de noviembre de 2003, con vigencia desde 01/10/2004

[1235] Véase art. 5.1 d) LO 2/1986, de 13 de marzo, de Fuerzas y Cuerpos de Seguridad

[1236] Añadido por art. único apartado 163 de Ley Orgánica 5/2010 de 22 de junio de 2010, con vigencia desde 23/12/2010

[1237] Añadido por art. único apartado 164 de Ley Orgánica 5/2010 de 22 de junio de 2010, con vigencia desde 23/12/2010

[1238] Añadido por art. único apartado 165 de Ley Orgánica 5/2010 de 22 de junio de 2010, con vigencia desde 23/12/2010

3. En todo caso, las penas previstas en este artículo se impondrán sin perjuicio de las que correspondan por los delitos cometidos.

LIBRO III
FALTAS Y SUS PENAS [1239] *(Derogado)* [1240]

TÍTULO PRIMERO
Faltas contra las personas (Derogado) [1241]

617 a 622. [1242] (Derogados)

TÍTULO II
Faltas contra el patrimonio (Derogado) [1243]

623 a 626. [1244] (Derogados)

627 y 628. [1245] (Derogados)

[1239] Véanse arts. 962 y ss LECrim y arts. 10, 11, 13.3, 15.2, 27, 109, 123, 131.2, 133.1, 638 y 639 de la presente Ley

[1240] Derogado por disposición derogatoria única apartado 1 de Ley Orgánica 1/2015 de 30 de marzo de 2015, con vigencia desde 01/07/2015

[1241] Derogado por disposición derogatoria única apartado 1 de Ley Orgánica 1/2015 de 30 de marzo de 2015, con vigencia desde 01/07/2015

[1242] Derogado por disposición derogatoria única apartado 1 de Ley Orgánica 1/2015 de 30 de marzo de 2015, con vigencia desde 01/07/2015

[1243] Derogado por disposición derogatoria única apartado 1 de Ley Orgánica 1/2015 de 30 de marzo de 2015, con vigencia desde 01/07/2015

[1244] Derogado por disposición derogatoria única apartado 1 de Ley Orgánica 1/2015 de 30 de marzo de 2015, con vigencia desde 01/07/2015

[1245] Derogado por disposición derogatoria única apartado 1 de Ley Orgánica 7/2012 de 27 de diciembre de 2012, con vigencia desde 17/01/2013

TÍTULO III
Faltas contra los intereses generales (Derogado) [1246]

629 a 632. [1247] (Derogados)

TÍTULO IV
Faltas contra el orden público (Derogado) [1248]

633 a 637. [1249] (Derogados)

TÍTULO V
Disposiciones comunes a las faltas (Derogado) [1250]

638 y 639. [1251] (Derogados)

DISPOSICIONES ADICIONALES

Disposición Adicional Primera. [1252] Cuando una persona sea declarada exenta de responsabilidad criminal por concurrir alguna de las causas previstas en los números 1.º y 3.º del artículo 20, el

---

[1246] Derogado por disposición derogatoria única apartado 1 de Ley Orgánica 1/2015 de 30 de marzo de 2015, con vigencia desde 01/07/2015

[1247] Derogado por disposición derogatoria única apartado 1 de Ley Orgánica 1/2015 de 30 de marzo de 2015, con vigencia desde 01/07/2015

[1248] Derogado por disposición derogatoria única apartado 1 de Ley Orgánica 1/2015 de 30 de marzo de 2015, con vigencia desde 01/07/2015

[1249] Derogado por disposición derogatoria única apartado 1 de Ley Orgánica 1/2015 de 30 de marzo de 2015, con vigencia desde 01/07/2015

[1250] Derogado por disposición derogatoria única apartado 1 de Ley Orgánica 1/2015 de 30 de marzo de 2015, con vigencia desde 01/07/2015

[1251] Derogado por disposición derogatoria única apartado 1 de Ley Orgánica 1/2015 de 30 de marzo de 2015, con vigencia desde 01/07/2015

[1252] Dada nueva redacción por disposición final 1 apartado 3 de Ley 8/2021 de 2 de junio de 2021, con vigencia desde 03/09/2021

Ministerio Fiscal evaluará, atendiendo a las circunstancias del caso, la procedencia de promover un proceso para la adopción judicial de medidas de apoyo a la persona con discapacidad o, en el supuesto de que tales medidas hubieran sido ya anteriormente acordadas, para su revisión.

Disposición Adicional Segunda. Cuando la autoridad gubernativa tenga conocimiento de la existencia de un menor de edad o de una persona con discapacidad necesitada de especial protección que se halla en estado de prostitución, sea o no por su voluntad, pero con anuencia de las personas que sobre él ejerzan autoridad familiar o ético-social o de hecho, o que carece de ellas, o éstas lo tienen en abandono y no se encargan de su custodia, lo comunicará de inmediato a la entidad pública que en el respectivo territorio tenga encomendada la protección de menores y al Ministerio Fiscal, para que actúen de conformidad con sus respectivas competencias. [1253]

Asimismo, en los supuestos en que el Juez o Tribunal acuerde la inhabilitación especial para el ejercicio de la patria potestad, el acogimiento, la guarda, tutela o curatela, o la privación de la patria potestad lo comunicará de inmediato a la entidad pública que en el respectivo territorio tenga encomendada la protección de los menores y al Ministerio Fiscal para que actúen de conformidad con sus respectivas competencias. [1254]

Disposición Adicional Tercera. Cuando, mediando denuncia o reclamación del perjudicado, se incoe un procedimiento penal por hechos constitutivos de infracciones previstas y penadas en los arts. 267 y 621 del presente Código, podrán comparecer en las diligencias penales que se incoen y mostrarse parte todos aquellos otros implicados en los mismos hechos que se consideren perjudicados, cualquiera que sea la cuantía de los daños que reclamen.

[1253] Dada nueva redacción párrafo 1 por art. único apartado 258 punto 1 de Ley Orgánica 1/2015 de 30 de marzo de 2015, con vigencia desde 01/07/2015

[1254] Dada nueva redacción párrafo 2 por art. único apartado 169 de Ley Orgánica 5/2010 de 22 de junio de 2010, con vigencia desde 23/12/2010

DISPOSICIONES TRANSITORIAS

Disposición Transitoria Primera. Los delitos y faltas cometidos hasta el día de la entrada en vigor de este Código se juzgarán conforme al cuerpo legal y demás leyes penales especiales que se derogan. Una vez que entre en vigor el presente Código, si las disposiciones del mismo son más favorables para el reo, se aplicarán éstas.

Disposición Transitoria Segunda. Para la determinación de cuál sea la Ley más favorable se tendrá en cuenta la pena que correspondería al hecho enjuiciado con la aplicación de las normas completas de uno u otro Código. Las disposiciones sobre redención de penas por el trabajo sólo serán de aplicación a todos los condenados conforme al Código derogado y no podrán gozar de ellas aquellos a quienes se les apliquen las disposiciones del nuevo Código.

En todo caso, será oído el reo.

Disposición Transitoria Tercera. Los Directores de los establecimientos penitenciarios remitirán a la mayor urgencia, a partir de la publicación del nuevo Código Penal, a los Jueces o Tribunales que estén conociendo de la ejecutoria, relación de los penados internos en el Centro que dirijan, y liquidación provisional de la pena en ejecución, señalando los días que el reo haya redimido por el trabajo y los que pueda redimir, en su caso, en el futuro conforme al art. 100 del Código Penal que se deroga y disposiciones complementarias.

Disposición Transitoria Cuarta. Los Jueces o Tribunales mencionados en la disposición anterior procederán, una vez recibida la anterior liquidación de condena, a dar traslado al Ministerio Fiscal, para que informe sobre si procede revisar la sentencia y, en tal caso, los términos de la revisión. Una vez haya informado el Fiscal, procederán también a oír al reo, notificándole los términos de la revisión propuesta, así como a dar traslado al Letrado que asumió su defensa en el juicio oral, para que exponga lo que estime más favorable para el reo.

Disposición Transitoria Quinta. El Consejo General del Poder Judicial, en el ámbito de las competencias que le atribuye el art. 98 LOPJ, podrá asignar a uno o varios de los Juzgados de lo Penal o Secciones de las Audiencias Provinciales dedicados en régimen de exclusividad a la ejecución de sentencias penales, la revisión de las sentencias firmes dictadas antes de la vigencia de este Código.

Dichos Jueces o Tribunales procederán a revisar las sentencias firmes y en las que el penado esté cumpliendo efectivamente la pena, aplicando la disposición más favorable considerada taxativamente y no por el ejercicio del arbitrio judicial. En las penas privativas de libertad no se considerará más favorable este Código cuando la duración de la pena anterior impuesta al hecho con sus circunstancias sea también imponible con arreglo al nuevo Código. Se exceptúa el supuesto en que este Código contenga para el mismo hecho la previsión alternativa de una pena no privativa de libertad; en tal caso deberá revisarse la sentencia.

No se revisarán las sentencias en que el cumplimiento de la pena esté suspendido, sin perjuicio de hacerlo en caso de que se revoque la suspensión y antes de proceder al cumplimiento efectivo de la pena suspendida. Igual regla se aplicará si el penado se encuentra en período de libertad condicional.

Tampoco se revisarán las sentencias en que, con arreglo al Código derogado y al nuevo, corresponda, exclusivamente, pena de multa.

Disposición Transitoria Sexta. No serán revisadas las sentencias en que la pena esté ejecutada o suspendida, aunque se encuentren pendientes de ejecutar otros pronunciamientos del fallo, así como las ya totalmente ejecutadas, sin perjuicio de que el Juez o Tribunal que en el futuro pudiera tenerlas en cuenta a efectos de reincidencia deba examinar previamente si el hecho en ellas penado ha dejado de ser delito o pudiera corresponderle una pena menor de la impuesta conforme a este Código.

En los supuestos de indulto parcial, no se revisarán las sentencias cuando la pena resultante que se halle cumpliendo el condenado se encuentre comprendida en un marco imponible inferior respecto al nuevo Código.

Disposición Transitoria Séptima. A efectos de la apreciación de la agravante de reincidencia, se entenderán comprendidos en el mismo Título de este Código, aquellos delitos previstos en el Cuerpo legal que se deroga y que tengan análoga denominación y ataquen del mismo modo a idéntico bien jurídico.

Disposición Transitoria Octava. En los casos en que la pena que pudiera corresponder por la aplicación de este Código fuera la de arresto de fin de semana, se considerará, para valorar su gravedad comparativa, que la duración de la privación de libertad equivale a dos días por cada fin de semana que correspondiera imponer. Si la pena fuera la de multa, se considerará que cada día de arresto sustitutorio que se haya impuesto o pudiese imponer el Juez o Tribunal conforme al Código que se deroga, equivale a dos cuotas diarias de la multa del presente Cuerpo legal.

Disposición Transitoria Novena. En las sentencias dictadas conforme a la legislación que se deroga y que no sean firmes por estar pendientes de recurso, se observarán, una vez transcurrido el período de vacatio, las siguientes reglas:

a) Si se trata de un recurso de apelación, las partes podrán invocar y el Juez o Tribunal aplicará de oficio los preceptos del nuevo Código, cuando resulten más favorables al reo.

b) Si se trata de un recurso de casación, aún no formalizado, el recurrente podrá señalar las infracciones legales basándose en los preceptos del nuevo Código.

c) Si, interpuesto recurso de casación, estuviera sustanciándose, se pasará de nuevo al recurrente, de oficio o a instancia de parte, por el término de ocho días, para que adapte, si lo estima procedente, los motivos de casación alegados a los preceptos del nuevo Código, y del recurso así modificado se instruirán las partes interesadas, el Fiscal y el Magistrado ponente, continuando la tramitación conforme a Derecho.

Disposición Transitoria Décima. Las medidas de seguridad que se hallen en ejecución o pendientes de ella, acordadas conforme a la Ley de Peligrosidad y Rehabilitación Social, o en aplicación de los números 1º y 3º del art. 8 o del número 1º del art. 9 del Código Penal que se deroga, serán revisadas conforme a los preceptos del Título IV del Libro I de este Código y a las reglas anteriores.

En aquellos casos en que la duración máxima de la medida prevista en este Código sea inferior al tiempo que efectivamente hayan cumplido los sometidos a la misma, el Juez o Tribunal dará por extinguido dicho cumplimiento y, en el caso de tratarse de una medida de internamiento, ordenará su inmediata puesta en libertad.

Disposición Transitoria Undécima. 1. Cuando se hayan de aplicar leyes penales especiales o procesales por la Jurisdicción ordinaria, se entenderán sustituidas:

a) La pena de reclusión mayor, por la de prisión de quince a veinte años, con la cláusula de elevación de la misma a la pena de prisión de veinte a veinticinco años cuando concurran en el hecho dos o más circunstancias agravantes.

b) La pena de reclusión menor, por la de prisión de ocho a quince años.

c) La pena de prisión mayor, por la de prisión de tres a ocho años.

d) La pena de prisión menor, por la de prisión de seis meses a tres años.

e) La pena de arresto mayor, por la de arresto de siete a quince fines de semana.

f) La pena de multa impuesta en cuantía superior a cien mil pesetas señalada para hechos castigados como delito, por la de multa de tres a diez meses.

g) La pena de multa impuesta en cuantía inferior a cien mil pesetas señalada para hechos castigados como delito, por la de multa de dos a tres meses.

h) La pena de multa impuesta para hechos delictivos en cuantía proporcional al lucro obtenido o al perjuicio causado seguirá aplicándose proporcionalmente.

i) La pena de arresto menor, por la de arresto de uno a seis fines de semana.

j) La pena de multa establecida para hechos definidos como falta, por la multa de uno a sesenta días.

k) Las penas privativas de derechos se impondrán en los términos y por los plazos fijados en este Código.

l) Cualquier otra pena de las suprimidas en este Código, por la pena o medida de seguridad que el Juez o Tribunal estime más análoga y de igual o menor gravedad. De no existir o de ser todas más graves, dejará de imponerse.

2. En caso de duda, será oído el reo.

Disposición Transitoria Duodécima. [1255] (Derogada)

DISPOSICIÓN DEROGATORIA

Disposición Derogatoria Única. 1. Quedan derogados:

a) El texto refundido del Código Penal publicado por el Decreto 3096/1973, de 14 de septiembre, conforme a la Ley 44/1971, de 15 de noviembre, con sus modificaciones posteriores, excepto los arts. 8.2, 9.3, la regla 1ª del art. 20 en lo que se refiere al número 2º del art. 8, el segundo párrafo del art. 22, 65 y las disposiciones adicionales primera y segunda de la Ley Orgánica 3/1989, de 21 de junio. [1256]

b) La Ley de 17 de marzo de 1908 de condena condicional, con sus modificaciones posteriores y disposiciones complementarias.

c) La Ley 16/1970, de 4 de agosto, sobre Peligrosidad y Rehabilitación Social, con sus modificaciones posteriores y disposiciones complementarias.

d) La Ley de 26 de julio de 1878, de prohibición de ejercicios peligrosos ejecutados por menores.

e) Los preceptos penales sustantivos de las siguientes leyes especiales:

Ley de 19 de septiembre de 1896, para la protección de pájaros insectívoros.

Ley de 16 de mayo de 1902, sobre la propiedad industrial.

Ley de 23 de julio de 1903, sobre mendicidad de menores.

Ley de 20 de febrero de 1942, de pesca fluvial.

Ley de 31 de diciembre de 1946, sobre pesca con explosivos.

Ley 1/1970, de 4 de abril, de caza. Los delitos y faltas previstos en dicha Ley, no contenidos en este Código, tendrán la consideración de infracciones administrativas muy graves, sancionándose con multa de cincuenta mil a quinientas mil pesetas y retirada de la licencia de caza, o de la facultad de obtenerla, por un plazo de dos a cinco años.

f) Los siguientes preceptos:

[1255] Derogada por disposición final 5 de Ley Orgánica 5/2000 de 12 de enero de 2000, con vigencia desde 13/01/2001

[1256] Dada nueva redacción apartado 1 letra a por disposición final 1 apartado 3 de Ley Orgánica 2/2010 de 3 de marzo de 2010 , con vigencia desde 05/07/2010

El art. 256 del Reglamento Penitenciario, aprobado por Real Decreto 1201/1981, de 8 de mayo.

Los arts. 65 a 73 del Reglamento de los servicios de prisiones, aprobado por Decreto de 2 de febrero de 1956.

Los arts. 84 a 90 de la Ley 25/1964, de 29 de abril, de Energía Nuclear.

El art. 54 de la Ley 33/1971, de 21 de julio, de Emigración.

El segundo párrafo del art. 24 de la Ley Orgánica 2/1981, de 6 de abril, del Defensor del Pueblo.

El art. 2 de la Ley Orgánica 8/1984, de 26 de diciembre, sobre régimen de recursos en caso de objeción de conciencia y su régimen penal.

El art. 4 de la Ley Orgánica 5/1984, de 24 de mayo, de Comparecencia ante las Comisiones de Investigación del Congreso y del Senado o de ambas Cámaras.

Los arts. 29 y 49 de la Ley 209/1964, de 24 de diciembre, Penal y Procesal de la Navegación Aérea.

Los términos «activo y» del art. 137 de la Ley Orgánica 5/1985, de 19 de junio, del Régimen Electoral General.

El art. 6 de la Ley 57/1968, de 27 de julio, sobre Percibo de Cantidades Anticipadas en la Construcción y Venta de Viviendas.

2. Quedan también derogadas cuantas normas sean incompatibles con lo dispuesto en este Código.

DISPOSICIONES FINALES

Disposición Final Primera. La Ley de Enjuiciamiento Criminal quedará modificada en los siguientes términos:

«Artículo 14

Tercero. Para el conocimiento y fallo de las causas por delitos menos graves, así como de las faltas, sean o no incidentales, imputables a los autores de esos delitos o a otras personas, cuando la comisión de la falta o su prueba estuviesen relacionadas con aquéllos, el Juez de lo Penal de la circunscripción donde el delito fue cometido o el Juez Central de lo Penal en el ámbito que le es propio.

Artículo 779

Sin perjuicio de lo establecido para los demás procesos especiales, el procedimiento regulado en este Título se aplicará al enjuiciamiento

de los delitos castigados con pena privativa de libertad no superior a nueve años, o bien con cualesquiera otras penas de distinta naturaleza, bien sean únicas, conjuntas o alternativas, cualquiera que sea su cuantía o duración.»

Disposición Final Segunda. El apartado 2 del art. 1 de la Ley Orgánica 5/1995, sobre el Tribunal del Jurado, queda redactado en los siguientes términos:

«2. **Dentro del ámbito de enjuiciamiento previsto en el apartado anterior, el Tribunal del Jurado será competente para el conocimiento y fallo de las causas por los delitos tipificados en los siguientes preceptos del Código Penal:**

a) **Del homicidio (arts. 138 a 140).**

b) **De las amenazas (art. 169.1).**

c) **De la omisión del deber de socorro (arts. 195 y 196).**

d) **Del allanamiento de morada (arts. 202 y 204).**

e) **De los incendios forestales (arts. 352 a 354).**

f) **De la infidelidad en la custodia de documentos (arts. 413 a 415).**

g) **Del cohecho (arts. 419 a 426).**

h) **Del tráfico de influencias (arts. 428 a 430).**

i) **De la malversación de caudales públicos (arts. 432 a 434).**

j) **De los fraudes y exacciones ilegales (arts. 436 a 438).**

k) **De las negociaciones prohibidas a funcionarios (arts. 439 y 440).**

l) **De la infidelidad en la custodia de presos (art. 471).»**

Disposición Final Tercera. 1. El Capítulo VI de la Ley 35/1988, de 22 de noviembre, sobre Técnicas de Reproducción Asistida, quedará modificado en los siguientes términos:

1º Quedan suprimidas las letras a), k), l) y v) del apartado 2.B) del art. 20 .

2º El texto de la letra r) de dicho apartado 2.B) se sustituirá por el siguiente:

«La transferencia de gametos o preembriones humanos en el útero de otra especie animal o la operación inversa, así como las fecundaciones entre gametos humanos y animales que no estén autorizadas.»

2. El art. 21 del Capítulo VII de la Ley 35/1988, sobre Técnicas de Reproducción Asistida, pasará a ser art. 24 .

Disposición Final Cuarta. La Ley Orgánica 1/1982, de 5 de mayo, de Protección del Derecho al Honor, a la Intimidad Personal y Familiar y a la Propia Imagen, quedará modificada en los siguientes términos:
«**Artículo 1**
2. El carácter delictivo de la intromisión no impedirá el recurso al procedimiento de tutela judicial previsto en el art. 9 de esta Ley. En cualquier caso, serán aplicables los criterios de esta Ley para la determinación de la responsabilidad civil derivada de delito.
Artículo 7
7. La imputación de hechos o la manifestación de juicios de valor a través de acciones o expresiones que de cualquier modo lesionen la dignidad de otra persona, menoscabando su fama o atentando contra su propia estimación.»

Disposición Final Quinta. La disposición adicional segunda de la Ley Orgánica 6/1995, de 29 de junio, quedará modificada en los siguientes términos:
«**La exención de responsabilidad penal contemplada en los párrafos segundos de los arts. 305, apartado 4; 307, apartado 3, y 308, apartado 4, resultará igualmente aplicable aunque las deudas objeto de regularización sean inferiores a las cuantías establecidas en los citados artículos.»**

Disposición Final Sexta. El Título V del Libro I de este Código, los arts. 193, 212, 233.3 y 272, así como las disposiciones adicionales 1ª y 2ª, la disposición transitoria 12ª y las disposiciones finales 1ª y 3ª tienen carácter de Ley ordinaria.

Disposición Final Séptima. El presente Código entrará en vigor a los seis meses de su completa publicación en el «Boletín Oficial del Estado» y se aplicará a todos los hechos punibles que se cometan a partir de su vigencia.

No obstante lo anterior, queda exceptuada la entrada en vigor de su art. 19 hasta tanto adquiera vigencia la Ley que regule la responsabilidad penal del menor a que se refiere dicho precepto.

ÍNDICE ANALÍTICO